サレジアン国際学園目黒星美小学校

香里メ〇〇〇〇　売小学校

光塩女子学院初等科

COLOR

GRAVURE

2025

はつしば学園小学校

捜真小学校

星美学園小学校

湘南学園小学校

COLOR GRAVURE 2025

日本大学藤沢小学校

文教大学付属小学校

コロンビアインターナショナルスクール

聖徳学園小学校

京都聖母学院小学校

COLOR GRAVURE 2025

箕面自由学園小学校

暁星国際流山小学校

甲南小学校

菅生学園初等学校

聖セシリア小学校

COLOR GRAVURE 2025

日出学園小学校

森村学園初等部

関東学院六浦小学校

江戸川学園取手小学校

さとえ学園小学校

COLOR GRAVURE 2025

東京三育小学校

和光鶴川小学校

小林聖心女子学院小学校

COLOR GRAVUE 2025

品川翔英小学校

国府台女子学院小学部

帝京大学小学校

玉川学園小学校

武蔵野東小学校

ノートルダム学院小学校

COLOR GRAVUE 2025

聖学院小学校

成城学園初等学校

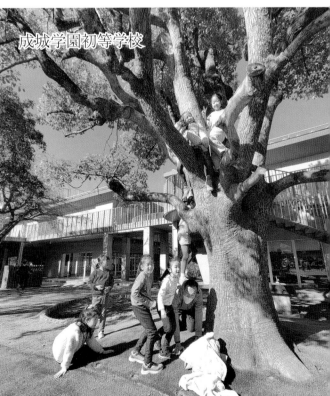

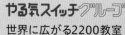

よく学ぶ
よく遊ぶ
よく祈る

募集要項

入学試験　11月4日（月）
募集人員　男女72名（内部進学者含む）
※各行事へ参加をご希望の方はホームページよりご予約ください

学校説明会 第1回	**5月10日**(金)
学校見学会1	6月　1日(土)
イブニング説明会	**6月　7日**(金)
学校説明会 第2回	**6月27日**(木)
体験授業(年長児)	7月13日(土)
学校見学会2	8月24日(土)
学校説明会 第3回	**9月　6日**(金)

Seigaku-In Schools
SEIG

■併設校
聖学院大学大学院
聖学院大学
聖学院中学校・高等学校
女子聖学院中学校・高等学校
聖学院幼稚園
聖学院みどり幼稚園

Love God and Serve His People

神を仰ぎ 人に仕う
聖学院小学校

〒114-8574　東京都北区中里3丁目13番1号
TEL.03-3917-1555
FAX.03-3917-5560
平日8:30~16:00
seisyo@prim.seigakuin.ac.jp

聖学院小学校ホームページ
https://primary.seigakuin.ed.jp

JR山手線／地下鉄南北線「駒込駅」徒歩6分

聖ドミニコ学園小学校
ST. DOMINIC'S INSTITUTE 2024 SCHOOL INFORMATION

学校説明会・体験授業 [年長のみ]
5.11 (土) 10:00〜

オープンスクール
6.15 (土) 10:00〜

入試説明会・入試体験 [年長のみ]
9.7 (土) 10:00〜

公開授業
5.21 (火)・**9.10** (火)
9:50〜12:10

男児親睦ラグビー
6.22 (土)
9:00〜10:30

学園祭
ドミニコファミリーフェスティバル
9.21 (土)・**9.22** (日)
9:00〜15:00

運動会
10.19 (土) 9:00〜15:30

※学校説明会・公開行事はすべて予約制
※状況により変更または中止になる可能性がありますので、ご了承ください

2025年度入学試験

[入試 A]
11.1 (金)
男女合わせて 30 名

[入試 B]
11.3 (日) または **11.4** (月)
男女合わせて 30 名

[入試 C]
11.16 (土)
男女若干名

ACCESS
〒157-0076　東京都世田谷区岡本1-10-1　TEL. 03-3700-0017　https://www.dominic.ed.jp
田園都市線／大井町線　二子玉川駅より徒歩20分　用賀駅より徒歩20分　小田急線　成城学園前駅よりバス「岡本もみじが丘」下車　徒歩5分

明治・大正期を代表する実業家、森村市左衛門によって 1910 年に建学された森村学園は創立 114 年を迎えました。初等部のモットーは「しっかり学び、とことん遊べ。」長い教育実践の中で導き出されたカリキュラムを軸に、どんな変革の時代にも揺らぐことのない「人」としての基礎を築きます。学園の緑のゆりかごの中で、子ども達は心の琴線の感度を高め、たくさんの経験を携えながら成長していきます。教育において不易とされる基礎学力や柔軟な応用力の育成とともに、時代の要請に応じたプログラムも取り入れながら、未来を希求する教育活動を行っています。

2018 年度より言語技術プログラム導入

2019 年度よりオーストラリア英語夏期短期研修開始
（5・6 年生希望者対象）

□2025 年度新 1 年生入試日程□

募 集 人 数　男女計約 80 名の予定

願 書 受 付　　9 月 4 日 (水) ～ 9 月 11 日 (水)

考 査 日 程　10 月 26 日 (土) 女子／ 27 日 (日) 男子

学校説明会　　4 月 27 日 (土)／ 8 月 31 日 (土)

授 業 公 開　　6 月 4 日 (火)／ 6 月 6 日 (木)

2024 年度より Web 出願となります。
初等部ホームページで随時ご案内をいたします。

〒226-0026　横浜市緑区長津田町 2695

Tel:(045)984-2509　Fax:(045)984-6996

E-mail:shotobu@morimura.ed.jp

東急田園都市線 つくし野駅より徒歩 5 分

初等部ホームページ
https://www.morimura.ed.jp
インスタグラム開設中

 森村学園初等部　併設 幼稚園 中・高等部

この先伸びる土壌をつくる。

令和7年度　募集要項

	第1回試験	第2回試験
募集人員	女子80名	
願書受付 (ネット出願)	10月 1日(火)9:00〜 10月15日(火)15:00	11月 1日(金)9:00〜 11月11日(月)15:00
	※詳細は、ホームページに掲載	
試験日	10月26日(土)・27日(日)	11月17日(日)
合格発表	10月28日(月)(Web)	11月17日(日)(Web)

学校説明会

- 第1回　　5月11日(土) 10:00〜
- 第2回　　7月 6日(土) 10:00〜
- 第3回　　9月14日(土) 10:00〜
- 本学院　寿光殿　要予約(ネット予約)

学校見学・入試相談

- 5月15日(水)
  6月19日(水) ※要予約(ネット予約)
  6月26日(水) 　人数制限有り。
  7月 3日(水) ※ネット予約の詳細は
  9月 4日(水) 　ホームページに掲載。

  いずれも10:00〜11:30

公開行事

- 運動会　6月上旬 ※幼児競走有
- 学院祭　9月下旬 ※入試個別相談室有

※要予約(ネット予約)

国府台女子学院 小学部

■〒272-8567　市川市菅野3−24−1　小学部 TEL. 047(322)5644
　　　　　　　　　　　　　　　　　　　　　　FAX. 047(322)5655
■交　通　京成電鉄市川真間駅下車、徒歩8分。JR市川駅下車、徒歩15分。
　　　　　京成バス　菅野六丁目バス停下車、徒歩1分。

学院ホームページ　https://www.konodai-gs.ac.jp/　　併　設　中学部・高等部

昭和学院小学校
SHOWA GAKUIN ELEMENTARY SCHOOL

人が、子どもが、未来。
今日の学びが未来を創る。

オープンスクール・学校説明会

第1回	5月18日（土） 9:00〜11:00
第2回	6月12日（水） 9:00〜11:00
第3回 ナイト学校説明会	7月12日（金） 18:30〜19:30
第4回 入試説明会	9月7日（土） 9:00〜11:00
第5回 入試報告会	1月18日（土） 9:00〜11:00

公開行事

● 運動会
　5月25日（土）
※未就学児レースは要予約

● 体験教室
　6月29日（土）
　9:00〜11:00
※年長児のみ

● 学芸発表会
　10月5日（土）
　9:00〜

入学考査

● 推薦考査
　10月16日（水）
　9:00〜12:00
　募集人数
　　　約70名
（内部進学者を含む）

● 一般考査
　11月5日（火）
　9:00〜12:00
　募集人数
　　　約35名

http://www.showagakuin.jp/
千葉県市川市東菅野 2-17-1　Tel 047-300-5844

25人2クラスの少人数学級により、
児童も先生もみんながみんなを知っている
きめ細かな教育を展開しています。
学校の真ん中にある図書館、充実した英語環境、
全てが国際人の礎となります。

BUNKYO

文教大学付属小学校

🖊 学校説明会

第1回 ５月25日（土）　第2回 ６月15日（土）
第3回 ６月26日（水）　第4回 ９月14日（土）
第5回 10月 2 日（水）[模擬試験（年長対象）]

| 説 明 会 | 10:00〜 |
| 個別相談会 | 説明会後 |

※後日HPにてお知らせいたします。
※参加ご希望の方は、事前にHPより
　お申し込みください。

🖊 学校見学

学校見学は随時個別にて対応しております。ご希望の方は、HP「お問い合わせ」またはお電話にてご連絡ください。

🖊 募集要項

募集定員／50名（25名2クラス）
願書受付／第1回 10月 7 日（月）〜11月 2 日（土）
　　　　　第2回 11月12日（火）〜11月20日（水）
　　　　　土日祝日を除く。事前の銀行振り込みが必要です。

入 試 日／1回 11月 6 日（水）指定した時間より開始
　　　　　2回 11月22日（金）指定した時間より開始
　　　　　面接／願書提出日翌日より、学校が指定した日15分程度
　　　　　親子面接（保護者は一名でも可）

所在地：〒145-0065 東京都大田区東雪谷2-3-12　　電話：03-3720-1097
（東急池上線　石川台駅下車２分）

ホームページ https://www.bunkyo.ac.jp/ps/

全国最大最多の受験生が集う、志望校合格に一番近い模擬テスト

小学受験 統一模試

✓ **年間受験者10,000名以上全国最多模試**

✓ **提携加盟幼児教室300以上**

✓ **年長全6回＋志望校別、年中全2回**

統一模試が合格に近づく試験である **4** つの理由

💡 個々の課題が明確になる試験

教室のお友だちだけでなく、大勢の受験者の中での位置が毎回わかります。合わせて同じ志望校の受験生との成績比較を領域別に示します。提携校の会員以外にも大手幼児教室の会員も毎回多数参加しているので、お子さんの全体的な到達度を明確につかむことができます。

💡 所属の教室での指導に直結

結果の返却は所属の教室経由も可能(提携教室のみ対象)。ふだん教わっている先生にも成績を把握していただけます。結果をもとにした教育相談やクラス編成の資料など試験後のフォローをお通いの教室で受けることができます(詳しくは教室にご確認ください)。

💡 本番さながらの体験が可能

統一模試はその多くを私立小学校を会場として実施しています。まさに本番に向けての予行演習の場として貴重な体験ができるのも大きなメリットです。また大学などの大会場で実施の回は合同相談会や校長講演会などご父母への情報発信の場も併せて提供しています。

💡 回ごとにテーマを決めて実施

実技は第1回〜5回まで実施し、全ての回で、実施内容が異なります。各回特色を打ち出した試験で、受験生の実力を立体的に判定しています。そのため、継続しての参加が効果的です。また、難関校対策に特化した志望校別オープンと完全志望校別選抜模試も好評をいただいております。

小学校受験全国最大級模擬テスト
小学受験統一模試

運営会社　教育図書二十一　TEL 03-3971-5271
東京都豊島区西池袋5-4-8　(平日・土日10:00-18:00)

幼児期にこそ育つ能力を高める

幼児基礎能力研究会 トゥッティ幼児才能教室
日本幼児基礎能力研究会

── 教育方針 ──

幼児専用の明るく広い教室での授業は、知育・運動・音感・造形とバランスよく組まれ、1クラスに先生3人と子供は12〜18人という小学校の考査と同じようなグループ編成です。その内容は「家庭では体験できない集団の中で、一人ひとりに効果があること」をモットーに楽しく学べるように考えられています。

設置コース

総合コース
総合能力クラス（年少・年中・年長児）
入園準備クラス（2〜3歳児）
こんにちはクラス（1歳半〜2歳児）

受験コース
私立・国立小学校受験対策クラス
私立・国立幼稚園受験直前対策クラス

特別講習会（年中・年長児）
冬期・春期・夏期・直前講習

小学校受験オプションコース（年長児）
ノンペーパークラス
ペーパー演習クラス
個別指導コース

■会員に無料で提供される受験サポート

● 年間6回実施される教育セミナー

● 進路相談会や個人面談

● 試験直前の親子模擬面接

● 願書や調査書などの書き方指導など

初めての受験にも不安を感じることのないように万全のサポート体制を組み、がんばる親子を全力で応援します！

□私立・国立小学校　　**最近の合格実績（赤羽教室の正会員のみ）**

2024年度（受験者27名による）・星美学園 13名・聖学院 4名・淑徳 3名・白百合学園 1名・川村小 1名
　　　　　　　　　　　　・東京創価 1名・浦和ルーテル学院 2名・さとえ学園 1名・開智 1名 その他
2023年度（受験者32名による）・星美学園18名・聖学院7名・淑徳2名・暁星1名・和光1名・帝京大1名・国立音大附属1名
　　　　　　　　　　　　・清明学園1名・カリタス1名・浦和ルーテル学院1名・さとえ学園1名・開智1名・暁星国際流山1名 その他
2022年度（受験者26名による）・星美学園 12名・聖学院 4名・淑徳 4名・日本女子大学附属豊明 1名・東京創価 1名
　　　　　　　　　　　　・さとえ学園3名・星野学園2名・浦和ルーテル学院1名・横浜中華学校1名・筑波大学附属1名 その他
2021年度（受験者28名による）・星美学園 12名・聖学院 5名・淑徳 5名・暁星 1名・東京女学館 1名・東京創価 1名
　　　　　　　　　　　　・さとえ学園 1名・浦和ルーテル学院 1名・星野学園 1名・埼玉大附属 1名 その他

無料体験は随時行っております。詳しい案内資料をご郵送致します。

〒115-0045 東京都北区赤羽2-4-3 ＳＴビル2F・3F

TEL.03-3598-5941 FAX.03-3598-5943
http://tutti.co.jp

**JR 赤羽駅
東口 徒歩4分**
南北線 赤羽岩淵駅 徒歩7分

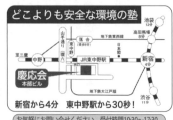

2024 新年度　慶応会は 2003 年度以降　会員全員合格です

家庭生活 ＋ 父母力
＝ 実力で合格

合格おめでとうございます
あきらめないで頑張り続けた、わが子とママが大輪の花

過去 4 年　小学校入学　合格実績
（年長会員平均 55 名）

慶應義塾幼稚舎	21名
早稲田実業学校初等部	37名
慶應義塾横浜初等部	21名
筑波大学附属小学校	23名

喜びがあふれる慶応会ロビー
今年度、合格した皆さんから送られた蘭の花が、次に受験するあなたを応援します。

青山学院	5	聖学院	4	東洋英和	5
学習院	14	成蹊	46	トキワ松	2
川村	10	成城学園	19	都市大	20
暁星	19	聖心	3	新渡戸	11
国立音大附属	2	聖ドミニコ	5	日本女子大学附属豊明	5
国立学園	28	星美学園	3	雙葉	2
国本	2	創価	2	宝仙（内部）	3
光塩	9	玉川	8	宝仙（推薦）	3
晃華	8	帝京大	1	宝仙（一般）	8
サレジアン国際目黒星美	3	田園調布雙葉	3	明星	2
品川翔英	5	東京女学館	10	立教	5
淑徳	7	東京中華	1	立教女学院	7
聖徳	22	東京農大稲花	11	ローラスインターナショナル	1
昭和	4	桐光	4	和光	1
白百合	10	桐朋	17		
菅生学園	1	桐朋学園	25		

★埼玉・神奈川・千葉　他

青山学院系属浦和ルーテル	25	関東学院	3	洗足	16
青山学院横浜英和	2	関東学院六浦	1	捜真	4
江戸川取手	8	相模女子大	1	千葉日大	2
LCA国際	1	さとえ	121	桐蔭	23
開智	7	湘南白百合	4	日出学園	5
開智所沢	2	清泉	2	星野	24
開智望	1	聖セシリア	2	森村	10
鎌倉女子大	2	西武学園文理	141	横浜雙葉	7
カリタス	15	聖ヨゼフ	8		

★国立・都立

御茶ノ水	4	学芸大小金井	17
学芸大大泉	7	都立立川国際	4
学芸大竹早	7	横浜国大附属横浜	2

http://www.keiokai.com←詳しくは、ホームページへ。

幼児知能開発と
有名小学校・幼稚園受験指導

富士チャイルドアカデミー

○先生は笑顔で迎えてくれる

○先生は話を聞いてくれる

○先生はいろいろ楽しいことを
　してくれる

それが

富士チャイルドアカデミーです。

小学校受験コース（4名1クラス）

●年少受験コース〈年少4月〜10月〉
「学ぶ楽しさ」を知ることが何よりも大切。子どもの覚えたい、考えたいという意欲を引き出し、知的好奇心を伸ばし「受験の基礎作り」を致します。

●年中受験コース〈年少11月〜年中10月〉
子どもらしい伸びやかさをなくすことなく、受験に必要な知識や理解力を高め、さらに聞く力や、表現力が身に付くように、教具を豊富に使いながら指導いたします。

●小学校受験コース〈年中11月〜〉
過去の入試問題を分析しまとめたオリジナルプリントで、段階を追って、分野ごとに系統立てた学習指導をいたします。受験に必要な知的分野はもとより、運動指示、巧緻性、絵画制作、面接など総合的な能力をきめ細やかに強化指導し合格を目指します。学習効果定着のために、毎回授業の内容に沿った宿題プリントをお渡ししています。

●運動指示・絵画造形・表現力(行動観察＆面接対策)・工作巧緻性コース

●春期講習(2月受付開始)・夏期講習(5月受付開始)・秋期直前講習(8月末から)

●進路相談、多くの私立小学校の校長先生をお招きして行われる『語る会』、年に5回の講演会では「面接の受け方」や「願書の書き方」の指導もあります。

合格実績
《国立小》筑波大・学芸大世田谷・小金井・大泉・お茶の水大・横浜国大
《私立小》慶應(幼稚舎・横浜初等部)・早稲田実業・青山・学習院・成城・成蹊・立教・玉川・聖心・日本女子大豊明・白百合・田園調布雙葉・暁星・東洋英和・東京女学館・東京都市大・桐朋・桐朋学園・立教女学院・光塩・国立・明星・宝仙・昭和・聖ドミニコ・サレジアン国際学園目黒星美・洗足・カリタス・桐蔭・森村・横浜雙葉・湘南白百合・青山横浜英和・関東・捜真・精華・桐光　他

URL
https://fujichild.jp/

E-mail
info@fujichild.jp

4名1クラスの少人数制 100名以上で毎月行う公開テスト会

教育方針

「ほめる・認める・励ます」
4名一クラス少人数制授業では
○一人ひとりの個性に合わせて楽しく学べます。
○自立心を養う授業のすべてが行動観察対策です。

公開テスト会

毎月1回　土曜日に実施
会　　場：鷺沼・新百合ヶ丘
**　　　　　二子玉川・溝の口KSP**

（費用は月謝に含まれます。）
入試傾向を分析し、出題頻度の高いものを組み入れた出題構成です。面接形式による個別テストや行動観察のテストもあります。分野別に評価する詳しい結果表によりお子様の様子や得手不得手の分野もよくわかります。

面接テスト会

春の面接テスト会　6月
秋の面接テスト会　9月
親子面接は試験の大きなウェイトを占めます。志望校の傾向に沿った形式と質問内容で面接対策指導を行います。前半で志望校に合わせた模擬面接を行い、入室から退室まで、お子様やご両親の動作、服装、話し方、内容をすべて評価し、後半の時間で講評をし、後日評価表をお渡しします。

学校別コース

4月からスタート

通常授業で基礎的な力を身につけた上で、さらに志望校の考査に即した課題を考査方法に合わせた形で指導し、実践力を付けるものです。予想問題で傾向と対策を行い全員第一志望校合格を目指します。

慶應（幼稚舎・横浜初等部）・洗足
都内難関女子・神奈川難関女子
精華・桐光・桐蔭・森村
東京都市大・農大稲花・昭和女子大
捜真・聖ヨゼフ・玉川学園・相模女子大
明星・カリタス・宝仙・桐朋系

その他のコース

●**プレチャイクラブ**
（0～1歳の赤ちゃんとお母様）
●**3年保育受験（チャイルドクラブ）**
●**2年保育受験（幼稚園受験コース）**
●**国立コース**
（学芸大・横国・筑波・お茶の水）
●**小学生補習クラス・編入指導**

—— 富士チャイルドアカデミーは小学受験統一模試の提携幼児教室です。——

本部　〒216-0005　川崎市宮前区土橋3-3-2
フリーコール　0800-222-7773　　TEL　044-865-5951

吉祥寺 ☎0422-22-5993　つくし野☎042-796-5322　横浜 ☎045-317-7177　相模大野 ☎042-747-6651
二子玉川 ☎03-3707-7773　新百合ヶ丘☎044-959-2121　鷺沼 ☎044-865-5951　静岡 ☎054-255-6144

たかが小学入試、リラックスしていきましょう！
ご家庭の文化度を高め、ご自慢のお子さんにお育て
ください。結果＝合格は、後からついてきます。

＜レベルの高い問題を、楽しく無理なく学べる、少人数制の幼児用講習＞
＜有名私学の先生方の生の声を聞き、質問・相談もできる保護者用講習＞
＜親子の知的コミュニケーションの在り方・考え方を楽しく学べる親子教室＞

年 間 主 要 講 習 一 覧

基 本 講 習	基本演習参加準備教室 年中児用基本演習 年長児用基本演習 小学校進学準備教室
個 別 講 習	随時
特 別 講 習	実験・観察・制作教室 冬期総合演習 冬期特別教室 春期総合演習 春期特別教室 春期領域別演習 夏期総合演習 夏期領域別演習 夏期特別教室 夏期志望校別演習 入試直前総合演習 学校別模擬面接 秋期志望校別演習＝私立 秋期志望校別演習＝国立

※「○○演習」は親子別々、「○○教室」は親子一緒の
　講習形態となります。

たくましい巣立ちを願って

親子で学ぶ小学受験
本好きな子に育てる

わ か わし かい
若 鷲 会

主要校合格者数 / 受験者数（合格率）

本表は、若鷲会開設以来 27 年間の「巣立ち」の記録です。

年長児用の基本演習・特別講習に参加された 1632 名の方の入学（編入）試験の結果です。公開模擬テストだけ参加の方は含んでおりません。

補欠の場合、繰り上がれば合格、繰り上がらなければ不合格として処理してあります。私学で、1次・2次がある場合、あるいは試験が何日かにわたる場合の途中棄権の方は受験者には含みません。国立附属校の場合、抽選の当否は含まず、考査の合格者数 / 受験者数（合格率）です。

もちろん、本表は学校別の難易度や人気度を測るためのものではなく、若鷲会を活用してくださった方が、どのような学校を受験なさり、どのくらいの方が合格しておられるのかを後輩の方に知っていただくための表です。

小学校名	合格者数/受験者数（合格率）	小学校名	合格者数/受験者数（合格率）
青山学院	23 名/ 58 名 （ 40%)	宝仙学園	24 名/ 37 名 （ 65%)
学習院	16 名/ 91 名 （ 18%)	目黒星美学園	40 名/ 45 名 （ 89%)
川村	45 名/ 52 名 （ 87%)	立教	27 名/ 99 名 （ 27%)
暁星	52 名/182 名 （ 29%)	立教女学院	13 名/ 55 名 （ 24%)
慶應義塾	15 名/195 名 （ 8%)	早稲田実業学校	11 名/ 90 名 （ 12%)
光塩女子学院	32 名/ 62 名 （ 52%)	国府台女子学院	131 名/168 名 （ 78%)
聖徳学園	19 名/ 25 名 （ 76%)	昭和学院	83 名/ 97 名 （ 86%)
昭和女子大昭和	26 名/ 44 名 （ 59%)	聖徳大	85 名/ 86 名 （ 99%)
白百合学園	21 名/ 87 名 （ 24%)	千葉日本大第一	72 名/ 76 名 （ 95%)
聖学院	102 名/135 名 （ 76%)	日出学園	173 名/182 名 （ 95%)
成蹊	24 名/ 86 名 （ 28%)	精華	12 名/ 22 名 （ 55%)
成城学園	7 名/ 20 名 （ 35%)	横浜雙葉	5 名/ 15 名 （ 33%)
聖心女子学院	12 名/ 40 名 （ 30%)	お茶の水女子大	27 名/ 60 名 （ 45%)
星美学園	55 名/ 62 名 （ 89%)	筑波大	69 名/346 名 （ 20%)
東京女学館	13 名/ 67 名 （ 19%)	東京学芸大大泉	7 名/ 22 名 （ 32%)
桐朋	6 名/ 39 名 （ 15%)	東京学芸大小金井	15 名/ 26 名 （ 58%)
桐朋学園	5 名/ 37 名 （ 14%)	東京学芸大世田谷	7 名/ 13 名 （ 54%)
東洋英和女学院	50 名/147 名 （ 34%)	東京学芸大竹早	36 名/133 名 （ 27%)
日本女子大豊明	8 名/ 30 名 （ 27%)	千葉大	5 名/ 9 名 （ 56%)
雙葉	5 名/ 29 名 （ 17%)	埼玉大	5 名/ 6 名 （ 83%)

☎136-0071 東 京 都 江 東 区 亀 戸 2 - 27 - 13
☎03 - 3683 - 4152　　　　　　Fax 03 - 3683 - 4157
URL http://www.wakawashikai.jp
※ お電話は午前 11 時～午後 6 時にお願いします。Fax は 24 時間ご利用になれます。

合格後の実力伸長を第一に、お教室オリジナルの
カリキュラムとメソッドで有名小学校受験を指導。

表参道青山教育研究所

授業では思考の筋道を問いかけ、お子さまに考えさせる教育を行い
お子さまそして保護者の皆様を全力でサポートしてまいります。

私立受験総合コース

── 年長児 ──

■志望校に合格できる実力をつける
難関校合格のためには、ペーパー試験で合格点を取り、その上で行動観察・絵画・制作・個別審査・運動などのバランスのとれた力が必要とされます。このクラスでは、各分野の対策を網羅し、合格に必要な総合力を身につけさせます。**ペーパー学習**は、夏までに基礎段階を終え、夏以降は各学校の出題意図を分析した応用問題に挑戦し、合格するための実戦力をつけます。また、**発表力強化**として、授業の中で会話力を鍛え、自分の考えをしっかりと文章の形で話せるようにも指導しております。**個別審査対策**では、教具を使用し、ペーパーで培った思考を口頭で解答していきます。青山・学習院・立教・桐朋・成城などのノンペーパー対策にも対応したプログラムです。**絵画・制作**の学習では、「描く、作る」という活動を通し、豊かな創造力や感受性を引き出し、表現することの楽しさを発見させます。**行動観察**の学習では集団活動を通してお友だちと協力して問題を解決するための行動力を身につけさせ、お友だちとの関係の取り方を学びます。

■月100枚の宿題
講習で実施した内容を反映した宿題で学力の向上、定着を図ります。

■ICT教育
ペーパーでは理解が難しい課題などは実物を使用するだけでなく、電子黒板を用いて動く教材で捉え、さらに興味を持たせて楽しく理解させます。

講習の様子

■受験カウンセリング・願書添削・面接アドバイス
保護者の皆さまの教育相談を受付しています。講習の様子や模擬テストの結果を踏まえ志望校の相談、学習方法のアドバイスをして受験に関わる全ての不安を取り除きます。**願書の添削や面接に臨む際のアドバイスも別途料金はかかりません。**安心して受験に臨むことができます。

■保護者モニター参観
お子さまが講習中の様子を別室またはお手元の端末にてライブ配信参観をしていただき、**指導方法、お子様の理解度や習熟度を把握し、家庭学習にいかしていただきます。**

モニター参観の様子

── 年中児 ──

私立・国立問わずどの志望校にも対応できるバランスの良いカリキュラムで、全領域を学ぶクラスです。**年長児になり受験対策が本格的に始まる前の土台作り**として、確かな基礎力を身につけます。この時期の大切な役割である、学ぶことは楽しいという気持ちを育て、無理なく試験準備を進められるよう支援します。

── 年少児 ──

パズル・積み木・おはじき・ブロック・カードなどの具体物を多く取り入れた**体験学習の中から、答えを導き出すプロセスを重視し「思考力」をつけ、自分の考えを正しい言葉で伝える練習**をおこないます。お教室の先生と同じようにご家庭でも指導をしていただけるよう、保護者参加型授業にしております。

- -

■表参道青山教育研究所からの合格実績（2023年入試）
【私立】青山学院12名／青山学院大学系属浦和ルーテル学院3名／学習院2名／暁星4名／慶應義塾幼稚舎1名／慶應義塾横浜初等部2名／光塩女子学院1名／昭和女子大学附属昭和5名／白百合学園2名／成蹊1名／成城学園1名／聖心女子学院2名／洗足学園2名／東京女学館3名　東京都市大学付属4名／東京農業大学稲花8名／桐朋3名／桐朋小3名／東洋英和女学院2名／日本女子大学附属豊明2名／雙葉1名／立教3名／早稲田大学系属早稲田実業3名
筑波11名　お茶の水5名　学芸大世田谷13名　学芸大竹早4名　学芸大大泉4名　学芸大小金井1名　立川国際7名

年長児　青山初等部専科

お子さまの適性検査A対策として『ペーパー』対策を毎回実施。適性検査B対策として『運動』『行動観察』『制作』の3分野を重点的に対策いたします。**充実した入試情報**と通塾されている**お子さまの習熟度を毎回の教材に反映**しています。保護者の方に向けては入試前に行われる両親面接練習を全5回行います。他の小学校と比較すると記入欄が広く内容が合否に直接影響する入学願書も、ご提出いただきしっかり添削いたしますので、親子万全の態勢で入試を迎えることができます。

【年中児　青山専科】では年中児から青山学院初等部の対策が可能です。

2023年入試
12/19名
合格

年長児　農大稲花専科

農大稲花に特化した対策で実践力をつけます。願書の添削や親子面接の練習もカリキュラムに含まれておりますので、親子万全の態勢で入試本番を迎えることができます。

2023年入試
8/11名
合格

【ペーパー対策】	【行動観察対策】	【親子面接指導】	【願書添削】
ペーパー試験は難度が高く、幅広い分野から出題されます。多数の点をつなぐ点図形も出題され、考査では学力の他に粘り強く取り組む姿勢や精神年齢の高さも見られます。過去出題内容を分析し、入試頻出単元の強化を図ります。	毎回行動観察の課題に取り組み、いろいろな経験をさせ、子どもなりに関係の取り方を学んでいく機会を増やします。この専科ではあらゆる状況でも集中し指示を聞き取り、ルールの中でお友だちに配慮する事を学ぶことができます。	面接練習は農大稲花専科の授業内で定期的におこないます。稲花小の面接は入試の事前にオンラインでおこなわれ、面接内で絵本の読み聞かせを親子でおこない、そのやりとりや親子の雰囲気を見られます。	コース内で、願書提出時に提出する事前面接質問票を随時添削し、提出までに完成度の高い質問票に仕上げます。それぞれ課題によって字数制限決があり、説明会では校長先生が「1枚1枚必ず目を通す」と仰るほど重要なものです。

年長児　国立小合格対策クラス

月3回の講習の中で入試に頻出のペーパー・制作・運動・行動観察・口頭試問などを織り交ぜたスケジュールを提供し実践力を養っていきます。各国立小学校が求める児童像を正確に把握し、保護者の方にお伝えしたうえで、お子さまを志望校の児童像に近づける指導を行います。国立小を目指す積極的な雰囲気の中で、けじめを大切にし、正確な指示の聞き取りができるように訓練します。月に1回実施する「**国立・都立7校合格対策講座**」は、私立小とは異なる願書の書き方・面接、抽選から併願方法まで、各校の入試情報および国立小学校合格のために必須の情報をお伝えいたします。

【年中児　国立小対策クラス】では年中児から各国立小入試の対策が可能です。

2023年入試
合格実績
お茶の水女子大附属小 5名
学芸大世田谷小 13名
学芸大竹早小 4名
学芸大大泉小 4名
学芸大小金井小 1名
筑波大附属小 11名
立川国際　7名
中等教育学校附属小

年長児　発信力養成専科

「行動観察」・「口頭試問」で必要とされるコミュニケーション力と自己発信力を鍛えることに特化した専科です。

年長児　制作絵画特別専科

ご家庭で対策しにくい制作・絵画に特化した専科です。課題画での表現方法や巧緻性のスキルアップ、指示制作上達のポイントなどを指導していきます。

年長児・年中児　完全個別指導

完全個別指導は、あらかじめ用意されたカリキュラムを使用するのではなく、志望校対策・苦手分野克服等、個々の受講目的やご希望に合わせて受験者のニーズに合わせた講習内容で指導いたします。ペーパー、絵画、制作、個別審査、面接練習の各分野の対策講習になっており、参観が可能です。

お問い合わせ・資料請求・体験申込はこちら

表参道青山教育研究所

わかぎり21
ホームページ

表参道青山
教育研究所
公式LINE

●教室までのアクセス（表参道駅より）

表参道青山教育研究所
〒107-0061　東京都港区北青山3-12-7秋月ビル2 F
【1Fがカフェ PRONTO（プロント）】

TEL　03-5464-0921

メリーランド教育研究所

幼稚園・小学校受験のメリーランド
笑顔で通うから、力になる。

メリーランド教育研究所は３５年間、幼小受験の教室として、多くのこどもたちやご両親と関わってまいりました。その間、こどもたちが心から「楽しい」と感じ、能動的に学べる場でありたいと、理想を追求しながら今に至りました。

もちろん受験の教室である以上、実績を上げなければなりません。その高い数字が当教室の評価を裏づけてもいます。しかし、数字だけに振り回されるような教育を目指しているわけではありません。乳幼児期の過ごし方は、将来に大きな影響を及ぼします。当教室にあふれているもの、それはこどもを愛する「心」です。「心」ある教育こそ、将来真の実りをもたらす。メリーランド不変の信念です。

メリーランド教育研究所 代表
生活教育こどもと幼児園 顧問
大野 将平

トランプ遊びで子どもの
知能はグングン伸びる

小学校受験 家庭学習だけで合格する!
カリスマ教師のノウハウ

歌と絵でおぼえる!
小学校受験の「常識」「言語」
メリーランドオリジナルソング

完全攻略
メリーランドの早実初等部受験

生活教育 こ ど も と 幼 児 園　Produced by メリーランド教育研究所

生活教育こどもと幼児園はメリーランド教育研究所が監修し、2016年4月に吉祥寺で開園した保育園です。

教育理念は「丁寧な生活教育で、生きる力を育む」2歳児から6歳児まで、のびやかで温かい保育を行なっています。

合格実績（令和六年度卒園児の受験者10名）

早稲田実業1名、学習院1名、青山学院1名、成蹊4名、立教女学院1名、桐朋2名、学大大泉1名 など

生活教育こどもと幼児園

〒180-0002　東京都武蔵野市吉祥寺東町1-19-23
TEL　0422-23-5377　　FAX　0422-23-7766

kodomoto.tokyo

令和六年度 合格実績（年長正会員２２２名 補欠合格を含む）

令和6年2月22日現在

学校名	人数	学校名	人数
慶應義塾幼稚舎	11名	カリタス小学校	13名
慶應義塾横浜初等部	11名	聖徳学園小学校	4名
※慶應横浜一次試験合格	26名	武蔵野東小学校	10名
早稲田実業学校初等部	22名	国立学園小学校	15名
※早稲田一次試験合格	30名	和光小学校	1名
成蹊小学校	76名	西武学園文理小学校	44名
立教女学院小学校	28名	桐蔭学園小学部	5名
東洋英和女学院小学部	8名	桐光学園小学校	4名
桐朋学園小学校	23名	聖ドミニコ学園小学校	1名
桐朋小学校	19名	トキワ松学園小学校	1名
東京農業大学稲花小学校	14名	文教大学付属小学校	1名
暁星小学校	8名	明星学園小学校	1名
学習院初等科	5名	日出学園小学校	2名
青山学院初等部	6名	星野学園小学校	1名
立教小学校	2名	玉川学園小学部	7名
成城学園初等学校	4名	森村学園初等部	13名
雙葉小学校	1名	さとえ学園小学校	5名
白百合学園小学校	1名	帝京大学小学校	2名
東京女学館小学校	7名	国本小学校	2名
聖心女子学院初等科	2名	東京三育小学校	1名
日本女子大学附属豊明小学校	9名	宝仙学園小学校	4名
光塩女子学院初等科	6名	相模女子大学小学部	1名
川村小学校	3名	湘南学園小学校	1名
東京都市大学付属小学校	5名	精華小学校	2名
晃華学園小学校	6名	清泉小学校	1名
昭和女子大学附属昭和小学校	2名	聖徳大学附属小学校	1名
目黒星美学園小学校	2名	千葉日本大学第一小学校	2名
淑徳小学校	2名	開智小学校	4名
田園調布雙葉小学校	1名	開智所沢小学校	4名
洗足学園小学校	6名	筑波大学附属小学校	4名
明星小学校	8名	お茶の水女子大学附属小学校	1名
新渡戸文化小学校	4名	東京学芸大学附属小金井小学校	8名
横浜雙葉小学校	1名	東京学芸大学附属大泉小学校	4名
青山学院横浜英和小学校	3名	東京学芸大学附属竹早小学校	2名
浦和ルーテル学院小学校	11名	都立立川国際中等教育学校附属小学校	3名

慶應義塾幼稚舎、成蹊、東洋英和、桐朋小、農大稲花などの学校で過去最多の合格者数になりました。
慶應クラスの「真剣に遊ぶ」授業は、男女ともに幼稚舎の合格者を輩出する原動力になりました。
慶應義塾横浜初等部の合格者は2年連続で10名を超え、対策の的確さが証明されています。
成蹊の76名合格は募集定員112名の68%。成蹊クラスは吉祥寺・恵比寿のどちらでも受講できます。
早稲田実業、立教女学院、桐朋学園の合格者数も安定して多く、35年にわたる研究の成果であると言えます。

メリーランド教育研究所

〒180-0004　東京都武蔵野市吉祥寺本町2-18-5
〒150-0013　東京都渋谷区恵比寿1-3-1 1F
TEL　0422-20-3151　　FAX　0422-20-3161

merry-land.jp

練馬 L.T.F.

通常クラスは少人数、直前期は大人数で…。
先生とスタッフの数の多さが自慢です。
細かく行き届く指導をしています。
勉強合宿、預かり保育で、心身ともに成長しましょう。

わたしたちの教室では・・・

自分たちで作った水鉄砲で川遊び(合宿)

家庭進度表の提出や季節ごとの面談で、各ご家庭での指導もきめ細かくサポートします。
授業のプリントは、その場で添削し、その日の授業後に返却・解説をします。
お子様の取り組んだプリントを見ながらの解説なので、小学校受験が初めての保護者にもわかりやすく、
また、その日のうちに復習をすることができます。
毎週の宿題は、プリントの冊子の他、お子様の学習状況に応じた先生手書きのノート、
工作キット、絵画、自由工作・・・とかなりのボリュームがあり、
教室の課題を行うだけでしっかり力を付けることができます。

年少児	月2回
年中児	月4回／月2回
年長児	月4回／月3回
通信添削（月1回クラス指導）	
年長児完全個別指導	
分野別学校別クラス	
学芸大大泉・竹早専門クラス、筑波特別クラス	
絵画・工作・巧緻性	
受験体操	

直前講習は、ホールにて

■□合□格□実□績■■■■■■

過去3年のおもな合格校

筑波大(8)　学芸大大泉(46)　学芸大小金井(6)
学芸大竹早(6)　お茶の水(1)　立川国際(3)

川村(8)　暁星(4)　国立学園(10)　慶應幼稚舎(2)
白百合(2)　光塩女子学院(10)　淑徳(4)
成蹊(3)　西武文理(2)　桐朋学園(2)
東京農大稲花(2)　宝仙学園(4)　星野学園(6)
武蔵野東(3)　早稲田実業(2)　浦和ルーテル(4)
開智(1)　所沢開智(2)　日本女子豊明(1)

最新年度の実績はHP→FBをご覧ください。

お問い合わせ

contact@nerima-ltf.com
TEL **03-3557-0394**

〒176-0001
練馬区練馬1-2-8若葉ビル5F
（練馬駅南口 徒歩1分）

http://www.nerima-ltf.com/ 　練馬LTF 検索

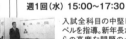

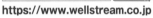

小学入試情報2025

contents

巻頭特集　小学校カラーグラビア

国立・私立学校案内

特集「面接対策シリーズ」

●●●●● 本書の特色と使い方 ●●●●●

1　主要な国立・都立・私立小学校の入試情報を詳しく掲載

　全国の主要な国立・都立小学校ならびに近畿・中部などの私立小学校の入試に関する情報をできるだけ詳細に記載しました。なお、試験の内容を再現した部分に関しては、受験者からの聞き取り調査をもとにして作成してある部分もありますので、実際の試験とは一部ことなる場合があります。

2　小学入試準備に役立つ情報を紹介

　巻頭特集として『小学校受験準備のすべて』、グラビアにはカラーで小学校での児童の様子、面接時に役立つ「面接対策シリーズ」など、小学校入試に役立つ情報を多数収録しました。ぜひ、ご活用ください。

3　各校の安全対策を記載

　当社アンケートにお答えいただいた各校につきましては、その安全対策を掲載してあります。志望校選びのポイントのひとつとして参考にしてください。また、新型コロナウイルス等の感染症予防についての掲載もしておりますが、詳細についてのご質問は、学校のホームページまたは、学校に直接お電話等にてお問い合わせください。

4　入試情報データ過去5年分の掲載

　「小学受験統一模試」を受験し、志望校に合格された方からの聞き取り調査をもとにした、過去5年分の入試情報をまとめて掲載しております。過去の傾向を把握することで、合格に向けた家庭学習を、効率よく進めることができます。　　　※首都圏の学校を中心に掲載しております。

── 注意点 ──

　資料は、すべて昨年までのものです。2025年度入学者(2024年秋・冬実施)用の募集要項は、本書の「学校説明会」の日時や願書配布日をご参考に、直接学校へお問合せの上、ご入手ください。一部2025年度入試要項や行事等の日程が掲載されていますが、アンケート調査時のもののため、必ず事前にご確認ください。

　「選抜方法」については、2023年秋・冬実施分をもとに、ここ数年の傾向をまとめて掲載してあります。

　海外帰国子女(児童)の受入れ、転・編入学試験に関しては、年によって実施の有無が変わりますので注意が必要です。直接学校にお問合せください。

　私立小学校の学費については、入学手続き時に必要な経費をまとめて掲載しております。

■入試を取り巻く状況

　2020年からの新型コロナウイルス禍でほとんどの私立・国立・都立小学校は大きく受験者を増やしました。学校が閉鎖される中で、いち早く実現したオンライン授業、徹底した感染防止対策などがマスコミに取り上げられ、多くの保護者に支持された結果と考えられます。

＞都内人気校の応募者推移

	2020年度	2021年度	2022年度	2023年度	2024年度
筑波大附属(定員128)	3,900名	4,159名	4,018名	3,829名	3,464名
慶應幼稚舎(定員144)	1,590名	1,751名	1,678名	1,584名	1,532名
桐朋学園(定員72)	602名	602名	684名	708名	646名
早稲田実業(定員108)	1,143名	1,228名	1,391名	1,292名	1,154名

　そこから2023年度までは全体としては高い水準にあった小学校受験熱でしたが、脱コロナに舵を切った社会情勢に合わせるかのように、24年度の小学校受験はそれまでと一転、多くの学校が大きく応募者を減らすことになりました。応募者総数はコロナ前の2020年度入試と同水準です。GIGAスクール構想をはじめとした公立小学校の改革やインターナショナルスクールという選択肢など、環境の変化も受験熱の低下と無関係ではないでしょう。

　一部の人気最上位校を除き、多くの私立小学校はこの状況に危機感を持っています。ご家庭への情報発信もより積極的になっていくと思われます。よりよい教育を提供できる学校、そしてその取り組みを保護者に届けられる学校がこれからは人気を集めていく可能性が高いとみられます。

　さて、大切なわが子の受験準備を始めるにあたって気をつけてほしいのは、あやふやな情報や、まことしやかな噂話などに流されることなく、わが子をどのように育てたいかをじっくりと考え、その上で志望校を見つけ、適切な準備を進めていくということです。家庭の教育方針がしっかりした上で、こんな校風の学校、こうした教育環境という方向をみつけてください。そして、この本を活用しながら、志望校を決定してください。

　そうした過程で、常に忘れないでほしいことがあります。それは、小学校受験は子どもの成長、発達のひとつの機会だということです。よく、小学校受験で、その子の一生が決まってしまうような思い込みをされるお母さまがおられます。そうした不安や緊張状態で取り組んでも、決してよい思いは残りません。かえって子どもの知的好奇心や興味を損なうことになる方が心配です。子どもの個性、特性を考えての学校選び、受験への取り組みを工夫していきましょう。

■正しい志望校選び

　入学にあたり、選抜をおこなう学校には、国立・都立小学校と私立小学校とがあります。まずはそれぞれの特徴を理解しましょう。

国立小学校

●国立大学の教育研究の場

　国立小学校とは、国立大学に附属する小学校を指し、各都道府県に1校以上あります。教育基本法、学校教育法に則り、児童の心身の発達に応じた初等教育を施すとともに、大学の教育実習の場として、教育実習生の指導に当たっています。さらに、大学各学部および系列の中学・高校と一体となって、教育に関する理論と実践に関する実証的研究をおこなっています。この点はいずれの国立小学校でも同じですが、学校によって教育目標や学校行事は異なり、まったく同じ教育方針がとられているわけではありません。

●国立小学校の特徴

　国立小学校は公立同様、文部科学省の指導要領に沿って授業をおこなっていますので、一部の私立のように、宗教の時間や中学受験にむけての指導などはありません。また、国立中学・高校の一部には男子校・女子校が見られますが、国立小学校はすべて男女共学になっています。さらに、入学金や授業料が不要なため、私立と比較して経済的負担が軽いというのも大きな特徴です。

　国立小学校は、大学の教育実習の場(教育実地研究校)としての役割を果たし、文部科学省の指導要領の大枠は守りながらも各校独自のさまざまな試みをおこなっています。

　私立小学校の場合、6年時に中学の内容を先取りするようなケースも見られますが、国立小学校では一切ありません。どちらかといえば、いわゆる机上の勉強よりも、体験学習や学校行事、クラブなどに力を入れている傾向が強いといえます。

●系列上位校への進学

　国立小学校から系列の中学校に進学する際の基準については、非公表の学校が多く、その実態については学校によってかなり差があるようです。さらに中学から高校への進学を見ると、その差はさらに大きくなります。たとえば、筑波大附属中学から高校へは約8割が進学していますが、学芸大附属竹早中から高校への進学率は5割弱となっています(3中学に対して高校が1校のため)。このように国立校では、無条件で系列中・高に進学できるとは限りませんので注意が必要です。また、国立大学には系列高校であっても、進学の特典はまったくありません。

私立小学校

●独自の教育方針

　国立・公立小学校にくらべ、私立小学校は制約が少なく、弾力性に富んだ教育ができるという特色があります。宗教教育、外国語教育をはじめ、6年間担任持ち上がり制、習熟度別学習指導、通知表廃止など、実にさまざまです。ともすれば画一的になりやすい公立小学校に比べ、特色ある教育を実践できるところが、大きな特徴となっています。

●宗教教育

　国立・公立小学校では、特定の宗教教育ならびに活動が禁じられておりますが、私立小学校では、反社会的な宗教でない限りこうした制約はなく、独自の宗教教育を展開しています。仏教系の学校では合掌・読経など、キリスト教系では礼拝・聖書の唱和などを通じて、人格形成教育をおこなっています。しかしこれらは、徳育の一環としておこなわれているもので、信仰を強いられることはありません。

●外国語教育・情報教育

　公立小学校でも英語教育を取り入れはじめましたが、外国語教育については私立小に一日の長があります。外国人教師が授業を受け持ったり、LL教室を利用するなどの工夫がなされ、早い時期からリスニングやスピーキングの指導をおこなうことによって成果をあげています。小学校から英語を学ぶには、私立は最適の環境にあるといえるでしょう。情報教育においても特に設備面では私立小学校のほうが整っているケースが多いようです。また、確固たる方針のもと、外国語教育や情報教育をおこなわなかったり、白百合学園のようにフランス語を正課に取り入れたり、学校によってその取り組み方が違うのも私立の特色です。

●系列上位校への進学

　私立のほとんどが、系列に中学・高校があり、さらに大学(短大)がある学校が少なくありません。小学校から系列中学・高校に進学する際は、学業成績あるいは行動面で問題がなければ、原則として進学できます。また、系列高校から系列の大学または短大に進学する場合も、一部の例外を除き、優先入学の道が開かれています。ひとたび小学校に入学すれば、大学まで無試験で進学できる道があるというのも、私立ならではの大きな特典です。ただし、小学校は共学でも上は女子校という学校も少なくなく、そのような場合、男子は外部進学となるので注意が必要です。一方、系列の中学をもたない学校もありますが、このような学校の場合、中学受験にむけた態勢をとっている場合が多く、進学面で実績をあげています。

■志望校選びのポイント

●志望校の決定

　わが子の適性や将来の志望をもとに、いろいろな小学校の教育理念や特色、校風などを検討されていることと思います。自宅からの通学時間や受験可能地域なども考慮されていることでしょう。それらに加え、受験日程や出題傾向なども志望校決定のための材料になります。しかし、あくまでも学校の指導方針と家庭の教育方針が一致していることが前提条件です。くれぐれも有名校の名にとらわれての受験、親のための受験ではなく、これからの子どもの発達を保障し、育てあげる方向を選択してください。

●学校所在地

　学校によっては、居住区域、あるいは通学所要時間によって応募資格を制限していますので注意が必要です。制限がなくても、特に小学校低学年では、まだ体力もありませんので、無理なく通学できる範囲で学校選びをするのが望ましいことはいうまでもありません。また、学校によっては系列の中学・高校が離れた場所に位置していることがあるので、その点も考慮してください。

●学校説明会

　多くの学校が、入学希望者のための学校説明会をおこなっています。時期は例年、6〜7月または9月におこなう学校がほとんどです。新型コロナウイルスが流行した際は、Web説明会が中心でしたが、昨年からはほとんどの学校がリアルでの説明会を行っております。やはり実際に学校を見ることで、雰囲気や児童の様子などを感じ取ることが可能です。お子さまに合う学校を選択するためにも足を運びましょう。最近は説明会に限らず、公開行事等も全て予約制で実施する学校も増えている他、オンライン説明会と並行しての実施する学校もあります。学校ホームページなどで必ずお調べいただき、お間違えのないようご注意ください。

●選考日

　志望校を最終決定する際には、選考日も考慮することになります。学校によっては、選考日が1日のところ、2〜3日にわたり実施されるところ、考査日の期間のうち特定の日時に呼び出されるところなどさまざまです。考査日程が重なっていても、呼び出し時刻などの関係で複数受験することが可能な場合もあります。また、選考日の前に面接を実施するところもありますので注意が必要です。

　幼児の場合、体調や精神的なことで、実力をじゅうぶん発揮できない場合がままあります。また、国立の場合は考査前に抽選があるところも多くあります。できるだけたくさんの学校に目を向けて志望校選びを進め、受験の機会を増やしたほうがよい結果につながるでしょう。

◆ ◆ ◆ ◆ ◆　　受験準備にあたって　　◆ ◆ ◆ ◆ ◆

●学校はどんな子を望んでいるか

　国立・私立小学校には、それぞれの学校の教育方針があり、それに則って日々の教育活動を展開しています。当然のことながら、その目標達成のため、的確な資質をもつ幼児の入学を望んでいます。そこで、学校が望む幼児像を総合的に考えてみると次の3点が共通のものとしてあげられます。

　まず、健康であること。そして社会性が備わっていること。もう一つは情緒が安定しているということです。

　健康であること、これは当然です。社会性とは、友達と仲良く遊べる、他人に迷惑をかけないなどの最低限のルールを身につけているということです。また、情緒が安定しているということは、家庭生活が円満かどうかの尺度にもなりますから、学校側としては重視しています。この3つを常に念頭において、受験準備を進めるようにしてください。

●日常の生活を大切に

　そこで、小学受験を目指すことを決めたら、まずは普段の家族の生活を大切にしてください。意識して、家族それぞれのコミュニケーションを豊富にとるよう心掛けましょう。特にお父さんは、仕事も忙しく、蚊帳の外になりがちです。リモートワークで家にいる機会が増えた方は、お子さまとの会話を大切に過ごしてください。帰宅が遅く、お子さんと接する時間が取れないお父さんは、子どもが寝る時間に電話を一本入れるだけでもよいのです。受験をきっかけにわが子と交換日記を続けているお父さんもいます。父親と母親の会話も大切にしてください。お互いに意思の疎通をスムーズにしておくことで、家族がひとつにまとまって受験に向かうことができます。

●幼児教室と模擬テスト

　現在、小学校受験をする家庭の大半が、なんらかの形で幼児教室を利用しています。幼児教室では、入試情報、入試問題の分析と傾向にそった指導、受験相談などさまざまなメリットがあり、大いに活用すべきでしょう。実際、小学入試では学力考査や実技テストが行われるところがほとんどですから、その対策はやはりプロの指導者のアドバイスを受けながら進めていければ安心です。しかしながら、幼児教室に任せっぱなしでは成功は望めません。家庭でのフォロー、子どもにストレスが生じないような配慮等、親の力が重要です。

　公開の模擬テストも行われていますが、こちらもうまく活用しましょう。模擬テストでは、本番の雰囲気に慣れる、ふだん見えなかった弱点が発見できるなどのメリットがあります。ただし、小学入試の場合、データと合否とは完全に結びつくものではありません。合否判定に一喜一憂することのないようにしてください。

◆ ◆ ◆ ◆ ◆小学入試の実際とその対策 ◆ ◆ ◆ ◆ ◆

　小学校の入学考査は多種多様で、各校によって内容は異なります。ここでは、多くの学校で実施されている代表的な入試形態について紹介します。(面接については後述)

ペーパーテスト

　学力の発達を調査する試験です。いろいろな分野の出題があります。おもなものは次の通りです。

数

　数を数える「計算」、「数の合成」などの問題があります。数字で答えさせるケースはほとんどなく、その数だけ〇や□などの印をつけるというパターンが一般的です。発展形として、広さを比較する問題、与えられた条件から物の位置を決定する「座標」の問題などがあります。

図形

　絵を見て図形の同異を発見する「同図形・異図形」の問題、お手本と同じ図形を完成させる「点図形」、分断された図形を組み合わせる「図形構成」などの問題があります。いずれも、全体を把握する力と細かい部分に目を向ける注意力が必要になります。

言語

　先生やテープのお話を聞いたあとで、内容について問う「お話の記憶」が一般的です。「しりとり」や「なぞなぞ」など言葉を使ったゲーム形式のもの、同じ音の言葉を探す「同頭音・同尾音」などもあります。言語の分野については、ペーパーではなく、口頭試問の形で実施する学校も多く、そこでは、短文復唱や早口言葉、さかさ言葉などが出題されています。

推理

　立体をいろいろな方向から見たときの見え方や展開図から立体を判断する「空間図形」、鏡に映った映像について問う「鏡図形」、話のかけたところや続きを推測する問題など、さまざまな出題があります。いずれも、見えないところをイメージする力が試されます。生活体験を豊かにしておくことが望まれます。

科学・常識

　動植物の生態、四季の行事、家庭用品、交通道徳、社会常識などが問われます。出題形式は、間違いさがしや、関連のあるものを線で結んだり、仲間外れ探しなどが多いようです。その他、太陽の方角と影のでき方や、旗のなびき方と風向きなどの出題もあります。

学校側は、バランスよく学力が発達した子が欲しいわけですから、これらの分野をまんべんなく出題するというところがほとんどです。多量のペーパーを課する学校もありますが、最近ではいくつかのジャンルを複合させて総合力をみようというケースが多くなっています。また、ひらがなや数字の読み書きが必要な出題は一部の学校を除いては見られません。

　そして、すべてのペーパーテストに共通して言えることは、「人の話をきちんと最後まで聞くことができるか。ものをしっかり見ることができるか。そして、それに対応してすぐに行動に移すことができるか」が最も大切だということです。どんなに知能が高くても、使うクレヨンの色を間違えたり、記入する記号が間違ったりしては合格点は取れないものです。

ペーパーテストの対策

●方向性を持って、広い視野で

　実際の入試問題や市販のドリル等を見ると、量の多さに驚かれるご父母もおられることでしょう。あれもやらせなければ、これもやらせなければと考えると、焦りばかりが先に立ちます。

　けれども、前述の通り、ペーパーの基本は「話を最後まで聞き、しっかり見て、指示通りに行動する」ことですから、やみくもにペーパーをこなすのではなく、ある程度の方向性を持って進めることが大切です。

　また、ほとんどの問題が、生活の範囲内での事柄から出されている点から考えて、普段の生活の中でも意識して準備を進めることができます。ペーパーテストの対策は必ずしもペーパーの練習だけとは限りません。

●より実戦に近い形で

　では、実際の入試問題を、市販の問題集などを使って、親子で進めていくという前提で、具体的な注意点についてふれてみます。基本的な注意点は次の5点です。

　①説明過多にならないこと

　どうしても親子で進める場合、説明過多になってしまいます。決められた説明以外に言葉を足すようなことは控えたほうが、より実戦的な練習ができます。

　②制限時間を厳守すること

　それぞれの問題には、必ず制限時間が付記されています。この制限時間を守ってだらだらさせないことが大切です。

　③早めに終わっても、時間まで静かに待たせること

　制限時間まで静かに待たせるということも大切な訓練のひとつです。1対1で教える場合、とにかく終わったらすぐ次の問題に移りがちですが、待たせることも忘れないでください。

④直後に解説をしないこと

　実際の入試では、解説はなされません。わからなければすぐに説明してもらえるという意識は入試においてはマイナスに働きます。何かの機会に改めて説明するようにして、直後に説明することは避けてください。

⑤できなくても気にしないこと、させないこと

　できた時は大いにほめるということは大切です。やる気を喚起することにもつながりますが、できなかった時は、気にしないこと、させないことが大切です。

ペーパーテスト以外の考査とその対策

　最近では、ペーパーテスト以外の考査方法を取り入れる学校が多くなっています。ペーパー以外の考査には次のようなものがあります。

[制作]

　巧緻性や指示を守れるかどうかを見るために行われるテストです。最近では廃品を利用した制作が多く出題されています。何人かでひとつのものを完成させる「共同制作」を課す学校もあります。

●対策　はさみとのりの使い方を練習しておきましょう。切る紙の方を持って動かしていくことは、子どもには難しいことです。入試では、カップに入ったのりを使うのが一般的ですが、チューブのり、スティックのりなどで出題されることもあるので、いろいろなのりを使えるようにしておきましょう。また、普段から廃材等を利用して、楽しみながら制作の練習をしてください。

[行動観察]

　協調性、社会性などをみるテストです。複数の子どもで遊ばせ、そのようすを評価していくというケースが多いようです。学校によっては、在校生の上級生と一緒に遊んだり、母子で遊ばせたりするところもあります。いじめの問題が取り沙汰されることもあり、学校は仲良く遊べる子、遊びのルールが守れる子を欲しがっています。基本的なしつけができているかどうかもチェックされます。

●対策　リーダーシップを発揮できる子、引っ込み思案な子など、子どもには個性がありますから、それを無理に矯正することはやめましょう。しかし、わがままになったり、遊びに参加できなかったりでは困りますので、幼稚園などでのようすを把握し、適切な指導をしていきましょう。母親から見ると欠点ばかりが目につきがちですが、優れたところを認めて、ほめるように心掛けてください。また、遊びに熱中できるということも大切です。

[運動能力]

　簡単な運動を課し、心身の健康状態をみるテストです。跳び箱、ボール、平均台、鉄棒、マットなど道具を使うもの、ケンパ、模倣体操、ゲームなどが行われています。指示の理解力、積極性、意欲が試されます。特に運動能力が秀でていなければならないということはありません。待っているときの姿勢も大切です。

●対策　ペーパーテストと同様「指示をしっかり聞いて、行動する」ことと、いやがったりこわがったりせずに「意欲的にとりくむ」姿勢があれば問題ありません。運動の内容についても、家庭や公園で練習できるものばかりです。遊びを通してひととおり練習しておきましょう。

[課題画]

　「大きくなったらなりたいもの」「お話の続き」「好きな動物」など与えられた課題にそって絵を完成させます。芸術的素養をみるためのものでなく、のびのびした絵が描けるか、楽しく取り組めるかをみています。

●対策　日頃から家庭での練習が必要です。紙一杯にいろいろな色で、楽しく絵を描かせてください。クレヨン、クーピー、サインペン、色鉛筆など、さまざまな道具で練習しておくようにしましょう。

　その他、音楽・リズム、ごっこ遊びなどの問題が、運動や制作・行動観察と関連して出題される学校もあります。音楽についても、音楽的な素質をみるわけではありません。音楽が好きで、楽しく歌ったりリズムをとったりできれば問題ありません。ごっこ遊びは決められた自分の役割をどうこなすかが大切です。お店屋さんごっこや、動物園ごっこなどいろいろなパターンがあります。いずれも、遊びの中に取り入れて練習していきましょう。

国立小学校の抽選（都立も同様）

　国立小学校の入学者選抜では、原則として抽選制度が採用されています。多くの学校は考査のあと抽選で最終合格者を決めるシステムをとっていますが、志願者の多い筑波大附属、お茶の水女子大附属、東京学芸大附属、立川国際などは考査の前後2回抽選を行っています。

　入試の出題内容と対策についてまとめましたが、大切なことは、これらの対策は決して、受験のためだけのものではないということです。子どもの将来の発育にとって有意義なものとなるに違いありません。広い視野で小学受験をとらえてほしいと思います。

◆ ◆ ◆ ◆入試直前の幼児と父母の過ごし方◆ ◆ ◆ ◆

●日程表を作って能率的な行動を

　ご両親にとって子どもの小学受験は初めての経験という方も多いと思います。「あれもしなくては、これもしなくては」などと、頭の中ではいろいろな思いが渦巻き、それに忙しさも加わって、大人にとってもストレスが生じます。そして、大人がピリピリした精神状態でいますと、子どもには、それがすぐに伝わり、プレッシャーや不安となってしまいます。まずは、親自身がピリピリイライラしないで、必要な行動を行うことが入試前の一番大切なことです。

　そのための具体的な方法として、日程表を作って、一つひとつの行動をチェックしていくことをお勧めします。形式は、各々の使用しやすいように工夫すればよいでしょう。ただ書き落としのないよう、細かいことの一つひとつまで記入しておいて、終了したらチェックするというようにします。そして、確実にスケジュールをこなすという感じで毎日の生活を組み立てましょう。親の動揺・不安が入試前の子どもに与える影響は大きいものがあります。少なくとも受験生本人は、普段と変わりなく、平穏な日々が過ごせるよう、配慮してください。

●志望校の情報収集

　学校側としては、学校の教育方針を理解し、かつ共鳴してくれる家庭の児童を入学させようと考えるのは当然です。それに付随して、面接やアンケートなどで、親族や知人にその学校の出身者や在学者がいるかを問う場合もあるわけです。ですから、志望校については、できる限り情報を集め、両親ともよく研究しておかなくてはいけません。特にお父さんが情報不足になりがちです。学校案内に目を通すだけでなく、自分の目で学校を見ておくことです。

●入学願書作成

　私立小学校の場合、入学願書は説明会の前後から配布になる場合がほとんどですが、国立小学校では、説明会をしないところもあり、配布期間も短めなので、取り忘れのないよう学校のホームページ等で早めに日時を確認する必要があります。

　入学願書は、面接の時の重要な資料となると同時に、受験者側の熱意や共感度を伝えるものでもあるわけです。ご両親で話し合い、よくこなれた言葉でしっかりと記入しましょう。アンケートの記入を課す学校についても同様です。ていねいに書き損じのないよう、下書きをした上で記入し、コピーをとって面接準備のために見直しておきましょう。特に、志望理由や家庭の教育方針は、面接の際に質問されますので、簡潔明瞭に記入し、それに基づいて話が展開できるように心がけておきましょう。

●願書提出

　必要書類の不足がないように確認し、提出期間内になるべく早く提出しましょう。私立小学校の出願期間は1週間前後というのが一般的ですが、中には特定日の消印郵便のみの学校もあります。

　一方、国立小学校の出願期間は全般的に短く、1日か2日間がほとんどです。出願期間を過ぎて願書を受け付けるというケースはありませんので、十分注意が必要です。

　また、これらと並行して受験当日の面接の持ち物、服装などの準備もきちんとしておきましょう。当日の持ち物は、入学願書の説明に即してそろえ、長く待つ場合も考えて、折り紙や小さな絵本なども用意しておくとよいでしょう。上履きの有無、持ち物への名前の記入の可否なども必ず確認しておきましょう。

　面接の際の服装は、親子ともに紺やグレー系統のスーツなどが無難なようです。女児ならば、ワンピースや白のブラウスに紺のスカートなどでもよいでしょう。親も荷物をコンパクトにまとめ、弟妹は連れていかないようにしましょう。着慣れていない服、自分で脱ぎ着ができない服では困りますので、何回か手を通しておくとよいでしょう。

●子どもには自信を持たせた心の安定を

　幼い子どもでも受験が近づくと、親の動きや雰囲気などから、かなり緊張してくるものです。「うまくできなかったらどうしよう」「お母さんまた怒るかな」と小さな胸を痛めているものです。ですからこの時期は、今までやってきたことの成果を認め、折にふれ、ほめてあげてください。「どうしてこんなことができないの。だからダメなのよ。」というのは禁句です。子どもに自信を持たせ、不安やプレッシャーを感じて、心が不安定にならないようにしてあげることが肝要です。

●受験生本人の準備

　具体的な過ごし方としては、入試2〜3か月前ぐらいから志望校の入試問題の傾向を把握して、類似問題を練習してみましょう。もちろん、筆記試験だけではなく、集団でのテストや運動テストではどうのような課題が出されているか、絵画、制作はどうかなど傾向をつかんで親子で毎日の生活の中で練習してみましょう。その時も、時間を決めて集中的に行いましょう。いつまでもだらだらとやり続けても疲れてしまい、楽しい印象が残りません。また、お母さんが工夫して類似問題をつくってあげたり、友達の役になって集団行動の練習をしたりするのもよいでしょう。

　1か月前になったら、子どもとの対話を多くして、「言語」や「常識」に力を入れましょう。発表、お話作り、季節、身の回りの物の用途や名称などが、受験当日の面接に生きてきます。

　また、当日の面接で語尾まではっきり言えるように、わからない時は黙っていないで、「わかりません」と言えるようにしましょう。家庭でも、こうしたポイントに注意して過ごしてみてください。

2週間前からは、何よりも体調を整え、十分にこれまでの成果を出すことができるように気を配ってあげましょう。生活態度や言葉遣いを中心に、落ち着いた行動がとれるようにしてあげましょう。子どものことですから、ちょっとした原因で、焦ったり、困惑したりしてしまいます。そんな時にも、叫んだり、泣き出したりすることのないように言葉で自分の気持ちを伝えられるようにできるとよいのです。

後片付けや食事の仕方などを見る課題もあります。本当に6年間の成果が問われるのかもしれません。その意味では、ご両親も自信をもって受験に臨み、子育ての成果をお伝えください。

●保護者の準備

　小学入試は親の入試でもあります。親の資質や考え方は、幼児にも強く反映されるため、学校側は保護者に対しても、注意深い目を注ぐわけです。保護者に関する調査としては、現在のところ、入学願書と面接に限られますが、中には子ども同様の行動観察がなされる学校もあるようです。また、学校によっては、保護者面接を実施しない学校もありますが、極めてまれな例で、ほとんどの学校で実施されています。また、面接とは別に、試験中にアンケートやレポートを提出させる学校もあり、やはり周到な準備は欠かせません。

　これら面接やアンケートの着眼点は以下の点となっています。

　①学校に対する理解度

　②学校側の望む児童像(健康で、しつけのゆきとどいた、社会性のある、生活経験豊かな、情緒の安定した子ども)と家庭の教育方針がどこまで一致しているか。また、そのような子どもを育てることができる資質を持ち合わせているかどうか。

　③入学後、学校の教育活動に協力してくれるかどうか。

　④人柄

　⑤家庭環境

　これらを確かめるために面接やアンケートをさまざまな形や内容で実施します。両親とも十分な対策が望まれます。

　小学校受験では、面接が大きな比重を占めます。これは、幼児をテストだけで判断するのは難しいので、学齢期を迎える子供としての「基本的な生活習慣はきちんと身についているか」「判断力、社会性はどうか」、また両親の考え方、話し方などから「子供の育て方が、学校にふさわしいかどうか」をみるためのものです。

ポイント ： 子供の性格　　家庭の教育方針　　志望理由

　これをまとめると、つまり「私たちの子供の長所・短所はこうであり、それは私たちの家庭教育によるものです。学校を調べてみるとその教育方針と一致しているところが多く、安心して子供を任せられる」となるわけです。ですから親として子供にふさわしい学校を選んであげることが、面接に自信を持って臨めることになるわけです。このことを承知したうえで、ご両親が子供の教育方針をよく確認し合っておく必要があります。

面接会場で心がけること

　面接官の先生方は、ドアをあけて入ってくる様子、歩き方、椅子の座り方などの立ち居振る舞い、話し方、答え方などから、その家庭の雰囲気、親の人柄、子供の育て方などを総合的にみています。名前を呼ばれて入室するときは、お父さん・お子さん・お母さんの順に入るのが自然です。次に面接官の前に進み、礼をします。子供は「おはようございます」と元気にあいさつをしたら、親はそれに続いて「おはようございます」とか「よろしくお願いします」とあいさつします。着席の時は面接官の先生に「どうぞ」と言われてから、子供がきちんと席に座るのを確かめつつ、座るとよいでしょう。質問には自分に聞かれたときだけ要領よく話しましょう。また、ご両親とも質問をされている先生を見ながら、視線の中に絶えずお子さんをとらえておくべきです。とくに女の子はお父さん以外の男性と話す機会は少ないものですから、それだけで不安な気持ちになってしまいます。お子さんがお父さんやお母さんを見たときには笑顔で応じてあげられるようにしましょう。ただし、質問に答えられないときに口をはさむのはいけません。だからといってずっと黙っているのも冷たい印象を与えるので、少し間合いをおいて質問の意味がわかるよう補足してあげることも必要なことかもしれません。間違っても答えを教えてはいけません。一生懸命に答えようとする我が子をあたたかく見守る優しさが大切なのです。

言葉遣いについて

　あいさつ、言葉遣いは礼儀作法の第一歩です。「おはようございます・こんにちは」と自然にあいさつできる子、「ありがとう・ごめんなさい」が素直に言える子、思いやりの心をもった子に育てることが大切です。

　また、質問に対して元気よく「はい」「〜です、ます」と自然に話せると、先生も面接を気持ちよく進行することができます。ただ、とってつけたような不自然さは聞いていていやなものです。自然な言葉遣いは、日常の会話の中で身につけさせるようにしてください。

Ⅰ　志望理由について

　ご自身の出身校の場合は、体験から同じ教育方針で教育を受けさせてやりたいと具体的に説明することができます。卒業年度、在学時の強い印象や、社会に出てからも生活の信条としていることなどを簡潔にまとめておきます。出身校でない場合は、なぜ志望するかを明確にしておく必要があります。職場の同僚や尊敬する先輩、友人の母校である場合、動機となったエピソードなどがあれば短くまとめておいてください。

　名門校に憧れるだけで受験する場合は、志望理由がはっきりしないものです。「伝統があり、教育設備が充実し、熱心な先生が…」では、学校の教育方針について両親の考えがあいまいです。家庭の方針やしつけのどんなところが学校と一致しているのか、必ず具体的にまとめておくことです。

◆例１◆　「貴校は、児童の成長と特性に応じた教育の中から、一人ひとりの個性を十分に伸ばし、豊かな人間形成をめざしていらっしゃることを知り、ぜひともそのご指導を仰ぎたく、志願致しました。本人は、とても健康で素直な思いやりの深い子に育っています。今後は、心身共に健康で主体性のある子に育って欲しいと思っております。交通機関にも恵まれており、安全に通学できますので、ぜひ入学させていただきますよう、よろしくお願い致します。」

◆例２◆　「現在、近所の〇〇さん（親類の〇〇くん）が貴校に通学しています。〇〇さんの話から、貴校では学力のみならず、いろいろな学校行事を通じ、幅広い人間に育てていただけると思いました。また、通学も比較的便利ですので、ぜひ入学させたいと思い、志願致しました。」

◆例３◆　「私たちは子供を育てるにあたり、『自分のことは自分でする。人に迷惑をかけない。』と教えてきました。小学校への入学にあたりいろいろと調べましたところ、私たちの考えと貴校の教育方針が同じであることを知り、ぜひここで学ばせたいと思い、志願しました。また、大学までの一貫教育が受けられ、受験にわずらわされない個性豊かな教育が受けられるのも、魅力のひとつです。以上のことから、我が子にふさわしい学校と考えた次第です。」

◆例４◆　「子供には、恵まれた環境の中でよりよい教育を身につけ、感性豊かに、心身共に逞しい人間に成長してもらいたいと願ってまいりました。小学校の入学にあたり、貴校は意欲ある学校生活を送ることができる最良の学園であると考え、志願致しました。」

◆例５◆　「貴校が大学までの一貫教育のなか、恵まれた教育環境と伝統ある教育方針を兼ね備え、伸びやかな教育、細やかな生活指導をされていることを知り、ぜひともそのご指導を仰ぎたく志願致しました。子供の持つ個性と能力を十分に伸ばしていただきたいと思います。よろしくお願いいたします。」

Ⅱ　教育方針について

　志望理由のところで述べましたが、家庭と学校の教育方針が一致することが大切です。私立小学校では、伝統を誇る独自の教育方針と校風があり、こういったことを志望理由や家庭の教育方針にしているかどうかが判定のポイントになります。例えば、

　　　　「豊かな人間性と主体性、創造力をもった人間を育てる」
　　　　「公共心、協力、奉仕の精神を身につけた人間を育てる」
　　　　「国際的な視野を持った人間に育てる」

　といった学校の方針が、ご両親の考えとどういう点で結びついているかを日常生活を通じて、平易な言葉に置き換えて話すことが大切です。単なる憧れや、こうあってほしいと願うだけではご家庭の教育方針にはなりません。普段どういったときに誉めるか、叱るか、子供を育てるにあたって、常日頃から気をつけてきたことを具体的にまとめてみると、親としての考えが明確になってくるはずです。

◆例１◆　「何事にも自主的に努力できる旺盛な実践力と、他人への思いやりを持ち、人間性に満ちた情操豊かな子供に育てたいと思っております。」

◆例２◆　「我が家では、スポーツに力を入れ、幼いころより水泳、スキーなどに家族で親しんできました。また、優しさ、協調性を重視してまいりました。今後もあらゆることに対して挑戦できる強い心を持ち、心身ともに健康で、明るく伸び伸びと育ってほしいと願っています。」

◆例３◆　「良い、悪いのけじめをつけ、何事にも努力し、最後までやり抜き、日常の生活習慣は、自分一人でできるように育ててまいりました。」

◆例４◆　「人に対して親切で思いやりがあり、常識のある人間に育てたいと思い、日頃の生活の中で相手の立場にたって考え、判断できるよう指導しております。将来もまた、心身とも健康で社会に貢献できるよう願っております。」

◆例５◆　「子供にとって一番大事なのはやる気だと思います。身の回りの物事に興味を持って取り組み、最後までがんばるよう教えています。効果の程は十分とはいえませんが、心身ともにバランスのとれた子供に育っているように思います。」

◆例６◆　「親といたしましては、基本的生活習慣はもちろん、相手への思いやり、優しさ、協調性を重視してまいりました。その上で、女子とはいえ社会への積極的な参加も必要だと思っております。子供らしく伸び伸びと育って欲しいと同時に、礼儀をわきまえ自分の能力を学校や社会で十分生かせるようになって欲しいと願っております。」

Ⅲ　子供の性格について

　我が子の性格を説明するとなると、普段とかく子供と接する機会の少ないお父さんは苦手な場合が多いようです。単に「普段から明るく活発で自主性があります」では、表現不足です。子供の性格からその子の印象がよくわかるように、できるだけ教育的に好ましい具体例、エピソードをそえてお話しください。例えば、「明るく活発」であるなら、幼稚園や友達との遊びを通じてのエピソードや、「優しさ」なら弟妹へ思いやり、おじいさんおばあさんへのいたわりなどから、その子供の性格がわかります。幼稚園の先生の子供への評価も大変参考になります。

　短所のほうは、実に答え方が難しいようです。「気が短い」「気が弱い」「集中力に欠ける」「あきっぽい」などの言葉はできるだけ使わないでください。「そういった子供に育てたのはご両親ではありませんか」と思われます。短所は、長所のように具体的な事例はさけて、ごくおだやかな表現とするようにしましょう。

◆例１◆　「何事も素早く行動できます。また、難しいこともあきらめずに最後までやり抜く根気と集中力があります。思いやり深く、誰からも好かれます。」

◆例２◆　「長所は思いやりが深く、何事にも集中し、最後まで熱心に取り組むことができます。また、外遊びが得意で友達と仲良く遊べます。短所は照れ屋で何事にものんびりかつ丁寧で、所作が少し遅くなってしまうことです。」

◆例３◆　「長所は、几帳面な性格で、何事にも一生懸命取り組み、最後までやり遂げます。また、思いやりのある優しい子供で、動物の世話をしたり、年下の子供の面倒を見るのがとても好きです。短所は、やや気が急くせいでしょうか、そのために時々失敗することもあります。」

◆例４◆　「長所は、外遊びが得意で友達と遊べることです。また家ではブロックを使った創作が好きで、夢中になって取り組みます。妹の面倒も嫌がらずよくみてくれます。短所はやや早のみこみなところがありますが、最近は少しずつではありますがなくなってきております。」

つづきは
184ページへ

小学入試情報2025

国立大学附属小学校
都立小学校

各学校のページは巻末のさくいんをご覧ください。

首都圏を中心に全国の国立大附属小学校および都立小学校のデータをまとめました。
過去の問題にもチャレンジしてみましょう。

掲載されている募集要項は2024年度(2023〜2024年1月実施済)のものですのでご注意ください。
データは学校提供分と当社調査分を合わせたものです。

◆ご注意ください◆
アクセス欄はおもな通学方法のみ掲載しています。
公開行事については、2024年3月1日時点での学校の回答を掲載しています。未定の場合は空欄となっています。学校HPにてご確認ください。
編集試験・帰国子女受け入れについては不定期に実施する場合など「※」としています。詳しくは学校にご確認ください。

オチャノミズジョシダイガクフゾクショウガッコウ

お茶の水女子大学附属小学校

■制服 有　■給食 有　■スクールバス 無　■アフタースクール 無　■系列校 有　■公開行事 無

■所在地　　〒１１２－８６１０
東京都文京区大塚2-1-1
TEL　03-5978-5875　FAX　03-5978-5872

■アクセス　　　　　　　　　　　■学校HP

地下鉄丸ノ内線[茗荷谷]駅下車徒歩7分
地下鉄有楽町線[護国寺]駅下車徒歩8分
JR[大塚]駅から都バス[大塚二丁目]下車
徒歩1分

※アクセスについて、学校HPにて必ずご確認ください。

■学校情報 --

○校長 小松　祐子　　○児童数 627 名　男子 311 名　女子 316 名　○教員数 30 名

○安全対策
警備員巡回　　　防犯カメラ設置　　　災害時用備蓄　　　緊急メールシステム

受付入校チェック　非常通報装置設置　　全教室防犯ブザー　　ガラス飛散防止フィルム

■入試情報 --

○ 入試結果

	2024年度		
	男子	女子	合計
応募者数	1,143 名	1,634 名	2,777 名
一次選考(抽選)	16%通過	11%通過	約360 名
二次選考(検査)	約50 名	約50 名	約100 名
三次選考(抽選)	25 名	25 名	50 名

○ 選抜方法　※非公表につき編集部調べ過去数年分

ペーパー ー　　運動 ー　　行動観察 有　　制作 有

絵画 有　　面接 保護者　　個別審査 有

○ 募集要項　※下記データは2023年実施済のもので、2024年実施予定のものではありません。

募　集　人　員	男子25名程度　女子25名程度　計50名程度
願 書 取 得 方 法	Web(学校HPより)
願 書 提 出 方 法	Web(学校HPより)
検　　　定　　　料	1次 1,100円　2次 2,200円
第 1 次 検 定 (抽 選)	11月18日
第 2 次 検 定 手 続 き	12月4日(保護者作文)
第 2 次 検 定 (考 査)	12月5日(Aグループ)・6日(Bグループ)・7日(Cグループ)
第 2 次 検 定 発 表	12月8日
第 3 次 検 定 (抽 選)	12月8日
入 学 手 続 き	12月8日

通学地域による応募制限 有　　編入試験 無　　帰国子女受入れ 有

■公開行事・説明会　※回答時未定につき、学校HPでご確認ください。

3月 －	7月 －	11月 －
4月 －	8月 －	12月 －
5月 －	9月 －	1月 －
6月 －	10月 －	2月 －

■学校から受験生へのメッセージ

1 大学および附属学校園との連携研究　　2 今日的な教育課題を追究し、その成果を研究紀要や研究図書として刊行
3 大学生および大学院生の教育実習やインターンシップの実施　　4 現職の先生方への教育研修の場の提供

ツクバダイガクフゾクショウガッコウ

筑波大学附属小学校

■制服 有　■給食 有　■スクールバス 無　■アフタースクール 無　■系列校 有　■公開行事 無

■所在地　〒112-0012
東京都文京区大塚3-29-1
TEL　03-3946-1392　FAX　03-3946-5746

■アクセス

地下鉄丸ノ内線[茗荷谷]駅下車徒歩8分
地下鉄有楽町線[護国寺]駅下車徒歩15分
JR[大塚]駅から都バス[大塚二丁目]下車
徒歩5分

※アクセスについて、学校HPにて必ずご確認ください。

■学校HP

■学校情報 --

○校長 佐々木　昭弘　○児童数 758 名　男子 379 名　女子 379 名　○教員数 39 名

○安全対策　警備員巡回　　防犯カメラ設置　　非常通報装置設置　　ガラス飛散防止フィルム

　　　　　　災害時用備蓄　　受付入校チェック　　全教室防犯ブザー　　緊急メールシステム

■入試情報 --

○ 入試結果

	2024年度		
	男子	女子	合計
応募者数	1,849 名	1,615 名	3,464 名
一次選考(抽選)	42%通過	47%通過	約1,650 名
二次選考(検査)	90 名	90 名	180 名
三次選考(抽選)	64 名	64 名	128 名

○ 選抜方法　※非公表につき編集部調べ過去数年分

ペーパー 有　運動 有　行動観察 有　制作 有

絵画 －　面接 本人　個別審査 有

○ 募集要項　※下記データは2023年実施済のもので、2024年実施予定のものではありません。

募 集 人 員	男子64名程度　女子64名程度　計128名程度
願 書 取 得 方 法	Web(学校HPより)
願 書 提 出 方 法	Web(学校HPより)
検 定 料	－
第 1 次 検 定 (抽 選)	11月11日
第 2 次 検 定 手 続 き	11月17日～11月21日
第 2 次 検 定 (考 査)	12月15日(Aグループ)・16日(Bグループ)・17日(Cグループ)
第 2 次 検 定 発 表	12月18日
第 3 次 検 定	12月19日
入 学 手 続 き	1月26日

通学地域による応募制限 有　　編入試験 無　　帰国子女受入れ 有

■公開行事・説明会　※回答時未定につき、学校HPでご確認ください。

3 月 －	7 月 －	11 月 －
4 月 －	8 月 －	12 月 －
5 月 －	9 月 －	1 月 －
6 月 －	10 月 －	2 月 －

■学校から受験生へのメッセージ　※学校HPより引用

本校は筑波大学に附属し、初等教育の理論と実際について研究すること使命とし、その成果を一般小学校教育の参考に供する。また、本校は教師希望の大学生や全国各地から派遣される現職の研修生に対して教育実習、研究実践の場として活用されている。近年は世界各国からの参観者も多くあり、研究成果などの紹介を通して国際交流も行われるようになってきている。

東京学芸大学附属大泉小学校

■制服 有　■給食 有　■スクールバス 無　■アフタースクール 無　■系列校 有　■公開行事 無

■所在地　　〒１７８-００６３
東京都練馬区東大泉5-22-1

TEL　03-5905-0200

■アクセス

西武池袋線[大泉学園]駅下車徒歩８分

■学校HP

※アクセスについて、学校HPにて必ずご確認ください。

■学校情報

○校長 杉森　伸吉　　○児童数 577 名　男子 288 名　女子 289 名　　○教員数 44 名

○安全対策　　通用門、校庭門は登下校時以外の時間は施錠　　中学校門、正門に警備員常駐

■入試情報

○ 入試結果	2024年度		
	男子	女子	合計
応募者数	660 名	691 名	1,351 名
一次選考(抽選)	90%通過	90%通過	約1,215 名
二次選考(検査)	45 名	45 名	90 名

○ 選抜方法　※非公表につき編集部調べ過去数年分

ペーパー 有	運動 有	行動観察 有	制作 －
絵画 －	面接 本人	個別審査 有	

○ 募集要項　※下記データは2023年実施済のもので、2024年実施予定のものではありません。

募　集　人　員	男子45名程度　女子45名程度　計90名程度
願 書 取 得 方 法	Web(学校HPより)
願 書 提 出 方 法	Web(学校HPより)、2次のみ持参
第 1 次 検 定 (抽 選)	10月13日
第 2 次 検 定 手 続 き	男子：11月3日・11月6日　女子：11月4日・11月6日　指定時間内に提出
第 2 次 検 定 (考 査)	11月29日・30日(両日参加必要)
第 2 次 検 定 発 表	12月2日〜4日
第 3 次 検 定 (抽 選)	実施せず

通学地域による応募制限 有　　編入試験 無　　帰国子女受入れ 有

■公開行事・説明会　※回答時未定につき、学校HPでご確認ください。

3 月 －	7 月 －	11 月 －
4 月 －	8 月 －	12 月 －
5 月 －	9 月 －	1 月 －
6 月 －	10 月 －	2 月 －

■学校から受験生へのメッセージ　※ホームページより引用

①自ら学び、自ら考え，ねばり強く取り組む子ども　②支え合い、ともに生きる子ども
③たくましく、清い心の子ども　④希望をもち、世界に伸びる子ども 以上の4点を教育目標としています。

東京学芸大学附属小金井小学校

■制服 有　■給食 有　■スクールバス 無　■アフタースクール 無　■系列校 有　■公開行事 無

■所在地　　〒１８４－８５０１
東京都小金井市貫井北町４丁目１-１
TEL　042-7823-7825　FAX　042-329-7826

■アクセス　　　　　　　　　■学校HP

JR中央線[武蔵小金井]駅北口下車徒歩15分
[武蔵小金井]駅よりバス[学芸大東門]下車すぐ

※アクセスについて、学校HPにて必ずご確認ください。

■学校情報 --

○校長 小森　伸一　　○児童数 618 名　男子 312 名　女子 306 名　○教員数 44 名

○安全対策　　警備員の配置　　玄関扉の施錠　　入校証の着用　　警察と連携した訓練
不審者情報の配信　職員の登下校指導　学校周辺の見回り

■入試情報 --

○ 入試結果

2024年度	男子	女子	合計
応募者数	468 名	511 名	979 名
一次選考(検査)	84 名	85 名	169 名
二次選考(抽選)	52 名	53 名	105 名

※附属幼稚園からの合格者含む

○ 選抜方法　※非公表につき編集部調べ過去数年分

ペーパー	有	運動	有	行動観察	有	制作	有
絵画	－	面接	本人	個別審査	－		

○ 募集要項　※下記データは2023年実施済のもので、2024年実施予定のものではありません。

募　集　人　員	男女計105名　※内部進学者含む
願書取得方法	Web(学校HPより)9月9日〜24日
願書提出方法	Web及び郵送(学校HPより)9月19日〜29日　※Web出願後、必要書類を郵送にて提出
検　定　料	3,300円
第1次検定(総合調査)	11月29日・30日
第1次合格者発表日	12月2日
第2次選考(抽選)	12月2日
最終合格者発表	12月2日
入　学　手　続　き	12月11日・12日

通学地域による応募制限 有　　編入試験 無　　帰国子女受入れ 有

■公開行事・説明会　※回答時未定につき、学校HPでご確認ください。

3月	－	7月	－	11月	－
4月	－	8月	－	12月	－
5月	－	9月	－	1月	－
6月	－	10月	－	2月	－

■学校から受験生へのメッセージ　※ホームページより引用

大学と附属校とが緊密に連絡をとり、大学での研究理論を附属小学校で実際に指導に取り入れ、また、その結果を大学での研究に生かしていくことを大事な役割としている。このため、研究テーマを掲げ、年間を通じて研究会を開き、「授業研究」といって、教師全員が児童をとり囲むようにして授業する機会も多い。

東京学芸大学附属世田谷小学校

■制服 無　■給食 有　■スクールバス 無　■アフタースクール 無　■系列校 有　■公開行事 有

■所在地　　〒１５８－００８１
東京都世田谷区深沢4-10-1
TEL　03-5706-2131　FAX　03-5706-2144

■アクセス　　　　　　　　■学校HP
バス[深沢不動前]・[学芸附属小学校]・[東深沢小学校]下車徒歩５分

※アクセスについて、学校HPにて必ずご確認ください。

■学校情報 --

○校長　及川　研　　　○児童数　617 名　　　○教員数　26 名

○安全対策　　ガードマン常駐　登下校管理システム導入

■入試情報 --

○ 入試結果	2024年度		
	男子	女子	合計
応募者数	591 名	560 名	1,151 名
受験者数	- 名	- 名	- 名
合格者数	53 名	52 名	105 名

○ 選抜方法

ペーパー 有　運動 有　行動観察 有　制作 －

絵画 －　面接 本人　個別審査 －

○ 募集要項　※下記データは2023年実施済のもので、2024年実施予定のものではありません。

募 集 人 員	男女計105名
募 集 公 示 期 間	9月1日～
募集要項配布日	9月15日～27日（９時～12時・13時～16時）※土日祝日を除く　配布場所－事務室（一部2,000円）
願 書 提 出 方 法	9月20日～28日　※郵送出願のみ　期間内消印のみ有効
第1次選考(発育調査)	<男子>11月29日　<女子>11月30日
発育調査合格発表	12月2日(8時～)
第２次選考（抽選）	12月2日(受付時間<男子>9時～9時30分 <女子>10時30分～11時00分)
入 学 考 査 料	3,300円　郵便局の普通為替証書で納付
入学手続き説明会	12月2日
入学手続き納入金額	約240,000円（入学手続き時納入金は約110,000円）　※寄付金－あり

通学地域による応募制限 有　　編入試験 無　　帰国子女受入れ 無

■公開行事・説明会　※回答時未定につき、学校HPでご確認ください。

3 月 －	7 月 －	11 月 －
4 月 －	8 月 －	12 月 －
5 月 －	9 月 －	1 月 －
6 月 －	10 月 －	2 月 －

■学校から受験生へのメッセージ　※ホームページより引用

大学附属の教育機関として、大学と緊密に連絡をとり、大学での研究理論を附属小学校で実際に指導に取り入れたり、結果を大学の研究理論に生かすことを使命としています。このため、研究テーマを掲げ、年間を通して研究会を開いたり、全国の先生や教育機関を対象として、研究発表会を開くこともあります。

東京学芸大学附属竹早小学校

■制服 有　■給食 有　■スクールバス 無　■アフタースクール 無　■系列校 有　■公開行事 有

■所在地　〒112-0002
東京都文京区小石川4-2-1
TEL　03-3816-8941　FAX　03-3816-8945

■アクセス　　　　　　　　　　　　■学校HP

地下鉄丸ノ内線[茗荷谷]駅下車徒歩12分
地下鉄丸ノ内線・南北線[後楽園]駅下車徒歩12分
地下鉄大江戸線・三田線[春日]駅下車徒歩15分
バス[春日2丁目]下車徒歩1分

※アクセスについて、学校HPにて必ずご確認ください。

■学校情報 --

○校長 鎌田 正裕　　○児童数 410 名　○教員数 22 名

○安全対策　　監視カメラの設置
　　　　　　　「学校110番」の設置

■入試情報 --

○ 入試結果

	2024年度		
	男子	女子	合計
応募者数	1,392 名	1,252 名	2,644 名
1次通貨(抽選)	198 名	186 名	約400 名
2次通過(考査)	約35 名	33 名	約68 名
合格者数	20 名	20 名	40 名

○ 選抜方法　※非公表につき編集部調べ過去数年分

ペーパー	－	運動	－	行動観察	有	制作	－
絵画	－	面接	親子	個別審査	－		

○ 募集要項　※下記データは2023年実施済のもので、2024年実施予定のものではありません。

募 集 人 員	男女各20名程度
募集要項配布日	9月15日～29日　(Web購入)
出 願 日 時	9月25日～29日　(Web出願)
検 定 料	第1次選抜1,100円　第2次選抜2,200円　銀行振込
第1次選抜(抽選)	10月21日
第2次選抜手続き	10月21日～11月1日(Web出願)　10月30日～11月2日(郵送)
第2次選抜(発育調査)	＜男子＞11月29日　＜女子＞11月30日
第 2 次 選 抜 発 表	12月1日
第3次選抜(抽選)	12月2日(入学候補者決定)

通学地域による応募制限 有　　編入試験 無　　帰国子女受入れ 無

■公開行事・説明会　※回答時未定につき、学校HPでご確認ください。

3 月 －	7 月 －	11 月 －
4 月 －	8 月 －	12 月 －
5 月 －	9 月 －	1 月 －
6 月 －	10 月 －	2 月 －

■学校から受験生へのメッセージ　※ホームページ引用

幼稚園、小中学校が同じ敷地にある竹早地区では、幼小中間の連携教育研究を、30年以上前から取り組んできました。そのため、ここ竹早では異校種間、異学年の交流が盛んです。園児と小学校低学年、小学校における縦割り班活動、小学生と中学生など、さまざまな交流を通して、学びから教えることを経験し、教えることから、さらに学びを深めています。

東京都立立川国際中等教育学校附属小学校

■制服 有　■給食 有　■スクールバス 無　■アフタースクール 無　■系列校 有　■公開行事 有

■所在地　〒１９０-００１２
東京都立川市曙町3-29-37
TEL　042-519-3151

■アクセス

■学校HP

JR線[立川]駅北口・多摩都市モノレール
[立川北]駅からバス「北町」行
「立川国際中等教育学校」下車徒歩1
分（駅からの所要時間約12分）
※アクセスについて、学校HPにて必ずご確認ください。

■学校情報 --

○校長 市村　裕子　　○児童数 140 名 男子 70 名 女子 70 名　○教員数 数十 名
※募集定員(海外帰国児童等枠含む)

○安全対策
防犯カメラの設置　　校舎周囲にフェンス設置　　災害時用毛布、食糧、飲料水等の備蓄
非常通報装置設置　　全教室に防犯ブザー設置　　緊急メールシステム

■入試情報 --

○ 入試結果

	2024年度		
	男子	女子	合計
応募者数	689 名	675 名	1,364 名
2次受験者数	174 名	182 名	356 名
合格者数	29 名	29 名	58 名

※海外帰国等児童は含めていません

○ 選抜方法

ペーパー 有　運動 有　行動観察 有　制作 －
絵画 －　面接 本人　個別審査 －

○ 募集要項　※下記データは2023年実施済のもので、2024年実施予定のものではありません。

募 集 人 員	男子35名　女子35名　計70名(海外帰国等児童を含む)
募 集 公 示 期 間	－
募 集 要 項 配 布 日	9月18日・19日(9時30分～16時)　配布場所－都立立川国際中等教育学校(経営企画室)
願 書 提 出 方 法	10月17日～24日　Web出願後、特定記録郵便にて発送
第1次検定(抽選)	11月13日　14時　※志願者が一定数を超えた場合に実施
第2次検定(検査)	11月25日≪男子9時≫≪女子12時≫・26日≪男子9時≫≪女子10時50分≫
第2次検定(発表)	12月2日　9時
第3次検定(抽選)	12月2日　11時　※抽選結果発表後、入学手続説明会を実施
入 学 考 査 料	2,200円　振込

通学地域による応募制限 有　　編入試験 無　　帰国子女受入れ 有

■公開行事・説明会　※回答時未定につき、学校HPでご確認ください。

3 月 －	7 月 －	11 月 －
4 月 －	8 月 －	12 月 －
5 月 －	9 月 －	1 月 －
6 月 －	10 月 －	2 月 －

■学校から受験生へのメッセージ　※ホームページより引用

令和4年4月に開校した、公立では全国初となる小中高一貫教育校です。学びを通じて自分の思考のプロセスを客観的に捉え、自己理解と自己改善に努める人、他者を理解し、自ら進んで他者と協働して人や社会に貢献する人、より良い世界の実現に向け、新たな価値やものの考え方、仕組みなどを生み出す人、勇気をもって前へ進む人を育成したいと考えています。

横浜国立大学教育学部附属鎌倉小学校

■制服 無　■給食 有　■スクールバス 無　■アフタースクール 無　■系列校 有　■公開行事 有

■所在地　　〒２４８−０００５
神奈川県鎌倉市雪ノ下3-5-10
TEL　0467-22-0647　FAX　0467-22-0244
■アクセス　　　　　　　　　　　■学校HP
JR横須賀線[鎌倉]駅下車徒歩15分

※アクセスについて、学校HPにて必ずご確認ください。

■学校情報 --

○校長 青木　弘　　○児童数 620 名　男子 310 名　女子 310 名　○教員数 25 名

○安全対策　　入校証　　　監視カメラを設置

■入試情報 --

○ 入試結果

	2024年度		
	男子	女子	合計
応募者数			
受験者数	非公表		
合格者数			

○ 選抜方法　※非公表につき編集部調べ過去数年分

ペーパー	−	運動	有	行動観察	有	制作	−
絵画	有	面接	本人	個別審査	−		

○ 募集要項　※下記データは2023年実施済のもので、2024年実施予定のものではありません。

募 集 人 員	男女計105名
募 集 要 公 示	Web 8月1日〜
願 書 受 付 期 間	Web 9月7日〜20日
願 書 提 出 方 法	Web（学校HPより）
入 学 検 定 料	3,300円
入学選考事前説明会	10月24日〜31日　※動画配信
第 1 次 選 考	11月7日・8日
第 1 次 合 格 発 表	11月22日
第 2 次 選 考	11月25日
第 2 次 合 格 発 表	11月25日

通学地域による応募制限 有　　　編入試験 無　　　帰国子女受入れ 無

■公開行事・説明会　※回答時未定につき、学校HPでご確認ください。

3 月 −	7 月 −	11 月 −
4 月 −	8 月 −	12 月 −
5 月 −	9 月 −	1 月 −
6 月 −	10 月 −	2 月 −

■学校から受験生へのメッセージ

国立大学に附属する同校の使命は、大学、特に教育人間科学部並びに大学院教育学研究科と一体となり、教育の理論と実際に関する研究並びに実証をすることにある。附属校としての伝統と創造の精神を持ち、県下教育界における研究推進の役割を果している。附属中学と連携し、9年間の育ちを見据えカリキュラム作りに取り組んでいる。

横浜国立大学教育学部附属横浜小学校

■制服 有　■給食 有　■スクールバス 無　■アフタースクール 無　■系列校 有　■公開行事 無

■所在地　〒２３１-０８４５
神奈川県横浜市中区立野64

TEL　045-622-8322　FAX　045-622-3617

■アクセス　　　　　　　　　**■学校HP**
JR根岸線[山手]駅下車徒歩7分

※アクセスについて、学校HPにて必ずご確認ください。

■学校情報 --

○校長 小松　典子　　○児童数 631 名　　　　○教員数 31 名

○安全対策　　体温の確認　　手指の消毒　　身体距離の確保　　器具や用具の使用について共有を避ける。

「新型コロナウィルス感染症対策ガイドライン」（文部科学省作成）に基づき、感染予防対策を講じている。

■入試情報 --

○ 入試結果

	2024年度		
	男子	女子	合計
応募者数			
受験者数		非公表	
合格者数			

○ 選抜方法

ペーパー	有	運動 有	行動観察 有	制作 －
絵画 －		面接 親子	個別審査 －	

○ 募集要項　※下記データは2023年実施済のもので、2024年実施予定のものではありません。

募　集　人　員	男女 計105名程度
願 書 取 得 方 法	9月19日〜29日　9:00〜12:00 13:00〜16:00
願 書 提 出 方 法	第1段階：出願応募(Web)　9月20日(水)〜10月3日(火) 第2段階：本出願(Web)　10月16日(月)〜23日(月) ※出願応募が男女それぞれ250名を超えた場合は事前抽選を行う。
第 1 次 検 定（抽選）	－
第 2 次 検 定（考査）	11月8日・9日
第 2 次 検 定 発 表	11月20日
第 3 次 検 定（抽選）	11月22日

通学地域による応募制限 有　　編入試験 有　　帰国子女受入れ 有

■公開行事・説明会　※回答時未定につき、学校HPでご確認ください。

3 月 －	7 月 －	11 月 －
4 月 －	8 月 －	12 月 －
5 月 －	9 月 －	1 月 －
6 月 －	10 月 －	2 月 －

■学校から受験生へのメッセージ

子どもが学習対象に対して、学びたいという自分の明確な意思をもち、進むべき方向を決め、他者とのよりよい関係を
つくりながら、より新しい、より高い価値を生み出していくことのできる力を育成していきます。

チバダイガクキョウイガクガクブフゾクショウガッコウ

千葉大学教育学部附属小学校

■制服 無　■給食 有　■スクールバス 無　■アフタースクール 無　■系列校 有　■公開行事 有

■所在地　　〒263-8522
千葉県千葉市稲毛区弥生町1-33
TEL　043-290-2462　FAX　043-290-2461

■アクセス
JR総武線[西千葉]駅下車徒歩15分
京成千葉線[みどり台]駅下車徒歩15分

※アクセスについて、学校HPにて必ずご確認ください。

■学校HP

■学校情報 --

○校長 鈴木　隆司　　○児童数 約640 名　　　　　○教員数 35 名

○安全対策
警備員による校舎周辺巡回及び正門付近警備　　校舎周辺等の監視カメラの設置
警察署直通スイッチ設置による緊急時の対応　　学区・通学グループをもとにした安全指導

■入試情報 --

○ 入試結果

	2024年度		
	男子	女子	合計
応募者数			
受験者数		非公表	
合格者数			

○ 選抜方法　※非公表につき編集部調べ過去数年分

ペーパー	有	運動	有	行動観察	有	制作	－
絵画	－	面接	－	個別審査	－		

○ 募集要項　※下記データは2023年実施済のもので、2024年実施予定のものではありません。

募　集　人　員	男子約15名　女子約15名　※内部進学者を含まず
募集要項配布日	10月18日～11月14日
出　願　日　時	11月13日・11月14日
検　定　料	3,300円
選考(発育調査)日時	11月30日
合格発表日時	12月4日
入学手続き期日	指定日
他初年度納入金合計	78,800円(年額予定　PTA会費、給食費、学級費等)

通学地域による応募制限 有　　編入試験 有　　帰国子女受入れ 有

■公開行事・説明会　※回答時未定につき、学校HPでご確認ください。

3 月 －	7 月 －	11 月 －
4 月 －	8 月 －	12 月 －
5 月 －	9 月 －	1 月 －
6 月 －	10 月 －	2 月 －

■学校から受験生へのメッセージ

学び合い、喜び・感動のある学校を創造し、確かな学力と心豊かに生きる力を育てていきます。

サイタマダイガクキョウイクガクブフゾクショウガッコウ

埼玉大学教育学部附属小学校

■制服 無　■給食 有　■スクールバス 無　■アフタースクール 無　■系列校 有　■公開行事 有

■所在地　〒330-0061
埼玉県さいたま市浦和区常盤6-9-44

TEL　048-833-6291

■アクセス

■学校HP

JR京浜東北線[北浦和]駅徒歩15分・[浦和]駅徒歩20分

JR埼京線[中浦和]駅徒歩25分

[北浦和]駅・[浦和]駅よりバス[水道局営業所]徒歩3分

※アクセスについて、学校HPにて必ずご確認ください。

■学校情報

○校長 石上　城行　　○児童数 622 名　男子 311 名　女子 311 名　○教員数 28 名

○安全対策
校外学習時、保護者の付き添いを依頼	防犯用センサーライト設置
警備員不在時、門・昇降口の閉鎖	防犯ブザー・児童用笛の支給
不審者侵入を想定した避難訓練実施	来校者(保護者も含む)は、受付で記帳し名札を着用して入校
警察への緊急通報システムの設置	登下校時、保護者による通学路の安全確保
携帯メールによる連絡システム	登下校・休み時間等、各学年1名以上の教員を配置

監視カメラ8台設置

緊急地震速報機の設置

■入試情報

○ 入試結果

	2024年度		
	男子	女子	合計
応募者数			
受験者数		非公表	
第1次合格者			
第2次合格者			
最終合格者			

○ 選抜方法　※非公表につき編集部調べ過去数年分

ペーパー 有　運動 有　行動観察 有　制作 有

絵画 −　面接 親子　個別審査 有

○ 募集要項　※下記データは2023年実施済のもので、2024年実施予定のものではありません。

募　集　人　員	約70名(男女各35名程度)
募集要項配布日	10月2日〜11月1日
出　願　日　時	10月31日・11月1日
検　定　料	−
入学検定日程説明会	11月8日　10時〜　日程の説明等　※保護者1名
第1次検定日時	11月21日　知能・運動能力の検査
第2次検定日時	11月23日　面接(児童を中心に行う)・行動観察　等
抽　選　日　時	11月24日　合格者決定

通学地域による応募制限 有　　編入試験 無　　帰国子女受入れ 無

■公開行事・説明会　※回答時未定につき、学校HPでご確認ください。

3 月 −	7 月 −	11 月 −
4 月 −	8 月 −	12 月 −
5 月 −	9 月 −	1 月 −
6 月 −	10 月 −	2 月 −

■学校から受験生へのメッセージ

普段の学校生活を基盤とし、林間学校、臨海学校などの宿泊学習、運動会や水泳大会、音楽会などのスポーツ・文化的行事を通して、子供たちの挑戦する姿を見守っていきたいと思います。そして、「勤労をいとわない自主的精神の旺盛な、人間性豊かなよき社会人を育成する」という学校教育目標の具現化に向け、児童一人ひとりを見つめ、芽を伸ばす教育を推進していきます。　（学校HP：校長挨拶より）

ホッカイドウキョウイクダイガクフゾクサッポロショウガッコウ

北海道教育大学附属札幌小学校

■制服 有　■給食 有　■スクールバス 有　■アフタースクール 無　■系列校 有　■公開行事 有

■所在地　〒００２－８０７５
北海道札幌市北区あいの里5条3丁目1-10
TEL　011-778-0471　FAX　011-778-0640

■アクセス　　　　　　　　　　　　　■学校HP

市営地下鉄南北線[麻生]駅・[栄町]駅から通学専用バス乗車
JR学園都市線[あいの里教育大]駅から通学専用バス乗車　※自家用車での送迎不可

※アクセスについて、学校HPにて必ずご確認ください。

■学校情報

○校長　寺田　貴雄　　○児童数 427 名　男子 205 名　女子 222 名　○教員数 22 名

○安全対策　警備員が常駐　監視カメラを複数台設置　校舎周囲にフェンスを設置
一斉連絡メール　緊急時の対応マニュアルを作成し、不審者の侵入を想定した防犯避難訓練を実施

■入試情報

○ 入試結果

	2024年度		
	男子	女子	合計
応募者数			
受験者数		非公表	
合格者数			

○ 選抜方法　※非公表につき編集部調べ過去数年分

ペーパー 有　運動 －　行動観察 有　制作 －

絵画 －　面接 親子　個別審査 有

○ 募集要項　※下記データは2023年実施済のもので、2024年実施予定のものではありません。

募 集 人 員	男子約35名　女子約35名
募集要項配布日	9月13日～10月4日
願 書 受 付 期 間	10月23日～11月14日　持参
入 学 選 考 料	3,300円
選 抜（検査）日 時	1次　12月1日　2次　12月2日
選 抜 発 表 日 時	12月上旬

通学地域による応募制限 有　　編入試験 有　　帰国子女受入れ 有

■公開行事・説明会　※下記データは2023年実施のもので、2024年実施予定のものではありません。

3 月　－	7 月　オープンスクール②	11 月　オープンスクール④
4 月　－	8 月　－	12 月　－
5 月　オープンスクール①	9 月　オープンスクール③	1 月　－
6 月　－	10 月　入学選考説明会	2 月　－

■学校から受験生へのメッセージ

子どもたちにとって素晴らしい学びの場であり、成長の場であるよう願い、子どもたちが未来を切り拓いていく力を身につけていけるよう願い、愛情を持って、子どもたちの教育に力を注いでいきたいと考えております。

ヒロサキダイガクキョウイクガクブフゾクショウガッコウ

弘前大学教育学部附属小学校

■制服 無　■給食 有　■スクールバス 無　■アフタースクール 無　■系列校 有　■公開行事 有

■所在地　　〒036-8152
青森県弘前市大字学園町1番地1
TEL 0172-32-7202　　FAX 0172-33-4460

■アクセス　　　　　　　　　　　■学校HP

JR[弘前]駅から徒歩20分
JR[弘前]駅前中央口　バス3番乗り場　[小栗山・狼森線]、[自衛隊(富田大通り経由)]、[学園町線]のいずれかに乗車[富田3丁目]で下車
徒歩5分
※アクセスについて、学校HPにて必ずご確認ください。

■学校情報

○校長　髙橋　眞弓　　○児童数 549 名　男子 265 名　女子 284 名

○安全対策　　「附属小学校ガイドライン」による、安全対策を実施。

■入試情報

○ 入試結果

	2024年度		
	男子	女子	合計
応募者数			
受験者数	非公表		
合格者数			

※附属幼稚園からの合格者含む

○ 選抜方法　※非公表につき編集部調べ過去数年分

ペーパー 有	運動 有	行動観察 有	制作 －
絵画 －	面接 本人	個別審査 －	

○ 募集要項　※下記データは2022年実施済のもので、2024年実施予定のものではありません。

募　集　人　員	男子約36名　女子約36名
募集要項配布日	10月1日より
願 書 受 付 期 間	10月17日～11月4日　郵送※期間内必着
入 学 選 考 料	3,300円
選　考　日　時	12月3日　受付:9時～9時20分　選考:9時40分～正午頃
入学合格者発表	12月9日　15時学校HP発表

通学地域による応募制限 有　　編入試験 無　　帰国子女受入れ 無

■公開行事・説明会　※2024年度開催予定行事一覧(暫定)です。学校HPで開催日程を必ずご確認ください。

3 月 －	7 月 －	11 月 －
4 月 －	8 月 －	12 月 －
5 月 －	9 月 －	1 月 －
6 月 －	10 月 学校説明会	2 月 －

■学校から受験生へのメッセージ

弘前大学教育学部との連携により、専門性を生かした授業を行い、その取組を公開研究発表会で発表しています。発表会では、児童の授業での姿をもとに協議し、改善に生かしています。また、1年生から外国語活動を採り入れ、英語を使って積極的にコミュニケーションする態度を養い、国際感覚の基盤を培います。　(学校募集要項より抜粋)

金沢大学人間社会学域学校教育学類附属小学校

■制服 有　■給食 無　■スクールバス 無　■アフタースクール 無　■系列校 有　■公開行事 有

■所在地　　〒９２１-８１０５
石川県金沢市平和町1-1-15
TEL　076-226-2111　FAX　076-226-2112
■アクセス　　　　　　　　　　　　　■学校HP
北陸鉄道バス[平和町]徒歩5分・
[金大附属学校自衛隊前]より
徒歩1分

※アクセスについて、学校HPにて必ずご確認ください。

■学校情報

○校長 盛一 純平　○児童数 635 名 男子 315 名 女子 320 名　○教員数 28 名

○安全対策　全児童に防犯ベルの携行を義務づけている

○教育の特色　金沢大学及び附属中学校・高等学校・特別支援学校・幼稚園と協力して教育の理論と実際に関する研究並びに実証を行い、教育の現場に必要とする情報を提供する。また、教育現場の諸課題に取り組み、教育研究を通して地方教育の進展に資する。

■入試情報

○ 入試結果

	2024年度		
	男子	女子	合計
応募者数			
受験者数	非公表		
合格者数			

○ 選抜方法　※非公表につき編集部調べ過去数年分

ペーパー	－	運動	有	行動観察	有	制作	－
絵画	－	面接	本人	個別審査	有		

○ 募集要項　※下記データは2023年実施済のもので、2024年実施予定のものではありません。

募 集 人 員	男女計90名　※附属幼稚園からの連絡入学者を含む
募集要項配布日	10月3日～20日(9時～12時・13時～16時)
出 願 日 時	10月17日～11月6日(9時～12時・13時～16時) 持参
検 定 料	3,300円　銀行振込
第 1 次 選 考 日 時	11月30日　＜女子＞9時～11時30分頃　＜男子＞10時～12時30分頃
第 1 次 合 格 発 表	12月1日(9時40分～)　学校正面玄関　※保護者1名のみ
抽 選 日 時	12月1日　第1次合格者対象　※保護者1名のみ

通学地域による応募制限 有　　編入試験 無　　帰国子女受入れ 有

■公開行事・説明会　※下記データは2023年実施済のもので、2024年実施予定のものではありません。

3 月 －	7 月 －	11 月 －
4 月 －	8 月 －	12 月 －
5 月 －	9 月 －	1 月 入学説明会
6 月 －	10 月 学校説明会	2 月 －

■学校から受験生へのメッセージ

令和5年度もさらに金沢モデルを推進し、「共に生きる力を育む」の教育目標にむけて未来社会を見据えた教育を進めて参ります。多様性を尊重し活用できる力を原動力にその基盤となる人間愛ある人と人とのつながりをも未来への力として大切にしていきたいと考えます。　(学校HP：校長室より抜粋)

愛知教育大学附属岡崎小学校

■制服 有　■給食 有　■スクールバス 無　■アフタースクール 無　■系列校 有　■公開行事 有

■所在地　〒444-0072
愛知県岡崎市六供町八貫15
TEL　0564-21-2237　FAX　0564-21-2937

■アクセス　　　　　　　　　　■学校HP
名鉄東岡崎駅⑤のりば
梅園経由大樹寺行㉑〜㉓系統
[梅園学校前]下車徒歩5分

※アクセスについて、学校HPにて必ずご確認ください。

■学校情報

○校長 大槻　真哉　　○児童数 約550名　男子 約270名　女子 約270名　○教員数 25名

○安全対策　警備員常駐　　警備員校内巡回　AED設置　　防犯カメラ設置　来校時名札必着
　　　　　　緊急連絡メール　防災グッズ完備　学校110番　登下校防犯　　通学安全教室実施

■入試情報

○入試結果

	2024年度		
	男子	女子	合計
応募者数			
受験者数		非公表	
合格者数			

○選抜方法　※非公表につき編集部調べ過去数年分

ペーパー	有	運動	有	行動観察	有	制作	有
絵画	ー	面接	有	個別審査	ー		

○募集要項　※下記データは2023年実施済のもので、2024年実施予定のものではありません。

募 集 人 員	男女計90名
募 集 公 示 期 間	10月10日より
願 書 取 得 方 法	10月10日より事務室にて配布※土・日・祝を除く
願 書 提 出 方 法	直接事務室へ出願
入 学 考 査 日	12月26日
面 接 実 施 日	12月27日
合 格 発 表 日 時	1月10日
入 学 考 査 料	3,300円
入 学 手 続 き 期 日	1月10日8:00〜1月12日（金）12:00
入学手続き納入金額	30,000円

通学地域による応募制限 有　　編入試験 有　　帰国子女受入れ 有

■公開行事・説明会　※回答時未定につき、学校HPでご確認ください。

3 月	ー	7 月	ー	11 月	ー
4 月	ー	8 月	ー	12 月	ー
5 月	ー	9 月	ー	1 月	ー
6 月	ー	10 月	ー	2 月	ー

■学校から受験生へのメッセージ　※学校HPより引用

本校の教育目標は次の通りです。
①生活の中から問題を見つけ，自ら生活を切り拓いていくことのできる児童の育成　②経験や体験を重視し，事実をもとに問題の解決を図ろうとする児童の育成　③友だちの気持ちを思いやり，互いに磨き合おうとする児童の育成

愛知教育大学附属名古屋小学校

■制服 有　■給食 有　■スクールバス 無　■アフタースクール 無　■系列校 有　■公開行事 無

■所在地　〒461-0047
愛知県名古屋市東区大幸南一丁目126番地
TEL　052-722-4616　FAX　052-722-3690

■アクセス

名古屋市営地下鉄「砂田橋」より徒歩2分
名古屋市営バス「砂田橋」より徒歩2分
ゆとりーとライン「砂田橋」より徒歩1分

■学校HP

※アクセスについて、学校HPにて必ずご確認ください。

■学校情報

○校長 阿部　健一　　○児童数 589 名　　○教員数 33 名

○安全対策　警備員常駐　　AED設置　　防犯カメラ設置　入校時名札必着
警備員構内巡視　緊急連絡メール

■入試情報

○ 入試結果

	2024年度		
	男子	女子	合計
応募者数			
受験者数		非公表	
合格者数			

○ 選抜方法　※非公表につき編集部調べ過去数年分

ペーパー	有	運動	有	行動観察	有	制作	－
絵画	－	面接	親子	個別審査	－		

○ 募集要項　※下記データは2023年実施済のもので、2024年実施予定のものではありません。

募 集 人 員	男女計90名程度※附属幼稚園からの内部進学者含む
募 集 公 示 期 間	11月1日～
願 書 取 得 方 法	学校事務室
出 願 日 時	12月13日～15日
入 学 考 査 日	2024年1月9日・10日
面 接 実 施 日	2024年1月9日・10日
合 格 発 表 日 時	2024年1月19日
入 学 考 査 料	3,300円

通学地域による応募制限 有　　編入試験 無　　帰国子女受入れ 有

■公開行事・説明会　※回答時未定につき、学校HPにてご確認ください。

3 月 －	7 月 －	11 月 学校説明会
4 月 －	8 月 －	12 月 －
5 月 －	9 月 －	1 月 －
6 月 －	10 月 －	2 月 －

■学校から受験生へのメッセージ

本校には、将来にわたって学び続けることのできる「学び手」を育てる場であることが期待されています。その対象は、在校する子どもたちのみならず、本校に関わる全ての人であると考えます。　隣接する附属幼稚園・中学校と連携した教育活動、本学学部の教員と共同・連携した先進的で実践的な研究、附属学校の特色を生かした取り組みを、推進していくことによってその実現を目指して参ります。

京都教育大学附属京都小中学校

■制服 無　■給食 有　■スクールバス 無　■アフタースクール 無　■系列校 有　■公開行事 有

■所在地　　〒603-8164
京都府京都市北区紫野東御所田町37

TEL　075-441-4166　FAX　075-431-1827

■アクセス　　　　　　　　　　■学校HP

市営地下鉄烏丸線[鞍馬口]駅・[北大路]駅下車徒歩約8分／市営バス[北大路新町]、[北大路堀川]下車徒歩約3分

※アクセスについて、学校HPにて必ずご確認ください。

■学校情報

○校長 谷口　匡　　○児童数 562 名

○安全対策　定期的に下校指導　安全教室(警察・地域安全リーダーの指導)　安全マップ
携帯電話メールマガジンによる不審者情報の発信　ＰＴＡ安全推進連絡会(スクールガード)

■入試情報

○ 入試結果

	2024年度		
	男子	女子	合計
応募者数			
受験者数	非公表		
合格者数			

○ 選抜方法　※非公表につき編集部調べ過去数年分

ペーパー	有	運動	有	行動観察	－	制作	有
絵画	有	面接	本人	個別審査	有		

○ 募集要項　※下記データは2023年実施済のもので、2024年実施予定のものではありません。

募　集　人　員	男女計96名
募 集 公 示 期 間	8月1日
願 書 提 出 方 法	10月2日～11月1日　※Web出願のみ
受 検 番 号 票 受 取	12月6日～8日　メール到着後に身分証明書提示して受取
第 1 次 検 定 日 時	2024年1月11日<女子>・1月12日<男子>(受付9時～　検査終了12時30分)
第1次検定合格発表	2024年1月15日　11時～(HPにて)
第 2 次 検 定(抽選)	2024年1月17日<女子受付13時40分～>・<男子受付15時30分～>　所要時間　約1時間
合 格 者 保 護 者 会	2024年1月25日　14時
入 学 考 査 料	3,300円　ゆうちょ銀行振込

通学地域による応募制限 有　　編入試験 無　　帰国子女受入れ 無

■公開行事・説明会　※回答時未定につき、学校HPでご確認ください。

3 月	－	7 月	－	11 月	－
4 月	－	8 月	－	12 月	－
5 月	－	9 月	－	1 月	－
6 月	－	10 月	－	2 月	－

■学校から受験生へのメッセージ

大学の附属校として、大学と共同して教育の理論や方法などについて先進的研究・実証を行うと共に、独自のテーマによる研究・実証を行います。「夢や希望を持ち、生涯にわたって自らの進路を主体的に切り拓いていく力」を身につけることを大切に考え、この力を育むために学校教育を小中一貫の９年間を「キャリア教育の場」として位置づけ取り組んでいます。

キョウトキョウイクダイガクフゾクモモヤマショウガッコウ

京都教育大学附属桃山小学校

■制服 有　■給食 有　■スクールバス 無　■アフタースクール 無　■系列校 有　■公開行事 有

■所在地　〒612-0072
京都府京都市伏見区桃山筒井伊賀東町46
TEL　075-611-0138　FAX　075-611-0157
■アクセス
京阪本線・近鉄京都線[丹波橋]駅徒歩3分

■学校HP

※アクセスについて、学校HPにて必ずご確認ください。

■学校情報 --

○校長 児玉 一宏　　○児童数 423 名

■入試情報 --

○入試結果

	2024年度		
	男子	女子	合計
応募者数			
受験者数	非公表		
合格者数			

○選抜方法 ※非公表のため編集部調べ過去数年分

ペーパー	有	運動	有	行動観察	有	制作	－
絵画	－	面接	－	個別審査	有		

○募集要項 ※下記データは2023年実施済のもので、2024年実施予定のものではありません。

募　集　人　員	男女計20名程度(附属幼稚園からの進学者を含まない)
募集要項配布期間	6月10日～7月13日17時まで　※土日祝日の学校休養日、6月29日・30日は除く。 ※配布時間9時～12時、13時～17時
願 書 受 付 期 間	7月13日・14日(15時～17時)
入 学 考 査 料	3,300円
第1次検定(抽選)	非公表
第2次検定(検査)	非公表
第 2 次 検 定 発 表	非公表

【応募資格】　平成29年4月2日以降，平成30年4月1日までの出生者で，学校が定めた募集区域内に生活の本拠があり，住民票交付を受けられる者。

【募集区域】　京都府内に住民票及び生活の本拠があり，徒歩または公共交通機関利用(電車の場合は「普通」もしくは「準急」列車を利用)において，学校までの通学所要時間が，片道1時間以内の範囲。

通学地域による応募制限　有　　編入試験　無　　帰国子女受入れ　無

■公開行事・説明会 ※回答時未定につき、学校HPでご確認ください。

3 月 －	7 月 －	11 月 －
4 月 －	8 月 －	12 月 －
5 月 －	9 月 －	1 月 －
6 月 －	10 月 －	2 月 －

■教育目標

自ら自分たちの生活を切り拓いていく「自立の力」と、互いを尊重し合いながらともに生きていく「共生の力」を育む
【めざす子ども像】　自分の考えをしっかりと持ち、共に学び会う子ども

大阪教育大学附属池田小学校

■制服 有　■給食 有　■スクールバス 無　■アフタースクール 無　■系列校 有　■公開行事 無

■所在地　〒５６３-００２６
〒563-0026 大阪府池田市緑丘1-5-1
TEL 072-761-3591　FAX 072-761-3594

■アクセス　　　　　　　　　　■学校HP
阪急宝塚線　[池田]駅　徒歩20分

※アクセスについて、学校HPにて必ずご確認ください。

■学校情報

○校長 眞田　巧　　○児童数 599 名　男子 299 名　女子 300 名　　○教員数 27 名

○安全対策　警備員常駐　来校者証　ミマモルメ(任意) 正門以外通行不可　監視カメラ設置
毎月8日に施設の安全点検　PTAによる登下校時の見守り活動

■入試情報

○ 入試結果

	2024年度		
	男子	女子	合計
応募者数			
受験者数		非公表	
合格者数			

○ 選抜方法　※非公表につき編集部調べ過去数年分

ペーパー	有	運動	有	行動観察	有	制作	－
絵画	－	面接	親子	個別審査	有		

○ 募集要項　※下記データは2023年実施済のもので、2024年実施予定のものではありません。

募 集 人 員	男女計100名
募 集 要 項 配 布 日	Web　11月13日～
願 書 受 付 期 間	11月13日～12月22日
入 学 考 査 料	3,300円
志 願 者 面 接	女子2024年1月22日　男子2024年1月23日
調 査 ・ 観 察	女子2024年1月27日9：30～　男子2024年1月27日13：10～
合 格 発 表 日 時	Web　2024年1月28日13：00～

通学地域による応募制限 有　　編入試験 無　　帰国子女受入れ 有

■公開行事・説明会　※回答時未定につき、学校HPでご確認ください。

3 月 －	7 月 －	11 月 －
4 月 －	8 月 －	12 月 －
5 月 －	9 月 －	1 月 －
6 月 －	10 月 －	2 月 －

■学校から受験生へのメッセージ

1.自ら進んで学び、生活をきりひらく主体的な意欲と能力　2.好ましい人間関係を育てることによる集団的資質と社会性
3.自他の生命を尊重し、社会の平和と発展を希求する心情　4.健康の増進と、明るくたくましい心身の育成を目標としております。

オオサカキョウイクダイガクフゾクテンノウジショウガッコウ

大阪教育大学附属天王寺小学校

■制服 有　■給食 有　■スクールバス 無　■アフタースクール 無　■系列校 有　■公開行事 有

■所在地　〒545-0053
大阪府大阪市阿倍野区松崎町1-2-45
TEL　06-6621-0123　FAX　06-6621-0122

■アクセス　　　　　　　　　　　■学校HP
JR線・大阪メトロ[天王寺]駅・近鉄
[阿部野橋]駅下車徒歩10分

※アクセスについて、学校HPにて必ずご確認ください。

■学校情報

○校長 小﨑　恭弘　　○児童数 627 名　男子 319 名　女子 306 名　○教員数 32 名

○安全対策　　防犯カメラ　防犯ブザー　オートロック　緊急110番通報システム　警備員
　　　　　　　メール配信　公式LINE配信　保護者による見守り当番

■入試情報

○ 入試結果

	2024年度		
	男子	女子	合計
応募者数	149 名	164 名	313 名
受験者数	145 名	162 名	307 名
合格者数	51 名	54 名	105 名

○ 選抜方法　※非公表につき編集部調べ過去数年分

ペーパー 有　運動 有　行動観察 有　制作 −

絵画 −　面接 親子　個別審査 有

○ 募集要項　※下記データは2023年実施済のもので、2024年実施予定のものではありません。

募集人員	男女計105名
募集公示期間	−
募集要項配布日	1次配布 8月18日※学校説明会参加者に配布　2次配布 11月13日〜17日　東館1階事務所
願書受付期間	12月5日〜8日
入学試験期間	2024年1月8日〜16日
合格発表	2024年1月18日
入学考査料	3,300円

通学地域による応募制限 有　　編入試験 無　　帰国子女受入れ 無

■公開行事・説明会　※回答時未定につき、学校HPでご確認ください。

3 月 −	7 月 −	11 月 −
4 月 −	8 月 −	12 月 −
5 月 −	9 月 −	1 月 −
6 月 −	10 月 −	2 月 −

■学校から受験生へのメッセージ

教育目標　○個が生きる学校・自他の人格を尊重し、実践力のある子　○生命を尊重し、健康で安全につとめる子
　　　　　○みんなと協力してしごとのできる子　○自分でよく考え、すすんで実行できる子　○ものごとを最後までやりとおせる子
　　　　　○きまりを守り、明るくくらせる子

大阪教育大学附属平野小学校

■制服 有　■給食 有　■スクールバス 無　■アフタースクール 無　■系列校 有　■公開行事 有

■所在地　　〒547-0032
大阪府大阪市平野区流町1-6-41
TEL　06-6709-1230　FAX　06-6709-2839
■アクセス　　　　　　　　　■学校HP
市営地下鉄　[平野]駅　徒歩5分

※アクセスについて、学校HPにて必ずご確認ください。

■学校情報 --------------------------------------

○校長　山田　周二　　○児童数 625 名　　○教員数 25 名

○安全対策　　緊急連絡の携帯メール配信システム

　　　　　　　最終下校時刻の決定

■入試情報 --------------------------------------

○ 入試結果	2024年度		
	男子	女子	合計
応募者数			
受験者数	非公表		
合格者数			

○ 選抜方法　※非公表につき編集部調べ過去数年分

ペーパー	有	運動	有	行動観察	有	制作	－
絵画	－	面接	親子	個別審査	－		

○ 募集要項　※下記データは2023年実施済のもので、2024年実施予定のものではありません。

募　集　人　員	男女合計105名※うち附属幼稚園からの連絡進学者59名含む
願 書 配 布 日	11月16日〜12月8日
願 書 受 付 期 間	12月21日9：00〜12：00、13：00〜15：00及び22日9：00〜12：00　持参
入 学 考 査 料	3,300円
第1次選考(1日目)	2024年1月17日　男子9:00〜　女子12:30〜
第2次選考(2日目)	2024年1月18日　女子：午前　男子：午後
合 格 発 表 日	2024年1月19日9:00〜　学校中央玄関前

通学地域による応募制限 有　　編入試験 無　　帰国子女受入れ 無

■公開行事・説明会　※回答時未定につき、学校HPでご確認ください。

3 月 －	7 月 －	11 月 －
4 月 －	8 月 －	12 月 －
5 月 －	9 月 －	1 月 －
6 月 －	10 月 －	2 月 －

■学校から受験生へのメッセージ

知的好奇心に基づく主体性、支えあう協調性、自己実現に向かう創造性を身につけさせていきます。

シガダイガクキョウイクガクブフゾクショウガッコウ

滋賀大学教育学部附属小学校

■制服 有　■給食 有　■スクールバス 無　■アフタースクール 無　■系列校 有　■公開行事 有

■所在地　〒５２０−０８１７
滋賀県大津市昭和町10-3
TEL　077-527-5251　FAX　077-527-5259

■アクセス

JR琵琶湖線[膳所]駅下車徒歩８分
京阪石山坂本線[錦]駅下車徒歩５分

■学校HP

※アクセスについて、学校HPにて必ずご確認ください。

■学校情報

○校長　田中　宏子　　○児童数 618 名　男子 306 名　女子 312 名　○教員数 26 名

○安全対策　緊急時メール配信

■入試情報

○ 入試結果	2024年度		
	男子	女子	合計
応募者数			
受験者数	非公表		
合格者数			

○ 選抜方法　※非公表につき 編集部調べ過去数年分

ペーパー	−	運動	有	行動観察	有	制作	−
絵画	−	面接	親子	個別審査	有		

○ 募集要項　※下記データは2023年実施済のもので、2024年実施予定のものではありません。

募 集 人 員	男女計105名
募集要項配布日	10月27日より
願 書 受 付 期 間	12月1日〜12月7日
入 学 考 査 料	3,300円
選 考 日 時	2024年1月10日
合 格 発 表	2024年1月17日

通学地域による応募制限 有　　編入試験 無　　帰国子女受入れ 無

■公開行事・説明会　※回答時未定につき、学校HPでご確認ください。

3 月 −	7 月 −	11 月 −
4 月 −	8 月 −	12 月 −
5 月 −	9 月 −	1 月 −
6 月 −	10 月 −	2 月 −

■学校から受験生へのメッセージ

「今を生きる」ことを教育理念としています。子どもにとってかけがえのない"いま"を大切にして、教師と保護者が手をとりあって子育てをしていきます。附属小学校では「心豊かで、実行力のある子ども」を教育目標においています。学校全体として「"わたし"が生きる学校」をスローガンに掲げ、自己実現ができる学校にしたいと思います。

福岡県北九州市小倉北区　国立　共学

フクオカキョウイクダイガクフゾクコクラショウガッコウ

福岡教育大学附属小倉小学校

■制服 有　■給食 有　■スクールバス 無　■アフタースクール 無　■系列校 有　■公開行事 無

■所在地　〒802-0023
福岡県北九州市小倉北区下富野3-13-1
TEL　093-531-1434　FAX　093-531-6694

■アクセス
JR線[小倉]駅より西鉄バス10分
[附属小学校前]下車

■学校HP

※アクセスについて、学校HPにて必ずご確認ください。

■学校情報

○校長 片平　誠人　　○児童数 416 名　　　　○教員数 22 名

警備員による監視体制を強化　24時間監視カメラを作動させ校内外を日常的に監視

○安全対策　緊急メール配信システムを導入　毎日教師が玄関ホールまで同伴

小倉北警察署、消防署の指導を受け「防犯教室」「避難訓練」「薬物乱用防止教室」を実施

■入試情報

○ 入試結果

	2024年度		
	男子	女子	合計
応募者数			
受験者数	非公表		
合格者数			

○ 選抜方法　※非公表につき編集部調べ過去数年分

ペーパー	有	運動	有	行動観察	有	制作	－
絵画	－	面接	－	個別審査	－		

○ 募集要項　※下記データは2023年実施済のもので、2024年実施予定のものではありません。

募 集 人 員	男子35名　女子35名　計70名　※附属幼稚園からの連絡入学を含む
募 集 公 示 期 間	－
募集要項配布日	11月4日　保護者説明会にて配布
願 書 受 付 期 間	－
第 1 次 選 考 日 時	－
第 1 次 選 考 発 表	－
第 2 次 選 考 (抽 選)	－
第 2 次 選 考 発 表	－
入 学 考 査 料	3,300円

通学地域による応募制限 有　　編入試験 有　　帰国子女受入 無

■公開行事・説明会　※回答時未定につき、学校HPでご確認ください。

3 月 －	7 月 －	11 月 －
4 月 －	8 月 －	12 月 －
5 月 －	9 月 －	1 月 －
6 月 －	10 月 －	2 月 －

■学校から受験生へのメッセージ

昭和21年に提唱された「誘導の教育」を現在まで脈々と継承し、子どもとともに『誘い導く場』を創出する授業づくりを行っている。その成果は、毎年2月に開催される研究発表会で授業公開している。また、例年5年生が、国指定重要無形民俗文化財「小倉祇園太鼓」競演大会に参加するなど、地域とともに歩む教育実践を行っている。

小学入試情報2025

首都圏主要私立小学校

各学校のページは巻末のさくいんをご覧ください。

首都圏の私立小学校の入試詳細データです。受験準備はその学校の教育方針を知り、十分に理解するところから始まります。

掲載されている募集要項は2024年度(2023〜2024年1月実施済)のものですのでご注意ください。
データは学校提供分と当社調査分を合わせたものです。

青山学院初等部

■制服 有　■給食 有　■スクールバス 無　■アフタースクール 無　■系列校 有　■公開行事 有

■所在地　〒１５０−８３６６
東京都渋谷区渋谷4-4-25

TEL　03-3409-6897　FAX　03-3409-8706

■アクセス　　　　　　　　　　　■学校HP

JR線・東京メトロ・東急東横線・田園都市線・井の頭線［渋谷］駅下車宮益坂方面出口徒歩12分/東京メトロ［表参道］駅B1出口徒歩12分/バス[青山学院初等部前]下車徒歩2分

※アクセスについて、学校HPにて必ずご確認ください。

■学校情報 ----------------------

○部長 小野　裕司　　○児童数 759 名　男子 376 名　女子 383 名　○教員数 62 名

（2023年5月1日現在）

○安全対策　警備員、教職員の門付近での立哨　　来訪者チェック(氏名、記帳、バッジ着用)　　不審者の監視
災害時における児童の引き渡し　　登下校確認システム　　　防災訓練

■入試情報 ----------------------

○ 入試結果

	2024年度		
	男子	女子	合計
応募者数	266 名	309 名	575 名
受験者数	- 名	- 名	- 名
合格者数	44 名	44 名	88 名

○ 選抜方法　※非公表につき編集部調べ(22・23年度)

ペーパー 有　　運動 有　　行動観察 有　　制作 有

絵画 ―　　面接 保護者　個別審査 ―

○ 募集要項　※下記データは2023年実施済のもので、2024年実施予定のものではありません。

募　集　人　員	男子44名　女子44名　計88名　※青山学院幼稚園からの男女各20名は含まず
募集公示期間	4月中旬～
願書取得方法	青山学院購買会アネックス店(青山キャンパス)にて販売
願書提出方法	(Web出願)9月4日10時～10月3日16時　(郵送)10月1日～3日(消印有効)
入学考査日	11月1日～7日のうち2日間　日程の詳細は入試日程説明会で通知
面接実施日	事前若しくは試験実施期間中
合格発表日時	11月9日　Web発表
入学考査料	30,000円　Web出願時に支払い
入学手続き期日	11月13日(14時～15時30分)
入学手続き納入金額	550,000円(入学金300,000円・施設設備費250,000円)／1,043,000円(授業料810,000円 他) ※寄付金(任意)－万代基金(初等部)

通学地域による応募制限 無　　編入試験 有　　帰国子女受入れ 無　　※編入試験は欠員が生じた場合のみ実施

■公開行事・説明会　※2024年度開催予定行事一覧(暫定)です。学校HPで開催日程を必ずご確認ください。

3 月 －	7 月 －	11 月 －
4 月 －	8 月 －	12 月 －
5 月 学校説明会	9 月 学校説明会	1 月 －
6 月 オープンスクール	10 月 －	2 月 －

■学校から受験生へのメッセージ

青山学院の教育はキリスト教信仰にもとづく教育をめざし、愛と奉仕の精神をもって、すべての人と社会とに対する責任を進んで果たす人間の形成を目的としています。そのため毎朝の礼拝や宗教の授業のほかに宗教行事を大切にしています。海の生活・なかよしキャンプ・雪の学校など校外学校が盛んです。

学習院初等科

東京都新宿区　私立　共学

ガクシュウインショトウカ

■制服 有　■給食 有　■スクールバス 無　■アフタースクール 無　■系列校 有　■公開行事 有

■所在地　〒160-0011
東京都新宿区若葉1-23-1
TEL　03-3355-2171　FAX　03-3355-2675

■アクセス　　　　　　　　　　　　■学校HP
JR中央線・地下鉄丸の内線・南北線
[四ツ谷]駅下車　徒歩8分

※アクセスについて、学校HPにて必ずご確認ください。

■学校情報

○校長 梅本　恵美　　○児童数 786 名　男子 393 名　女子 393 名　○教員数 50 名

○安全対策
| 警備員常駐 | 入校時名札必須 |
| 監視カメラ設置 | 校内巡回 |

■入試情報

○ 入試結果

	2024年度		
	男子	女子	合計
応募者数	- 名	- 名	約740 名
受験者数	- 名	- 名	- 名
合格者数	約40 名	約40 名	約80 名

○ 選抜方法　※非公表につき編集部調べ過去数年分

ペーパー	-	運動	有	行動観察	有	制作	-
絵画	-	面接	保護者	個別審査	有		

○ 募集要項　※下記データは2023年実施済のもので、2024年実施予定のものではありません。

募 集 人 員	男女各約40名、合計約80名
募 集 公 示 期 間	9月1日〜9月29日
願 書 取 得 方 法	小学校にて購入　※土日祝除く、9:00〜15:00　9月1日〜9月29日
願 書 提 出 方 法	Web出願　9月19日〜9月25日　及び　郵送出願　10月2日必着
入 学 考 査 日	11月1日〜11月5日
面 接 実 施 日	考査当日
合 格 発 表 日 時	11月7日　Web発表9:00〜/掲示発表10:00〜12:00
入 学 考 査 料	30,000円
入 学 手 続 き 期 日	11月9日（9:00〜11:00　13:00〜15:00）
入学手続き納入金額	602,000円（入学金300,000円、維持費302,000円）

通学地域による応募制限 無　　編入試験 無　　帰国子女受入れ 無

■公開行事・説明会　※回答時未定につき、学校HPでご確認ください。

3 月	-	7 月	-	11 月	-
4 月	-	8 月	-	12 月	-
5 月	学校説明会	9 月	入試説明会(Web)・学校見学会	1 月	-
6 月	-	10 月	-	2 月	-

■学校から受験生へのメッセージ

先取り学習はせず、じっくりと自分の考えを持ち、友達の考えに耳を傾け、考えを深めていく、創造性豊かな授業を行っています。

川村小学校

■制服 有　■給食 有　■スクールバス 無　■アフタースクール 有　■系列校 有　■公開行事 有

■所在地　　〒171-0031
東京都豊島区目白2-22-3
TEL　03-3984-8321　FAX　03-3984-9132
■アクセス　　　　　　　　　　　■学校HP
・JR山手線[目白]駅下車徒歩2分
・東京メトロ副都心線
　[雑司が谷]駅下車徒歩7分
※アクセスについて、学校HPにて必ずご確認ください。

■学校情報 --

○校長 川村　正澄　　○児童数 479 名 女子 479 名　　○教員数 35 名

○安全対策　警備員常駐　　監視カメラ　　登下校メール　　方面別通学班　　入校証
携帯電話所持　緊急連絡メール　AEDの設置　　学校110番　　防災グッズ完備

■入試情報 --

○ 入試結果

	2024年度		
	男子	女子	合計
応募者数	- 名	417 名	417 名
受験者数	- 名	- 名	- 名
合格者数	- 名	140 名	140 名

○ 選抜方法　※非公表につき編集部調べ過去数年分

ペーパー ー　　運動 有　　行動観察 有　　制作 有

絵画 有　　面接 有　　個別審査 有

※自己推薦は親子面接・一般入試は保護者面接

○ 募集要項　※下記データは2023年実施済のもので、2024年実施予定のものではありません。

募集人員	自己推薦女子約25名　一般前期女子約40名・一般後期女子約15名
募集公示期間	9月8日(金)9：00〜10月27日(金)23：59
願書取得方法	Web出願(ミライコンパス)
願書提出方法	Web出願後、出願書類を簡易書留にて期日までに郵送、一般後期のみ出願の場合は、当日持参
入学考査日	自己推薦：11月1日(水)、一般前期：11月1日(水)・2日(木)、一般後期：11月5日(日)
面接実施日	自己推薦：事前親子面接、一般前期：事前または当日、一般後期：当日
合格発表日時	審査当日　(WEB合格発表)
入学考査料	25,000円　(WEB決済)
入学手続き期日	自己推薦：1日(水)17:00、一般前期：5日(日)17:00、一般後期：6日(月)17:00
入学手続き納入金額	入学金300,000円(入学金決済サイト)

通学地域による応募制限 無　　編入試験 有　　帰国子女受入 有　　編入：学期末、帰国子女：随時受入

■公開行事・説明会　※2024年開催予定行事一覧(暫定)です。学校HPで開催日程を必ずご確認ください。

3 月	－	7 月	オープンスクール②	11 月	－
4 月	オープンスクール①	8 月	オープンスクール③	12 月	－
5 月	学校説明会①	9 月	学校説明会③・プレ入試	1 月	－
6 月	学校説明会②・公開授業	10 月	－	2 月	公開授業

■学校から受験生へのメッセージ

体験型授業を通して学力の向上を促し、情操面・芸術面の発達に重きをおいたカリキュラムを実践しています。様々な場面での
ICT活用や6年間を通した英語や水泳教育により、心身ともにバランスよく学びます。また、放課後の過ごし方のニーズに応え、
毎日16:30までの校内活動を充実。その他、民間学童と提携し、子ども達の活動拠点を確保しています。

私立　男子　カトリック　　　　　　　ギョウセイショウガッコウ

暁星小学校

■制服 有　■給食 無　■スクールバス 無　■アフタースクール 無　■系列校 有　■公開行事 有

■所在地　〒１０２-００７１
東京都千代田区富士見1-1-13
TEL　03-3261-1510　FAX　03-3261-1550

■アクセス　　　　　　　　　　　　■学校HP
東京メトロ東西線・半蔵門線・都営新宿線[九段下]駅下車徒歩５分
JR線・東京メトロ東西線・南北線・有楽町線・都営大江戸線[飯田橋]駅下車徒歩10分
※アクセスについて、学校HPにて必ずご確認ください。

■学校情報 ---

○校長 吉川　直剛　　○児童数 720 名　男子 720 名　　○教員数 46 名

○安全対策　入校証24時間監視カメラ・モニター　　防犯用携帯(GPS端末)を各自持参
　　　　　　IDカード(保護者用名札)一斉配信メール　入校証　警備員常駐

■入試情報 ---

○ 入試結果

	2023年度		
	男子	女子	合計
応募者数	544 名	- 名	544 名
受験者数	- 名	- 名	- 名
合格者数	120 名	- 名	120 名

○ 選抜方法　※非公表につき編集部調べ(22・23年度)

ペーパー 有　運動 有　行動観察 有　制作 有

絵画 －　面接 保護者　個別審査 －

○ 募集要項　※下記データは2023年実施済のもので、2024年実施予定のものではありません。

募 集 人 員	男子120名　※暁星幼稚園からの受験者約40名を含む
募 集 公 示 期 間	9月1日〜10月2日
願 書 取 得 方 法	－
願 書 提 出 方 法	10月1日〜2日　出願方法－Web出願
入 学 考 査 日	1次：11月2日　内容－ペーパーテスト・運動テスト／2次：11月4日　内容－生活テスト・面接
面 接 実 施 日	11月4日
合 格 発 表 日 時	1次試験：11月3日　2次試験：11月5日
入 学 考 査 料	25,000円　指定の用紙で振込
入 学 手 続 き 期 日	11月5日〜7日
入学手続き納入金額	入学金300,000円／約966,000円(授業料480,000円・施設費125,000円他)　※寄付金－あり

通学地域による応募制限 無　　編入試験 ※　　帰国子女受入れ ※　※欠員が生じた場合

■公開行事・説明会　※回答時未定につき、学校HPでご確認ください。

3 月　－　　　　　　　　7 月　－　　　　　　　　11 月　－
4 月　－　　　　　　　　8 月　－　　　　　　　　12 月　－
5 月　－　　　　　　　　9 月　－　　　　　　　　1 月　－
6 月　学校説明会　　　　10 月　運動会　　　　　　2 月　－

■学校から受験生へのメッセージ

都心にある学校ですが、周囲には学校が多く静かな環境にあります。サッカー、聖歌隊やステラ(フランス語クラブ)のクラブ活動で、児童の個性を伸ばす場を多くするなど、教育活動に種々の工夫をしています。キリスト教の精神に基づき、特色ある教育活動を通して、知・情・意・体のバランスのとれた児童の育成を目指しています。

国本小学校

■制服 有　■給食 有　■スクールバス 無　■アフタースクール 無　■系列校 有　■公開行事 有

■所在地　〒157-0067
東京都世田谷区喜多見8-15-33
TEL 03-3416-4721 FAX 03-3415-1333

■アクセス　　　　　　　　　　　■学校HP

小田急線[喜多見]駅下車徒歩2分
京王線[調布]駅南口⇔東急[二子玉川]駅路
線　二の橋バス停

※アクセスについて、学校HPにて必ずご確認ください。

■学校情報

○校長 小林　省三　　○児童数 305 名　男子 166 名　女子 139 名　○教員数 28 名

○安全対策　警備員在駐　防犯カメラ設置　防災防犯訓練　方面別下校班を組織　緊急地震速報受信システム
AED設置　セキュリティ管理　来校証着用　非常通報装置設置　登下校管理システム

■入試情報

○ 入試結果

	2024年度		
	男子	女子	合計
応募者数	63 名	54 名	117 名
受験者数	- 名	- 名	- 名
合格者数	- 名	- 名	- 名

○ 選抜方法 ※非公表につき編集部調べ過去数年分

ペーパー	有	運動	有	行動観察	有	制作	-
絵画	有	面接	親子別	個別審査	-		

○ 募集要項 ※下記データは2023年実施済のもので、2024年実施予定のものではありません。

募 集 人 員	1次 男女50名　2次 男女若干名
募集公示期間	-
願書提出方法	Web出願
願書受付期間	1次10月6日〜11月3日　2次10月6日〜11月14日
入 学 考 査 日	1次11月6日　2次11月16日
面 接 実 施 日	出願時に予約
合格発表日時	Web 1次11月7日　2次11月18日
入 学 考 査 料	20,000円
入学手続き期日	1次11月8日15時30分まで　2次11月18日14時30分まで
入学手続き納入金	270,000円(入学金160,000円、施設費100,000円)

通学地域による応募制限 無　　編入試験 有　　帰国子女受入 有　　※編入試験は欠員が生じたとき実施

■公開行事・説明会 ※回答時未定につき、学校HPでご確認ください。

3 月	-	7 月	-	11 月	-
4 月	-	8 月	-	12 月	-
5 月	-	9 月	-	1 月	-
6 月	-	10 月	-	2 月	-

■学校から受験生へのメッセージ

昭和29年の小学校創立当初より1クラス25名の少人数制をとり、毎時間の授業を一人一人が能動的主体的に受けることができます。全校300名規模の大変家庭的な学校で児童と教員の距離も近く、だれもがみな顔見知りでフレンドリーです。学校全体で取り組む行事も多く、体験を通して知識・技能・心の成長を伸ばしていく環境が整っています。

ケイオウギジュクヨウチシャ

慶應義塾幼稚舎

■制服 有　■給食 有　■スクールバス 無　■アフタースクール 無　■系列校 有　■公開行事 有

■所在地　〒１５０－００１３
東京都渋谷区恵比寿2-35-1
TEL　03-3441-7221　FAX　03-3441-7224

■アクセス

■学校HP

地下鉄日比谷線「広尾」駅下車徒歩5分
都営バス「天現寺橋」下車徒歩1分
都営バス「恵比寿3丁目」下車徒歩3分

※アクセスについて、学校HPにて必ずご確認ください。

■学校情報

○校長 杉浦　重成　　○児童数 864 名　男子 576 名　女子 288 名　　○教員数 49 名(常勤教員)

○安全対策　警備員4名体制24時間常駐 入校証着用の徹底 緊急地震速報連動構内放送 災害時用の備蓄 防犯カメラ設置
登下校通知メールシステムの導入　緊急発報システム　火災・地震避難訓練・第一次行動訓練・緊急時下校訓練等

■入試情報

○ 入試結果

	2024年度		
	男子	女子	合計
応募者数	934 名	598 名	1,532 名
受験者数	900 名	483 名	1,383 名
合格者数	96 名	48 名	144 名

○ 選抜方法　※非公表につき編集部調べ過去数年分

ペーパー	－	運動 有	行動観察 有	制作 有
絵画 有		面接 －	個別審査 －	

○ 募集要項　※下記データは2023年実施済のもので、2024年実施予定のものではありません。

募　集　人　員	男子96名、女子48名　計144名
募 集 公 示 期 間	9月7日～30日
願 書 取 得 方 法	窓口
願 書 提 出 方 法	郵送
入 学 考 査 日	11月1日～10日のいずれか1日　※試験は生年月日順に実施
面 接 実 施 日	－
合 格 発 表 日 時	インターネット　11月15日（11時～14時）
入 学 考 査 料	30,000円
入 学 手 続 き 期 日	12月1日
入学手続き納入金額	1,630,000円（入学金340,000円・授業料960,000円（2期分納可）・教育充実費200,000円・文化費25,000円・給食費105,000円）

通学地域による応募制限 無　　編入試験 無　　帰国子女受入れ 無

■公開行事・説明会　※回答時未定につき、学校HPでご確認ください。

3 月　－	7 月　学校説明会（WEB）・学校見学会	11 月　－
4 月　－	8 月　－	12 月　－
5 月　－	9 月　－	1 月　－
6 月　－	10 月　－	2 月　－

■沿革

幼稚舎は1874(明治7)年、福澤諭吉の全幅の信頼を受けた高弟である和田義郎が、塾内で最も幼い数名を三田の慶應義塾構内にある自宅に寄宿させて、夫婦で教育を行ったのがその始まりです。1898(明治31)年に慶應義塾の学制改革により幼稚舎は一貫教育の最初の6年間を担当することになりました。2019(令和元)年には創立145周年を迎えた日本で最も古い小学校の一つです。

光塩女子学院初等科

■制服 有　■給食 無　■スクールバス 無　■アフタースクール 無　■系列校 有　■公開行事 有

■所在地　〒166-0003
東京都杉並区高円寺南2-33-28
TEL　03-3315-1911　FAX　03-5377-1977
■アクセス
JR中央線[高円寺]駅より徒歩10分
東京メトロ丸ノ内線[東高円寺]駅より徒歩7分、[新高円寺]駅より徒歩7分
※アクセスについて、学校HPにて必ずご確認ください。

■学校HP

■学校情報 --

○校長 影森 一裕　　○児童数 485 名　女子 485 名　　○教員数 33 名

○安全対策　集団下校（原則）　防犯カメラ設置　学校110番　携帯電話所持可（許可制）　入校時通行証提示
　　　　　　防災備蓄品完備　警備員常駐　AED設置　登下校お知らせメール　緊急時連絡メール

■入試情報 --

○ 入試結果

	2024年度		
	男子	女子	合計
応募者数	- 名	284 名	284 名
受験者数	- 名	- 名	- 名
合格者数	- 名	約80 名	約80 名

○ 選抜方法 ※非公表につき編集部調べ過去数年分

ペーパー 有　運動 有　行動観察 有　制作 有

絵画 －　面接 親子　個別審査 有

○ 募集要項 ※下記データは2024年実施予定のものです。

募 集 人 員	80名
募 集 公 示 期 間	【Web】9月25日〜10月9日
願 書 取 得 方 法	来校（初等科ホームページよりダウンロード可能）
願 書 提 出 方 法	【Web】10月1日〜9日　【郵送】10月1日〜11日（必着）
入 学 考 査 日	11月4日
面 接 実 施 日	①10月23日　②10月26日　③11月5日（出願時に選択）
合 格 発 表 日 時	11月6日　Web　学校HPにて（9時〜13時）
入 学 考 査 料	25,000円
入 学 手 続 き 期 日	11月6日　Web（9時〜13時）
入学手続き納入金額	360,000円（入学金300,000円、施設設備金60,000円）

通学地域による応募制限 無　　編入試験 有　　帰国子女受入れ 無

■公開行事・説明会　※2024年度開催行事一覧です。

3 月	－	7 月	体験授業(年長児対象)・校内見学会	11 月	親睦会（小中高）
4 月	校内見学会	8 月	－	12 月	校内見学会
5 月	校内見学会	9 月	公開授業・学校説明会(入試説明他)	1 月	校内見学会
6 月	公開授業・学校説明会（学校概要説明他）	10 月	校内見学会	2 月	校内見学会

■学校から受験生へのメッセージ

小学校では、知識や技能だけではなく、授業以外の生活の中からも学ぶことがたくさんあります。よい学びをする素養として、しっかり聞き、よく考え、相手に伝えることが大切です。人を大切にする人に成長できますように、日々の幼稚園や保育園でのお友達とのかかわりや、一つひとつの日常生活を大切に過ごしてください。

　私立　共学　カトリック　　サレジアンコクサイガクエンメグロセイビショウガッコウ

サレジアン国際学園 目黒星美小学校

■制服 有　■給食 無　■スクールバス 無　■アフタースクール 有　■系列校 有　■公開行事 無

■所在地　　〒１５２−０００３

東京都目黒区碑文谷2-17-6

TEL　03-3711-7571　FAX　03-3711-7672

■アクセス

東急東横線[学芸大学]駅下車徒歩15分
バス[目黒]駅⇔[サレジオ教会前]下車徒歩1分
バス[二子玉川]駅⇔[碑文谷5丁目]徒歩5分　他

■学校HP

※アクセスについて、学校HPにて必ずご確認ください。

■学校情報

○校長　小島　理恵　　○児童数 624 名　男子 290 名　女子 334 名　○教員数 46 名

○安全対策　警備員配置　　防災備品・食料の備蓄　　防犯カメラ設置

防災セット　　安全パトロール巡回　　一斉配信

■入試情報

○ 入試結果

	2024年度		
	男子	女子	合計
応募者数	- 名	- 名	- 名
受験者数	190 名	131 名	321 名
合格者数	- 名	- 名	- 名

○ 選抜方法　※非公表につき編集部調べ過去数年分

ペーパー 有　運動 -　行動観察 有　制作 −

絵画 −　面接 親子　個別審査 有

○ 募集要項　※下記データは2024年実施予定のものです。

募集人員	男女計102名（定員120名）
募集公示期間	【A日程】10月7日まで　【B日程】11月11日まで
願書取得方法	【A/B共通】第1回学校説明会会場,各校内広報行事,9月2日〜30日【B日程のみ】11月5日〜8日※いずれも午前のみ
願書提出方法	【A日程】郵送のみ10月1日〜10月4日　【B日程】持参11月6日〜11月9日 9時〜12時
入学考査日	【A日程】11月1日　【B日程】11月21日
面接実施日	【A日程】10月19日,26日いずれか　【B日程】11月16日
合格発表日時	【A日程】11月2日　【B日程】11月22日　発表場所：WEB上
入学考査料	25,000円
入学手続き期日	【A日程】11月2日　【B日程】11月22日
入学手続き納入金額	250,000円

通学地域による応募制限 無　　編入試験 有　　帰国子女受入れ 無

■公開行事・説明会　※2024年度開催予定行事一覧です。学校HPで開催日程を必ずご確認ください。

3 月 −	7 月 20日入試体験会	11 月 −
4 月 −	8 月 −	12 月 −
5 月 21日学校説明会①	9 月 2日入学試験説明会	1 月 −
6 月 10日学校説明会③	10 月 −	2 月 −

■学校から受験生へのメッセージ

教育の姿勢として大事にしていることが、「アシステンツァ」（共にいる教育）です。創立者ドン・ボスコ自身、常に青少年と共にいることを通して、彼らの友となり、信頼関係を築き、彼らが「誠実な社会人」となれるよう支え励ましました。ドン・ボスコの教育・精神を受け継いでいる私たちも、その遺産を大事にしながら、これからも子ども達のために力を注いでまいります。

品川翔英小学校

■制服 有　■給食 有　■スクールバス 有　■アフタースクール 有　■系列校 有　■公開行事 有

■所在地　　〒140-0015
東京都品川区西大井1-6-13
TEL　03-3774-1157　FAX　03-3774-1165

■アクセス　　　　　　　　　　　■学校HP

JR線・東急線・りんかい線[大井町]駅下車
徒歩10分／湘南新宿ライン[西大井]駅下車
徒歩5分／[大井町][大森海岸][立会川][大崎]駅よりスクールバス

※アクセスについて、学校HPにて必ずご確認ください。

■学校情報 --

○校長 小野　時英　　○児童数 274 名　　　　　　　○教員数 28 名

○安全対策　　警備員常駐　　入校者の確認　　防犯カメラ設置　　大井警察署と連携
　　　　　　　防災グッズ　　登校通知システム

■入試情報 --

○ 入試結果

	2024年度		
	男子	女子	合計
応募者数	79 名	38 名	117 名
受験者数	59 名	29 名	88 名
合格者数	49 名	27 名	76 名

○ 選抜方法　※非公表につき編集部調べ過去数年分

ペーパー 有　　運動 有　　行動観察 有　　制作 －

絵画 －　　面接 親子　　個別審査 －

○ 募集要項　※下記データは2023年実施済のもので、2024年実施予定のものではありません。

募 集 人 員	[第1回]男女計40名　第2回)若干名
募 集 公 示 期 間	第1回)10月1日～19日　第2回)11月3日～11月23日
願 書 取 得 方 法	Web(学校HPより)
願 書 提 出 方 法	Web出願
入 学 考 査 日	第1回)11月1日・2日　第2回)11月25日
面 接 実 施 日	第1回)10月16日～20日・10月23日～27日　第2回)当日
合 格 発 表 日 時	Webにて　第1回)11月3日18:00～　第2回)11月25日18:00～
入 学 考 査 料	25,000円
入 学 手 続 き 期 日	第1回)11月4日16:00　第2回)12月1日16:00
入学手続き納入金額	500,000円(入学金250,000円、施設費200,000円、入学準備金50,000円)

通学地域による応募制限 無　　編入試験 有　　帰国子女受入れ 無

■公開行事・説明会　※回答時未定につき、学校HPでご確認ください。

3 月 －	7 月 －	11 月 －
4 月 －	8 月 －	12 月 －
5 月 －	9 月 －	1 月 －
6 月 －	10 月 －	2 月 －

■学校から受験生へのメッセージ

一人一人に対してきめ細かい教育を目的に、学級担任と教科担任とでより理解できる丁寧な指導をしています。又、オリジナルテキストを使い、中学受験対策にも普段の授業と複合させながら学力向上をめざしています。 6年後に広がる未来を創ります。

淑徳小学校

■制服 有　■給食 有　■スクールバス 有　■アフタースクール 有　■系列校 有　■公開行事 有

■所在地　　〒174-8588
東京都板橋区前野町5-3-7

TEL　03-5392-8866　FAX　03-5392-8860

■アクセス

■学校インスタグラム

スクールバス発　東武東上線[ときわ台]駅　JR[赤羽]駅　三田線[志村坂上]駅　有楽町線[平和台]駅
大江戸線[練馬春日町]駅　西武池袋線[練馬高野台]駅
国際興業バス[前野小学校]下車徒歩3分
※アクセスについて、学校HPにて必ずご確認ください。

■学校情報

○校長 松本　太　　○児童数 668 名　男子 327 名　女子 341 名

○安全対策　警備員常駐　　緊急連絡システム　防犯カメラ設置　下校方面別集会　全校引き取り訓練

警備員校内巡回　災害用備蓄　　避難校ネット　　AED設置　　　登下校見守りサービス

■入試情報

○ 入試結果

	2024年度		
	男子	女子	合計
応募者数	－ 名	－ 名	239 名
受験者数	－ 名	－ 名	209 名
合格者数	－ 名	－ 名	115 名

○ 選抜方法　※非公表につき編集部調べ過去数年分

ペーパー 有　運動 －　行動観察 有　制作 －

絵画 －　面接 親子　個別審査 有

○ 募集要項　※下記データは2024年実施予定のものです。

募　集　人　員	男女計105名＊付属幼稚園からの内部進学者含む
募集公示期間	4月1日より
願書取得方法	オンライン
願書提出方法	郵送　事務室窓口（日時限定）
入　学　考　査　日	11月1日・4日
面　接　実　施　日	10月12日、10月15日～18日、11月4日
合格発表日時	試験当日夕方　学校HP
入　学　考　査　料	25,000円
入学手続き期日	11月6日
入学手続き納入金額	340,000円

通学地域による応募制限 無　　編入試験 有　　帰国子女受入れ 有

■公開行事・説明会　※2024年開催予定行事一覧(暫定)です。学校HPで開催日程を必ずご確認ください。

3 月	－	7 月	年長体験会　学校見学会	11 月	入学試験
4 月	－	8 月	－	12 月	年中体験
5 月	学校説明会	9 月	学校説明会	1 月	－
6 月	公開授業　学校説明会	10 月	願書受付	2 月	－

■学校から受験生へのメッセージ

小学校は学校生活と長い人生での学びの第一歩です。大乗仏教の教えをもとに、共生の心を大切にお子様をお預かりします。英語やICTなど、時代や社会の変化に対応できる力をはぐくむ学びの場を保証し、お子様がより豊かな人生をスタートのお手伝いができるように、教職員一丸となって、日々邁進してまいります。

昭和女子大学附属昭和小学校

■制服 有　■給食 有　■スクールバス 無　■アフタースクール 有　■系列校 有　■公開行事 有

■所在地　〒154-8533
東京都世田谷区太子堂1-7-57
TEL　03-3411-5114　FAX　03-3411-5336

■アクセス　　　　　　　　　　　■学校HP
東急田園都市線・東急世田谷線「三軒茶屋」
駅下車徒歩7分
渋谷駅よりバスにて「昭和女子大前」下車。

※アクセスについて、学校HPにて必ずご確認ください。

■学校情報

○校長 前田 崇司　　○児童数 643 名　男子 103 名　女子 540 名　　○教員数 45 名

○安全対策　24時間警備守衛室　防犯カメラ設置　登下校時刻管理　緊急連絡メール　巡回警備
入構時名札確認　防災グッズ完備　AED設置

■入試情報

○ 入試結果

	2024年度		
	男子	女子	合計
応募者数	－ 名	－ 名	862 名
受験者数	－ 名	－ 名	－ 名
合格者数	－ 名	－ 名	－ 名

○ 選抜方法

ペーパー 有　運動 －　行動観察 有　制作 有

絵画 －　面接 親子　個別審査 －

○ 募集要項　※下記データは2023年実施済のもので、2024年実施予定のものではありません。

募 集 人 員	男女計96名　※併設、こども園からの探究コースへの内部進学者を含む
募 集 公 示 期 間	9月1日～10月4日（9時～16時）←志願書配付　10月1日～10月5日←出願期間
願 書 取 得 方 法	配付場所－昭和小学校事務室もしくは正門守衛室（無料）
願 書 提 出 方 法	郵送（期限内消印有効）　上記出願期間参照
入 学 考 査 日	（国際コース・探究コース）11月1日（探究コース）11月2日・3日
面 接 実 施 日	10月14日から29日までの土日（国際コースを希望される場合はお子様に対して英語での面接あり）
合 格 発 表 日 時	各日とも当日Web発表
入 学 考 査 料	30,000円
入 学 手 続 き 期 日	合格発表日に納入 クレジットカードまたはペイジーインターネットバンキングにて納入
入学手続き納入金額	250,000円

通学地域による応募制限 無　　編入試験 有　　帰国子女受入れ 有　対象学年に補欠が生じた場合実施

■公開行事・説明会　※2024年開催予定行事一覧(暫定)です。学校HPで開催日程を必ずご確認ください。

3 月 －	7 月 －	11 月 昭和祭
4 月 学校説明会	8 月 －	12 月 －
5 月 学校説明会,昭和っ子の運動会	9 月 学校説明会	1 月 －
6 月 学校説明会	10 月 －	2 月 －

■学校から受験生へのメッセージ

「めあてをさして進む人」「まごころを尽くす人」「体を丈夫にする人」の目標を掲げている「昭和小学校の学び」の基盤の上に、今年度から「探究コース」「国際コース」がスタートしました。新しい学びをプラスし、自らの能力と感性を余すところなく発揮し、自己実現をしていく児童を育てます。

　私立　女子　カトリック　　　　シラユリガクエンショウガッコウ

白百合学園小学校

■制服 有　■給食 無　■スクールバス 無　■アフタースクール 無　■系列校 有　■公開行事 有

■所在地　〒102-8185
東京都千代田区九段北2-4-1
TEL　03-3234-6662　FAX　03-3234-0657

■アクセス　　　　　　　　　■学校HP

JR線・東京メトロ・都営大江戸線　[飯田橋]
駅下車徒歩10分
東京メトロ・都営新宿線　[九段下]駅下車徒
歩10分

※アクセスについて、学校HPにて必ずご確認ください。

■学校情報 --

○校長 保倉　啓子　　○児童数 704 名　女子 704 名　　○教員数 49 名

○安全対策　警備員常駐により、児童登下校時の安全確認ならびに来校者確認・施錠確認
施錠確認防犯カメラ設置、監視テレビモニターによる常時状況把握

■入試情報 --

○ 入試結果

	2024年度		
	男子	女子	合計
応募者数			
受験者数		非公表	
合格者数			

○ 選抜方法　※非公表につき編集部調べ過去数年分

ペーパー 有　運動 －　行動観察 有　制作 －

絵画 －　面接 親子　個別審査 －

○ 募集要項　※下記データは2023年実施済のもので、2024年実施予定のものではありません。

募 集 人 員	女子約60名　※附属幼稚園からの進学者は含まない
募 集 公 示 期 間	-
願 書 取 得 方 法	ホームページよりダウンロード
願 書 提 出 方 法	10月1日〜2日web出願・1日〜3日郵送出願　※両方実施により「出願」となる
入 学 考 査 日	11月1日
面 接 実 施	10月19日〜21日いずれかの1日で親子面接
合 格 発 表 日 時	11月2日web
入 学 考 査 料	30,000円　銀行振込
入 学 手 続 き 期 日	11月4日　手続場所－小学校事務室
入学手続き納入金額	870,000円(授業料474,000円、施設維持費336,000円、学年費・給食費60,000円)

通学地域による応募制限 無　　編入試験 有　　帰国子女受入れ 無　※欠員がある場合のみ実施

■公開行事・説明会　※回答時未定につき、学校HPでご確認ください。

3 月　－　　　　　　7 月　－　　　　　　11 月　－
4 月　－　　　　　　8 月　－　　　　　　12 月　－
5 月　－　　　　　　9 月　－　　　　　　 1 月　－
6 月　－　　　　　　10 月　－　　　　　　 2 月　展覧会

■学校から受験生へのメッセージ

キリスト教の精神に根ざした価値観を養い、神と人の前に誠実に歩み、愛の心をもって社会に奉仕できる女性の育成を目指します。学園
生活の中で、祈りを通して神の愛を知り、前向きに生きる心と体を養います。また、英語・フランス語を通じて、外国の生活や文化にも
触れています。

聖学院小学校

■制服 有　■給食 有　■スクールバス 無　■アフタースクール 有　■系列校 有　■公開行事 有

■所在地　　〒114-8574
東京都北区中里3-13-1
TEL　03-3917-1555　FAX　03-3917-5560

■アクセス　　　　　　　　　■学校HP
・JR山手線／東京メトロ南北線「駒込駅」徒歩6分
・JR京浜東北線「上中里駅」徒歩12分

※アクセスについて、学校HPにて必ずご確認ください。

■学校情報

○校長　佐藤　慎　　○児童数 427 名　男子 213 名　女子 214 名　○教員数 28 名

○安全対策
| 警備員常駐 | 児童ICタグ所持 | AED設置 | 防犯カメラ設置 | 入校時名札必着 |
| 緊急連絡メール | 防災グッズ完備 | 学校110番 | 登下校防犯 | 優良防火対象物取得 |

■入試情報

○ 入試結果

	2024年度		
	男子	女子	合計
応募者数	91 名	68 名	159 名
受験者数	- 名	- 名	- 名
合格者数	39 名	37 名	76 名

○ 選抜方法

ペーパー 有　運動 有　行動観察 有　制作 －
絵画 －　面接 親子　個別審査 －

○ 募集要項　※下記データは2024年実施予定のものです。

募 集 人 員	男女計72名※内部進学含む
募 集 公 示 期 間	－
願 書 取 得 方 法	Web(miraicompass)、窓口
願 書 提 出 方 法	郵送のみ
入 学 考 査 日	2024年11月4日(月)
面 接 実 施 日	2024年10月19日(土)
合 格 発 表 日 時	2024年11月4日(月)
入 学 考 査 料	25,000円
入 学 手 続 き 期 日	2024年11月5日(火)
入学手続き納入金額	350,000円(入学金250,000円・施設拡充費100,000円)

通学地域による応募制限 無　　編入試験 有　　帰国子女受入れ 有

■公開行事・説明会　※2024年開催予定行事一覧です。学校HPで開催日程を必ずご確認ください。

5 月　5/10(金)第1回学校説明会
　　　オンライン個別相談週間
6 月　6/1(土)学校見学会1
　　　6/7(金)イブニング説明会
　　　6/27(木)第2回学校説明会

7 月　7/13(土)体験授業
　　　オンライン個別相談週間
8 月　8/24(土)学校見学会2
9 月　9/6(金)第3回学校説明会
　　　9/21(土)聖学院フェア
　　　オンライン個別相談週間

10 月　－
11 月　－
12 月　－

■学校から受験生へのメッセージ

2015年からスタートした今の校舎は、すべてのクラスが壁の仕切りのない「オープンスペース」のつくりになっています。そこでは協同学習やワークショップなど、自由にレイアウトできる広い空間を活かした学びを行っています。しっかり自分で考え、友だちと関わることで広がる学びは、共に尊重し、成長しあう生きた学びへとつながります。

成城学園初等学校

■制服 無　■給食 無　■スクールバス 無　■アフタースクール 無　■系列校 有　■公開行事 有

■所在地　　〒157-8522
東京都世田谷区祖師谷3-52-38
TEL　03-3482-2106　FAX　03-3482-4300
■アクセス　　　　　　　　　　■学校HP
小田急線[成城学園前]駅より
徒歩10分

※アクセスについて、学校HPにて必ずご確認ください。

■学校情報

○校長 高橋　丈夫　○児童数 645 名　男子 322 名　女子 323 名　○教員数 41 名

○安全対策　防犯カメラ　入校者管理　非常通報装置　警備員常駐　防犯直通電話
AED設置　一斉メール　全箇所防災頭巾　非常食の備蓄　指定病院との連携

■入試情報

☆ 入試結果

	2024年度		
	男子	女子	合計
応募者数	193 名	178 名	371 名
受験者数	- 名	- 名	- 名
合格者数	34 名	34 名	68 名

○ 選抜方法　※非公表につき編集部調べ過去数年分

ペーパー	有	運動	有	行動観察	有	制作	-
絵画	-	面接	親子	個別審査	有		

☆ 募集要項　※下記データは2023年実施済のもので、2024年実施予定のものではありません。

募 集 人 員	男女各約34人
募 集 公 示 期 間	5月27日より
願 書 取 得 方 法	WEB（学校HPより）
願 書 提 出 方 法	WEB（ミライコンパスで出願）、出願後10月2日〜10月5日に書類郵送
入 学 考 査 日	11月9日男子考査　11月10日女子考査(4日間の内、2日間来校)
面 接 実 施 日	11月7日男子面接・一部考査　11月8日　女子面接・一部考査
合 格 発 表 日 時	11月12日（WEB）
入 学 考 査 料	30,000円
入 学 手 続 き 期 日	11月15日
入学手続き納入金額	1,296,000円

通学地域による応募制限 無　　編入試験 有　　帰国子女受入れ 有

■公開行事・説明会　※2024年度開催予定行事一覧(暫定)です。学校HPで開催日程を必ずご確認ください。

3 月 －　　　　　　　　7 月 －　　　　　　　　11 月 文化祭
4 月 －　　　　　　　　8 月 －　　　　　　　　12 月 －
5 月 学校説明会, 受験希望者学校参観　9 月 受験希望者学校参観・入試説明会　1 月 －
6 月 －　　　　　　　　10 月 運動会　　　　　　2 月 受験希望者学校参観

■学校から受験生へのメッセージ

「学校は子どもたちのためにあるべき」と言う考え方のもと、児童一人ひとりに、感じる心と、考え、想像し、表現する力を持ってほしいと願っています。子ども・保護者・先生の「三位一体」の教育を実践し、子どもたちは緑豊かな環境で、だんだんと視野を広げ、自信を身に付けていきます。本校にお越しいただき、子どもたちの姿をご覧ください。

聖心女子学院初等科

■制服 有　■給食 無　■スクールバス 無　■アフタースクール 有　■系列校 有　■公開行事 有

■所在地　〒１０８−００７２
東京都港区白金4-11-1
TEL　03-3444-7671　FAX　03-3444-0094

■アクセス
地下鉄南北線・三田線[白金台]駅下車徒歩10分／JR[渋谷]駅・[恵比寿]駅・[田町]駅より都バス[北里研究所前]下車徒歩３分／[目黒]駅よりバス[白金台駅前]下車徒歩10分
※アクセスについて、学校HPにて必ずご確認ください。

■学校HP

■学校情報

○校長　大山　江理子　　○児童数 627 名　女子 627 名　　○教員数 56 名

○安全対策　　警備員常駐・巡回　防犯カメラ設置　　警視庁直通通報システム　　入校時IDカード必着
　　　　　　　緊急連絡メール　登下校時通知メール　防災グッズ・防災食料完備

■入試情報

○ 入試結果

	2024年度		
	男子	女子	合計
応募者数	- 名	419 名	419 名
受験者数	- 名	- 名	- 名
合格者数	- 名	- 名	- 名

○ 選抜方法　※編集部独自調査

ペーパー	有	運動	有	行動観察	有	制作	−
絵画	−	面接	親子	個別審査	−		

○ 募集要項　※下記データは2023年実施済のもので、2024年実施予定のものではありません。

募集人員	96名
募集公示期間	5月7日頃〜
願書取得方法	Web(学院HPより)
願書提出方法	Web出願(9月1日〜10月２日)・願書は簡易速達による郵送(10月1日〜2日※消印有効)
入学考査日	11月1日(金)
面接実施	10月15日(土)・10月22日(土)
合格発表日時	Web発表11月3日(日) 11：00〜14：00
入学考査料	30,000円
入学手続き期日	入学金納入11月3日(日)　入学手続き11月5日(火)
入学手続き納入金額	460,000円(入学金300,000円、学校設備費160,000円)

通学地域による応募制限 有　　　編入試験 有　　　帰国子女受入れ 有

■公開行事・説明会　※2024年開催予定行事一覧(暫定)です。学校HPで開催日程を必ずご確認ください。

3 月	3/20キリスト教学校合同フェア	7 月	−	11 月	−
4 月	−	8 月	オープンスクール	12 月	−
5 月	−	9 月	9/7第2回学校説明会	1 月	1/31学習発表会 特別観覧
6 月	6/8第1回学校説明会・年長児対象お遊び会	10 月	10/16みこころ祭	2 月	−

■学校から受験生へのメッセージ

緑に恵まれた自然環境の中、子ども達は感性を豊かにし、命の大切さを実感します。キリスト教に基づいた教育は、自分と周りの人への思いやりの心を育み、さまざまな人と共生することの意味を考える場となります。世界に広がる姉妹校ネットワークを生かして、グローバルマインドを育てる機会をたくさん設けています。

聖ドミニコ学園小学校

■制服 有　■給食 有　■スクールバス 有　■アフタースクール 無　■系列校 有　■公開行事 有

■所在地　　〒157-0076
東京都世田谷区岡本1-10-1
TEL　03-3700-0017　FAX　03-3707-9298
■アクセス　　　　　　　　　■学校HP
東急田園都市線[用賀]駅より徒歩20分
東急田園都市線・大井町線[二子玉川]駅
より徒歩20分

※アクセスについて、学校HPにて必ずご確認ください。

■学校情報

○校長 山下　浩一郎　　○児童数 486 名　男子 82 名　女子 404 名　○教員数 31 名

○安全対策　警備員常駐　防犯カメラ設置　入校時名札必着　警察への非常通知装置　防災訓練
　　　　　　AED設置　教職員防犯訓練　緊急連絡メール　登下校メールシステム　防災備蓄(3日分)

■入試情報

○ 入試結果

	2024年度		
	男子	女子	合計
応募者数	99 名	283 名	382 名
受験者数	42 名	109 名	151 名
合格者数	27 名	61 名	88 名

○ 選抜方法　※非公表につき編集部調べ過去数年分

ペーパー	有	運動	有	行動観察	有	制作	－
絵画	－	面接	親子	個別審査	－		

○ 募集要項　※下記データは2024年実施予定のものです。

募 集 人 員	男女合わせて60名
募 集 公 示 期 間	4月2日より
願 書 取 得 方 法	Web(学校HPより)
願 書 提 出 方 法	Web(学校HPへアクセスの上、ミライコンパスでの出願)
入 学 考 査 日	入試A11月1日　入試B11月3日4日どちらか一方を選択　入試C11月16日
面 接 実 施	入試A・B10月24日・10月25日　入試C11月6日〜11月14日
合 格 発 表 日 時	入試A11月2日　入試B11月5日　入試C11月17日
入 学 考 査 料	25,000円（1回の納入で複数回受験可能）
入学手続き期日	入試A11月2日10:00〜16:00　入試B11月5日10:00〜16:00　入試C11月17日10:00〜16:00
入学手続き納入金額	400,000円

通学地域による応募制限 無　　編入試験 有　　帰国子女受入 有

■公開行事・説明会　※2024年度開催予定行事一覧(暫定)です。学校HPで開催日程を必ずご確認ください。

3 月	－	7 月	－	11 月	－
4 月	－	9 月	入試説明会・入試体験	12 月	－
5 月	学校説明会・体験授業・公開授業		公開授業・学園祭	1 月	－
6 月	オープンスクール・男児体験ラグビー	10 月	運動会・親睦の集い	2 月	－

■学校から受験生へのメッセージ

本学園の建学の精神は「真理を求め、自由に生きる」。新しい経験を数多く積む小学校時代は、ものごとを整理し、考え、組み立てるようになる目覚ましい成長の時。本学園では、この大切な時期を迎えた子どもたちの人間的成長を助け、それぞれが個性を磨き、相手の立場に立つことを学び、将来、国際人としてはばたいていくことを願っています。

星美学園小学校

■制服 有　■給食 有　■スクールバス 無　■アフタースクール 有　■系列校 有　■公開行事 有

■所在地　〒１１５ - ８５２４
東京都北区赤羽台4-2-14
TEL　03-3906-0053　FAX　03-3906-7305
■アクセス
JR[赤羽]駅西口より徒歩10分
東京メトロ南北線/埼玉高速鉄道
[赤羽岩淵]駅 2番出口より徒歩8分
※アクセスについて、学校HPにて必ずご確認ください。

■学校HP

■学校情報 --

○校長 星野 和江　　○児童数 581 名　男子 257 名　女子 324 名　　○教員数 43 名

○安全対策　警備員常駐　　AED設置　　防災グッズ完備　防犯カメラ設置　入校時名札必着
登下校防犯　学校110番　ICタグの携帯　緊急連絡メール　警備員敷地内巡回

■入試情報 --

○ 入試結果

	2024年度		
	男子	女子	合計
応募者数	137 名	140 名	277 名
受験者数	102 名	96 名	198 名
合格者数	53 名	89 名	142 名

○ 選抜方法 ※非公表につき編集部調べ過去数年分

ペーパー 有　運動 −　行動観察 有　制作 −
絵画 −　面接 親子　個別審査 −

○ 募集要項 ※下記データは2023年実施済のもので、2024年実施予定のものではありません。

募 集 人 数	男女計105名※附属幼稚園からの内部進学者含む
募 集 公 示 期 間	4月15日より
願 書 取 得 方 法	窓口（説明会や見学会でも販売有り）
願 書 提 出 方 法	郵送
入 学 考 査 日	11月1日・11月3日
面 接 実 施 日	10月6日〜13日
合 格 発 表 日 時	11月2日と11月4日にWEBにて発表
入 学 考 査 料	20,000円（A日程、B日程の両日受験の場合は、30,000円）
入 学 手 続 き 期 日	11月6日までに入学金振込
入学手続き納入金額	250,000円

通学地域による応募制限 無　　編入試験 有　　帰国子女受入 無 ※帰国子女特別枠は無く、一般の編入者と同じ

■公開行事・説明会 ※2024年度開催予定行事一覧(暫定)です。学校HPで開催日程を必ずご確認ください。

3 月　−	7 月　七夕集会（年長児）	11 月　−
4 月　第1階学校説明会	8 月　−	12 月　せいびのクリスマス（年中児」
5 月　運動会	9 月　第3回学校説明会・見学会	1 月　−
6 月　第2回学校説明会・見学会	10 月　−	2 月　−

■学校から受験生へのメッセージ

星美学園小学校は、祈りと共に一日を始めるカトリック・ミッションスクールです。元気な挨拶と明るい歌声が響き、教師と子供が一緒になって校庭を駆け回る光景が見られます。教師はアシステンツァ（いつも子供と共にいること）を行い、子供たちは「清い心」「たゆまぬ努力」の校訓の元、社会に貢献できる心豊かな人間、誠実な社会人へと成長できるよう歩んでいきます。

セイメイガクエンショトウガッコウ

清明学園初等学校

■制服 有　■給食 無　■スクールバス 無　■アフタースクール 無　■系列校 有　■公開行事 有

■所在地　　〒１４５-００６６
東京都大田区南雪谷3-12-26
TEL　03-3726-7138　FAX　03-3720-5589

■アクセス　　　　　　　　　　　■学校HP

東急池上線[雪が谷大塚]駅徒歩6分
東急バス[清明学園下]下車0分

※アクセスについて、学校HPにて必ずご確認ください。

■学校情報 --

○校長　横山　豊治　　○児童数 363 名　　　　　　○教員数 22 名

○安全対策　　警備員配置　　門の施錠　　防犯カメラ完備　入校証配布　　防災備蓄倉庫完備

教職員見回り　来校者の確認　緊急地震速報　緊急配信メール　避難・防犯訓練

■入試情報 --

○ 入試結果

	2024年度		
	男子	女子	合計
応募者数			
受験者数		非公表	
合格者数			

○ 選抜方法　※非公表につき編集部調べ過去数年分

ペーパー	有	運動	有	行動観察	有	制作	－
絵画	－	面接	親子	個別審査	－		

○ 募集要項　※下記データは2024年実施予定のものです。

募 集 人 員	80名
募 集 公 示 期 間	第1回　10月1日～11月7日　第2回　11月18日～12月5日
願 書 取 得 方 法	－
願 書 提 出 方 法	「miraicompass」によるインターネット出願
入 学 考 査 日	第1回　11月9日・11月10日(いずれか1日を選択)　第2回　12月7日
面 接 実 施 日	考査日当日
合 格 発 表 日 時	インターネットにて発表　第1回 11月11日　第2回 12月7日
入 学 考 査 料	20,000 円
入 学 手 続 き 期 日	所定日
入学手続き納入金額	入学金 200,000円・施設費 70,000円・後援会入会金 10,000円

通学地域による応募制限 無　　編入試験 有　　帰国子女受入れ 無

■公開行事・説明会　※2024年開催予定行事一覧(暫定)です。学校HPで開催日程を必ずご確認ください。

3 月	－	7 月	夏まつり	11 月	舞台発表会
4 月	－	8 月	オープンスクール	12 月	－
5 月	第2回学校説明会	9 月	第4回学校説明会・公開授業・清明祭	1 月	－
6 月	第3回学校説明会・公開授業	10 月	運動会	2 月	－

■学校から受験生へのメッセージ

一人ひとりの子どもの持っている「その子のよさ」を発見し、その「よさ」を最大限伸ばすことを第一の教育目標にしています。家庭との連絡を密にし、学校と家庭の両方で子どもたちの教育に力を入れていきたいと思っています。第一教育期における総合学習を重視するとともに、生まれ月にも配慮したカリキュラムを作って学習を進めています。

田園調布雙葉小学校

■制服 有　■給食 無　■スクールバス 無　■アフタースクール 無　■系列校 有　■公開行事 無

■所在地　〒158-8511
東京都世田谷区玉川田園調布1-20-9
TEL　03-3721-3994　FAX　03-3721-7080
■アクセス　　　　　　　　　　■学校HP
・大井町線「九品仏」駅より10分
・東横線「田園調布」駅より15分

※アクセスについて、学校HPにて必ずご確認ください。

■学校情報 --

○校長 筒井 三都子　○児童数 736 名　男子 ― 名 女子 736 名　○教員数 52 名

○安全対策　警備員配置　防犯カメラ設置　SECOM防犯管理
在校時施錠オートドア　保護者来校証提示

■入試情報 --

○入試結果

	2024年度		
	男子	女子	合計
募集人数	― 名	280 名	280 名
受験者数	― 名	275 名	275 名
合格者数	― 名	― 名	― 名

○選抜方法　※非公表につき編集部調べ過去数年分

ペーパー 有　運動 ―　行動観察 有　制作 ―

絵画 ―　面接 親子　個別審査 有

○募集要項　※下記データは2023年実施済のもので、2024年実施予定のものではありません。

募 集 人 員	65名　※内部受験生を除く
募 集 公 示 期 間	9月1日～10月2日
願 書 取 得 方 法	小学校受付および学校説明会　Web登録後ダウンロード
願 書 提 出 方 法	郵送　10月1日・2日の消印有効
入 学 考 査 日	11月1日
面 接 実 施 日	10月17日～21日
合 格 発 表 日 時	11月3日9時～4日9時　Web発表
入 学 考 査 料	30,000円
入 学 手 続 き 期 日	11月6日　午前10時～午後1時
入学手続き納入金額	400,000円

通学地域による応募制限 有　　編入試験 有　　帰国子女受入れ 無　※編入試験は条件有り

■公開行事・説明会　※回答時未定につき、学校HPでご確認ください。

3 月 ―	7 月 ―	11 月 ―
4 月 ―	8 月 ―	12 月 ―
5 月 ―	9 月 ―	1 月 ―
6 月 ―	10 月 ―	2 月 ―

■学校から受験生へのメッセージ

(幼稚園)小学校から高等学校まで(14)12年間の一貫校です。カトリック教育の中で、上級生と下級生、先輩と後輩が仲良く助け合いながら健やかに成長していきます。１年生からの週２時間の英語、読書が大好きになる図書館の授業、そしてたてわりのマーガレット活動等、本校独自のカリキュラムによって心もからだも健やかに育まれていきます。

東京三育小学校

■制服 有　■給食 無　■スクールバス 無　■アフタースクール 有　■系列校 有　■公開行事 有

■所在地　〒１７７-００５３
東京都練馬区関町南2-8-4

TEL　03-3920-2450　FAX　03-3920-2422

■アクセス　　　　　　　　　　　■学校HP

JR・京王井の頭線吉祥寺駅よりバス10分／西武新宿線武蔵関駅よりバス13分／西武池袋線大泉学園駅よりバス20分／JR・地下鉄丸ノ内線荻窪駅よりバス13分

※アクセスについて、学校HPにて必ずご確認ください。

■学校情報 --

○校長 平田　理　　○児童数 131 名 男子 60 名 女子 71 名　○教員数 15 名

○安全対策
AED設置	校内外に防犯カメラ設置	保護者による通学路の誘導	緊急連絡メール
学校110番	定期的に防災訓練実施	定期的に防災訓練実施	防災グッズ完備
登下校時におけるメール配信	登下校時の教員見守り		

■入試情報 --

○ 入試結果

	2024年度		
	男子	女子	合計
応募者数			
受験者数		非公表	
合格者数			

○ 選抜方法

ペーパー	有	運動	有	行動観察	有	制作	－
絵画	有	面接	親子	個別審査	－		

○ 募集要項　※下記データは2024年実施予定のものです。

募 集 人 員	男女計25名
募 集 公 示 期 間	4月下旬～
願 書 取 得 方 法	学校HPより申し込み後郵送、もしくは来校
願 書 提 出 方 法	来校、もしくは郵送
入 学 考 査 日	AO入試11月3日(日)、第一期11月10日(日)、第二期12月8日(日)
面 接 実 施 日	AO入試11月3日(日)、第一期11月10日(日)、第二期12月8日(日)
合 格 発 表 日 時	AO入試11月4日(月)郵送、第一期11月11日(月)郵送、第二期12月9日(月)郵送
入 学 考 査 料	20,000円
入 学 手 続 き 期 日	AO入試11月7日(木)、第一期11月14日(木)、第二期12月12日(木)　各日受付時間13:00～14:00
入学手続き納入金額	150,000円と任意の寄付金　一口五万円、二口以上

通学地域による応募制限 無　　編入試験 有　　帰国子女受入れ 有

■公開行事・説明会　※2024年開催予定行事一覧(暫定)です。学校HPで開催日程を必ずご確認ください。

3 月 －	7 月 －	11 月
4 月 －	8 月 －	12 月 クリスマス礼拝
5 月 学校説明会・運動会	9 月 入試説明会	1 月 －
6 月 －	10 月 保護者会バザー	2 月 －

■学校から受験生へのメッセージ

聖書の教えを基に個性を重んじ、徳、知、体の円満な発達を図り、社会に貢献する人間性豊かな人物の育成を目指しています。英語は全学年毎日実施しており、1コマ20分と短いながらも成長に応じた独自のカリキュラムで楽しく確実な定着につとめています。少人数教育で個々の役割と活躍の機会が多くあり、一人ひとりの輝く個性を生かした指導が可能です。

東京女学館小学校

■制服 有　■給食 有　■スクールバス 無　■アフタースクール 無　■系列校 有　■公開行事 有

■所在地　〒150-0012
東京都渋谷区広尾3-7-16
TEL　03-3400-0987　FAX　03-3400-1018
■アクセス　　　　　　　　　　　　　　■学校HP
都営バス－JR渋谷駅・恵比寿駅より「日赤医療センター行き」乗車[東京女学館前]下車／地下鉄日比谷線[広尾]駅下車徒歩12分／港区「ちいばす」青山ルート[日赤医療センター]下車
※アクセスについて、学校HPにて必ずご確認ください。

■学校情報 --------------------------------------

○校長　盛永 裕一　　○児童数 466 名　男子 － 名　女子 466 名　○教員数 38 名

○安全対策　警備員常駐　警備員の巡視　防犯カメラ設置　学校110番　AED常備　入校時名札必着
緊急連絡メール・アプリ　下校時、校内からの渋谷行き直行バス　教職員のスクールガード携帯

■入試情報 --------------------------------------

○ 入試結果

	2024年度		
	男子	女子	合計
応募者数	－ 名	424 名	424 名
受験者数	－ 名	－ 名	－ 名
合格者数	－ 名	72 名	72 名

○ 選抜方法

ペーパー	有	運動	有	行動観察	有	絵画制作	有
	－	面接	保護者	個別審査	－		

○ 募集要項　※下記データは2024年実施予定のものです。

募　集　人　員	女子72名（AO型約40名※国際枠約3名含む／一般入試約30名）
募 集 公 示 期 間	9/2～
願 書 取 得 方 法	Web（学校HPより）※AO型入試のみ必要書類あり
願 書 提 出 方 法	Web（学校HPへアクセスの上、ミライコンパスでの出願）※AO型入試は書類提出と併用
入 学 考 査 日	AO型入試　11月1日　　一般入試　11月2日または11月3日※学校指定日1日
面 接 実 施 日	保護者のみ　試験前の10月※指定日時はWeb（ミライコンパス）で通知
合 格 発 表 日 時	AO型入試　11月1日 18時 小学校　　一般入試　11月3日 19時30分以降Web（ミライコンパス）で発表
入 学 考 査 料	30,000円
入 学 手 続 き 期 日	AO型入試 11月1日18時～11月2日13時　一般入試11月3日19時30分以降～11月4日10時※ともにWeb決済
入学手続き納入金額	290,000円（入学金）

通学地域による応募制限 無　　編入試験 有　　帰国子女受入れ 有

■公開行事・説明会　※2024年開催予定行事一覧(暫定)です。学校HPで開催日程を必ずご確認ください。

3 月　学校・入試説明会	7 月　学校説明会	11 月　－
4 月　－	8 月　－	12 月　－
5 月　運動会	9 月　学校・入試説明会、白菊会バザー	1 月　－
6 月　－	10 月　－	2 月　展覧会（学芸会と隔年で実施）

■学校から受験生へのメッセージ

私たちは子どもたちの学びを見守り、支え続けていきます。子どもたちの学びと育ちのプロセスを大切にして、学習の成果を確認し、共有しあいながら、次なる学びのステージを用意したいと考えています。東京女学館小学校で過ごす6年間が、資質の芽を育み、学び成長し続けながら、夢や希望を志に繋げていく貴重な6年間となることを願っています。

トウキョウトシダイガクフゾクショウガッコウ

東京都市大学付属小学校

■制服 有　■給食 有　■スクールバス 有　■アフタースクール 有　■系列校 有　■公開行事 有

■所在地　〒157-0066
東京都世田谷区成城1-12-1
TEL　03-3417-0104　FAX　03-3417-1332

■アクセス

■学校HP

小田急線[成城学園前]駅南口より徒歩10分
または、同駅南口市営バス[東京都市大付属
小学校前]下車

※アクセスについて、学校HPにて必ずご確認ください。

■学校情報 --

○校長　松木　尚　　○児童数 479 名 男子 260 名 女子 219 名　○教員数 35 名

○安全対策　監視カメラ　　入校証着用　　安全教育の実施　　防災時対応マニュアル

下校指導の徹底　警備員の見回り　登下校通知メールシステム

■入試情報 --

○ 入試結果

	2024年度		
	男子	女子	合計
応募者数	390 名	189 名	579 名
受験者数	314 名	135 名	449 名
合格者数	52 名	56 名	108 名

○ 選抜方法　※非公表につき編集部調べ過去数年分

ペーパー	有	運動	有	行動観察	有	制作	－
絵画	－	面接	保護者	個別審査	－		

○ 募集要項　※下記データは2023年実施済のもので、2024年実施予定のものではありません。

募　集　人　員	男女計76人(内部進学者約10名を含む)
募 集 公 示 期 間	5月8日〜10月4日16時まで
願 書 取 得 方 法	Web
願 書 提 出 方 法	【Web出願】10月1日〜10月4日
入 学 考 査 日	11月2日〜11月4日のうち、希望するいずれか1日
面 接 実 施 日	考査当日
合 格 発 表 日 時	11月5日　【Web】9:00〜23:59【校内掲示】11:00〜12:00
入 学 考 査 料	25,000円
入 学 手 続 き 期 日	Webにて手続き 11月5日 9:00〜11月6日まで
入学手続き納入金額	300,000円(入学金)

通学地域による応募制限 無　　編入試験 有　　帰国子女受入れ 無

■公開行事・説明会　※回答時未定につき、学校HPでご確認ください。

3 月 －	7 月 －	11 月 －
4 月 －	8 月 －	12 月 －
5 月 －	9 月 －	1 月 －
6 月 －	10 月 －	2 月 －

■学校から受験生へのメッセージ

本校は「高い学力の定着と豊かな心の育成」を目標に、子ども達の自主性・主体性を大切にして、明るく楽しい学校づくりを目指しています。そのために、教員共通の理解として、児童一人ひとりの個性を尊重し、愛情をもって教育にあたることを常に心がけています。ご支援よろしくお願いします。

東京農業大学稲花小学校

■制服 有　■給食 有　■スクールバス 無　■アフタースクール 有　■系列校 有　■公開行事 無

■所在地　〒156-0053
東京都世田谷区桜3-33-1
TEL　03-5477-4115　FAX　03-5477-4125

■アクセス　　　　　　　　　　　　　■学校HP
小田急線[経堂]駅より徒歩15分
東急世田谷線[上町]駅より徒歩15分
東急田園都市線[用賀]駅ほかより市営バス
[農大前]下車徒歩5分

※アクセスについて、学校HPにて必ずご確認ください。

■学校情報

○校長 夏秋　啓子　　○児童数 431 名 ※完成年度定員　　○教員数 25 名

○安全対策　警備員常駐　防犯カメラ設置　入校時名札必着　登下校メールシステム
AED設置　緊急連絡メール　防災グッズ完備

■入試情報

○ 入試結果

	2024年度		
	男子	女子	合計
応募者数	481 名	398 名	879 名
受験者数	- 名	- 名	- 名
合格者数	- 名	- 名	- 名

○ 選抜方法

ペーパー 有　運動 －　行動観察 有　制作 －

絵画 －　面接 親子　個別審査 －

○ 募集要項　※下記データは2023年実施済のもので、2024年実施予定のものではありません。

募 集 人 員	72名（男子36名・女子36名）
募 集 公 示 期 間	10月2日10:00～3日13:00
願 書 取 得 方 法	Web（学校HP）からダウンロード
願 書 提 出 方 法	Web（ミライコンパス）からの出願／「事前面接用質問票」の郵送
入 学 考 査 日	11月1日・2日・3日・4日より1日
面 接 実 施 日	10月10日～30日※学校指定日時
合 格 発 表 日 時	11月7日10:00～
入 学 考 査 料	25,000円
入 学 手 続 き 期 日	11月9日
入学手続き納入金額	250,000円

通学地域による応募制限 無　　編入試験 無　　帰国子女受入れ 無

■公開行事・説明会　※回答時未定につき、学校HPでご確認ください。

3 月 －	7 月 －	11 月 －
4 月 －	8 月 －	12 月 －
5 月 －	9 月 －	1 月 －
6 月 －	10 月 －	2 月 －

■学校から受験生へのメッセージ

東京農業大学の創設者、榎本武揚公の言葉から「冒険心の育成」を教育理念とし、未知なる新しい世界に挑む気骨と主体性をもち、本気になって取り組み、科学的・実践的に学ぶ人間を育てることを目標とします。また、教育理念の実現に向け「３つの心（感性、探究心、向上心）と２つの力（コミュニケーション力、体力）」の育成を教育方針と位置づけています。

　　私立　女子　プロテスタント　　トウヨウエイワジョガクインショウガクブ

東洋英和女学院小学部

■制服 有　■給食 有　■スクールバス 無　■アフタースクール 無　■系列校 有　■公開行事 ※

■所在地　　〒１０６－００３２
東京都港区六本木5-6-14

TEL　03-5411-1322　FAX　03-5411-1323

■アクセス

東京メトロ・都営大江戸線[六本木]駅下車
徒歩７分
東京メトロ・都営大江戸線[麻布十番]駅下車
徒歩７分

※アクセスについて、学校HPにて必ずご確認ください。

■学校HP

■学校情報

○部長 吉田 太郎　　○児童数 469 名　女子 469 名　○教員数35 名 （講師を含む）

○安全対策　　登下校時、麻布警察署員及び港区安全パトロール隊による巡回　　緊急通報システム　　警備員常駐
一斉配信メール　防犯カメラ　数パターンの避難訓練　コース別による集団下校訓練

■入試情報

○ 入試結果

	2024年度		
	男子	女子	合計
応募者数	－ 名	585 名	585 名
受験者数	－ 名	－ 名	－ 名
合格者数	－ 名	50 名	50 名

○ 選抜方法　※非公表につき編集部調べ過去数年分

ペーパー 有　運動 有　行動観察 有　制作 有

絵画 有　面接 親子　個別審査 －

○ 募集要項　※下記データは2023年実施済のもので、2024年実施予定のものではありません。

募 集 人 員	女子50名　※併設幼稚園からの進学者30名を含まない
募 集 公 示 期 間	6月26日〜9月30日12時まで
願 書 取 得 方 法	6月26日〜9月30日12時まで
願 書 提 出 方 法	9月5日〜10月1日Web出願・10月1日郵送出願　※両方実施により「出願」となる
入 学 考 査 日	11月2日
面 接 実 施 日	学校の指定日時
合 格 発 表 日 時	11月3日(18-20時)　発表方法－Web
入 学 考 査 料	30,000円　銀行振込
入 学 手 続 き 期 日	11月4日
入学手続き納入金額	330,000円

通学地域による応募制限 有　　編入試験 ※　　帰国子女受入れ 無　　※編入は欠員が生じた時のみ実施

■公開行事・説明会　※回答時未定につき、学校HPでご確認ください。

3 月 －	7 月 －	11 月 －
4 月 －	8 月 －	12 月 －
5 月 －	9 月 －	1 月 －
6 月 －	10 月 －	2 月 －

■学校から受験生へのメッセージ

「敬神奉仕」を目指して幼い日を過ごす子どもたちは、生きていく上で最も大切な「心」が育てられます。年間を通じ豊かに展開される
教育プログラムから、これからの長い人生を生きる「力」が培われていきます。一つの家庭のようだとよく言われる小学部では、いつも
子どもたちを中心に、教職員も保護者も心を一つにして、共に育ちあっています。

トキワ松学園小学校

■制服 有　■給食 無　■スクールバス 無　■アフタースクール 有　■系列校 有　■公開行事 有

■所在地　〒152-0003
東京都目黒区碑文谷4-17-16
TEL　03-3713-8161　FAX　03-3713-8400

■アクセス　　　　　　　　　　　　　　　■学校HP

・東急東横線「都立大学駅」より徒歩8分、「学芸大学駅」より徒歩12分
・東急バス・都バス「碑文谷警察署前バス停」より徒歩1分、「平町バス停」「日丘町バス停」より徒歩3分
※アクセスについて、学校HPにて必ずご確認ください。

■学校情報

○校長 百合岡　依子　○児童数 285 名　男子 172 名　女子 113 名　○教員数 22 名

○安全対策　警備員在駐　防犯カメラ設置　登下校確認システム　来校者名札着用　緊急連絡メール
防災用品備蓄　AED設置　緊急地震速報装置　携帯電話所持可　学校110番設置

■入試情報

○ 入試結果

	2024年度		
	男子	女子	合計
応募者数	82 名	58 名	140 名
受験者数	- 名	- 名	- 名
合格者数	- 名	- 名	- 名

○ 選抜方法

ペーパー 有　運動 有　行動観察 有　制作 −

絵画 −　面接 保護者　個別審査 −

○ 募集要項　※下記データは2023年実施済のもので、2024年実施予定のものではありません。

募　集　人　員	男女合わせて約40名
願 書 取 得 方 法	Web(学校HPより)
願 書 提 出 方 法	Web(学校HPへアクセスの上、ミライコンパスでの出願)
願 書 受 付 期 間	10月1日(日)8:00〜10月28日(土)23:59
入 学 考 査 日	11月1日(水)午前・午後、11月2日(木)午前・午後　※いずれかを選択
面 接 実 施 日	10月14日(土)午前、21日(土)午前・午後　※いずれかを選択
合 格 発 表 日 時	Web(学校HPより)11月2日19時〜
入 学 考 査 料	25,000円
入 学 手 続 き 期 日	【入学金納入期間】合格発表後〜11月3日(金・祝)12:00　【書類受取】11月3日(金・祝)9:00〜12:00
入学手続き納入金額	430,000円(入学金＋施設設備費)

通学地域による応募制限 無　　編入試験 有　　帰国子女受入れ 有

■公開行事・説明会　※回答時みていにつき、学校HPでご確認ください。

3 月 −	7 月 −	11 月 −
4 月 −	8 月 −	12 月 −
5 月 −	9 月 −	1 月 −
6 月 −	10 月 −	2 月 −

■学校から受験生へのメッセージ

子どもの可能性を引き出す少人数教育。「学校と家庭は子育ての仲間」という開校以来の家庭的な校風。机の上ではできない学びとして大切にしている体験学習や遊びの時間。さまざまな方法を用いて学びを深め表現する教科学習。本校には子どもたちが安心して楽しく学び、自分のよさを伸ばし、大きく成長できる時間と空間があります。

新渡戸文化小学校

■制服 有　■給食 有　■スクールバス 無　■アフタースクール 有　■系列校 有　■公開行事 有

■**所在地**　〒164-8638
東京都中野区本町6-38-1
TEL　03-3381-0124　FAX　03-3381-0125

■**アクセス**　　　　　　　　　　　■**学校HP**

地下鉄丸の内線[東高円寺]駅下車徒歩5分
／バス[中野天神前]下車徒歩3分／[東高
円寺]下車徒歩5分／[杉山公園]下車徒歩
7分
※アクセスについて、学校HPにて必ずご確認ください。

■**学校情報** --

○校長 杉本　竜之　　○児童数 360 名　　　　　　○教員数 29 名

○**安全対策**
看護師在駐　　　登下校メール　　メール連絡網サービス導入

カウンセラー在中　警備員配置　　緊急時の方面別下校

■**入試情報** --

○ 入試結果

	2024年度		
	男子	女子	合計
応募者数	－ 名	－ 名	203 名
受験者数	－ 名	－ 名	－ 名
合格者数	－ 名	－ 名	－ 名

○ 選抜方法 ※非公表につき編集部調べ過去数年分

ペーパー 有　運動 有　行動観察 有　制作 有

絵画 －　面接 親子　個別審査 有

○ 募集要項 ※下記データは2023年実施済のもので、2024年実施予定のものではありません。

募　集　人　員	約60人
募 集 公 示 期 間	学校HPにて10月1日〜
願 書 取 得 方 法	第1回)10月1日〜25日　第2回)10月1日〜11月8日　第3回)10月1日〜12月2日
願 書 提 出 方 法	Web出願後、書類を郵送または持参にて提出
入 学 考 査 日	第1回)11月3日　第2回)11月16日　第3回)12月7日
面 接 実 施 日	事前面接
合 格 発 表 日 時	第1回)11月4〜7日　第2回)11月12〜19日　第3回)12月10〜10日
入 学 考 査 料	20,000円
入 学 手 続 き 期 日	第1回)11月7日21:00　第2回)11月19日21:00　第3回)12月10日21:00
入学手続き納入金額	入学金300,000円

通学地域による応募制限 無　　編入試験 有　　帰国子女受入れ 有

■**公開行事・説明会** ※2024年開催予定行事一覧(暫定)です。学校HPで開催日程を必ずご確認ください。

3 月 －	7 月 アフタースクール見学	11 月 好きなこと入試説明会
4 月 オンライン説明会	8 月 －	12 月 －
5 月 公開授業	9 月 プレ小学校体験	1 月 －
6 月 学校案内説明会・校内見学・授業公開	10 月 －	2 月 －

■**学校から受験生へのメッセージ**

自分なりの考えを持ちつつ、多様な他者と共存・協調し、問題や課題を発見・解決し、主体的に行動できる——。これは様々な
文化や価値観が混在する社会を生き抜くために必要な力です。このような力は、基礎基本の学習内容を確実に習得し「自律型学
習者」として学び続けることによって身につけることができます。そのために私たちは、本校の伝統である「どの子も我が子」
の精神で一人ひとりの子どもたちをていねいに支援してまいります。

ニホンジョシダイガクフゾクホウメイショウガッコウ

日本女子大学附属豊明小学校

■制服 有　■給食 有　■スクールバス 有　■アフタースクール 有　■系列校 有　■公開行事 有

■所在地　〒112-8681
東京都文京区目白台1-16-7
TEL　03-5981-3800　FAX　03-5981-3811

■アクセス　　　　　　　　　　　■学校HP

・JR山手線目白駅より日本女子大学行スクールバスまたは都バス新宿駅西口行きにて日本女子大学前下車
・東京メトロ副都心線雑司が谷駅3番出口より徒歩8分

※アクセスについて、学校HPにて必ずご確認ください。

■学校情報 ---

○校長 川合　洋子　　○児童数 684 名　女子 684 名　　○教員数 34 名

○安全対策　警備員常駐・巡回　入校時入校証必着　防犯カメラ設置　登下校通知メール　緊急連絡メール

防災グッズ完備　定期的防災防犯訓練　防災宿泊体験学習　防犯教室　AED設置

■入試情報 ---

○ 入試結果

2024年度	男子	女子	合計
応募者数	- 名	327 名	327 名
受験者数	名	- 名	- 名
合格者数	- 名	54 名	54 名

○ 選抜方法

ペーパー 有　運動 -　行動観察 有　制作 有

絵画 有　面接 親子　個別審査 -

○ 募集要項　※下記データは2024年実施予定のものです。詳細につきましてはHPで必ずご確認ください。

募　集　人　員	女子約54名※附属幼稚園からの内部進学者を含まない
募　集　公　示　期　間	申込期間　9月9日9:00〜10月3日13:00
願　書　取　得　方　法	Web（学校HPへアクセスの上、ミライコンパスにて取得）
願　書　提　出　方　法	Web（学校HPへアクセスの上、ミライコンパスでの出願）、書類提出10月1日〜3日
入　学　考　査　日	11月1日
面　接　実　施　日	10月12日・10月13日のうち1日
合　格　発　表　日　時	11月3日13:00〜15:30
入　学　考　査　料	25,000円
入　学　手　続　き　期　日	入学料等納入（Web）11月3日13:00〜15:30、入学手続き11月4日10:00〜（予定）
入学手続き納入金額	410,000円

通学地域による応募制限 無　　編入試験 有　　帰国子女受入れ 無

■公開行事・説明会　※2024年開催予定行事一覧(暫定)です。学校HPで開催日程を必ずご確認ください。

3 月　－
4 月　－
5 月　学校説明会・オープンスクール・写生会作品展
6 月　授業見学会

7 月　オープンスクール
8 月　Web入試説明会
9 月　個別相談会・運動会
10 月　－

11 月　－
12 月　－
1 月　オープンスクール・書き初め展示会
2 月　－

■学校から受験生へのメッセージ

豊明小学校では「実物教育」「自学自動」を基軸に教育を進めています。「実物教育」つまり「本物」に直接触れて学ぶことで、興味を持って楽しく学ぶことができます。自然あふれる雑木林（教材園）の観察、農場体験、プロの演奏家による音楽鑑賞、低学年から電動のこぎりを使った木の工作など。楽しみながら進んで学び、学力がついていきます。

東京都千代田区　　私立　女子　カトリック　　　　　　　　　　　　　フタバショウガッコウ

雙葉小学校

■制服 有　■給食 有　■スクールバス 無　■アフタースクール 無　■系列校 有　■公開行事 有

■所在地　　〒１０２-００８５
東京都千代田区六番町14-1
TEL　03-3263-0822　FAX　03-3265-3924
■アクセス　　　　　　　　　　　■学校HP

JR中央線[四ツ谷]駅徒歩5分
地下鉄丸の内線・南北線[四ツ谷]駅
下車徒歩6分

※アクセスについて、学校HPにて必ずご確認ください。

■学校情報 ---

○校長 渡部　祐子　　○児童数 約500 名　女子 約500 名　○教員数 約30 名

○安全対策　警備員常駐　防犯カメラ設置　緊急通報システム　登下校確認メールシステム

校門を施錠　入校証着用　連絡メッセージシステム　災害時被災報告システム

■入試情報 ---

○ 入試結果

	2024年度		
	男子	女子	合計
応募者数			
受験者数		非公表	
合格者数			

○ 選抜方法　※非公表につき編集部調べ過去数年分

ペーパー 有　運動 有　行動観察 有　制作 有

絵画 −　面接 親子　個別審査 −

○ 募集要項　※下記データは2023年実施済のもので、2024年実施予定のものではありません。

募　集　人　員	女子約40名
募 集 公 示 期 間	9月8日〜10月2日
願 書 取 得 方 法	インターネット上で出願登録の上、ダウンロード
願 書 提 出 方 法	郵送にて10/1・10/2の消印があるもの
入 学 考 査 日	11月1日〜11月3日のいずれか指定日
面 接 実 施 日	11月2日〜11月3日いずれか指定日
合 格 発 表 日 時	11月4日
入 学 考 査 料	25,000円
入 学 手 続 き 期 日	11月5日
入学手続き納入金額	270,000円(入学金)

通学地域による応募制限 有　　編入試験 無　　帰国子女受入れ 無

■公開行事・説明会　※下記データは2023年実施済のもので、2024年実施予定のものではありません。

3 月 −	7 月 学校説明会	11 月 −
4 月 −	8 月 −	12 月 −
5 月 −	9 月 −	1 月 −
6 月 −	10 月 −	2 月 −

■学校から受験生へのメッセージ

雙葉小学校は、1学年2クラスの小さなカトリックの女子校です。授業では、まず自分でよく考えてから、お互いに発表したり聞き合ったりして、皆で学ぶことを大切にしています。また、お友達と力を合わせ助け合いながら、お当番の仕事や係の仕事をしたり、クラブ委員会の活動を行ったりしています。学校には、いつも元気な声と明るい笑顔があふれています。

　　私立　共学　　仏教　　　ブンキョウダイガクフゾクショウガッコウ

文教大学付属小学校

■制服 有　■給食 無　■スクールバス 無　■アフタースクール 有　■系列校 有　■公開行事 無

■所在地　　〒145-0065
東京都大田区東雪谷2-3-12

TEL　03-3720-1097　FAX　03-3720-1117

■アクセス　　　　　　　　　　■学校HP

東急池上線［石川台］駅下車徒歩2分

※アクセスについて、学校HPにて必ずご確認ください。

■学校情報 --

○校長 島野 歩　　○児童数 330 名　男子 152 名　女子 178 名　○教員数 30 名

○安全対策　教室及び廊下に警報スイッチを設け職員室で集中管理を行う(児童向け) 緊急警報システム(各教室・担任)

　　　　　　コドモンを利用、カードタッチすることで「学校に着いた・出た」を通知

■入試情報 --

○ 入試結果

	2024年度		
	男子	女子	合計
応募者数	96 名	84 名	180 名
受験者数	82 名	66 名	148 名
合格者数	28 名	28 名	56 名

○ 選抜方法

ペーパー 有　運動 －　行動観察 有　制作 －

絵画 －　面接 有　個別審査 －

○ 募集要項　※下記データは2024年実施予定のものです。

募　集　人　員	男女計50名　内部進学者を含む
募 集 公 示 期 間	4月中旬　学校HPにて公開
願 書 取 得 方 法	4月中旬　学校HP、小学校窓口にて配布
願 書 提 出 方 法	第1回郵送 10月7日～25日　窓口 10月29日～11月2日　第2回窓口のみ 11月12日～20日
入 学 考 査 日	第1回　11月6日／第2回　11月22日
面 接 実 施 日	願書提出翌日より、学校が指定した日(15分程度)
合 格 発 表 日 時	第1回　11月7日／第2回　11月23日　(共に速達郵便)
入 学 考 査 料	20,000円　銀行振込
入 学 手 続 き 期 日	第1回　11月8・11日／第2回　11月25・26日
入学手続き納入金額	906,000円(授業料528,000円・教材費20,000円・父母の会費18,000円・維持費140,000円 他)

通学地域による応募制限 無　　編入試験 有　　帰国子女受入 有

■公開行事・説明会　※2024年開催予定行事一覧(暫定)です。学校HPで開催日程を必ずご確認ください。

3 月 －	7 月 －	11 月 －
4 月 －	8 月 －	12 月 －
5 月 学校説明会①	9 月 学校説明会④	1 月 －
6 月 学校説明会②・③	10 月 学校説明会⑤	2 月 －

■学校から受験生へのメッセージ

25名ずつ2学級50名少人数学級です。是非、実際に学校参観をして、落ち着いた礼儀正しい児童や温かく情熱溢れる教職員、安全安心な教育環境をご覧ください。随時個別に学校見学を受け付けております。また、本校ホームページより学校内の様子が360° VIEWでバーチャル体験することができますので是非ご利用ください。

　私立　共学　　仏教　　　　　　　　ホウセンガクエンショウガッコウ

宝仙学園小学校

■制服 有　■給食 有　■スクールバス 無　■アフタースクール 無　■系列校 有　■公開行事 有

■所在地　　〒164-8631
東京都中野区中央2-33-26
TEL　03-3371-9284　FAX　03-3365-0390

■アクセス　　　　　　　　　　　■学校HP

地下鉄丸の内線・大江戸線[中野坂上]駅より徒歩7分/JR[東中野]駅より徒歩15分
JR[中野]駅よりバス[中野一丁目][東中野2丁目]下車3分

※アクセスについて、学校HPにて必ずご確認ください。

■学校情報 --

○校長　西島　勇　　　○児童数 451 名　男子 224 名　女子 227 名　○教員数　27 名

○安全対策　登下校時警備員　防犯カメラ設置　入校時名札必須　緊急連絡メール　AED設置
　　　　　　防犯講習あり　　災害時備蓄あり

■入試情報 --

○ 入試結果

	2024年度		
	男子	女子	合計
応募者数	90 名	69 名	159 名
受験者数	52 名	44 名	96 名
合格者数	27 名	28 名	55 名

※内部試験を除く

○ 選抜方法　※非公表につき編集部調べ過去数年分

ペーパー	有	運動	有	行動観察	有	制作	有
絵画	－	面接	親子別	個別審査	－		

○ 募集要項　※2024年実施予定のものです。

募　集　人　員	男子35名　女子35名　計70名　※併設幼稚園からの内部進学者を含む
募　集　公　示　期　間	ホームページにて4月より公示
願　書　取　得　方　法	HPより
願　書　提　出　方　法	HPより
入　学　考　査　日	【推薦】11月1日　【一般】11月16日
面　接　実　施　日	同上
合　格　発　表　日　時	【推薦】11月2日　【一般】11月17日　※郵送にて
入　学　考　査　料	20,000円
入　学　手　続　き　期　日	【推薦】11月8日　【一般】11月22日
入学手続き納入金額	入学金250,000円・施設費150,000円

通学地域による応募制限 無　　編入試験 有　　帰国子女受入れ 無

■公開行事・説明会　※2024年開催予定行事一覧(暫定)です。学校HPで開催日程を必ずご確認ください。

3 月　－	7 月　－	11 月　－
4 月　－	8 月　－	12 月　－
5 月　－	9 月　公開授業・学校説明会	1 月　－
6 月　公開授業・学校説明会	10 月　学園祭	2 月　－

■学校から受験生へのメッセージ

公開行事・説明会情報は随時更新致しますので、HPをご確認ください。

立教小学校

※本校は新校舎の2027年竣工を目指し、2024年4月より一時移転いたします。

■制服 有　■給食 有　■スクールバス 無　■アフタースクール 無　■系列校 有　■公開行事 有

■所在地　　〒171-0031
東京都豊島区目白5-24-12

TEL　03-3985-2728　FAX　03-3590-9085

■アクセス

・西武池袋線「椎名町駅」から徒歩3分・東京メトロ有楽町線、副都心線「要町駅」から徒歩14分・国際興業バス「池袋西口」～「椎名町南口」乗車10分、徒歩3分・都営／西武バス「目白駅前」～「目白5丁目」乗車4分、徒歩8分
※アクセスについて、学校HPにて必ずご確認ください。

■学校HP

■学校情報 --

○校長 田代　正行　　○児童数 719 名　男子 719 名　　○教員数 45 名

○安全対策　警備員常駐　　登下校確認ICタグ　　防災グッズ完備　緊急連絡メール　学校110番
　　　　　　AED設置　　　防犯カメラ設置

■入試情報 --

○ 入試結果

	2024年度		
	男子	女子	合計
応募者数	442 名	- 名	442 名
受験者数	- 名	- 名	- 名
合格者数	120 名	- 名	120 名

○ 選抜方法　※非公表のため編集部調べ過去数年分

ペーパー 　-　　運動 有　　行動観察 -　　制作 -

絵画 -　　面接 保護者　個別審査 有

○ 募集要項　※下記データは2023年実施済のもので、2024年実施予定のものではありません。

募 集 人 員	男子120名
募 集 公 示 期 間	9月1日～
願 書 取 得 方 法	Web(学校HPより)
願 書 提 出 方 法	Web(学校HPへアクセスの上、ミライコンパスでの出願)
入 学 考 査 日	11月1日・11月2日　※両日
面 接 実 施 日	10月11日～10月24日　※学校指定日
合 格 発 表 日 時	学校HPにて11月4日9：00～11月5日16：00
入 学 考 査 料	30,000円
入 学 手 続 き 期 日	①11月8日　②12月4日
入学手続き納入金額	300,000円(入学金)

通学地域による応募制限 無　　編入試験 有　　帰国子女受入れ 無

■公開行事・説明会　※2024年開催予定行事一覧(暫定)です。学校HPで開催日程を必ずご確認ください。

3 月　-	7 月　-	11 月　-
4 月　-	8 月　-	12 月　-
5 月　-	9 月　学校説明会③	1 月　-
6 月　学校説明会①および②	10 月　運動会(一般公開については未定)	2 月　-

■学校から受験生へのメッセージ

本校の学びは、子どもの興味関心を重視し、教師も子どもも互いに学び合いながら、100点満点をゴールとせずに、その先を探求する学びをめざしています。「わからない」が言える授業、「できる」「分かる」「使える・役立つ」という学びの段階に応じ、子どもたち一人ひとりの創造的な思考に価値を見出す授業づくりをめざして、日々創意工夫を重ねています。

立教女学院小学校

■制服 無　■給食 有　■スクールバス 無　■アフタースクール 無　■系列校 有　■公開行事 有

■所在地　〒168-8616
東京都杉並区久我山4-29-60
TEL　03-3334-5102　FAX　03-3334-5279
■アクセス　　　　　　　　　　　■学校HP
京王井の頭線[三鷹台]駅下車徒歩3
分／JR中央線[西荻窪]駅からバス約
10分[立教女学院]バス停下車すぐ

※アクセスについて、学校HPにて必ずご確認ください。

■学校情報 --

○校長 児玉　純　　　○児童数 432 名 女子 432 名　　○教員数 36 名

○安全対策　　警備員常駐　　ICカード登校通知　　HPでの発信
　　　　　　　防犯カメラ設置　3日分の防災備蓄

■入試情報 --

○ 入試結果

	2024年度		
	男子	女子	合計
応募者数	- 名	544 名	544 名
受験者数	- 名	- 名	- 名
合格者数	- 名	- 名	- 名

○ 選抜方法　※非公表につき編集部調べ過去数年分

ペーパー 有　運動 有　行動観察 有　制作 有

絵画 －　面接 親子　個別審査 －

○ 募集要項　※下記データは2023年実施済のもので、2024年実施予定のものではありません。

募 集 人 員	72名
募 集 公 示 期 間	9月4日〜10月3日
願 書 取 得 方 法	本校HPからダウンロード
願 書 提 出 方 法	Web出願：9月4日〜10月3日　郵送出願：10月2日〜4日必着
入 学 考 査 日	11月3日
面 接 実 施 日	10月16日〜21日のいずれか1日
合 格 発 表 日 時	Web発表　11月4日
入 学 考 査 料	30,000円
入 学 手 続 き 期 日	入学金納入期限11月5日　入学手続き(来校にて)11月6日
入学手続き納入金額	入学金300,000円

通学地域による応募制限 有　　編入試験 有　　帰国子女受入れ 無

■公開行事・説明会　※下記データは2023年実施済のもので、2024年実施予定のものではありません。

3 月 －	7 月 －	11 月 －
4 月 －	8 月 －	12 月 －
5 月 入試説明会	9 月 校舎見学会	1 月 －
6 月 学校説明会	10 月 －	2 月 －

■学校から受験生へのメッセージ

本校では、キリスト教の教えに基づいた心の教育を大切にしています。その中で、豊かな人間性の育成、確かな学力の育成を目指し、私立小学校ならではの個性的な教育プログラムを実践しています。特に、英語教育、理数教育では、少人数によるクラス編成やティームティーチングによるきめ細かい指導を行っています。

和光小学校

■制服 無　■給食 無　■スクールバス 無　■アフタースクール 有　■系列校 有　■公開行事 有

■所在地　〒156-0053
東京都世田谷区桜2-18-18
TEL　03-3420-4353　FAX　03-3420-4354

■アクセス　　　　　　　　　　　　　　　■学校HP
小田急線「経堂駅」より徒歩12分
東急世田谷線「宮の坂駅」より徒歩15分
各線「渋谷」「用賀」「田園調布」「成城学
園前」駅よりバス「農大前」停留所徒歩5分
※アクセスについて、学校HPにて必ずご確認ください。

■学校情報 --

○校長 帯刀 彩子　　○児童数 432 名　　○教員数 24 名

○安全対策　　入構証　　監視カメラ　　警備員常駐　集団下校体制　　保護者向けマニュアル配布　避難訓練

引き取り訓練　非常時一斉メール送信　緊急地震速報システム　世田谷安全懇談会での情報交換

■入試情報 --

○ 入試結果

	2024年度		
	男子	女子	合計
応募者数	66 名	42 名	108 名
受験者数	63 名	40 名	103 名
合格者数	－ 名	－ 名	72 名

○ 選抜方法

ペーパー	－	運動	有	行動観察	有	制作	有

絵画	有	面接	保護者	個別審査	有

○ 募集要項　※下記データは2024年実施予定のものです。

募 集 人 員	男女70名　※併設幼稚園からの内部進学者を含む
募 集 公 示 期 間	4月〜
願 書 取 得 方 法	事務室窓口、郵送(9月1日(日)より)
願 書 提 出 方 法	事務室窓口への持参、郵送
入 学 考 査 日	第1回11月4日8：50〜、12：20〜　(第2回)11月13日13：30〜
面 接 実 施 日	同日
合 格 発 表 日 時	第1回11月4日　第2回11月13日　郵送にて通知
入 学 考 査 料	20,000円
入 学 手 続 き 期 日	第1回11月8日9：00〜15：00　第2回11月19日10：00〜15：00
入学手続き納入金額	302,000円(入学金200,000円・施設準備基金100,000円・親和会（PTA）入会金2,000円)

通学地域による応募制限 無　　　編入試験 有　　　帰国子女受入れ 無　　帰国子女は編入試験として受入れ

■公開行事・説明会　※2024年開催予定行事一覧(暫定)です。学校HPで開催日程を必ずご確認ください。

3 月 美・技術展	7 月 －	11 月 －
4 月 －	8 月 －	12 月 －
5 月 学校説明会・運動会	9 月 親子体験講座・入試説明会	1 月 －
6 月 学校説明会・体験講座	10 月 入試説明会・いちょうまつり	2 月 －

■学校から受験生へのメッセージ

本校は、みなさんがいきいきと学び、仲間とつながりながら生活する「子どもが主人公の学校」です。実感を大切にした手づくりの教材による教科学習や、「多摩川」「本物の食」「沖縄」等豊かな体験を通じた総合学習ほか独自のカリキュラムを編成しています。教職員全員が子どもとじっくり向き合い、家庭や地域の要求を受けとめる開かれた学校です。

東京都国立市　　私立　共学

クニタチオンガクダイガクフゾクショウガッコウ

国立音楽大学附属小学校

■制服 無　■給食 無　■スクールバス 無　■アフタースクール 有　■系列校 有　■公開行事 有

■所在地　　〒186-0005
東京都国立市西1-15-12

TEL　042-572-3531　FAX　042-576-5730

■アクセス　　　　　　　　　　　■学校HP

JR中央線［国立］駅下車徒歩13分
「国立駅南口」バス停（1）よりバス3分「音高」下車5分
JR南武線［矢川］駅よりバス5分、「音高」下車5分

※アクセスについて、学校HPにて必ずご確認ください。

■学校情報 --

○校長 松本　絵美子　○児童数 281 名　○教員数 30 名

○安全対策　　警備員を配置 内外のセキュリティー面を充実 緊急時mobileメールを配信 入校証・監視カメラ

登下校メール通知システム 平成19年4月竣工耐震構造 5日分の備蓄品　保護者を中心とした支援システム

■入試情報 --

○ 入試結果

	2024年度		
	男子	女子	合計
応募者数			
受験者数		非公表	
合格者数			

○ 選抜方法　※編集部独自調査

ペーパー	有	運動	有	行動観察	有	制作	－
絵画	－	面接	保護者	個別審査	有		

○ 募集要項　※下記データは2023年実施済のもので、2024年実施予定のものではありません。

募　集　人　員	男女計60名　内部進学者を除く
願 書 提 出 方 法	Web出願後、郵送出願
出　　願　　日 ①	Web第1回10月4日～20日　第2回10月4日～11月7日　第3回10月4日～11月27日
出　　願　　日 ②	郵送第1回10月5日～23日　第2回10月5日～11月9日　第3回10月5日～11月29日　※期間内必着
入 学 考 査 日	第1回11月2日　第2回11月15日　第3回12月2日
面 接 実 施 日	第1回11月2日　第2回11月15日　第3回12月2日
合 格 発 表 日 時	第1回11月2日　第2回11月15日　第3回12月2日
入 学 考 査 料	23,000円
入 学 手 続 き 期 日	第1回11月16日～17日　第2回11月24日　第3回12月8日
入学手続き納入金額	467,250円（入学金、施設運営費、維持運営費3か月分、授業料3カ月分）

通学地域による応募制限 無　　編入試験 有　　帰国子女受入れ 有

■公開行事・説明会　※回答時未定につき、学校HPでご確認ください。

3 月 －	7 月 －	11 月 －
4 月 －	8 月 －	12 月 －
5 月 －	9 月 －	1 月 －
6 月 －	10 月 －	2 月 －

■学校から受験生へのメッセージ

四季折々の体験活動や宿泊行事などを通して感性や感動する心を育み、自主性を伸ばします。学校説明会やプレスクール、学校見学もありますので、ぜひご参加いただき、安心して過ごせる明るい校舎をご覧ください。

クニタチガクエンショウガッコウ

国立学園小学校

■制服 有　■給食 無　■スクールバス 無　■アフタースクール 有　■系列校 無　■公開行事 有

■所在地　〒１８６-０００４
東京都国立市中2-6
TEL　042-575-0010　FAX　042-575-0321

■アクセス　　　　　　　　　　　■学校HP
JR「国立駅」より徒歩10分

※アクセスについて、学校HPにて必ずご確認ください。

■学校情報 --

○校長 佐藤　純一　　○児童数 566 名 男子 338 名 女子 227 名　○教員数 44 名

○安全対策　警備員校内巡視　防犯カメラ設置　入校時名札着用　学校110番　　AED設置

防災グッズ完備　緊急連絡メール　iPadにGPS機能内蔵

■入試情報 --

○ 入試結果

	2024年度		
	男子	女子	合計
応募者数	- 名	- 名	262 名
受験者数	- 名	- 名	- 名
合格者数	- 名	- 名	105 名

○ 選抜方法

ペーパー 有　運動 有　行動観察 有　制作 －

絵画 －　面接 親子　個別審査 －

○ 募集要項 ※下記データは2023年実施済のもので、2024年実施予定のものではありません。

募 集 人 員	男女計105名※附属幼稚園からの内部進学者も含む
募 集 公 示 期 間	4月末〜
願 書 取 得 方 法	Web（学校HPより）
願 書 出 願 日	Ⅰ日程10月1日〜7日　Ⅱ日程10月1日〜11月9日　Ⅲ日程10月1日〜11月23日
入 学 考 査 日	Ⅰ日程11月1日・2日　Ⅱ日程11月11日　Ⅲ日程 11月25日
面 接 実 施 日	Ⅰ日程10月12日〜21日　Ⅱ日程 当日　Ⅲ日程 当日
合 格 発 表 日 時	Ⅰ日程11月2日　Ⅱ日程 当日午後　Ⅲ日程 当日午後
入 学 考 査 料	25,000円
入 学 手 続 き 期 日	Ⅰ日程11月4日　Ⅱ日程11月13日　Ⅲ日程 11月27日
入学手続き納入金額	360,000円

通学地域による応募制限 無　　編入試験 有　　帰国子女受入れ 有　※編入は欠員が生じた場合のみ

■公開行事・説明会 ※回答時未定につき、学校HPでご確認ください。

3 月 －	7 月 －	11 月 －
4 月 －	8 月 －	12 月 －
5 月 －	9 月 －	1 月 －
6 月 －	10 月 －	2 月 －

■学校から受験生へのメッセージ

本校のホームページ「TOPICS」のコーナーでは、日々の子どもたちの学校生活を紹介しています。行事はもちろんのこと、授業の様子や子どもたちの日記、学園の校内の様子なども見ることができるので、ぜひご覧ください。

啓明学園初等学校

■制服 有　■給食 無　■スクールバス 有　■アフタースクール 無　■系列校 無　■公開行事 有

■所在地　〒１９６-０００２
東京都昭島市拝島町5－11－15
TEL　042-541-1003　FAX　042-546-6533

■アクセス

■学校HP

京王線京王八王子駅よりスクールバス20分、JR中央線八王子駅よりスクールバス30分、JR青梅線・八高線・五日市線・西武拝島線拝島駅よりスクールバス6分、JR中央線立川駅よりバス25分

※アクセスについて、学校HPにて必ずご確認ください。

■学校情報 --

○校長 佐川　康博　　○児童数 240 名　男子 117 名　女子 123 名　○教員数 34 名

○安全対策　警備員常駐　警備員校内巡回　AED設置　防犯カメラ設置　入校許可証必着　一斉メール配信
防災グッズ完備　携帯電話所持(許可制)　登下校確認カードシステム　大震災マニュアル配布

■入試情報 --

○ 入試結果

	2024年度		
	男子	女子	合計
応募者数	18 名	26 名	44 名
受験者数	17 名	25 名	42 名
合格者数	10 名	22 名	32 名

○ 選抜方法

ペーパー 有　運動 有　行動観察 有　制作 有

絵画 有　面接 親子別　個別審査 有

○ 募集要項　※下記データは2023年実施済のもので、2024年実施予定のものではありません。

募集人員	男女合わせて50名
募集公示期間	Web
願書提出方法	Web出願
願書出願期間	第1回10月2日～21日　第2回11月3日～9日　第3回11月3日～23日
入学考査日	第1回11月1日　第2回11月11日　第3回11月25日
面接実施日	第1回10月25～31日　第2回11月10～11日　第3回11月24～25日
合格発表日時	第1回11月2～4日　第2回11月11～13日　第3回11月25～27日　合格発表専用サイト
入学考査料	25,000円
入学手続き期日	第1回11月2～4日　第2回11月11～13日　第3回11月25～27日
入学手続き納入金額	320,000円

通学地域による応募制限 無　　編入試験 有　　帰国子女受入れ 有　　※一家転住の場合、転入試験有

■公開行事・説明会　※回答時未定につき、学校HPでご確認ください。

3 月 －	7 月 －	11 月 －
4 月 －	8 月 －	12 月 －
5 月 －	9 月 －	1 月 －
6 月 －	10 月 －	2 月 －

■学校から受験生へのメッセージ

「広い視野のもと豊かな人間性と独自の見識を持ち、世界を心に入れた人を育てる」。それが、国際生・帰国生が学ぶ場として生まれた啓明学園の教育理念です。日常の生活や授業を通して、異なる文化や考え方を受け入れ、相手を尊重する気持ちを育てます。★個別見学相談は随時受け付けております。どうぞお気軽にご連絡ください。

晃華学園小学校

■制服 有　■給食 無　■スクールバス 有　■アフタースクール 有　■系列校 有　■公開行事 有

■所在地　　〒１８２－８５５０
東京都調布市佐須町5-28-1

TEL　042-483-4506　FAX　042-485-9937

■アクセス　　　　　　　　　　　■学校HP

京王線[つつじが丘]駅北口より
[深大寺]行きバス乗車[晃華学園前]
下車徒歩5分
京王線[国領]駅・JR[武蔵境]駅よりスクールバス

※アクセスについて、学校HPにて必ずご確認ください。

■学校情報 ---

○校長 片桐　有志司　　○児童数 475 名　男子 113 名　女子 362 名　　○教員数 32 名

○安全対策　　警備員配置・巡回　　防災訓練　　登下校連絡メール　　非常食設備
緊急時連絡メールシステム

■入試情報 ---

○ 入試結果

	2024年度		
	男子	女子	合計
応募者数	- 名	- 名	252 名
受験者数	- 名	- 名	178 名
合格者数	- 名	- 名	57 名

○ 選抜方法　※非公表につき編集部調べ過去数年分

ペーパー 有　運動 有　行動観察 有　制作 有

絵画 有　面接 親子　個別審査 有

○ 募集要項　※下記データは、2024年実施予定のものです。

募　集　人　員	第1回 約30名(男女)　第2回 約10名(男女)
募集公示期間	－
願書取得方法	－
願書提出方法	インターネット出願
入　学　考　査　日	第1回 11月1日　第2回 11月4日
面　接　実　施　日	学校指定日
合格発表日時	第1回 11月2日　第2回 11月5日
入　学　考　査　料	各回20,000円
入学手続き期日	第1回 11月6日　第2回 11月6日
入学手続き納入金額	300,000円(入学金)

通学地域による応募制限 有　　編入試験 有　　帰国子女受入れ 無

■公開行事・説明会　※2024年開催予定行事一覧(暫定)です。学校HPで開催日程を必ずご確認ください。

3 月 －	7 月 －	11 月 －
4 月 －	8 月 －	12 月 －
5 月 学校説明会・公開授業	9 月 学校説明会・スタンプラリー	1 月 －
6 月 学校説明会・体験授業	10 月 －	2 月 －

■学校から受験生へのメッセージ

緑に恵まれた環境の中で、キリスト教教育を根底に、心の教育を土台とした全人教育を行っています。学習においては、きめ細やかな指導のもと、基礎力の定着を図りながら、子ども達自らが感じ、考えることを重視した学習を行っています。また、創立当初より国際教育、英語教育にも力を入れており、これからの21世紀の時代を生きる子ども達の将来を見据えた教育に熱心に取り組んでおります。

サレジオ小学校

■制服 無　■給食 無　■スクールバス 無　■アフタースクール 無　■系列校 有　■公開行事 有

■所在地　　〒１８７-００２１
東京都小平市上水南町4-7-1

TEL　042-321-0312　FAX　042-321-0776

■アクセス　　　　　　　　　　■学校HP

JR[国分寺]駅北口より立川バス
JR[武蔵小金井]駅北口より京王バス
JR[国分寺]駅北口又は西武新宿線[小平]駅南口より
銀河鉄道バス
西武新宿線[花小金井]駅南口より立川バス
※アクセスについて、学校HPにて必ずご確認ください。

■学校情報 --

○校長 北川　純二　　○児童数 132 名　男子 約66 名　女子 約66 名　○教員数 15 名

○安全対策　学校110番　　学内緊急放送　　正門閉鎖　　非常食・保存水　入校時IDカード必着

　　　　　　ALSOK警備　　緊急一斉メール　AED設置　　防災用品備蓄

■入試情報 --

○ 入試結果

	2024年度		
	男子	女子	合計
応募者数			
受験者数		非公表	
合格者数			

○ 選抜方法　※非公表につき編集部調べ過去数年分

ペーパー	有	運動	－	行動観察	有	制作	－
絵画	－	面接	親子	個別審査	－		

○ 募集要項　※下記データは2023年実施済のもので、2024年実施予定のものではありません。

募 集 人 員	男女計22名
募 集 公 示 期 間	中央沿線私立小学校合同説明会の実施日より
願 書 取 得 方 法	学校説明会で配布・学校見学で配布・窓口配布・郵送希望で配布
願 書 提 出 方 法	学校窓口受付・郵送受付
入 学 考 査 日	一次　11月2日　　二次　11月16日
面 接 実 施 日	入学考査日と同じ
合 格 発 表 日 時	一次　11月5日　二次　11月18日
入 学 考 査 料	10,000円
入 学 手 続 き 期 日	一次　11月6日　二次　11月19日
入学手続き納入金額	入学金80,000円　学校指定品（体育着等）約10,000円　合計約90,000円

通学地域による応募制限 無　　編入試験 有　　帰国子女受入れ 有　　編入・受入は欠員がある場合のみ実施。

■公開行事・説明会　※2024年開催予定行事一覧(暫定)です。学校HP・募集要項で開催日程を必ずご確認ください。

4 月 －　　　　　　　　　　　7 月 13日(土) 第3回学校説明会　　11 月 －
5 月 18日(土) 第1回学校説明会　　8 月 －　　　　　　　　　　12 月 －
　　 25日(土) 小中合同体育祭　　　9 月 18日(水) 第4回学校説明会　　1 月 －
6 月 19日(水) 第2回学校説明会　　10 月 26日(土) 小中合同文化祭　　2 月 17日(月) 入学説明会

■学校から受験生へのメッセージ

学校見学を随時受け付けています。窓口＝教頭まで　お気軽に電話にてお問い合わせください。

自由学園初等部

■制服 有　■給食 有　■スクールバス 無　■アフタースクール 有　■系列校 有　■公開行事 有

■所在地　　〒２０３-８５２１
東京都東久留米市学園町1-8-15
TEL　042-422-3116　FAX　　　同左
■アクセス
西武池袋線「ひばりヶ丘駅」南口より徒歩8分

■学校HP

※アクセスについて、学校HPにて必ずご確認ください。

■学校情報 --

○校長 髙橋　出　　○児童数 198 名　男子 90 名　女子 108 名　○教員数 26 名

○安全対策

警備員常駐	登下校通知	AED設置	防犯カメラ設置	入校時名札必着
緊急連絡メール	災害備蓄品	学校110番	登下校時自動連絡	緊急避難校ネットワーク

■入試情報 --

○ 入試結果

	2024年度		
	男子	女子	合計
応募者数	23 名	22 名	45 名
受験者数	23 名	22 名	45 名
合格者数	18 名	19 名	37 名

○ 選抜方法

ペーパー 有　　運動 有　　行動観察 有　　制作 有

絵画 有　　面接 親子別　個別審査 有

○ 募集要項　※下記データは2024年実施予定(暫定)のものです。

募 集 人 員	男女計40名　＊付属幼稚園からの内部進学者含む
募 集 公 示 期 間	6/1〜
願 書 取 得 方 法	WEB（学校HPより）
願 書 提 出 方 法	WEB（学校HPより、ミライコンパスにて出願）
入 学 考 査 日	①11月1日　②11月5日　③11月30日
面 接 実 施 日	①11月2日　②11月5日　③11月30日
合 格 発 表 日 時	①11月3日　②11月6日　③12月1日
入 学 考 査 料	25,000円
入 学 手 続 き 期 日	①11月7日　②11月7日　③12月3日
入学手続き納入金額	350,000円（入学金・施設充実費）

通学地域による応募制限 無　　編入試験 有　　帰国子女受入れ 有

■公開行事・説明会　※2024年開催予定行事一覧(暫定)です。学校HPで開催日程を必ずご確認ください。

3 月	―	7 月	学校説明会	11 月	学びの発表会
4 月	―	8 月	夕涼み会	12 月	―
5 月	児童とつくる学校説明会	9 月	入試説明会	1 月	―
6 月	学校見学(運動会)	10 月	―	2 月	―

■学校から受験生へのメッセージ

自由学園初等部の子どもたちは豊かな自然の中で友だちと共に学び、遊ぶ学校生活が大好きです。本校が大切にしているのは、学校の主役である子どもが本来もっている「学ぶことは楽しい！」という気持ちに大人が共感し支え、導いていくことです。友だちや学校の為に惜しみなく力を出すことに楽しさを感じ、みんなで学校を創るという気持ちを持つ一人ひとりの成長を応援する学校です。

聖徳学園小学校

■制服 有　■給食 無　■スクールバス 無　■アフタースクール 有　■系列校 有　■公開行事 有

■所在地　〒180-8601
東京都武蔵野市境南町2-11-8
TEL　0422-31-3839　FAX　0422-31-0152
■アクセス　　　　　　　　　　■学校HP
JR線・西武多摩川線[武蔵境]駅下車南口
徒歩5分

※アクセスについて、学校HPにて必ずご確認ください。

■学校情報

○校長 和田　知之　　○児童数 379 名　男子 232 名　女子 147 名　○教員数 28 名

○安全対策
24時間警備員常駐　　監視カメラ　　　緊急地震速報機
寝袋、非常食備蓄　　登下校メール通知　緊急メール配信

■入試情報

○ 入試結果

	2023年度		
	男子	女子	合計
応募者数			
受験者数		非公表	
合格者数			

○ 選抜方法　※非公表につき編集部調べ過去数年分

ペーパー	－	運動 －	行動観察 有	制作 －
絵画 －	面接 親子	個別審査 有	

○ 募集要項　※下記データは2024年実施予定のものです。

募　集　人　員	男女計30名　※内部進学者は含まない
募集公示期間	－
願書取得方法	5月18日～　配布場所－小学校事務室
願書提出方法	10月1日～5日(8時30分～16時　ただし、11時30分から12時30分を除きます。)
入学考査日	11月2日～4日のうち1日を選択　※知能テスト、行動観察
面接実施日	10月19日・23日・26日のうち1日
合格発表日時	11月5日(9時～13時)　発表方法－小学校事務室で書面手渡し
入学考査料	30,000円　出願時に窓口納入
入学手続き期日	11月5日(9時～13時)・6日(9時～12時)
入学手続き納入金額	620,000円(入学金400,000円・施設拡充費220,000円)／866,800円(月額授業料58,700円 他)等

通学地域による応募制限 無　　編入試験 有　　帰国子女受入れ 有　　※編入は欠員が生じた時のみ実施

■公開行事・説明会　※2024年度開催予定行事一覧(暫定)です。学校HP・募集要項で開催日程を必ずご確認ください。

3 月　学校説明会	6 月　体験入学と学校説明会(2)	11 月　－
4 月　－	8 月　－	12 月　－
5 月　体験入学と学校説明会(1)	9 月　授業見学と学校説明会(3)	1 月　－
6 月　英才教育公開研究発表会	授業・自由研究作品の見学とミニ説明会	2 月　－

■学校から受験生へのメッセージ

本学園は創立以来97年にわたり、わが国教育の先駆けである聖徳太子の教学の精神をもとに教育活動を行ってきました。1969年にそれまでの教育内容と方法を一新、英才教育、知能教育を導入し、55周年です。先行き不透明な現代社会、そしてさらにその先の時代を、たくましく、自信を持って切り開いていく人材を育てていくのが、聖徳の役割だと考えています。

菅生学園初等学校

■制服 有　■給食 有　■スクールバス 有　■アフタースクール 有　■系列校 有　■公開行事 有

■所在地　〒197-0801
東京都あきる野市菅生1468
TEL　042-559-9101　FAX　042-559-9120

■アクセス

JR[小作]駅、[秋川]駅、[八王子]駅、[昭島]駅、[拝島]駅、[福生]駅、[羽村]駅、[河辺]駅、[高尾]駅、[八王子みなみ野]駅よりスクールバス有

※アクセスについて、学校HPにて必ずご確認ください。

■学校HP

■学校情報 --

○校長 布村　浩二　　○児童数 144 名 男子 60 名 女子 84 名　　○教員数 18 名

○安全対策

| AED設置 | 防犯カメラ設置 | 緊急連絡メール | 水・非常食備蓄 | 登下校防犯 |
| 学校110番 | ICカード携帯 | 携帯電話所許可 | 入校時名札必着 | 緊急地震速報装置 |

■入試情報 --

○ 入試結果

	2024年度 男子	女子	合計
応募者数	26 名	7 名	33 名
受験者数	26 名	7 名	33 名
合格者数	19 名	7 名	26 名

○ 選抜方法

ペーパー 有　運動 有　行動観察 有　制作 有

絵画 －　面接 親子　個別審査 有

○ 募集要項　※下記データは2023年実施済のもので、2024年実施予定のものではありません。

募 集 人 員	男女30名
募 集 公 示 期 間	4月2日～
願 書 取 得 方 法	本校ホームページよりダウンロード
願 書 提 出 方 法	インターネット出願
入 学 考 査 日	11月1日・11月5日・11月18日
面 接 実 施 日	10月10日～11月2日※学校指定日
合 格 発 表 日 時	当日16:00～
入 学 考 査 料	25,000円
入 学 手 続 き 期 日	11月1日～6日・11月5日～10日
入学手続き納入金額	400,000円（入学金250,000円、施設費150,000円）

通学地域による応募制限 無　　編入試験 有　　帰国子女受入 無

■公開行事・説明会　※2024年開催予定行事一覧(暫定)です。学校HPで開催日程を必ずご確認ください。

3 月	－	7 月	学校体験	11 月	－
4 月	学校説明会	8 月	－	12 月	年中児向け授業体験
5 月	授業体験（プログラミング）	9 月	入試説明会	1 月	－
6 月	授業体験（英語）	10 月	菅生祭	2 月	オープンスクール＆給食試食会

■学校から受験生へのメッセージ

1クラス約30名で構成し、週6日制のゆとりあるカリキュラムで授業時間を確保しています。英語は1年生から週3時間行い、プログラミング教育は外部企業と提携した本格的内容、また本校独自の自然体験学習「ゆたかの時間」では東海大学教授による特別授業も受けられます。また、卒業後は東海大学菅生高等学校中等部医学・難関大コースへ直結する「12年間一貫教育」を行っています。

成蹊小学校

■制服 有　■給食 有　■スクールバス 無　■アフタースクール 無　■系列校 有　■公開行事 有

■所在地　〒１８０−８６３３
東京都武蔵野市吉祥寺北町３−３−１
TEL　0422-37-3839　FAX　0422-37-3861

■アクセス　　　　　　　　　　■学校HP
JR中央線・総武線・京王井の頭線
「吉祥寺駅」より関東バスで約５分
「成蹊学園前」下車

※アクセスについて、学校HPにて必ずご確認ください。

■学校情報

○校長　跡部　清　　○児童数 697 名　男子 342 名　女子 355 名　○教員数 51 名

○安全対策

警備員常駐　防犯カメラ設置　交通指導員配置　登下校確認システム　避難・防災訓練実施

学校110番　保護者名札着用　看護師常駐　　災害用品備蓄　インターホン設置

■入試情報

○ 入試結果

	2024年度		
	男子	女子	合計
応募者数	336 名	274 名	610 名
受験者数	- 名	- 名	- 名
合格者数	66 名	66 名	132 名

○ 選抜方法

ペーパー	有	運動	有	行動観察	有	制作	−
絵画	−	面接	保護者	個別審査	−		

○ 募集要項　※下記データは2024年実施済のもので、2024年実施予定のものではありません。

募 集 人 員	112名（男子56名/女子56名）
募 集 公 示 期 間	4月初旬〜
願 書 取 得 方 法	Web(学校HPより)
願 書 提 出 方 法	Web及び必要書類提出　Web9月28日〜10月1日、郵送10月6日〜8日
入 学 考 査 日	11月1日午前（男子）午後（女子）および2日〜4日のいずれか1日
面 接 実 施 日	11月2日〜4日のいずれか1日（児童検査と同じ時間帯に実施）
合 格 発 表 日 時	個別合否照会サイトにて11月5日夕刻発表
入 学 考 査 料	30,000円
入 学 手 続 き 期 日	11月7日
入学手続き納入金額	853,920円(入学金300,000円・授業料半期365,000円・施設費他半期188,920円)

通学地域による応募制限 無　編入試験 有　帰国子女受入れ 有　※編入試験は欠員が生じた場合のみ

■公開行事・説明会　※2024年開催予定行事一覧(暫定)です。学校HPで開催日程を必ずご確認ください。

3 月	−	7 月	−	11 月	−
4 月	−	8 月	−	12 月	−
5 月	運動会	9 月	学校説明会②	1 月	−
6 月	学校説明会①、オープンスクール	10 月	文化祭	2 月	−

■学校から受験生へのメッセージ

互いの個性を尊重し、学び合い、人に信頼される「蹊（こみち）を成す人」を育成すべく、日々教育活動を行っています。多くの行事を通じ、失敗しても修正しながら最後までやりとげられる、たくましい実践力をもった児童の育成を目指しています。大きなランドセルに夢いっぱい詰めた子どもたちとの出会いを、心より楽しみにしています。

玉川学園小学部

■制服 ※ 　■給食 無 　■スクールバス 無 　■アフタースクール 有 　■系列校 有 　■公開行事 有 ※男有、女無

■所在地　　〒１９４−８６１０
東京都町田市玉川学園6-1-1
TEL　042-739-8931　FAX　042-739-8929
■アクセス　　　　　　■学校HP

小田急線「玉川学園前」駅下車徒歩約10分
東急田園都市線「青葉台」駅よりバス（約17分）／「奈良北団地」下車徒歩約10分

※アクセスについて、学校HPにて必ずご確認ください。

■学校情報 --

○校長　小原　芳明　　○児童数 792 名　男子 374 名　女子 418 名　○教員数 71 名

○安全対策　　警備員常駐　警備員校内巡回　AED設置　緊急応援通信システムを完備

○感染症対策　体温計設置　消毒液の設置　学校説明会はWEBにて実施　医師・看護師が常駐

■入試情報 --

○ 入試結果

	2024年度 男子	女子	合計
応募者数	148 名	115 名	263 名
受験者数	- 名	- 名	- 名
合格者数	75 名	70 名	145 名

○ 選抜方法

ペーパー	－	運動	有	行動観察	有	制作	－
絵画	－	面接	親子	個別審査	－		

○ 募集要項　※下記データは2023年実施済のもので、2024年実施予定のものではありません。

募 集 人 員	JPクラス・EPクラス：合計140名（内部進学者を含む）
募 集 公 示 期 間	4月〜
願 書 取 得 方 法	Web(学校HP)による資料請求または学校説明会配付
願 書 提 出 方 法	郵送か窓口　郵送9月26日〜10月16日　窓口10月19日
入 学 考 査 日	11月1日・11月2日・11月3日（いずれか１日を選択）
面 接 実 施 日	11月1日・11月2日・11月3日（いずれか１日を選択）
合 格 発 表 日 時	11月4日17：00〜24：00
入 学 考 査 料	30,000円
入 学 手 続 き 期 日	11月5日〜11月8日
入学手続き納入金額	JPクラス：220,000円（入学手続時に納入）　　EPクラス：355,250円（入学手続時に納入）

通学地域による応募制限 無 　　編入試験 有 　　帰国子女受入れ 有

■公開行事・説明会　※回答時未定につき、学校HPでご確認ください。

3 月	－	7 月	－	11 月	－
4 月	－	8 月	－	12 月	－
5 月	－	9 月	－	1 月	－
6 月	－	10 月	－	2 月	－

■学校から受験生へのメッセージ

玉川学園は、一人ひとりの個性を大切にする学校です。「きれいな心」「よい頭」「つよい体」を目標に、子どもたちが一つでも多くの夢を持ち、それらを実現するための基礎力を育てていきます。「玉川っ子」たちが生き生きと活動する様子、真剣な眼差しで学ぶ姿、広大で自然豊かなキャンパスに展開される「全人教育」の実際をぜひ直接ご覧ください。

帝京大学小学校

■制服 有　■給食 有　■スクールバス 有　■アフタースクール 有　■系列校 有　■公開行事 有

■所在地　〒206-8561
東京都多摩市和田1254-6
TEL　042-357-5577　FAX　042-357-5727

■アクセス

●聖蹟桜ヶ丘駅より京王バス「帝京大学構内」行13分
●高幡不動駅より京王バス「帝京大学構内」行10分
●多摩センター駅（京王相模原線・小田急多摩線・多摩モノレール）より京王バス「帝京大学構内」行13分
　　　　　　　　↓
　「百草団地南」バス停下車
※アクセスについて、学校HPにて必ずご確認ください。

■学校HP

■学校情報

○校長 石井　卓之　○児童数 275 名　男子 180 名　女子 95 名　○教員数 43 名

○安全対策　警備員常駐　　警備員校内巡回　AED設置　防犯カメラ設置　入校時名札必着
　　　　　　ICタグによる登下校管理　防災グッズ完備　緊急連絡メール　月に一度の避難訓練

■入試情報

○ 入試結果

	2024年度		
	男子	女子	合計
応募者数	72 名	45 名	117 名
受験者数	61 名	33 名	94 名
合格者数	41 名	29 名	70 名

○ 選抜方法

ペーパー	有	運動	－	行動観察	有	制作	－
絵画	－	面接	親子	個別審査	－		

○ 募集要項　※下記データは2024年実施予定のものです。

募　集　人　員	男女計80名　※系列幼稚園からの内部進学者含む
募 集 公 示 期 間	I期　10/1〜7、II期　10/21〜11/6、III期　11/9〜13、IV期　11/18〜11/27
願 書 取 得 方 法	Web（学校HPより）
願 書 提 出 方 法	Web（ミライコンパスでの出願）
入 学 考 査 日	I期　11/1、II期　11/9、III期　11/16、IV期　11/30
面 接 実 施 日	全て事前面接（都合が合わない場合は、スケジュール変更可能）
合 格 発 表 日 時	I期　11/2、II期　11/10、III期　11/17、IV期　12/1　（合否サイトにて）
入 学 考 査 料	30,000円
入 学 手 続 き 期 日	I期　11/5,6,7、II期　11/11,12,13、III期　11/18,19,20、IV期　12/2,3,4
入学手続き納入金額	430,000円

通学地域による応募制限 無　　編入試験 有　　帝国子女受入れ 有　　※欠員が生じたときのみ

■公開行事・説明会　※2024年開催予定行事一覧(暫定)です。学校HPで開催日程を必ずご確認ください。

3 月	学校説明会（Web）	7 月	学校説明会（Web or 対面）、授業見学会、オープンスクール	11 月	入試説明会（Web）
4 月	－	8 月	オープンスクール	12 月	－
5 月	学校説明会（Web or 対面）、授業見学会	9 月	入試説明会（Web）	1 月	－
6 月	学校説明会（Web or 対面）、授業見学会	10 月	運動会	2 月	－

■学校から受験生へのメッセージ

帝京大学小学校は、みんながのびのびと過ごせるおうちのような場所。そして、たくさんの発見がつまった宝箱のような空間です。子どもたちは、最先端の設備と自然の中で学びの楽しさを感じながら、豊かな想像力と相手を思いやるやさしい心を身につけていきます。

東京創価小学校

■制服 有　■給食 有　■スクールバス 無　■アフタースクール 有　■系列校 有　■公開行事 有

■所在地　〒１８７-００２３
東京都小平市上水新町2-20-1
TEL　042-345-2611　FAX　042-345-2614

■アクセス　　　　　　　　　　　　■学校HP

西武国分寺線[鷹の台]駅下車徒歩15分

※アクセスについて、学校HPにて必ずご確認ください。

■学校情報 --

○校長 塩田　誠一郎　○児童数 573 名　男子 285 名　女子 288 名　○教員数 43 名

○安全対策
　警備員常駐　　　防犯カメラ　　　校門施錠　　　登下校メール通知システム
　教室非常通報設備　通学路巡回警備　非常連絡システム

■入試情報 --

○ 入試結果

	2024年度		
	男子	女子	合計
応募者数		非公表	
受験者数			
合格者数			

○ 選抜方法　※非公表につき編集部調べ過去数年分

ペーパー 有　運動 有　行動観察 有　制作 有

絵画 有　面接 親子　個別審査 有

○ 募集要項　※下記データは2023年実施済のもので、2024年実施予定のものではありません。

募 集 人 員	約100名
募 集 公 示 期 間	－
願 書 取 得 方 法	－
願 書 提 出 方 法	Web出願
入 学 考 査 日	11月1日〜11月5日のうち1日を学校が指定
面 接 実 施 日	考査日当日
合 格 発 表 日 時	11月10日　Web合否照会
入 学 考 査 料	15,000円
入 学 手 続 き 期 日	11月10日〜11月14日
入学手続き納入金額	170,000円(入学金)・200,000円(維持費)

通学地域による応募制限 無　　編入試験 無　　帰国子女受入れ 無

■公開行事・説明会　※回答時未定につき、学校HPでご確認ください。

3 月	オープンキャンパス①	7 月	学校説明会	11 月	－
4 月	－	8 月	入試説明会①	12 月	－
5 月	オープンキャンパス②	9 月	入試説明会②	1 月	－
6 月	－	10 月	－	2 月	－

■学校から受験生へのメッセージ

一人ひとりが持っている優れた能力を引き出し育て自身を持たせる教育に挑戦しています。また、豊かな人間性と社会で活躍できる力を同時に磨く楽しい授業があります。今も未来も、そして自分もお友だちもともに幸福であることを目指しています。

東星学園小学校

■制服 有　■給食 有　■スクールバス 無　■アフタースクール 有　■系列校 有　■公開行事 有

■所在地　　〒204-0024
東京都清瀬市梅園3-14-47
TEL　042-493-3205　FAX　042-633-9872
■アクセス　　　　　　　　　　　　　■学校HP
西武池袋線秋津駅より徒歩10分
JR武蔵野線新秋津駅より徒歩15分
西武バス「上宮」バス停より徒歩5分

※アクセスについて、学校HPにて必ずご確認ください。

■学校情報 ---

○校長 大矢　正則　　○児童数 112 名　男子 73 名　女子 39 名　○教員数 20 名

○安全対策　警備員常駐　　防犯カメラ設置　入校時名札必着　学校110番　　緊急時一斉連絡メール

防災避難訓練　防犯訓練　　AED設置・AED講習　水・非常食備蓄　職員防犯訓練

■入試情報 ---

○ 入試結果

	2024年度		
	男子	女子	合計
応募者数			
受験者数		非公表	
合格者数			

○ 選抜方法

ペーパー	－	運動	有	行動観察	有	制作	有
絵画	有	面接	親子	個別審査	－		

○ 募集要項　※下記データは2023年実施済のもので、2024年実施予定のものではありません。

募 集 人 員	男女48名
募 集 公 示 期 間	－
願 書 取 得 方 法	Web（学校HPより）
願 書 提 出 方 法	Web（学校HPよりアクセス、ミライコンパスでの出願。受験票印刷の上受験時に提出要）
入 学 考 査 日	第1回11月1日A、2日B（選択制）　第2回11月18日　第3回12月17日　第4回1月13日
面 接 実 施 日	上記と同じ
合 格 発 表 日 時	試験当日15時にHP上で発表（第1回については11月2日に発表）
入 学 考 査 料	20,000円
入 学 手 続 き 期 日	第1回11月8・9日　第2回11月27・28日　第3回・第4回1月22・23日
入学手続き納入金額	入学金200,000円

通学地域による応募制限 無　　編入試験 有　　帰国子女受入れ 有

■公開行事・説明会　※2024年開催予定行事一覧(暫定)です。学校HPで開催日程を必ずご確認ください。

3 月	オープンキャンパス	7 月	音楽会	11 月	－
4 月		8 月	夏イベント	12 月	クリスマス会
5 月	学校説明会（公開授業有）・運動会	9 月	学校説明会（入試説明会）	1 月	－
6 月	学校説明会、ひこうき大会	10 月	体育祭、東星バザー	2 月	－

■学校から受験生へのメッセージ

小中高一貫・男女共学カトリックミッションスクール東星学園は、一人ひとりを神さまが造られた最高傑作として大切にします。真の自分、大切にされている存在としての自分と出会い、本物の喜びに生きる人を育てたいとの教育理念のもと「強く　明るく　親切に」をモットーに、緑が多く広々とした環境で、毎日のびのびと学校生活を送れる学校です。

東京都国立市　私立　共学　　　　　　　　　　トウホウガクエンショウガッコウ

桐朋学園小学校

■制服 有　■給食 無　■スクールバス 無　■アフタースクール 無　■系列校 有　■公開行事 ※

■所在地　〒186-0004
東京都国立市中3-1-10
TEL　042-575-2231　FAX　042-577-9805
■アクセス　　　　　　　　　　　■学校HP
JR中央線[国立]駅下車南口　徒歩15分
JR南武線[谷保]駅下車　徒歩15分

※アクセスについて、学校HPにて必ずご確認ください。

■学校情報

○校長 原口　大助　　○児童数 427 名　男子 214 名　女子 213 名　○教員数 27 名

○安全対策

保護者確認証の導入	校内を警備員が巡回	職員が登下校中の様子確認
全児童を通学路別18グループに分け、学期に1回集団下校を実施		確認メール配信システム

■入試情報

○ 入試結果

	2024年度		
	男子	女子	合計
応募者数	437 名	209 名	646 名
受験者数	- 名	- 名	- 名
合格者数	36 名	36 名	72 名

○ 選抜方法　※非公表につき編集部調べ過去数年分

ペーパー	-	運動	-	行動観察	有	制作	有
絵画	-	面接	-	個別審査	有		

○ 募集要項　※下記データは2023年実施済のもので、2024年実施予定のものではありません。

募集人員	男女 計72名
募集公示期間	-
願書取得方法	-
願書提出方法	Web出願　10月1日～3日
入学考査日	11月5日～8日のうち指定された1日
面接実施日	-
合格発表日時	11月10日9時　発表方法－専用Webサイトで発表
入学考査料	25,000円
入学手続き期日	11月13日9時～15時
入学手続き納入金額	入学金300,000円

通学地域による応募制限 有　　編入試験 有　　帰国子女受入 無

■公開行事・説明会　※2024年度開催予定行事一覧(暫定)です。学校HPで開催日程を必ずご確認ください。

3 月 －	7 月 －	11 月 －
4 月 学校説明会	8 月 －	12 月 －
5 月 校舎見学会	9 月 学校説明会	1 月 －
6 月 学校説明会	10 月 －	2 月 －

■学校から受験生へのメッセージ

四季折り折り豊かな表情を見せてくれる大学通りを、子ども達は毎日友達と楽しいおしゃべりをしながら元気に通ってきます。1959(昭和34)年の開校以来、一人ひとりの子どもの心を大切にすること、自然に親しみ自然から学ぶこと、知・情・意のバランスのとれた子どもを育てることを願って日々の教育を行っています。

桐朋小学校

■制服 有　■給食 無　■スクールバス 無　■アフタースクール 無　■系列校 有　■公開行事 有

■所在地　〒182-8510
東京都調布市若葉町1-41-1

TEL　03-3300-2111　FAX　03-3300-4377

■アクセス　　　　　　　　　　　■学校HP

□京王線[仙川]駅下車
□小田急線「成城学園前」駅/「狛江」駅、京王線
「調布」駅より、小田急バス「仙川駅入口」下車
□JR「吉祥寺」駅より小田急バス「仙川」下車
□JR「三鷹」駅より小田急バス「仙川」下車

■学校情報 --

○校長 中村　博　　　○児童数 432 名　　　○教員数 32 名

○安全対策　警備員配置　　　教室にインターフォン設置
　　　　　　防犯カメラ設置

■入試情報 --

○ 入試結果

	2024年度		
	男子	女子	合計
応募者数	- 名	- 名	544 名
受験者数	- 名	- 名	- 名
合格者数	- 名	- 名	72 名

○ 選抜方法　※非公表につき編集部調べ過去数年分

ペーパー	－	運動	－	行動観察	有	制作	－
絵画	有	面接	－	個別審査	－		

○ 募集要項　※下記データは2023年実施済のもので、2024年実施予定のものではありません。

募　集　人　員	男女計72名(内部進学者26名含む)
募集公示期間	10月1日〜3日
願書取得方法	Web(学校HPにて)
願書提出方法	Web出願
入学考査日	11月4〜7日　※指定された1日
面接実施日	－
合格発表日時	11月9日までに簡易書留にて郵送通知
入学考査料	25,000円
入学手続き期日	11月11日9:00〜12:00
入学手続き納入金額	400,000円(入学金300,000円、施設拡充費100,000円)

通学地域による応募制限 無　　編入試験 有　　帰国子女受入れ 無

■公開行事・説明会　※回答時未定につき、学校HPでご確認ください。

3 月	－	7 月	－	11 月	－
4 月	－	8 月	－	12 月	－
5 月	－	9 月	－	1 月	－
6 月	－	10 月	－	2 月	－

■学校から受験生へのメッセージ

子ども一人ひとりが現在を充実して生きること、その子らしく生きることを大切にしながら「子どもを原点にした教育の実現」「社会の主人公となりゆくための根っこをそだてる」という２つの目標の実現をめざしています。

明星学園小学校

■制服 無　■給食 無　■スクールバス 無　■アフタースクール 有　■系列校 有　■公開行事 有

■所在地　　〒１８１−０００１
東京都三鷹市井の頭5-7-7
TEL　0422-43-2197　FAX　0422-47-6905
■アクセス　　　　　　　　　　■学校HP
京王井の頭線[井の頭公園]駅下車
徒歩10分

※アクセスについて、学校HPにて必ずご確認ください。

■学校情報 --

○校長 照井　伸也　　○児童数 354 名　男子 152 名　女子 202 名　　○教員数 26 名

○安全対策　警備室設置　　入校証着用　　防犯カメラ設置

■入試情報 --

○ 入試結果

	2024年度		
	男子	女子	合計
応募者数			
受験者数	非公表		
合格者数			

○ 選抜方法　※非公表につき編集部調べ過去数年分

ペーパー	−	運動	有	行動観察	有	制作	−
絵画	有	面接	本人	個別審査	有		

○ 募集要項　※下記データは2023年実施済のもので、2024年実施予定のものではありません。

募集人員	【A入試】・【B入試】合わせて72名(男女計)
願書取得方法	−
願書提出方法	Web出願
出願期間	【A入試】10月1日～10月26日　【B入試】10月1日～11月8日
入学考査日	【A入試】11月1日～2日　【B入試】11月12日
面接実施日	考査日同日に実施
合格発表日時	【A入試】11月3日　【B入試】11月13日
入学考査料	21,000円
入学手続き期日	【A入試】11月7日　【B入試】11月16日
入学手続き納入金額	250,000円(入学金)

通学地域による応募制限 無　　　編入試験 有　　　帰国子女受入れ 有

■公開行事・説明会　※回答時未定につき、学校HPでご確認ください。

3 月	−	7 月	−	11 月	−
4 月	−	8 月	−	12 月	−
5 月	−	9 月	−	1 月	−
6 月	−	10 月	−	2 月	−

■学校から受験生へのメッセージ

「子どもたちのいきいきとした瞳、表情、のびのびと手を上げ自分の意見を発表する姿、そしてそれを受けとめる子どもたちや先生方のお姿。来年は弟も」これは受験生の家庭からいただいた手紙です。
ぜひ、学校説明会、授業参観、行事などにいらして、直接子どもたちを見てください。

むさしの学園小学校

■制服 有　■給食 無　■スクールバス 無　■アフタースクール 有　■系列校 無　■公開行事 有

■所在地　〒183-0002
東京都府中市多磨町1-19-1
TEL　042-361-9655　FAX　042-361-7288

■アクセス　　　　　　　　　　　**■学校HP**

西武多摩川線[多磨]駅下車　徒歩3分／京王線[飛田給]駅よりバス[多磨]下車　徒歩3分／JR中央線[三鷹]駅より小田急バス[多磨]下車　徒歩3分

※アクセスについて、学校HPにて必ずご確認ください。

■学校情報 --

○校長 青木　洋介　　○児童数 148 名　男子 89 名　女子 59 名　　○教員数 17 名

○安全対策　登下校時カードをリーダーにかざし、保護者にメール通知　　地震、火災を想定した訓練実施

随所に監視カメラ、赤外線センサーを設置、早期に侵入者を検知

■入試情報 --

○入試結果

	2024年度		
	男子	女子	合計
応募者数			
受験者数		非公表	
合格者数			

○選抜方法　※非公表につき編集部調べ過去数年分

ペーパー	有	運動	有	行動観察	有	制作	－
絵画	－	面接	保護者	個別審査	－		

○募集要項　※下記データは2023年実施済のもので、2024年実施予定のものではありません。

募　集　人　員	男女計40名
募集公示期間	－
願書取得方法	9月8日～12月7日
願書提出方法	1次:10月1日～30日　2次:10月1日～11月16日　3次:11月20日～12月7日
入学考査日	1次:11月1日　2次:11月18日　3次:12月9日
面接実施日	1次:11月1日　2次:11月18日　3次:12月9日
合格発表日時	1次:11月1日　2次:11月18日　3次:12月9日　発表方法－速達郵送通知
入学考査料	20,000円　願書提出時に納入
入学手続き期日	1次:11月2日・6日(10日まで延長可)　2次:11月20・21日　3次:12月11・12日
入学手続き納入金額	入学金330,000円　指定銀行に振込／授業料492,000円他　※学債・寄付金等なし

通学地域による応募制限 無　　編入試験 有　　帰国子女受入れ 有 ※編入・受入れとも欠員が生じた時のみ実施

■公開行事・説明会　※回答時未定につき、学校HPでご確認ください。

3 月 －	7 月 －	11 月 －
4 月 －	8 月 －	12 月 －
5 月 －	9 月 －	1 月 －
6 月 －	10 月 －	2 月 －

■学校から受験生へのメッセージ

私達は自然を一番の学び舎とし、毎週野川公園に出かけます。2年生以上が参加する臨海学校では、大らかな海という環境が子どもを逞しくし、子ども同士と教師の関係も深めます。このように心をしなやかに、逞しくすることは、神様から与えられたそれぞれの力を自ら伸ばすために不可欠です。私達はそういう環境を整えることに力を注いでいます。

武蔵野東小学校

■制服 有　■給食 有　■スクールバス 無　■アフタースクール 有　■系列校 有　■公開行事 有

■所在地　　　〒１８０-００１２
東京都武蔵野市緑町2-1-10

TEL　0422-53-6211　FAX　0422-53-9526

■アクセス　　　　　　　　　　　■学校HP

ＪＲ中央線・総武線[三鷹]駅、ＪＲ中央線ほか[吉祥寺]駅、西武新宿線[西武柳沢]駅より関東バス[武蔵野住宅]下車徒歩1分

※アクセスについて、学校HPにて必ずご確認ください。

■学校情報

○校長 石橋　恵二　　○児童数 566 名　男子 343 名　女子 223 名　○教員数 69 名

○安全対策　防犯カメラ設置　入校時名札必着　応急救護訓練　　AED設置　　登下校時職員配置

緊急連絡メール　防犯グッズ完備　職員の校内巡回　学校110番　防犯教育

■入試情報

○ 入試結果

	2024年度		
	男子	女子	合計
応募者数	58 名	37 名	95 名
受験者数	53 名	33 名	86 名
合格者数	45 名	33 名	80 名

○ 選抜方法

ペーパー 有　　運動 －　　行動観察 有　　制作 －

絵画 －　　面接 親子　個別審査 －

○ 募集要項　※下記データは2023年実施済のもので、2024年実施予定のものではありません。

募集人員	男女計66名　※内部進学者含む
募集公示期間	6月6日より
願書取得方法	－
願書提出方法	Web出願（学校ＨＰへアクセスの上、ミライコンパスでの出願）
入学考査日	第1回　11月2日、3日　※いずれかを選択　　　第2回　11月18日
面接実施日	入学考査と同日
合格発表日時	第1回　11月3日17時　　　第2回　11月18日14時
入学考査料	20,000円
入学手続き期日	第1回　11月7日　　　第2回　11月21日
入学手続き納入金額	180,000円（入学金）、200,000円（施設設備費）

通学地域による応募制限 無　　編入試験 有　　帰国子女受入れ 有

■公開行事・説明会　※2024年度開催予定行事一覧(暫定)です。学校HPで開催日程を必ずご確認ください。

3 月 －	7 月 学校説明会	11 月 －
4 月 －	8 月 －	12 月 年中児対象わくわくスクール
5 月 －	9 月 入試説明会、土曜親子見学会	1 月 －
6 月 学校説明会、土曜親子見学会、年長児対象体験授業	10 月 入試説明会、年長児対象体験授業	2 月 －

■学校から受験生へのメッセージ

武蔵野東学園の教育の原点は、「子の幸せをねがう親の心」にあります。教師はその思いをもって、子どもたち一人ひとりの個性や可能性を追求しながら指導にあたります。建学の精神には、「視野の広い、創造性豊かな、たくましい信頼される子どもたちを育てよう」とうたわれており、世のリーダーとなって人のために尽くせる人間、豊かな感性と想像力を備えた人間、そしてなによりも強い体と温かい心をもった人間を育てることを目標にしています。保護者の皆さまやお子さまには、ぜひ本校にお越しいただきまして、子どもたちが学校を楽しんでいる姿や、学校が目指している実際の教育をご覧いただきたいと思います。

明星小学校

■制服 有　■給食 無　■スクールバス 無　■アフタースクール 有　■系列校 有　■公開行事 有

■所在地　　〒１８３－８５３１
東京都府中市栄町1-1

TEL　042-368-5119　FAX　042-364-6801

■アクセス　　　　　　　　　■学校HP

京王線[府中]駅、JR中央線・西武線
[国分寺]駅よりバス [明星学苑]下車(登下校時
急行バスあり)
JR武蔵野線[北府中]駅下車徒歩約20分

※アクセスについて、学校HPにて必ずご確認ください。

■学校情報

○校長 細水　保宏　　○児童数 634 名　男子 329 名　女子 305 名　○教員数 43 名

○安全対策
- メール配信システム
- 防犯カメラ設置
- 交通安全教室
- 職員の救命技能認定
- 警備員常駐
- 災害用備蓄品
- 避難訓練実施

■入試情報

○ 入試結果

	2024年度		
	男子	女子	合計
応募者数			
受験者数	非公表		
合格者数			

○ 選抜方法

ペーパー 有　運動 有　行動観察 有　制作 有

絵画 有　面接 親子　個別審査 有

○ 募集要項　※下記データは2023年実施済のもので、2024年実施予定のものではありません。

募 集 人 員	一般入試・自己推薦入試　合わせて105名
募 集 公 示 期 間	4月20日より
願 書 取 得 方 法	Web(学校HPにて)
願 書 提 出 方 法	Web出願後、郵送出願　Web9月13日〜　郵送10月1日〜6日
入 学 考 査 日	11月1日〜4日　※1日は自己推薦入試、2〜4日は一般入試
面 接 実 施 日	考査当日
合 格 発 表 日 時	Webにて11月1日〜4日　※自己推薦入試は1日、一般入試は4日　いずれも17時〜
入 学 考 査 料	25,000円
入 学 手 続 き 期 日	自己推薦入試11月2日9時まで　一般入試11月5日18時まで
入学手続き納入金額	250,000円(入学金)

通学地域による応募制限 無　　編入試験 有　　帰国子女受入れ 有

■公開行事・説明会　※2024年開催予定行事一覧です。学校HPで開催日程を必ずご確認ください。

3 月　学校説明会・学習公開・体験パーク	7 月　学校説明会・体験パーク	11 月　−
4 月　−	8 月　体験パーク	12 月　体験パーク
5 月　学校説明会・学習公開・プレスクール	9 月　学校説明会・プレスクール・学習公開	1 月　−
6 月　プレスクール	10 月　プレスクール	2 月　−

■学校から受験生へのメッセージ

特に算数等の学習を通して問題発見・問題解決・問題追究という探究的な学びのスタイルを全校で取り組んでいます。算数の授業で培った探究的な学びのスタイルを各教科、各行事で広げて実践を進めています。また、体験を通した学習を重要視し、子どもたちの五感を使って活動することで学びを深めています。

和光鶴川小学校

■制服 無　■給食 無　■スクールバス 有　■アフタースクール 有　■系列校 有　■公開行事 有

■所在地　〒195-0051
東京都町田市真光寺町1282-1
TEL　042-736-0036　FAX　042-737-7125

■アクセス　　　　　　　　　　　■学校HP

小田急線[鶴川]駅よりバス15〜20分
京王線[若葉台]駅よりバス15〜20分
スクールバス有。主に田園都市線数駅と,[こ
どもの国]駅等

※アクセスについて、学校HPにて必ずご確認ください。

■学校情報 --

○校長 大野 裕一　　○児童数 411 名　男子 247 名　女子 164 名　○教員数 26 名

防犯カメラ設置　来校者の入校証の携帯を義務化　朝夕・夜に警備員が校内の巡回

○安全対策　防災頭巾の常備　緊急地震速報の受信機の設置　地震を想定した引き渡し訓練の実施

防災倉庫の拡充　防災対策サイトの立ち上げ　学期に一度、地区別で集団下校

■入試情報 --

○ 入試結果

	2024年度		
	男子	女子	合計
応募者数			
受験者数	非公表		
合格者数			

○ 選抜方法　※非公表につき編集部調べ過去数年分

ペーパー 一　運動 有　行動観察 有　制作 有

絵画 一　面接 保護者　個別審査 有

○ 募集要項　※下記データは2023年実施済のもので、2024年実施予定のものではありません。

募 集 人 員	男女計72名※併設幼稚園からの内部進学者含む
募 集 公 示 期 間	入学願書配付5月16日より
願 書 取 得 方 法	学校窓口にて配布（郵送も可）
願 書 提 出 方 法	学校窓口へ提出　第1回：10月16日〜22日　第2回：11月9日・10日　第3回：11月29日・30日
入 学 考 査 日	第1回：11月4日　第2回：11月12日　第3回：12月2日
面 接 実 施 日	第1回：11月4日　第2回：11月12日　第3回：12月2日
合 格 発 表 日 時	即日郵送
入 学 考 査 料	20,000円
入 学 手 続 き 期 日	第1回：11月8日　第2回：11月15日　第3回：12月6日
入学手続き納入金額	300,000円

通学地域による応募制限 無　　編入試験 有　　帰国子女受入れ 有

■公開行事・説明会　※2024年開催予定行事一覧(暫定)です。学校HPで開催日程を必ずご確認ください。

3 月　親子体験教室①	7 月　−	11 月　入試①、入試②、入試③
4 月　−	8 月　親子体験教室③	12 月
5 月　学校説明会①、共同教育入試説明会	9 月　学校説明会②	1 月　−
6 月　休日授業公開、親子体験教室②	10 月　学校説明会③	2 月　−

■学校から受験生へのメッセージ

本校は子どもたち全てがかけがえのない「子ども時代」に自らの個性を発揮し、豊かで、生き生きした生活が送れるように学校づくりを
進めています。実感ある学びと、価値ある実体験、集団的で探究的な活動を重視し、今に生き、未来を拓く生きる力を育んでいきます。

早稲田大学系属早稲田実業学校初等部

■制服 有　■給食 有　■スクールバス 無　■アフタースクール 無　■系列校 有　■公開行事 有

■所在地　　〒185-8506
東京都国分寺市本町1-2-1
TEL　042-300-2171　FAX　042-300-2175
■アクセス　　　　　　　　　　　　■学校HP
JR中央線・西武国分寺線・西武多摩線
[国分寺]駅下車北口より徒歩10分

※アクセスについて、学校HPにて必ずご確認ください。

■学校情報 --

○校長　星　直樹　　○児童数 647 名　男子 412 名　女子 235 名　○教員数 43 名

○安全対策　警備員常駐　　保護者・来校者は入校証　　在校時施錠
　　　　　　防犯カメラ　　メール緊急連絡システムあり　緊急地震速報システムあり

■入試情報 --

○ 入試結果

	2024年度		
	男子	女子	合計
応募者数	654 名	496 名	1,150 名
受験者数	501 名	408 名	909 名
合格者数	86 名	43 名	129 名

○ 選抜方法　※非公表につき編集部調べ過去数年分

ペーパー 有　運動 有　行動観察 有　制作 有

絵画 －　面接 親子　個別審査 －

○ 募集要項　※下記データは2023年実施済のもので、2024年実施予定のものではありません。

募集人員	108名
募集公示期間	－
願書取得方法	－
願書提出方法	Web出願
入学考査日	1次試験　11月1～5日　2次試験　11月8～10日
面接実施日	11月8～10日
合格発表日時	1次11月7日8:00～　2次11月12日8:00～（いずれもWeb発表）
入学考査料	30,000円
入学手続き期日	11月13日 入学手続金振込　手続書類提出
入学手続き納入金額	650,000円(入学金350,000円・施設設備資金300,000円)

通学地域による応募制限 無　　編入試験 無　　帰国子女受入れ 有　※帰国子女の受入れは復学者のみ

■公開行事・説明会　※2024年開催予定行事一覧(暫定)です。学校HPで開催日程を必ずご確認ください。

3 月　－	7 月　学校見学会・相談会7/20(土)	11 月　－
4 月　－	8 月　－	12 月　－
5 月　－	9 月　－	1 月　－
6 月　学校説明会6/9(日)	10 月　－	2 月　－

■学校から受験生へのメッセージ

初等教育では、教師が児童に与える影響には大きなものがあり、その信頼関係は生涯の支えとなります。本校の全教職員は児童・保護者の皆様と誠実に向き合い、将来、社会に多くの貢献をなしうる人格の育成を目指し、全力を尽くしております。皆さんの入学を楽しみにしております。

私立 共学 プロテスタント　アオヤマガクインヨコハマエイワショウガッコウ

青山学院横浜英和小学校

■制服 有　■給食 有　■スクールバス 無　■アフタースクール 有　■系列校 無　■公開行事 無

■所在地　〒232-8580
神奈川県横浜市南区蒔田町124
TEL　045-731-2863　FAX　045-743-3353

■アクセス　　　　　　　　　■学校HP
横浜市営地下鉄ブルーライン[蒔田駅]より
徒歩8分
横浜駅から市営地下鉄蒔田駅まで12分

※アクセスについて、学校HPにて必ずご確認ください。

■学校情報

○校長 中村 貞雄　○児童数 388 名　男子 117 名　女子 271 名　○教員数 29 名

○安全対策　警備員常駐　　AED設置　　警備員校内巡回　入校時名札必着　　防犯カメラ

緊急連絡メール　学校110番　防災グッズ完備　登下校モバイル通知

■入試情報

○ 入試結果

	2024年度		
	男子	女子	合計
応募者数	97 名	149 名	246 名
受験者数	88 名	141 名	229 名
合格者数	22 名	50 名	72 名

○ 選抜方法

ペーパー 有　運動 ―　行動観察 有　制作 有

絵画 ―　面接 親子　個別審査 有

○ 募集要項　※下記データは2023年実施済のもので、2024年実施予定のものではありません。

募　集　人　員	男女66名
募集公示期間	4月5日より
願書取得方法	Web(学校HP)
出　願　期　間	Web(学校HP)　9月1日～6日
入学考査日	10月17日
面接実施日	9月27日～28日
合格発表日時	10月18日
入学考査料	20,000円
入学手続き期日	10月18日～20日12時
入学手続き納入金額	400,000円（入学金280,000円、施設費120,000円）

通学地域による応募制限 無　　編入試験 有　　帰国子女受入れ 有

■公開行事・説明会　2023年実施済のもので2024年開催予定一覧ではありません。※学校HPで開催日程を必ずご確認ください。

3月 ―	7月 ―	11月 ―
4月 ―	8月 ―	12月 ―
5月 ―	9月 入試説明会	1月 ―
6月 学校説明会	10月 ―	2月 体験入学

■学校から受験生へのメッセージ

心を清め人に仕えるには、先ず確かな学力と豊かな情操を身につけることが必要です。それには、教育目標を具体化させた英和独自の「シラバス」に学ぶと同時に、多くの行事や活動を体験することです。一人ひとりの児童の発達段階をしっかり見つめて、家庭(保護者)と学校(教師)とが共に学ぶ、これが横浜英和小学校の教育です。

神奈川県相模原市緑区 私立 共学

エルシーエーコクサイショウガッコウ

LCA国際小学校

■制服 無　■給食 有　■スクールバス 有　■アフタースクール 有　■系列校 有　■公開行事 無

■所在地　〒252-0132

神奈川県相模原市緑区橋本台3-7-1

TEL　042-771-6131　FAX　042-771-6141

■アクセス

■学校HP

・JR横浜線・相模線/京王相模原線「橋本駅」よりスクールバス10分

・センター南、調布、相模大野、海老名他4箇所よりスクールバス有

※アクセスについて、学校HPにて必ずご確認ください。

■学校情報 --

○校長 山口 紀生　　○児童数 296 名　○教員数 41 名

○安全対策　防犯カメラ設置　入校時名札必着　AED設置　非常持出袋完備

緊急連絡メール　スクールバス添乗職員有　守衛常駐

■入試情報 --

○ 入試結果

	2024年度		
	男子	女子	合計
応募者数			
受験者数		非公表	
合格者数			

○ 選抜方法　※非公表につき編集部調べ過去数年分

ペーパー	運動	行動観察	制作
－	－	有	－

絵画	面接	個別審査
－	保護者	有

○ 募集要項　※下記データは2023年実施済のもので、2024年実施予定のものではありません。

募 集 人 員	約60名
募 集 公 示 期 間	4/1～
願 書 取 得 方 法	HPより請求(郵送)、事務室窓口配布、説明会参加時配布
願 書 提 出 方 法	窓口にて出願※郵送可　①6月26日～30日　②11月9日～15日　③1月10日～12日
入 学 考 査 日	①7月23日　②11月26日　③1月21日
面 接 実 施 日	①7月10日～19日　②11月17日～22日　③1月16日～17日
合 格 発 表 日 時	受験後3日以内
入 学 考 査 料	30,000円
入 学 手 続 き 期 日	①8月2日まで　②12月6日まで　③1月31日まで
入学手続き納入金額	1,300,000円

通学地域による応募制限 無　　編入試験 有　　帰国子女受入れ 有

■公開行事・説明会　※回答時未定につき、学校HPでご確認ください。

3 月 －	7 月 －	11 月 －
4 月 －	8 月 －	12 月 －
5 月 －	9 月 －	1 月 －
6 月 －	10 月 －	2 月 －

■学校から受験生へのメッセージ

「人と違うことは宝」とし、どの子も否定をしません。特に低学年のうちに「何を言っても大丈夫」という環境づくりを徹底することで、堂々と自分の意見や考えを言える子どもたちが育っています。教職員は、子どもたちの声にしっかりと耳を傾け、それをサポートするのが役目です。安心して自分を表現できるLCAの子どもの笑顔はキラキラしています。

大西学園小学校

■制服 有 　■給食 無 　■スクールバス 無 ※弁当注文有 　■アフタースクール 無 　■系列校 有 　■公開行事 有

■所在地 　〒211-0063
神奈川県川崎市中原区小杉町2-284
TEL 　044-712-5009 　FAX 　044-711-6200

■アクセス 　　　　　　　　　　■学校HP

JR南武線[武蔵小杉]駅徒歩4分／JR湘南新宿
ライン[武蔵小杉]駅徒歩12分／東急東横線・
目黒線[武蔵小杉]・[新丸子]駅下車徒歩5分
／市営バス等[武蔵小杉]下車徒歩4分

※アクセスについて、学校HPにて必ずご確認ください。

■学校情報 --

○校長 大西 亜季 　　○児童数 約180名 　男子 約90名 　女子 約90名 　○教員数 10〜15名

○安全対策 　登下校の安全対策 　　登下校安全管理及び緊急メール配信システム
　　　　　　正門に防犯カメラの設置 　　子どもたちのロッカーに個人用の非常用持出袋とヘルメット常備

■入試情報 --

○入試結果

	2024年度		
	男子	女子	合計
応募者数			
受験者数		非公表	
合格者数			

○選抜方法 ※非公表につき編集部調べ過去数年分

ペーパー	有	運動	有	行動観察	有	制作	有
絵画	－	面接	親子	個別審査	有		

○募集要項 ※下記データは2023年実施済のもので、2024年実施予定のものではありません。

募 集 人 員	男女20名
募 集 公 示 期 間	－
願 書 取 得 方 法	－
願 書 提 出 方 法	1次:10月10日〜20日 　2次:10月16日〜25日 　3次:11月1日〜14日 　4次：11月20日〜12月1日
入 学 考 査 日	1次:10月21日 　2次:10月26日 　3次:11月15日 　4次：12月2日
面 接 実 施 日	－
合 格 発 表 日 時	1次:10月23日 　2次:10月27日 　3次:11月16日 　4次：12月4日
入 学 考 査 料	20,000円 　　出願時に納入
入 学 手 続 き 期 日	－
入学手続き納入金額	入学金220,000円・施設設備費100,000円／授業料(月額)30,000円、維持費(月額)5,000円他

通学地域による応募制限 　無 　　編入試験 　有 　　帰国子女受入れ 　有

■公開行事・説明会 ※回答時未定につき、学校HPでご確認ください。

3 月	－	7 月	－	11 月	－
4 月	－	8 月	－	12 月	－
5 月	－	9 月	－	1 月	－
6 月	－	10 月	－	2 月	－

■学校から受験生へのメッセージ

健康で豊かな人間性と確かな実践力の育成をめざして、大西学園では児童の発達に適応した基礎的教育を実施しています。基礎的な学力を蓄えながら、一人ひとりの個性を大切にし、長所・可能性をぐんぐん伸ばすことができるよう効果的に指導しています。

カマクラジョシダイガクショトウブ

鎌倉女子大学初等部

■制服 有　■給食 無　■スクールバス 有　■アフタースクール 有　■系列校 有　■公開行事 有

■所在地　〒247-8511
神奈川県鎌倉市岩瀬1420
TEL　0467-44-2112　FAX　0467-44-2396
■アクセス　　　　　　　　　　　■学校HP
JR[大船駅]笠間口からバスで約10分
[鎌倉女子大前]下車
JR[本郷駅]から徒歩15分
※アクセスについて、学校HPにて必ずご確認ください。

■学校情報 --

○校長 勝木　茂　　○児童数 473 名　男子 250 名　女子 223 名　○教員数 33 名

○安全対策　警備員常駐　　登下校メール配信　避難訓練の実施　教員による登下校指導
　　　　　　AED配備　　入校許可証の発行

■入試情報 --

○ 入試結果

	2024年度		
	男子	女子	合計
応募者数	56 名	37 名	93 名
受験者数	56 名	37 名	93 名
合格者数	52 名	34 名	86 名

○ 選抜方法　※非公表につき編集部調べ過去数年分

ペーパー	有	運動	有	行動観察	有	制作	－
絵画	－	面接	親子	個別審査	－		

○ 募集要項　※下記データは2023年実施済のもので、2024年実施予定のものではありません。

募 集 人 員	約90名(内部進学者を含む)
募 集 公 示 期 間	－
願 書 取 得 方 法	5月8日より配布(窓口※土日祝を除く9時～16時・電話・Webにて申込)
願 書 提 出 方 法	郵送or持参にて出願　Ⅰ期8月28日～9月14日(持参は15日まで)　Ⅱ期10月2日～23日(持参は24日まで)
入 学 考 査 日	Ⅰ期10月17日　Ⅱ期10月27日
面 接 実 施 日	Ⅰ期9月23日・25日　Ⅱ期10月27日
合 格 発 表 日 時	Web発表
入 学 考 査 料	20,000円
入 学 手 続 き 期 日	Ⅰ期10月18日・19日　Ⅱ期10月30日・31日
入学手続き納入金額	300,000円(入学金)

通学地域による応募制限 無　　編入試験 有　　帰国子女受入れ 有

■公開行事・説明会　※回答時未定につき、学校HPでご確認ください。

3 月 －	7 月 －	11 月 －
4 月 －	8 月 －	12 月 －
5 月 －	9 月 －	1 月 －
6 月 －	10 月 －	2 月 －

■学校から受験生へのメッセージ

建学の精神である「感謝と奉仕に生きる人づくり」を基盤に、「豊かなこころ」と「確かな学力」、「健やかなからだ」を身に付けた品位ある初等部生の育成を目指しています。人と人が支えあう「感謝と奉仕」の実践により、生涯にわたって志高く、夢と希望をもって、自らによりよい自分づくりを探究できる人の育成こそが私たちの願いです。

カリタスショウガッコウ

カリタス小学校

■制服 有　■給食 無　■スクールバス 有　■アフタースクール 有　■系列校 有　■公開行事 有

■所在地　〒214-0012
神奈川県川崎市多摩区中野島4-6-1
TEL 044-922-8822 FAX 044-922-8752

■アクセス　　　　　　　　　■学校HP
JR南武線[中野島]駅より徒歩10分
小田急小田原線[登戸]駅・[向ヶ丘
遊園]駅からスクールバス

※アクセスについて、学校HPにて必ずご確認ください。

■学校情報 --

○校長 内藤　貞子　　○児童数 645 名 男子 76 名 女子 569 名　○教員数 54 名

○安全対策
警備員常駐　防犯カメラ設置　看護師常駐　保護者名札着用　緊急通報・安否確認システム
AED設置　授業中門施錠　学校110番　災害用品備蓄　避難・防災訓練実施

■入試情報 --

○ 入試結果

	2024年度		
	男子	女子	合計
応募者数	- 名	- 名	479 名
受験者数	- 名	- 名	- 名
合格者数	- 名	- 名	- 名

○ 選抜方法

ペーパー 有　　運動 －　　行動観察 有　　制作 －

絵画 有　　面接 親子　　個別審査 －

○ 募集要項　※下記データは2023年実施済のもので、2024年実施予定のものではありません。

募　集　人　員	108名（内部進学者含む）
募 集 公 示 期 間	9月1日～
願 書 取 得 方 法	Web出願
願 書 提 出 方 法	Web出願後、期間内に郵送　9月1日～25日
入 学 考 査 日	10月20日
面 接 実 施 日	10月13日・14日
合 格 発 表 日 時	10月21日　合否照会サイトにて
入 学 考 査 料	25,000円
入 学 手 続 き 期 日	10月21日～23日　来校手続き10月27日
入学手続き納入金額	200,000円

通学地域による応募制限 無　　　編入試験 有　　　帰国子女受入れ 有

■公開行事・説明会　※回答時未定につき、学校HPでご確認ください。

3 月 －	7 月 －	11 月 －
4 月 －	8 月 －	12 月 －
5 月 －	9 月 －	1 月 －
6 月 －	10 月 －	2 月 －

■学校から受験生へのメッセージ

ともだち　だいすき、どうぶつ　だいすき、せんせい　だいすき・・・がっこう　だいすき！
カリタス小学校で「だいすき」なものを、たくさん見つけましょう！

関東学院小学校

■制服 無　■給食 有　■スクールバス 無　■アフタースクール 有　■系列校 有　■公開行事 有

■所在地　　〒232-0002
神奈川県横浜市南区三春台4
TEL　045-241-2634　FAX　045-243-3545

■アクセス　　　　　　　■学校HP

京急本線[黄金町]駅より徒歩5分
横浜市営地下鉄ブルーライン
[板東橋]駅より徒歩10分

※アクセスについて、学校HPにて必ずご確認ください。

■学校情報

○校長 岡崎　一実　　○児童数 426 名 　男子 217 名 　女子 209 名　○教員数 35 名

○安全対策　　安全カメラ設置　　　避難訓練　　　警備員常駐
災害用非常用品備蓄　　非常用電源・自家発電設備設置

■入試情報

○ 入試結果

	2024年度		
	男子	女子	合計
応募者数	－ 名	－ 名	161 名
受験者数	－ 名	－ 名	124 名
合格者数	－ 名	－ 名	100 名

○ 選抜方法　※非公表につき編集部調べ過去数年分

ペーパー 有　　運動 有　　行動観察 有　　制作 有

絵画 －　　面接 親子　個別審査 有

○ 募集要項　※下記データは2023年実施済のもので、2024年実施予定のものではありません。

募 集 人 員	男女計72名
募 集 公 示 期 間	5月12日より
願 書 取 得 方 法	窓口及び郵送
願 書 提 出 方 法	簡易書留
入 学 考 査 日	【A試験】10月22日9時～12時　【B試験】11月16日9時～12時
面 接 実 施 日	【A試験】9月6日～10月4日　【B試験】11月7日～9日　の中の1日
合 格 発 表 日 時	【A試験】10月23日　【B試験】11月18日
入 学 考 査 料	22,000円
入 学 手 続 き 期 日	【A試験】10月24日　【B試験】11月19日
入学手続き納入金額	450,000円（入会金・特別施設費）

通学地域による応募制限 無　　編入試験 有　　帰国子女受入れ 無

■公開行事・説明会　※2024年開催予定行事一覧(予定)です。学校HPで開催日程を必ずご確認ください。

3 月 －　　　　　　　　　　　7 月 イブニング説明会　　　　11 月 －
4 月 －　　　　　　　　　　　8 月 －　　　　　　　　　　　12 月 －
5 月 学校説明会　　　　　　　9 月 －　　　　　　　　　　　1 月 －
6 月 小学校体験会、はじめてKANTO　10 月 －　　　　　　　2 月 －

■学校から受験生へのメッセージ

創立期から力を入れている読書教育を深化発展させ、「ほんの学校」づくりに取り組んでいます。全教室に設置した電子黒板と、iPadも活用してICT教育を展開しています。これからの時代を見据えた関東学院小学校の教育を、ぜひご覧になってください。ご来校お待ちしています。

神奈川県横浜市金沢区　私立　共学　プロテスタント　カントウガクインムツウラショウガッコウ

関東学院六浦小学校

■制服 有　■給食 無　■スクールバス 無　■アフタースクール 有　■系列校 有　■公開行事 有

■所在地　〒236-0037
神奈川県横浜市金沢区六浦東1-50-1
TEL　045-701-8285　FAX　045-783-5342

■アクセス

京浜急行・シーサイドライン「金沢八景」駅
下車
京浜急行バス（関東学院循環）で「関東学院
東」下車 徒歩2分

※アクセスについて、学校HPにて必ずご確認ください。

■学校HP

■学校情報

○校長 黒畑　勝男　　○児童数 240 名　男子 138 名　女子 102 名　　○教員数 34 名

○安全対策　　登下校セキュリティ　　送迎ロータリー　　警備員常駐

入校時名札必要　　緊急連絡メール　　避難校ネット加入

■入試情報

○ 入試結果

	2024年度		
	男子	女子	合計
応募者数	35 名	16 名	51 名
受験者数	- 名	- 名	- 名
合格者数	26 名	13 名	39 名

○ 選抜方法

ペーパー 有　運動 −　行動観察 有　制作 有

絵画 有　面接 親子　個別審査 有

○ 募集要項　※下記データは2023年実施済のもので、2024年実施予定のものではありません。

募 集 人 員	68名
募 集 公 示 期 間	4/2～
願 書 取 得 方 法	Web（学校HPより）
願 書 提 出 方 法	Web（学校HPより）　一次[A]8月21日～9月18日　[B]8月21日～10月24日　[C]8月21日～11月15日
入 学 考 査 日	一次[A]10月22日　[B]10月25日　[C]12月7日
面 接 実 施 日	一次[A]9月27日～28日[B]10月25日　[C]12月7日
合 格 発 表 日 時	試験当日、本校HPより
入 学 考 査 料	22,000円
入 学 手 続 き 期 日	一次[A]10月24日まで　[B]10月29日まで　[C]12月10日まで
入学手続き納入金額	450,000円

通学地域による応募制限 無　　編入試験 有　　帰国子女受入れ 有

■公開行事・説明会　※2024年開催予定行事一覧(暫定)です。学校HPで開催日程を必ずご確認ください。

3 月　オープンスクール　　　　　　7 月　夏の夕べ・オープンスクール　　11 月　バザー・オープンスクール
4 月　お仕事帰りの説明会・オープンスクール　8 月　学校説明会　　　　　　　　12 月　オープンスクール
5 月　運動会・オープンスクール　　9 月　オープンスクール　　　　　　1 月　オープンスクール
6 月　体験入学・オープンスクール　10 月　オープンスクール　　　　　　2 月　オープンスクール

■学校から受験生へのメッセージ

関東学院六浦小学校は「のびる」を伸ばす小学校。２０１９年に創立７０周年を迎え、「六浦小モデル」を開始。学習の個性化を図る「私のパレット」、一人一人の「好き！」を伸ばす「私のポケット」、学習環境を整える「私のドア」の３つの新しい学びのシステムです。是非、のびのびと学習する子どもたちの様子を見に来てください。

神奈川県横浜市青葉区 私立 共学

ケイオウギジュクヨコハマショトウブ

慶應義塾横浜初等部

■制服 有 ■給食 有 ■スクールバス 無 ■アフタースクール 無 ■系列校 有 ■公開行事 有

■所在地　〒２２５－００１２

神奈川県横浜市青葉区あざみ野南3-1-3

TEL　045-507-8441

■アクセス　　　　　　　　　　　　■学校HP

田園都市線［江田］駅下車

徒歩10分

※アクセスについて、学校HPにて必ずご確認ください。

■学校情報

○部長 馬場 国博　○児童数 648 名　男子 396 名　女子 252 名　○教員数 57 名

○安全対策　東急田園都市線江田駅からの通学路をはじめ、学校周囲については、複数体制で配備された警備員が監視している。大きな地震災害に対しては、校舎は十分な耐震性を計算して設計施工している。

■入試情報

○ 入試結果

	2024年度		
	男子	女子	合計
応募者数	804 名	625 名	1,429 名
受験者数	- 名	- 名	- 名
合格者数	66 名	42 名	108 名

○ 選抜方法　※非公表につき編集部調べ過去数年分

ペーパー 有	運動 有	行動観察 有	制作 －
絵画 有	面接 －	個別審査 －	

○ 募集要項　※下記データは2023年実施済のもので、2024年実施予定のものではありません。

募 集 人 員	男子66名　女子42名　計108名
募 集 公 示 期 間	－
願 書 取 得 方 法	9月1日～7日(平日のみ)横浜初等部事務室　9月8日～9月29日(無休)　慶應義塾大学三田キャンパス警備室
願 書 提 出 方 法	9月1日～29日(Web)　9月28日・29日(郵送)
入 学 考 査 日	1次:11月11日　2次:11月22日～25日　※2次試験は期間中の1日のみ
面 接 実 施 日	－
合 格 発 表 日 時	1次:11月17日　2次:11月29日　※入学手続書類の配布11月30日(受験票持参)
入 学 考 査 料	30,000円
入 学 手 続 き 期 日	12月4日
入学手続き納入金額	入学金340,000円・授業料(年額)960,000円・教育充実費(年額)470,000円・給食費(年額)120,000円

通学地域による応募制限 無　　編入試験 無　　帰国子女受入れ 無

■公開行事・説明会　※回答時未定につき、学校HPでご確認ください。

3 月　－	7 月　オンライン学校説明会	11 月　－
4 月　－	8 月　－	12 月　－
5 月　－	9 月　－	1 月　－
6 月　－	10 月　－	2 月　－

■学校の教育の柱

慶應義塾横浜初等部では、「体験教育」「自己挑戦教育」「言葉の力の教育」の三つの柱を軸に、全教科、全教員が連携協力して日々の活動を展開しています。　(学校HPより抜粋)

相模女子大学小学部

■制服 有　■給食 有　■スクールバス 有　■アフタースクール 有　■系列校 有　■公開行事 有

■所在地　〒252-0383
神奈川県相模原市南区文京2-1-1
TEL　042-742-1444　FAX 042-742-1429
■アクセス　　　　　　　　　　　■学校HP
小田急小田原線・江ノ島線[相模大野]駅より徒歩10分

※アクセスについて、学校HPにて必ずご確認ください。

■学校情報

○校長 小泉　清裕　○児童数 458 名　男子 192 名　女子 266 名　○教員数 42 名

○安全対策　警備員（24時間常駐）　監視カメラ　緊急時連絡システム
来校者へ入構証の発行　避難訓練　備蓄　防災ハンドブックの作成(子供に携帯させる)

■入試情報

○ 入試結果	2024年度		
	男子	女子	合計
応募者数	51 名	60 名	111 名
受験者数	40 名	49 名	89 名
合格者数	31 名	48 名	79 名

○ 選抜方法

ペーパー 有　運動 －　行動観察 有　制作 －
絵画 －　面接 親子　個別審査 有

○ 募集要項　※下記データは2023年実施済のもので、2024年実施予定のものではありません。

募集人員	男女約70名※附属幼稚園からの内部進学者含む
募集公示期間	7月上旬より
願書取得方法	Web(学校HPより)
願書提出方法	Web(学校HPより)　第1回9月20日～10月10日　第2回9月20日～10月18日　第3回11月1日～21日
入学考査日	第1回10月17日　第2回10月18日　第3回11月22日
面接実施日	入学考査日と同日 学校HPにて
合格発表日時	入学考査日と同日 学校HPにて
入学考査料	20,000円
入学手続き期日	第1回及び第2回10月19日　第3回11月24日
入学手続き納入金額	380,000円

通学地域による応募制限 無　　編入試験 有　　帰国子女受入れ 有

■公開行事・説明会　※回答時未定につき、学校HPでご確認ください。

3 月 －	7 月 －	11 月 －
4 月 －	8 月 －	12 月 －
5 月 －	9 月 －	1 月 －
6 月 －	10 月 －	2 月 －

■学校から受験生へのメッセージ

スクールコンセプト「毎日受けたい授業がある 毎日会いたい友達がいる」を掲げ、目指す子ども像を「自分からできる子」とし、学ぶ意欲と力を支える環境を整えています。将来に向けて学び続ける学習者を育てるため、それぞれがテーマを決め、考えや見識を深める「探究の時間」など、ここにしかない時間があります。

湘南学園小学校

■制服 無　■給食 無　■スクールバス 無　■アフタースクール 有　■系列校 有　■公開行事 有

■所在地　　〒251-8505
神奈川県藤沢市鵠沼松が岡4-1-32
TEL　0466-23-6611　FAX　0466-23-6670

■アクセス　　　　　　　　　■学校HP

小田急江ノ島線[鵠沼海岸]駅徒歩8分

江の島電鉄[鵠沼]駅徒歩8分

※アクセスについて、学校HPにて必ずご確認ください。

■学校情報 --

○校長 林田 英一郎　○児童数 576 名　男子 312 名　女子 264 名　○教員数 44 名

○安全対策　警備員常駐　警備員校内巡回　AED設置　カメラ設置　入校時名札必着
　　　　　　緊急連絡メール　防災グッズ完備　登下校防犯

■入試情報 --

○ 入試結果

	2023年度		
	男子	女子	合計
応募者数	- 名	- 名	132 名
受験者数	- 名	- 名	110 名
合格者数	- 名	- 名	95 名

○ 選抜方法

ペーパー 有　運動 有　行動観察 有　制作 有

絵画 ―　面接 親子　個別審査 有

○ 募集要項　※下記データは2024年実施予定のものです。

募 集 人 員	男女計100名程度※附属幼稚園からの内部進学者含む
募 集 公 示 期 間	4月1日より
願 書 取 得 方 法	Web(学校HPより)
願 書 提 出 方 法	Web(学校HPより)【A入試】8月28日～9月1日　【B入試】8月28日～9月28日　【C入試】10月2日～26日
入 学 考 査 日	【A入試】10月22日　【B入試】10月23日　【C入試】11月2日
面 接 実 施 日	※学校指定日
合 格 発 表 日 時	Web(学校HPへアクセスの上、ミライコンパスでの発表)
入 学 考 査 料	20,000円
入 学 手 続 き 期 日	※学校が指定する期日まで（募集要項をご覧下さい）
入学手続き納入金額	420,000円(入学金・施設費)

通学地域による応募制限 無　　編入試験 有　　帰国子女受入れ 有

■公開行事・説明会　※2024年度開催予定行事一覧(暫定)です。学校HPで開催日程を必ずご確認ください。

3 月	－	7 月	体験授業②	11 月	音楽会
4 月	春期学校説明会	8 月	入試説明会	12 月	－
5 月	体験授業①	9 月	－	1 月	－
6 月	夏期学校説明会	10 月	たいいく表現まつり	2 月	冬期学校説明会・制作展

■学校から受験生へのメッセージ

「豊かな学力」の育成を目指し、体験的な取り組みを大切にした学習活動に取り組んでいます。体験は、学ぶ意欲を引き出し、自らが学んでいくきっかけとなっています。一人ひとりの子どもたちが、「うん、なるほどそうか！」と目を輝かす授業が「学ぶって、たのしい。わかるって、うれしい。」と思える瞬間をつくっています。

湘南白百合学園小学校

■制服 有　■給食 無　■スクールバス 無　■アフタースクール 有　■系列校 有　■公開行事 有

■所在地　〒251-0035
神奈川県藤沢市片瀬海岸2-2-30
TEL　0466-22-0200　FAX　0466-22-8547

■アクセス

小田急線「片瀬江ノ島」駅下車 徒歩5分
江ノ電「江ノ島」駅
湘南モノレール「湘南江の島」下車 徒歩10分

※アクセスについて、学校HPにて必ずご確認ください。

■学校HP

■学校情報

○校長 木暮　温　　○児童数 617 名　女子 617 名　　○教員数 47 名

○安全対策　警備員常駐　防犯カメラ設置　登下校管理システム　緊急連絡メール　防災グッズ完備

入校時名札必着　登下校時安全指導　避難訓練実施　　防災ブック所持

■入試情報

○ 入試結果

	2024年度			
	男子	女子	合計	
応募者数	- 名	163 名	163 名	
受験者数	- 名	- 名	- 名	
合格者数	- 名	- 名	- 名	

○ 選抜方法

ペーパー 有　運動 有　行動観察 有　制作 有

絵画 有　面接 親子　個別審査 -

○ 募集要項　※下記データは2023年実施済のもので、2024年実施予定のものではありません。

募 集 人 員	女子108名※併設幼稚園からの進学者含む
募 集 公 示 期 間	-
願 書 取 得 方 法	Web出願(学校HPより)
願 書 提 出 方 法	Web出願(学校HPより) 9月1日〜8日
入 学 考 査 日	A日程10月17日　B日程10月18日　C日程2024年1月13日
面 接 実 施 日	A日程・B日程 9月16日　C日程2024年1月13日
合 格 発 表 日 時	A日程10月18日　B日程10月19日　C日程2024年1月14日〜1月15日　※学校HPにて発表
入 学 考 査 料	25,000円
入 学 手 続 き 期 日	A日程10月20日　B日程10月21日　C日程2024年1月18日
入学手続き納入金	300,000円（入学金）

通学地域による応募制限 無　　編入試験 有　　帰国子女受入れ 有　　※編入試験は欠員が生じた場合のみ

■公開行事・説明会　※2024年開催予定行事一覧(暫定)です。学校HPで開催日程を必ずご確認ください。

3 月　-	7 月　オープンスクール	11 月　子ども音楽会
4 月　-	8 月　少人数見学会（7・8月）	12 月　-
5 月　学校説明会/運動会総練習	9 月　-	1 月　学習発表会
6 月　学校公開	10 月　-	2 月　学校公開

■学校から受験生へのメッセージ　　　　　　　　　　　　　※個別施設見学　随時実施。

本校は、カトリック学校として、愛の心をもって社会に奉仕できる女性の育成を目指しています。一人ひとりが主体的に学校生活を送っている女の子が主役の学校です。協力的で、最後まで丁寧に学習ができる等、女子校のメリットを最大限に生かした教育を行っています。ぜひ一度本校に足をお運びいただき、子ども達の姿をご覧くださ

精華小学校

■制服 有 ■給食 無 ■スクールバス 無 ■アフタースクール 無 ■系列校 有 ■公開行事 有

■所在地　〒221-0844
神奈川県横浜市神奈川区沢渡18
TEL　045-311-2963　FAX　045-311-2964

■アクセス　　　　　　　　　　　■学校HP
JR線他[横浜]駅下車西口より徒歩12分

※アクセスについて、学校HPにて必ずご確認ください。

■学校情報

○校長 臼井　公明　　○児童数 479 名 男子 324 名 女子 155 名　○教員数 31 名

○安全対策　門の施錠　警備員の常駐　防災訓練の実施　避難訓練の実施　来訪者のチェック

1年生の送迎　防犯センサー設置　IDカード着用　非常用電源・自家発電設備設置

■入試情報

○ 入試結果

	2024年度		
	男子	女子	合計
応募者数	- 名	- 名	316 名
受験者数	- 名	- 名	- 名
合格者数	- 名	- 名	- 名

○ 選抜方法　※非公表につき編集部調べ過去数年分

ペーパー	有	運動	有	行動観察	有	制作	有
絵画	-	面接	親子	個別審査	有		

○ 募集要項　※下記データは2024年実施予定のものです。詳細は学校HPにてご確認ください。

募 集 人 員	男女計80名
募 集 公 示 期 間	学校HPにて公開
願 書 取 得 方 法	Web(学校HPより)
願 書 提 出 方 法	Web出願後、郵送出願　Web8月26日〜30日　郵送9月2日
入 学 考 査 日	10月22日　指定の時間帯で実施
面 接 実 施 日	9月24日〜　指定の日時で実施
合 格 発 表 日 時	Web発表　10月22日20時〜23日15時
入 学 考 査 料	25,000円
入 学 手 続 き 期 日	10月23日13時〜16時
入学手続き納入金額	300,000円

通学地域による応募制限 無　　編入試験 有　　帰国子女受入れ 無　　※編入は欠員が生じた時のみ実施

■公開行事・説明会　※回答時未定につき、学校HPでご確認ください。

3 月	-	7 月	-	11 月	-
4 月	-	8 月	-	12 月	-
5 月	-	9 月	-	1 月	-
6 月	-	10 月	-	2 月	-

■学校から受験生へのメッセージ

　本校は、創立以来、校訓「人のおせわにならぬよう 人のおせわのできるよう」の教えを、児童の生活信条・行動の指針とし、社会に貢献できる豊かな感性を身につけさせることを教育の柱に位置づけている。「西グラウンド三周運動」と「精華の子の百冊の本運動」の二つの運動を、校訓の具体的な実践運動として、子どもたちの日常に定着させている。体験学習・数々の行事から児童の探求心・創造性・情意を育て、基礎学力の充実を図って、発展的な問題にも適応する力を育てている。

聖セシリア小学校

■制服 有　■給食 無　■スクールバス 無　■アフタースクール 有　■系列校 有　■公開行事 有

■所在地　〒242-0006
神奈川県大和市南林間3-10-1

TEL　046-275-3055　FAX　046-278-3356

■アクセス

東急田園都市線[中央林間]駅より
徒歩12分
小田急江ノ島線[南林間]駅より徒歩7分

※アクセスについて、学校HPにて必ずご確認ください。

■学校HP

■学校情報

○校長 服部　啓明　○児童数 147名 男子 30名 女子 117名　○教員数 18名

○安全対策　車での送迎可　警備員が常駐　教職員による登下校指導　登下校確認システム導入
防犯カメラ設置　校内にAED設置　緊急連絡メール　携帯電話の所持が可能（許可制）

■入試情報

○ 入試結果

	2024年度		
	男子	女子	合計
応募者数	- 名	- 名	64 名
受験者数	- 名	- 名	57 名
合格者数	- 名	- 名	50 名

○ 選抜方法

ペーパー 有　運動 —　行動観察 有　制作 —

絵画 有　面接 親子　個別審査 —

○ 募集要項　※下記データは2023年実施済のもので、2024年実施予定のものではありません。

募　集　人　員	男女計40名　※付属幼稚園からの内部進学者を含む
募 集 公 示 期 間	4月1日より
願 書 取 得 方 法	郵送・窓口・Web
願 書 提 出 方 法	郵送・窓口・Web【A・B日程】9月19日～10月6日【C日程】11月1日～13日【D日程】1月11日～22日
入 学 考 査 日	【A日程】10月17日【B日程】10月18日【C日程】11月18日【D日程】1月27日
面 接 実 施 日	【A日程】10月13日または10月17日　【B日程】10月13日または10月18日　【C・D日程】考査日当日
合 格 発 表 日 時	【A日程】10月18日【B日程】10月19日【C日程】11月18日【D日程】1月27日
入 学 考 査 料	20,000円
入 学 手 続 き 期 日	【A日程】10月19日【B日程】10月20日【C日程】11月19日【D日程】1月28日
入学手続き納入金額	200,000円

通学地域による応募制限 無　　編入試験 有　　帰国子女受入れ 有

■公開行事・説明会　※2024年開催予定行事一覧(暫定)です。学校HPで開催日程を必ずご確認ください。

3 月 　－	7 月 　学校見学会・英語授業体験	11 月 　学校見学会・ミニ説明会
4 月 　英語演劇体験	8 月 　－	12 月 　クリスマス会・ミニ説明会
5 月 　説明会(公開授業).セシリアフェスティバル	9 月 　学校説明会（公開授業）	1 月 　学校見学会
6 月 　オープンスクール・入試体験会	10 月 　オープンスクール	2 月 　学校見学会・学習発表会

■学校から受験生へのメッセージ

本校は「愛」の教えに基づく教育を実践しています。教育活動では「表現」「体験」「個を生かす」ことを大切にしています。「表現」することはこれからの時代を生きる上で必要な力です。さまざまなオリジナル授業のほか、英語での表現にも力を入れています。「体験」による学びは心に刻まれます。一人ひとりを大切に「個」の力を最大限に発揮できるようなサポートをしています。

清泉小学校

■制服 有　■給食 無　■スクールバス 有　■アフタースクール 有　■系列校 有　■公開行事 ※

■所在地　〒２４８−０００５
神奈川県鎌倉市雪ノ下3-11-45
TEL　0467-25-1100

■アクセス

ＪＲ横須賀線[鎌倉]駅下車　徒歩20分／ＪＲ横須賀線[鎌倉]駅・京浜急行線[金沢八景]駅から京浜急行バス乗車[岐れ道]下車徒歩３分

※アクセスについて、学校HPにて必ずご確認ください。

■学校HP

■学校情報 --

○校長 有坂 奈保子　○児童数 494 名　男子 83 名　女子 411 名　○教員数 50 名

○安全対策　警備員常時駐在　　定期的に防災避難訓練を実施　　教職員への不審者対策訓練
　　　　　　監視カメラ設置　　来校者・教職員すべて名札をつける

■入試情報 --

○ 入試結果

	2024年度 男子	女子	合計
応募者数	37 名	102 名	139 名
受験者数	30 名	86 名	116 名
合格者数	22 名	74 名	96 名

○ 選抜方法　※非公表につき編集部調べ過去数年分

ペーパー	有	運動	有	行動観察	有	制作	−
絵画	−	面接	親子	個別審査	−		

○ 募集要項　※下記データは2023年実施済のもので、2024年実施予定のものではありません。

募集人員	【A日程】男女90名　【B日程】男女10名　【C日程】男女10名　【D日程】男子４名
募集公示期間	−
願書取得方法	−
願書提出方法	【A・B日程】9月1日〜22日【C日程】9月1日〜10月20日【D日程】10月24日〜11月24日(全日程web)
入学考査日	【A日程】10月17日　【B日程】10月18日　【C日程】10月21日　【D日程】11月25日
面接実施日	【A・B日程】9月18日・23日・24日・30日・10月1日　【C日程】10月21日　【D日程】11月25日
合格発表日時	【A日程】10月17日　【B日程】10月18日　【C日程】10月21日　【D日程】11月25日
入学考査料	25,000円
入学手続き期日	【A日程】10月19日　【B日程】10月20日　【C日程】10月24日　【D日程】11月28日
入学手続き納入金額	500,000円(入学金250,000円・施設費250,000円)／665,000円(授業料408,000円・維持費他)

通学地域による応募制限 無　　編入試験 有　　帰国子女受入れ 有

■公開行事・説明会　※回答時未定につき、学校HPでご確認ください。

3 月 −	7 月 −	11 月 −
4 月 −	8 月 −	12 月 −
5 月 −	9 月 −	1 月 −
6 月 −	10 月 −	2 月 −

■学校から受験生へのメッセージ

キリスト教的価値観を基盤として、お互いを大切にしあい、心身ともに健康な人を育成することを、基本理念としています。本校の総合学習は、子ども一人ひとりの思い、意欲を重視し、教科書だけにとらわれず、生活、自然、遊びの中から学習内容を選び、行動的経験的学習を行うようにしています。

聖マリア小学校

■制服 有　■給食 無　■スクールバス 無　■アフタースクール 有　■系列校 無　■公開行事 有

■所在地　〒249-0006
神奈川県逗子市6-8-47
TEL　046-871-3209　FAX　046-871-8642

■アクセス　　　　　　　　　■学校HP
ＪＲ横須賀線[逗子]駅下車徒歩10分
京浜急行線[逗子・葉山]駅下車南口
より徒歩８分

※アクセスについて、学校HPにて必ずご確認ください。

■学校情報 ------------------------------------

○校長 中田　康裕　　○児童数 135 名　男子 76 名　女子 59 名　○教員数 20 名

○安全対策　登下校連絡システム　防犯カメラ設置　災害時備蓄品

■入試情報 ------------------------------------

○ 入試結果

	2024年度		
	男子	女子	合計
応募者数	10 名	7 名	17 名
受験者数	10 名	7 名	17 名
合格者数	8 名	8 名	15 名

○ 選抜方法 ※非公表につき編集部調べ過去数年分

ペーパー 有　運動 有　行動観察 有　制作 有

絵画 －　面接 親子　個別審査 －

○ 募集要項 ※下記データは2024年実施予定のものです。

募 集 人 員	男女計36名
募 集 公 示 期 間	－
願 書 取 得 方 法	－
願 書 提 出 方 法	窓口にて持参　9月2日〜7日　平日8:30〜16:00・土8:30〜12:00
入 学 考 査 日	10月23日
面 接 実 施 日	出願時に相談して決定
合 格 発 表 日 時	考査日に速達郵送にて通知
入 学 考 査 料	20,000円
入 学 手 続 き 期 日	10月29日8:30〜11:00
入学手続き納入金額	400,000円(入学金200,000円、施設費200,000円)

通学地域による応募制限 無　　編入試験 有　　帰国子女受入れ 無

■公開行事・説明会 ※2024年開催予定行事一覧(暫定)です。学校HPでご確認ください。

3 月　－	7 月　公開授業・説明会③	11 月　－
4 月　－	8 月　－	12 月　－
5 月　説明会①	9 月　説明会④	1 月　－
6 月　説明会②	10 月　－	2 月　－

■学校から受験生へのメッセージ

１学年１クラスの小さな学校です。縦割り活動を大切にし、１年生から６年生が兄弟のように親しく関わることで、憧れる心やいたわる心が育っています。心身共に大きく成長する６年間を海と山に囲まれた自然豊かな場所で過ごすことは貴重な体験になります。アフタースクールも学期中は19時まで。長期休み中は８時30分〜18時30分まで開設しています。

神奈川県横浜市鶴見区　私立　共学　カトリック　　　セイヨゼフガクエンショウガッコウ

聖ヨゼフ学園小学校

■制服 有　■給食 無　■スクールバス 無　■アフタースクール 有　■系列校 有　■公開行事 有

■所在地　　〒230-0016
神奈川県横浜市鶴見区東寺尾北台11-1
TEL　045-581-8808　FAX　045-584-0831
■アクセス　　　　　　　　■学校HP
JR京浜東北線[鶴見]駅・東急東横線
[綱島]駅[菊名]駅より臨港バスで[二
本木]下車徒歩３分

※アクセスについて、学校HPにて必ずご確認ください。

■学校情報

○校長　鈴木　玲子　　○児童数 377 名　男子 194 名　女子 183 名　○教員数 45 名

○安全対策　警備員常駐　防災訓練　　緊急メール通信網　入校時にIDカード提示　飲料水・カンパン等の備蓄
　　　　　　防犯教室　　交通安全指導　校外安全指導　登下校メールシステム

■入試情報

○ 入試結果

	2024年度		
	男子	女子	合計
応募者数			
受験者数		非公開	
合格者数			

○ 選抜方法　※非公表につき編集部調べ過去数年分

ペーパー	－	運動	－	行動観察	有	制作	－
絵画	－	面接	親子	個別審査	有		

○ 募集要項　※下記データは2023年実施済のもので、2024年実施予定のものではありません。

募 集 人 員	【A日程】男女計70名　【B日程】男女若干名　【C日程】男女若干名
募 集 公 示 期 間	【A日程】9月1日〜23日　【B日程】10月27日〜11月16日　【C日程】1月10日〜18日
願 書 取 得 方 法	-
願 書 提 出 方 法	WEB出願
入 学 考 査 日	【A日程】10月17日※午前・午後の選択【B日程】11月18日【C日程】1月20日※B・C日程は午前のみ
面 接 実 施 日	【A日程】希望日を指定　【B日程】・【C日程】は当日
合 格 発 表 日 時	ホームページにて発表
入 学 考 査 料	20,000円
入 学 手 続 き 期 日	【A日程】10月19日　【B日程】11月20日　【C日程】1月22日
入学手続き納入金額	200,000円

通学地域による応募制限 無　　編入試験 有　　帰国子女受入れ 有

■公開行事・説明会　※回答時未定につき、学校HPでご確認ください。

3 月	－	7 月	－	11 月	－
4 月	－	8 月	－	12 月	－
5 月	－	9 月	－	1 月	－
6 月	－	10 月	－	2 月	－

■学校から受験生へのメッセージ

校訓である「信望愛」の精神に基づく「心の教育」で人間力を、国際バカロレア初等教育プログラムに基づく「学び(探究)」で未来を切り拓き生き抜く力を育みます。

洗足学園小学校

■制服 有 　■給食 無 　■スクールバス 無 　■アフタースクール 無 　■系列校 有 　■公開行事 有

■所在地 　〒213-8580
神奈川県川崎市高津区久本2-3-1

Mail　syo-jimu@senzoku.ac.jp ※問い合せはこちら

■アクセス 　　　　　　　　　　■学校HP
東急田園都市線・大井町線[溝の口]
駅・JR南武線[武蔵溝ノ口]駅徒歩8
分

※アクセスについて、学校HPにて必ずご確認ください。

■学校情報 --

○校長 田中　友樹 　　○児童数 451 名 男子 215 名 女子 236 名 　○教員数 36 名

○安全対策 　警備員常駐 　　警備員校内巡回 　緊急連絡メール 　AED設置

防犯カメラ設置 　防災グッズ完備 　入校時名札必着 　登下校防犯巡回実施

■入試情報 --

○ 入試結果

	2024年度		
	男子	女子	合計
応募者数	343 名	331 名	674 名
受験者数	327 名	299 名	626 名
合格者数	52 名	48 名	100 名

○ 選抜方法

ペーパー	有	運動	有	行動観察	有	制作	－
絵画	－	面接	－	個別審査	－		

○ 募集要項 　※下記データは2023年実施済のもので、2024年実施予定のものではありません。

募　集　人　員	男女計約50名
募 集 公 示 期 間	4月1日より
願 書 取 得 方 法	Web公開（学校HPより）
願 書 提 出 方 法	Web出願 9月6日〜11日
1 　次 　試 　験	10月17日(4月2日〜6月30日生まれ)・18日(7月1日〜10月31日生まれ)・19日(11月1日〜4月1日生まれ)
2 　次 　試 　験	行動観察 　【男子】10月21日 　【女子】10月22日
合 格 発 表 日 時	10月24日〜25日
入 学 考 査 料	28,000円
入 学 手 続 き 期 日	10月24日〜25日
入学手続き納入金額	640,000円 （入学金400,000円、施設費240,000円）

通学地域による応募制限 有 　　編入試験 有 　　帰国子女受入れ 有

■公開行事・説明会 　※2024年開催予定行事一覧(暫定)です。学校HPで開催日程を必ずご確認ください。

3 月 －	7 月 －	11 月 －
4 月 －	8 月 入試説明会	12 月 せんぞくたんけんフェスタ
5 月 学校説明会（オンライン）	9 月 運動会	1 月 －
6 月 夏の公開授業・個別相談会	10 月 －	2 月 冬の公開授業

■学校から受験生へのメッセージ

学力育成と同時に心を育てる教育にも力を注いでいます。整った施設や設備といった環境だけでなく、児童の学習の様子や様々な取り組みへの姿勢を、ぜひご自身の目でお確かめください。ご来校をお待ちしています。

捜真小学校

■制服 有　■給食 無　■スクールバス 有　■アフタースクール 無　■系列校 有　■公開行事 有

■所在地　〒221-8720
神奈川県横浜市神奈川区中丸8
TEL　045-491-4227　FAX　045-491-4228

■アクセス　　　　　　　　　　　■学校HP

東急東横線[反町]駅下車徒歩15分／市営地下
鉄[三ツ沢下町]駅下車徒歩15分／JR他[横浜]駅
よりバス[市営栗田谷アパート前(捜真学院前)]
下車徒歩2分　スクールバス一部あり

※アクセスについて、学校HPにて必ずご確認ください。

■学校情報

○校長　内藤　伸人　○児童数 345 名　男子 124 名　女子 221 名　○教員数 31 名

○安全対策　警備員配置　登下校確認メール　入校者証明書発行　校門の防犯カメラ

校門の施錠　緊急地震速報受信器(震度4以上で発報)　1,500名の3日間分の食糧備蓄

■入試情報

○入試結果

	2024年度		
	男子	女子	合計
応募者数	73 名	100 名	173 名
受験者数	58 名	77 名	135 名
合格者数	- 名	- 名	- 名

○選抜方法　※非公表につき編集部調べ過去数年分

ペーパー 有　運動 有　行動観察 有　制作 有

絵画 ―　面接 親子　個別審査 ―

○募集要項　※下記データは2023年実施済のもので、2024年実施予定のものではありません。

募集人員	【A日程】第1回：男女40名　第2回：男女10名　【B日程】男女10名　【C日程】若干名
募集公示期間	3月1日～11月15日
願書取得方法	学校ホームページより資料請求
願書提出方法	【A日程】8月3日～9月11日　【B日程】9月2日～9月27日・10月1日～25日　【C日程】10月28日～11月15日
入学考査日	【A日程】第1回：10月17日　第2回：10月18日　【B日程】10月21日　【C日程】11月18日
面接実施日	【A日程】第1回：9月24日～27日　第2回：9月30日～10月2日　【B日程】10月7日～8日・26日　【C日程】11月16日
合格発表日時	【A日程】第1回：10月22日　第2回：10月23日　【B日程】10月26日　【C日程】11月16日　Web発表
入学考査料	20,000円　※2回目以降は15,000円
入学手続き期日	【A日程】第1回：10月22日～24日　第2回：10月23日～25日　【B日程】10月26日～28日　【C日程】11月16日～18日
入学手続き納入金	入学金250,000円・授業料468,000円/月・学年積立7,000円/年・施設費150,000円(入学年度納入)

通学地域による応募制限 無　　編入試験 有　　帰国子女受入れ 有　　※欠員が生じた時のみ実施

■公開行事・説明会　※下記データは2024年開催予定行事一覧(暫定)です。学校HPで開催日程を必ずご確認ください。

3月	―	7月	―	11月	学習発表会
4月	―	8月	―	12月	―
5月	―	9月	―	1月	―
6月	―	10月	スポーツに親しむ会（運動会）	2月	―

■学校から受験生へのメッセージ

本校の教育のねらいは、「捜真」という名前で表されているように、イエス・キリストにおいて示される、神の「真理を捜し求める」ことにあります。子どもの個性の発見と、それを生かす教育をめざし少人数で、きめ細かい教育が進められています。教職員は子どもの心を受け入れ、個性を大切にしています。

桐蔭学園小学校

■制服 有　■給食 有　■スクールバス 有　■アフタースクール 有　■系列校 有　■公開行事 有

■所在地　〒225-8502
神奈川県横浜市青葉区鉄町1614番地
TEL　045-971-1411　FAX　045-971-1490

■アクセス　　　　　　　　　　　■学校HP

・小田急線「柿生駅」「新百合ヶ丘駅」よりバス・
東急田園都市線「あざみ野駅」「市が尾駅」「青葉
台駅」よりバス・小田急線「柿生駅」／東急田園都
市線「江田駅」よりスクールバス発着

※アクセスについて、学校HPにて必ずご確認ください。

■学校情報 --

○校長 森　朋子　　○児童数 580 名　男子 334 名　女子 246 名　○教員数 40 名

○安全対策　防犯カメラ　　警備員配置　　入校証　　　登下校通知　　携帯電話申請可能
　　　　　　災害時用備蓄品　登下校指導　AED設置　緊急通報システム　看護師常駐

■入試情報 --

○ 入試結果

	2024年度		
	男子	女子	合計
応募者数	266 名	182 名	448 名
受験者数	251 名	164 名	415 名
合格者数	50 名	53 名	103 名

○ 選抜方法

ペーパー 有　運動 －　行動観察 有　制作 －

絵画 －　面接 有　個別審査 －

※入試結果及び選抜方法は一般入試のみ掲載

○ 募集要項　※下記データは2023年実施済のもので、2024年実施予定のものではありません。

募 集 人 員	一般入試 約60名　アドベンチャー入試 約10名
募 集 公 示 期 間	－
募 集 要 項 取 得 方 法	学園公式Webサイトよりダウンロード
願 書 提 出 方 法	Web出願後、書類を郵送　一般入試9月11日～24日　アドベンチャー入試9月11日～10月9日
入 学 考 査 日	一般入試(男子)10月18日　一般入試(女子)10月19日　　アドベンチャー入試11月1日
面 接 実 施 日	一般入試 考査日(受験児)、事前(保護者)　アドベンチャー入試 考査日(保護者のみ)
合 格 発 表 日 時	一般入試10月21日10時～　　アドベンチャー入試11月2日10時～
入 学 考 査 料	25,000円（クレジットカード決済のみ）
入 学 手 続 き 期 日	一般入試10月26日13時まで　アドベンチャー入試11月9日13時まで
入学手続き納入金額	入学金310,000円、授業料等543,800円

通学地域による応募制限 無　　編入試験 有　　帰国子女受入れ 有

■公開行事・説明会　※2024年開催予定行事一覧(暫定)です。学校HPで開催日程を必ずご確認ください。

3月 －	7月 オープンスクール	11月 －
4月 －	8月 －	12月 －
5月 学校説明会（オンライン）	9月 入試説明会（オンライン）	1月 －
6月 公開授業・予約相談会、学校説明会	10月 －	2月 －

■学校から受験生へのメッセージ

AI時代の到来やコロナ禍など、私たちを取り巻く環境は大きく変化しています。これからの時代に必要な教育は、知識偏重でテストでよい点数をとることだけではなく、自ら考える力やあきらめない心など、「学びに向かう力」を育むことであると確信し、学園が一丸となって教育改革にまい進しています。是非一度遊びにきてください！

桐光学園小学校

■制服 有　■給食 無　■スクールバス 有　■アフタースクール 無　■系列校 有　■公開行事 有

■所在地　〒２１５－８５５６
神奈川県川崎市麻生区栗木3-13-1
TEL　044-986-5155　FAX　044-986-5184
■アクセス　　　　　　　　　**■学校HP**
小田急多摩線[栗平]駅下車徒歩15分

※アクセスについて、学校HPにて必ずご確認ください。

■学校情報

○校長　斎藤　滋　　　○児童数　415 名　男子 227 名　女子 188 名　○教員数　31 名

○安全対策　　警備員常駐　　災害時備蓄品　　登下校通知システム

■入試情報

○ 入試結果

	2024年度		
	男子	女子	合計
応募者数	141 名	87 名	228 名
受験者数	138 名	78 名	216 名
合格者数	- 名	- 名	- 名

○ 選抜方法　※非公表につき編集部調べ過去数年分

ペーパー 有　運動 －　行動観察 有　制作 有

絵画 有　面接 保護者　個別審査 －

○ 募集要項　※下記データは2023年実施済のもので、2024年実施予定のものではありません。

募 集 人 員	男子36名　女子36名
募 集 公 示 期 間	9月4日より
願 書 取 得 方 法	Web(学校HPにて)
願 書 提 出 方 法	Web出願の後、書類郵送　9月40日～30日
入 学 考 査 日	10月17日
合 格 発 表 日 時	考査当日18時～翌日18時
入 学 考 査 料	20,000円
入 学 手 続 き 期 日	10月17日18時～18日18時
入学手続き納入金額	入学金230,000円

通学地域による応募制限 無　　　編入試験 有　　　帰国子女受入れ 無

■公開行事・説明会　※回答時未定につき、学校HPでご確認ください。

3 月 －	7 月 －	11 月 －
4 月 －	8 月 －	12 月 －
5 月 －	9 月 －	1 月 －
6 月 －	10 月 －	2 月 －

■学校から受験生へのメッセージ

　6年間の小学校生活は児童の人格形成において非常に重要であると考えます。この6年間に、保護者、友だち、教職員など、様々な人との心の触れ合いを大切にした生活を送ることで、子どもたちは自信やほこりを持ち、豊かな表現力や相手への敬意、思いやりを身につけ、人間としてのしっかりとした土台を構築します。また、6年間の小学校生活、そしてその後の中学校・高等学校までを視野に入れて学校を選択することは非常に大切であると考えます。私たちは、子どもたちが出会った友だちと切磋琢磨しながら自分自身の個性を伸ばしていけるように、長期的な見通しをもって教育活動に取り組んでいます。

神奈川県藤沢市　　私立　共学　　　　　　　　　　　ニホンダイガクフジサワショウガッコウ

日本大学藤沢小学校

■制服 有　■給食 無　■スクールバス 無　■アフタースクール 有　■系列校 有　■公開行事 有

■所在地　　〒252-0885
神奈川県藤沢市亀井野1866
TEL　0466-81-7111　FAX　0466-84-3292
■アクセス　　　　　　　　　■学校HP
小田急江ノ島線「六会日大前」駅より徒歩15分

※アクセスについて、学校HPにて必ずご確認ください。

■学校情報 --

○校長 加藤　隆樹　　○児童数 246 名　○教員数　30 名

○安全対策　警備員常駐　　警備員校内巡回　AED設置　　防犯カメラ設置　入校時名札必着

緊急連絡メール　防災グッズ完備　防災宿泊訓練

■入試情報 --

○ 入試結果

	2024年度入学		
	男子	女子	合計
応募者数	- 名	- 名	88 名
受験者数	- 名	- 名	78 名
合格者数	- 名	- 名	63 名

○ 選抜方法

ペーパー	有	運動	－	行動観察	有	制作	－
絵画	－	面接	親子	個別審査	－		

○ 募集要項　※下記データは2023年実施済のもので、2024年実施予定のものではありません。

募 集 人 員	男女計72名
募 集 公 示 期 間	-
願 書 取 得 方 法	Web（学校HPより）
願 書 提 出 方 法	Web（学校HPへアクセスの上，ミライコンパスでの出願）9月1日〜20日
入 学 考 査 日	【第1回入学試験】10月17日　【第2回入学試験】10月19日
面 接 実 施 日	10月12日〜10月16日　＊学校指定日
合 格 発 表 日 時	【第1回入学試験】10月18日9時〜　【第2回入学試験】10月20日9時〜
入 学 考 査 料	20,000円
入 学 手 続 き 期 日	【第1回入学試験】10月18日16時まで　【第2回入学試験】10月20日16時まで
入学手続き納入金額	300,000円

通学地域による応募制限 無　　編入試験 有　　帰国子女受入れ 有

■公開行事・説明会　※2024年開催予定行事一覧(暫定)です。学校HPで開催日程を必ずご確認ください。

4 月　27日オープンスクール　　　7 月　6日学校説明会・29日オープンスクール　11 月　9日文化祭作品展示会・30日入試報告会
5 月　11日学校説明会　　　　　　8 月　25日学校説明会　　　　　　　　　　1 月　25日授業公開・保護者講演
6 月　16日学校説明会　　　　　　9 月　7日授業公開・14日学校説明会　　　2 月　25日授業公開・保護者講演

■学校から受験生へのメッセージ

ゆとりのある環境で，「ゆたかに のびやかに」お子様の好奇心や諦めない気持ち，思いやりの気持ちを育んでいきます。児童が協力して運動会や音楽発表会を盛り上げたり，みんなで林間学校でのハイキングをやりきったり，勉強だけではなく，色々な経験を通して思いやりの心や協力して一つのことをやり遂げる気持ちを成長させていきます。

平和学園小学校

■制服 有　■給食 無　■スクールバス 有　■アフタースクール 無　■系列校 有　■公開行事 有

■所在地　　〒253-0031
神奈川県茅ヶ崎市富士見町5-2
TEL　0467-87-1662　FAX　0467-87-0411

■アクセス　　　　　　　　■学校HP

JR東海本線[辻堂]駅下車南口または　JR
東海道本線・相模線[茅ヶ崎]駅南口より
バス乗車[平和学園前]下車すぐ

※アクセスについて、学校HPにて必ずご確認ください。

■学校情報 --

○校長 橘　明子　　○児童数 75 名 男子 38 名 女子 37 名　○教員数 26 名

○安全対策　入校証使用　　警備員配置　　安全教育の実施　　児童登校後、完全施錠

登下校メール　防犯カメラ設置　スクールバス運行

■入試情報 --

○ 入試結果

	2024年度		
	男子	女子	合計
応募者数			
受験者数		非公表	
合格者数			

○ 選抜方法　※非公表につき編集部調べ過去数年分

ペーパー	有	運動	有	行動観察	有	制作	－
絵画	－	面接	親子	個別審査	－		

○ 募集要項　※下記データは2023年実施済のもので、2024年実施予定のものではありません。

募 集 人 員	【第1回】 27名　【第2回】 若干名
募 集 公 示 期 間	－
願 書 取 得 方 法	6月3日から平和学園にて配布
願 書 提 出 方 法	平和学園事務室に提出【第1回】 9月23日〜10月6日　【第2回】 10月18日〜11月7日
入 学 考 査 日	【第1回】 10月17日9時〜　【第2回】 11月16日14時〜
面 接 実 施 日	出願から考査日までの間の指定日
合 格 発 表 日 時	郵送にて発表
入 学 考 査 料	20,000円
入 学 手 続 き 期 日	【第1回】 10月19日15時まで　【第2回】 11月20日15時まで
入学手続き納入金額	200,000円(入学金)、200,000円(施設拡充費)

通学地域による応募制限 無　　編入試験 有　　帰国子女受入れ 無

■公開行事・説明会　※回答時未定につき、学校HPでご確認ください。

3 月 小学校体験・学校説明会	7 月 －	11 月 －
4 月 －	8 月 －	12 月 －
5 月 －	9 月 －	1 月 －
6 月 －	10 月 －	2 月 －

■学校から受験生へのメッセージ

めまぐるしく変化する現代の社会にあっても、平和学園小学校では今も昔も変わらず人と人との関係を大切にしています。先生と子ども、友達と友達など人格的な関わりから大いに学び、感じ、力を蓄えています。神を信じ、隣人を愛するという建学の精神を心に刻み、子どもたちとともに歩みたいと思います。

モリムラガクエンショトウブ

森村学園初等部

■制服 有　■給食 有　■スクールバス 無　■アフタースクール 無　■系列校 有　■公開行事 有

■所在地　〒226-0026
神奈川県横浜市緑区長津田町2695
TEL　045-984-2509　FAX　045-984-6996
■アクセス　　　　　　　　　　■学校HP
東急田園都市線「つくし野駅」より徒歩5分

※アクセスについて、学校HPにて必ずご確認ください。

■学校情報

○校長 田川 信之　○児童数 702 名　男子 345 名　女子 357 名　○教員数 47 名

○安全対策　警備員常駐　警備員校内巡回　AED設置　防犯カメラ設置　入校時名札必着
緊急連絡メール　防災グッズ完備　登下校情報システム　教室IPS電話完備

■入試情報

○入試結果

	2024年度		
	男子	女子	合計
応募者数	325 名	250 名	575 名
受験者数	310 名	217 名	527 名
合格者数	75 名	66 名	141 名

○選抜方法

ペーパー	有	運動	-	行動観察	有	制作	有
絵画	有	面接	親子別	個別審査	-		

○募集要項　※下記データは2024年実施予定のものです。受験の際には必ず本校ホームページでご確認ください。

募 集 人 員	男女計約80名
募 集 公 示 期 間	8月下旬より
願 書 取 得 方 法	本校HP内WEB出願サイトにて
願 書 提 出 方 法	WEB出願の予定
入 学 考 査 日	10月26日(土)女子/27日(日)男子
面 接 実 施 日	10月5日(土)/10月12日(土)/10月13日(日)のいずれか1日
合 格 発 表 日 時	10月28日(月)時間未定
入 学 考 査 料	25000円
入 学 手 続 き 期 日	10月31日(木)
入 学 手 続 き 納 入 金	入学金250000円/施設設備費125000円(延納あり)

通学地域による応募制限 無　　編入試験 有　　帰国子女受入れ 有

■公開行事・説明会　※2024年開催予定行事一覧(暫定)です。学校HPで開催日程を必ずご確認ください。

4月 27日(土)第1回学校説明会　　8月 30日(土)第2回学校説明会　　12月 1日(日)展覧会/相談会
5月 18日(土)運動会　　　　　　　10月 -　　　　　　　　　　　　1月 -
6月 4日(火)・6日(木)授業公開　　11月 30日(土)展覧会/相談会　　2月 2025年3月2日(日)学芸会/説明会

■学校から受験生へのメッセージ

森村学園初等部は、114年の教育活動を通じて、多くの子どもたちを送り出してきました。長い歴史の中で、様々な時代の要請を受けて学園の教育内容も少しずつ変化してきましたが、「人としてのあり方」に重点をおいた教育活動の本質は揺らぐことはなく、次の時代に向けて新たな歴史を刻もうとしています。どんな時代の変化にも対応できるスキルとは、豊かな感性に基づくものです。自分の考えや思いを生き生きと発信することもこれからの社会にはますます重要とされるでしょう。高い学力と共に、柔軟な感性や発想力を育て、心身共にバランスの取れた人間教育を、誠実な教育実践を通して行います。

横須賀学院小学校

■制服 有　■給食 有　■スクールバス 有　■アフタースクール 有　■系列校 有　■公開行事 有

■所在地　〒238-8511
神奈川県横須賀市稲岡町82

TEL　046-825-1920　FAX　046-825-1925

■アクセス　　　　　　　　　　■学校HP

京浜急行線[横須賀中央]駅下車徒歩15分
／JR線[横須賀]駅よりバス[大滝町]下車
徒歩7分

※アクセスについて、学校HPにて必ずご確認ください。

■学校情報

○校長 小出 啓介　○児童数 159 名　男子 69 名　女子 90 名　○教員数 25 名

○安全対策　校門に防犯カメラ設置　来校者は門衛によりチェック　校舎内は30ヵ所に防犯警報装置を設置
避難訓練　メール配信　登下校メール配信システムを導入　不審者情報などメールにて保護者に配信

■入試情報

○ 入試結果

	2024年度		
	男子	女子	合計
応募者数	16 名	18 名	34 名
受験者数	14 名	18 名	32 名
合格者数	12 名	13 名	25 名

○ 選抜方法　※非公表につき編集部調べ過去数年分

ペーパー	有	運動	－	行動観察	有	制作	有
絵画	－	面接	親子	個別審査	有		

○ 募集要項　※下記データは2023年実施済のもので、2024年実施予定のものではありません。

募 集 人 員	【A入試】男女50名　【B入試】男女15名　【C入試】若干名
募 集 公 示 期 間	－
願 書 取 得 方 法	－
願 書 提 出 方 法	【A入試】9月1日〜24日　【B入試】9月1日〜10月24日　【C入試】10月18日〜11月2日
入 学 考 査 日	【A入試】10月17日　【B入試】10月18日　【C入試】11月4日
面 接 実 施 日	事前実施
合 格 発 表 日 時	【A入試】10月17日　【B入試】10月18日　【C入試】11月4日
入 学 考 査 料	20,000円
入 学 手 続 き 期 日	【A入試】10月17日〜20日　【B入試】10月18日〜20日　【C入試】11月4日〜11月7日
入学手続き納入金額	430,000円(入学金230,000円・施設費200,000円)／55,000円(授業料34,000円、諸費14,000円他)

通学地域による応募制限 無　　編入試験 有　　帰国子女受入れ 有

■公開行事・説明会　※2024年開催予定行事一覧(暫定)です。学校HPで開催日程を必ずご確認ください。

3 月 －	7 月 6日入試体験会	11 月 －
4 月 －	8 月 31日学校説明会	12 月 －
5 月 18日学校説明会	9 月 －	1 月 －
6 月 1日授業体験会	10 月 －	2 月 －

■学校から受験生へのメッセージ

本校はキリスト教です。一日の学校生活は礼拝から始まります。日々の糧に感謝をし、聖書の教えに耳を傾け、隣人を愛し、様々な体験を通して本物に触れ、愛を実践する子どもであってほしいと願っています。一番大切なものは目には見えないものです。目には見えないけれど大切なものを感じることのできる子どもになる、それが横須賀学院小学校です。

横浜三育小学校

■制服 有　■給食 無　■スクールバス 有　■アフタースクール 無　■系列校 有　■公開行事 有

■所在地　　〒241-0802
神奈川県横浜市旭区上川井町1985
TEL　045-921-0447　FAX　045-922-2504

■アクセス　　　　　　　　　　　　■学校HP

最寄りバス停-[桜山]または[亀甲山]下車徒歩7分。
スクールバス有り。次の4駅より運行
東急田園都市線[青葉台]駅　JR横浜線[十日市場]駅
相鉄線[三ツ境]駅　JR・横浜市営地下鉄[桜木町]駅

※アクセスについて、学校HPにて必ずご確認ください。

■学校情報 --

○校長　野口　秀昭　　○児童数　61 名　　　　　　○教職員数　20 名

○安全対策　　集団で方面別に下校　　玄関と通用門は児童の登下校以外、電気施錠（インターホンで確認後開錠）

防犯カメラの設置　　玄関常時施錠、インターホンで確認して解錠

■入試情報 --

○ 入試結果

	2024年度		
	男子	女子	合計
応募者数			
受験者数	非公表		
合格者数			

○ 選抜方法

ペーパー 有　運動 有　行動観察 有　制作 有

絵画 有　面接 親子　個別審査 有

○ 募集要項　※下記データは2023年実施済のもので、2024年実施予定のものではありません。

募 集 人 員	男女計20名
募 集 公 示 期 間	－
願 書 取 得 方 法	来校もしくは郵送
願 書 提 出 方 法	来校　第1期：10月2日～19日　第2期：10月30日～11月16日
入 学 考 査 日	第1期：10月22日　第2期：11月13日
面 接 実 施 日	考査日と同日
合 格 発 表 日 時	郵送　第1期：10月27日　第2期：11月19日
入 学 考 査 料	15,000円
入 学 手 続 き 期 日	第1期：10月26日　第2期：11月24日※振込
入学手続き納入金額	120,000円（入学金、施設拡充費）

通学地域による応募制限 無　　編入試験 有　　帰国子女受入れ 有

■公開行事・説明会　※2024年開催予定行事一覧(暫定)です。学校HPで開催日程を必ずご確認ください。

3 月　－	7 月　－	11 月　－
4 月　授業参観	8 月　－	12 月　クリスマス会
5 月　運動会	9 月　第2回学校説明会	1 月　－
6 月　第1回学校説明会	10 月　バザー	2 月　学習発表会

■学校から受験生へのメッセージ

児童一人ひとりが、かけがえのない、愛されている存在であることを伝えます。それぞれに与えられた能力を生かし、自分のためだけでなく、他人の必要を感じとり、動くことのできる子どもを育みます。聖書の教えを通して、本当に大切なことは何か、幸せな生き方とは何かを考え、学びます。生きる上で大切な土台をしっかりと作り、本当に豊かで幸せな人生を送ってほしいと願っています。

横浜雙葉小学校

■制服 有　■給食 無　■スクールバス 有　■アフタースクール 無　■系列校 有　■公開行事 有

■所在地　　〒２３１－８５６２
神奈川県横浜市中区山手町226
TEL　045-641-1628　FAX　045-664-2410

■アクセス　　　　　　　　　　■学校HP

■電車　みなとみらい線「元町・中華街駅」または
　ＪＲ根岸線「山手駅」より徒歩１５分
■バス　横浜市営バス「上野町バス停」または「妙香寺バス停」、
　神奈川中央交通「元町公園前バス停」より徒歩５分
■学校〜桜木町駅、学校〜日本大通り駅を直通で結ぶ
　スクールバスが、登校と下校の時刻に合わせて運行されています。

※アクセスについて、学校HPにて必ずご確認ください。

■学校情報 --

○校長 池田　純一郎　○児童数 492 名　女子 492 名　○教員数 35 名

○安全対策　通用門その他に防犯カメラ設置　緊急時学園内連絡システム　来校者ネームカード装着
　　　　　　警備員の立哨、見廻り　緊急時引き取り訓練実施

■入試情報 --

○ 入試結果

	2024年度		
	男子	女子	合計
応募者数	－ 名	343 名	343 名
受験者数	－ 名	－ 名	－ 名
合格者数	－ 名	－ 名	－ 名

○ 選抜方法　※非公表につき編集部調べ過去数年分

ペーパー	有	運動	有	行動観察	有	制作	有
絵画	－	面接	有	個別審査	有		

○ 募集要項　※下記データは2023年実施済のもので、2024年実施予定のものではありません。

募 集 人 員	女子約80名
募 集 公 示 期 間	－
願 書 取 得 方 法	Webにて取得
願 書 提 出 方 法	Webにて提出　8月1日〜3日
入 学 考 査 日	10月17日
面 接 実 施 日	－
合 格 発 表 日 時	Web発表
入 学 考 査 料	25,000円
入 学 手 続 き 期 日	10月20日〜23日
入学手続き納入金額	入学金:300,000円　施設設備資金:250,000円

通学地域による応募制限 有　　編入試験 有　　帰国子女受入れ 有

■公開行事・説明会　※回答時未定につき、学校HPでご確認ください。

3 月	－	7 月	－	11 月	－
4 月	－	8 月	－	12 月	－
5 月	－	9 月	－	1 月	－
6 月	－	10 月	－	2 月	－

■学校から受験生へのメッセージ

本校ではカトリックの女子校として、神様から創られた子どもたちの存在そのものが素晴らしいこと、それぞれに神様から素敵な恵みをいただいていることを日々の教育活動の中で伝え、学習や行事を通して子どもの心を豊かに育てていくよう努めています。

暁星国際小学校

■制服 有　■給食 有　■スクールバス 有　■アフタースクール 無　■系列校 有　■公開行事 有

■所在地　〒２９２－８８６５
千葉県木更津市矢那1083
TEL　0438-52-3851　FAX　0438-52-3856

■アクセス　　　　　　　　　　■学校HP

●東京駅より：高速バス、アクシー号乗車
「暁星国際学園前」下車、徒歩30分
●館山道木更津北ICより車で15分
●JR木更津駅よりタクシーで20分

※アクセスについて、学校HPにて必ずご確認ください。

■学校情報 --

○校長 田川　清　　　　○児童数 292 名　男子 141 名　女子 151 名　○教員数 24 名

○安全対策　AED設置　携帯電話の所有許可　災害時の中学高校寮使用　GPSサービス「ミマモルメ」（新年度から）

学校110番　NTTメールサービス　水・非常食の備蓄　避難訓練

■入試情報 --

○ 入試結果

	2024年度		
	男子	女子	合計
応募者数	25 名	20 名	45 名
受験者数	24 名	20 名	44 名
合格者数	23 名	20 名	43 名

○ 選抜方法

ペーパー 有　運動 有　行動観察 有　制作 －

絵画 有　面接 親子別　個別審査 有

○ 募集要項　※下記データは2023年実施済のもので、2024年実施予定のものではありません。

募 集 人 員	70人
募 集 公 示 期 間	5月連休明け
願 書 取 得 方 法	Web（学校HPより）
願 書 提 出 方 法	郵送のみ　第1回10月2日〜7日　第2回10月23日〜28日
入 学 考 査 日	第1回10月14日　第2回11月4日
面 接 実 施 日	入試日と同日
合 格 発 表 日 時	試験日翌週水曜日発送
入 学 考 査 料	20,000円
入 学 手 続 き 期 日	試験日翌週金曜から1週間以内
入学手続き納入金額	300,000円（内入学金200,000円、施設設備費100,000円）

通学地域による応募制限 無　　編入試験 有　　帰国子女受入れ 有　帰国子女は随時編入試験実施

■公開行事・説明会　※回答時未定につき、学校HPでご確認ください。

3 月 －	7 月 －	11 月 －
4 月 －	8 月 －	12 月 －
5 月 －	9 月 －	1 月 －
6 月 －	10 月 －	2 月 －

■学校から受験生へのメッセージ

「人間はすべて神の子供である」という考えの基に、あらゆる人種と国籍の児童を受け入れ、高校までの12年間の教育により'世の光としてグローバルに社会に奉仕できる人材・ひとに喜びを与える人間の育成'という創立者の理念の実践に努めています。

暁星国際流山小学校

■制服 有　■給食 有　■スクールバス 無　■アフタースクール 無　■系列校 有　■公開行事 無

■所在地　　〒２７０-０１５２
千葉県流山市前平井175-2
TEL　04-7150-4141　FAX　04-7150-4152
■アクセス　　　　　　　　■学校HP
つくばエクスプレス［流山セントラルパーク］駅前

※アクセスについて、学校HPにて必ずご確認ください。

■学校情報 --

○校長　田川　清　　○児童数　312 名　男子 134 名　女子 178 名　○教員数　32 名

○安全対策　　監視カメラ設置　入校証の発行　避難訓練の実施　常時施錠　登下校管理システム

■入試情報 --

○入試結果

	2024年度		
	男子	女子	合計
応募者数			
受験者数		非公表	
合格者数			

○選抜方法

ペーパー	有	運動	有	行動観察	有	制作	有
絵画	－	面接	親	個別審査	有	英語	有

○募集要項　※下記データは2023年実施済のもので、2024年実施予定のものではありません。

募　集　人　員	男女計70名
募 集 公 示 期 間	－
願 書 取 得 方 法	－
願 書 提 出 方 法	郵送または持参にて出願
入 学 考 査 日	【第1回】10月7日　【第2回】11月11日
面 接 実 施 日	指定日
合 格 発 表 日 時	【第1回】10月8日　【第2回】11月12日
入 学 考 査 料	20,000
入 学 手 続 き 期 日	－
入学手続き納入金額	300,000円(入学金200,000円、施設設備費100,000円)

通学地域による応募制限　無　　編入試験　有　　帰国子女受入れ　有

■公開行事・説明会　※回答時未定につき、学校HPでご確認ください。

3 月	－	7 月	－	11 月	－
4 月	－	8 月	－	12 月	－
5 月	－	9 月	－	1 月	－
6 月	－	10 月	－	2 月	－

■学校から受験生へのメッセージ

本校は「世界を広げる言葉を学ぶ」「真の国際人を育てる」ことを理念の一つとしています。学校では半分程度の授業が英語ですすめられ、低学年は毎日フランス語の授業もあります。卒業時には半数以上の児童が英検２級以上を取得します。ただし、外国語ばかりではなく、日本語の教育、算数、ICTなどにも同じように力を入れています。説明会に、是非一度足をお運びください。

千葉県市川市 私立 女子 浄土真宗本願寺派 コウノダイジョシガクインショウガクブ

国府台女子学院小学部

| ■制服 | 有 | ■給食 | 無 | ■スクールバス | 無 | ■アフタースクール | 有 | ■系列校 | 有 | ■公開行事 | 有 |

■所在地　〒272-8567
千葉県市川市菅野3-24-1
TEL　047-322-5644　FAX　047-322-5655
■アクセス　　　　　　　　　　　　■学校HP
・JR市川駅より徒歩15分
・京成線「市川真間駅」より徒歩8分

※アクセスについて、学校HPにて必ずご確認ください。

■学校情報

○校長 平田　史郎　　○児童数 336 名 女子 336 名　○教員数 28 名

○安全対策　警備員常駐　防犯カメラ設置　スクールカード　AED設置　　警備員校内巡回施錠
　　　　　　非常110番　防災備品完備　緊急連絡メール　さすまた設置　登下校の歩行指導

■入試情報

○ 入試結果

	2024年度 男子	女子	合計
応募者数	- 名	114 名	114 名
受験者数	- 名	105 名	105 名
合格者数	- 名	90 名	90 名

○ 選抜方法

| ペーパー | 有 | 運動 | - | 行動観察 | 有 | 制作 | - |
| 絵画 | - | 面接 | 親子 | 個別審査 | - |

○ 募集要項 ※下記データは2024年実施予定のものです。

募　集　人　員	女子80名
募 集 公 示 期 間	-
願 書 取 得 方 法	Web(学校HPより)
願 書 提 出 方 法	Web出願　第1回：10月1日〜15日　第2回：11月1日〜11日
入　学　考　査　日	第1回：10月26日・27日　　第2回：11月17日
面 接 実 施 日	-
合 格 発 表 日 時	-
入　学　考　査　料	22,000円(2024年実施の金額)
入 学 手 続 き 期 日	-
入学手続き納入金額	186,500円(2024年実施の金額)

| 通学地域による応募制限 | 無 |　編入試験 | 有 |　帰国子女受入れ | 有 |

■公開行事・説明会 ※2024年開催予定行事一覧(暫定)です。学校HPで開催日程を必ずご確認ください。

3 月 －	7 月 学校説明会・学校見学会	11 月 －
4 月 －	8 月 －	12 月 －
5 月 学校説明会・学校見学会	9 月 学校説明会・学校見学会・学院祭	1 月 －
6 月 学校見学会・運動会	10 月 －	2 月 －

■学校から受験生へのメッセージ

千葉県内私立小学校で唯一の女子校です。児童会の行事の企画や運営など、自分たちの手で実践するという今の時代が求めている発想力、想像力、行動力が身につきます。また、仏教の教えで「知恵と慈悲」を教育の柱として、心優しい児童の育成を図っております。教科指導は、専科教員を多く採用し、専門性の高い効果的な指導に力を入れています。

サンイクガクインダイガクフゾクコウフウダイサンイクショウガッコウ

三育学院大学付属光風台三育小学校

■制服 有　■給食 有　■スクールバス 有　■アフタースクール 有　■系列校 有　■公開行事 有

■所在地　　〒２９０－０２５５
千葉県市原市光風台2-535
TEL　0436-36-5267　FAX　0436-36-3610
■アクセス　　　　　　　　　　　　■学校HP
小湊鉄道[光風台]駅下車徒歩5分

※アクセスについて、学校HPにて必ずご確認ください。

■学校情報 --

○校長　上谷　佳弘　　○児童数　49 名　男子 16 名　女子 33 名　　○教員数　11 名

○安全対策　　防犯具設置　　登校後、校門玄関施錠　　来校者用名札着用
　　　　　　　110番通報装置

■入試情報 --

○ 入試結果

	2024年度		
	男子	女子	合計
応募者数			
受験者数	非公表		
合格者数			

○ 選抜方法　※非公表につき編集部調べ過去数年分

ペーパー	有	運動	有	行動観察	有	制作	－
絵画	有	面接	親子	個別審査	－		

○ 募集要項　※下記データは2023年実施済のもので、2024年実施予定のものではありません。

募　集　人　員	【第1期】男女8名程度　【第2期】男女8名程度
募 集 公 示 期 間	9月2日より
願 書 取 得 方 法	－
願 書 提 出 方 法	窓口にて
入 学 考 査 日	【第1期】10月20日　【第2期】1月12日
面 接 実 施 日	考査日当日
合 格 発 表 日 時	【第1期】10月21日　【第2期】1月13日
入 学 考 査 料	20,000円
入 学 手 続 き 期 日	【第1期】10月24日　【第2期】1月16日
入学手続き納入金額	160,000円

通学地域による応募制限 無　　編入試験 有　　帰国子女受入れ 有

■公開行事・説明会　※回答時未定につき、学校HPでご確認ください。

3 月 －	7 月 －	11 月 －
4 月 －	8 月 －	12 月 －
5 月 －	9 月 －	1 月 －
6 月 －	10 月 －	2 月 －

■学校から受験生へのメッセージ

光風台三育小学校では、心と頭脳と体の基礎が形成される小学校の時代に、聖書とクリスチャン教師を通してキリスト教による心の育成を行なうとともに、知的好奇心を引き出し、考えさせる指導を通して、自己発展させられる本物の智恵を培っています。是非、ご自身の目と耳で本校の教育を充分にご検証ください。

昭和学院小学校

■制服 有　■給食 有　■スクールバス 有　■アフタースクール 有　■系列校 有　■公開行事 有

■所在地　〒272-0823
千葉県市川市東菅野2-17-1
TEL　047-300-5844　FAX　047-300-5845

■アクセス　　　　　　　　　■学校HP
JR[本八幡]駅または京成本線[京成八幡]より
バス5分　JR[市川]駅よりバス10分　JR[東松
戸]駅よりバス15分
上記の駅よりスクールバス有り
※アクセスについて、学校HPにて必ずご確認ください。

■学校情報

○校長 山本　良和　　○児童数 537 名　男子 262 名　女子 275 名　○教員数 39 名

○安全対策　警備員常駐　　AED設置　　防犯カメラ設置　入校時名札必着　緊急連絡メール
防災グッズ完備　登下校通知メール　携帯電話の所持許可

■入試情報

○ 入試結果

	2024年度		
	男子	女子	合計
応募者数	99 名	91 名	190 名
受験者数	88 名	83 名	171 名
合格者数	50 名	62 名	112 名

○ 選抜方法

ペーパー 有　運動 有　行動観察 有　制作 有

絵画 有　面接 親子　個別審査 有

○ 募集要項　※下記データは2023年実施済のもので、2024年実施予定のものではありません。

募集人員	男女計約105名
募集公示期間	5月より
願書取得方法	学校説明会時に配布　窓口にて配布　郵送
願書提出方法	Web出願後、郵送出願　[推薦]Web9月23日〜30日、郵送9月24日〜10月2日　[一般]Web10月14日〜22日、郵送10月14日〜24日
入学考査日	推薦考査10月17日　一般考査11月5日
面接実施日	推薦面接10月11日〜13日　一般面接10月30日〜11月1日
合格発表日時	推薦10月19日　一般11月8日
入学考査料	22,000円
入学手続き期日	推薦10月20日　一般11月9日
入学手続き納入金額	入学金160,000円　入学時施設費160,000円

通学地域による応募制限 無　　編入試験 有　　帰国子女受入れ 無

■公開行事・説明会　※回答時未定につき、学校HPでご確認ください。

3 月 －	7 月 －	11 月 －
4 月 －	8 月 －	12 月 －
5 月 －	9 月 －	1 月 －
6 月 －	10 月 －	2 月 －

■学校から受験生へのメッセージ

昭和学院小学校では「高い学力と優しい心」を教育目標に掲げ、一人ひとりの個性を伸ばし、可能性を広げる教育の推進につとめています。授業では、子ども自らが抱いた問題意識をもとに、協働的な学びが実現するように工夫を凝らしています。ICT等の最先端の教育整備や本校の自慢である〝学びの中で見られる子どもの笑顔〟を、ぜひ、見にいらしてください。

聖徳大学附属小学校

■制服 有　■給食 有　■スクールバス 無　■アフタースクール 有　■系列校 有　■公開行事 有

■所在地　〒２７０-２２２３
千葉県松戸市秋山600

TEL　047-392-3111　FAX　047-391-4519

■アクセス　　　　　　　　　　　■学校HP

北総線「秋山駅」より徒歩10分
JR・新京成線「松戸駅」、JR「市川駅」、
京成本線「市川真間駅」、北総線「北国分
駅」よりバス

※アクセスについて、学校HPにて必ずご確認ください。

■学校情報 --

○校長 三須　吉隆　　○児童数 433 名　男子 230 名　女子 203 名　○教員数 45 名

○安全対策　警備員常駐　保護者入校証　下校時引率　登下校通知ICタグ

　　　　　　AED設置　緊急連絡メール　学校110番　赤外線センサー設置

■入試情報 --

○ 入試結果

	2024年度		
	男子	女子	合計
応募者数	48 名	31 名	79 名
受験者数	41 名	28 名	69 名
合格者数	41 名	27 名	68 名

○ 選抜方法

ペーパー 有　運動 有　行動観察 有　制作 －

絵画 －　面接 親子別　個別審査 －

○ 募集要項　※下記データは2023年実施済のもので、2024年実施予定のものではありません。

募　集　人　員	男女計105名※系列幼稚園からの内部進学者を含む
願　書　提　出　方　法	Web（学校HPからミライコンパスでの出願）
出　願　期　間	専願・Ⅰ期9月1日～10月4日　Ⅱ期11月11日　Ⅲ期12月2日　Ⅳ期1月13日
入　学　考　査　日	専願・Ⅰ期10月7日　Ⅱ期11月11日　Ⅲ期12月2日　Ⅳ期1月13日
面　接　実　施　日	入学考査日と同じ
合　格　発　表　日　時	専願・Ⅰ期10月10日　Ⅱ期11月13日　Ⅲ期12月4日　Ⅳ期1月15日
入　学　考　査　料	20,000円
入　学　手　続　き　期　日	専願・Ⅰ期10月10～12日　Ⅱ期11月13～16日　Ⅲ期12月4～7日　Ⅳ期1月15～18日
入学手続き納入金額	350,000円（内入学金230,000、施設設備費120,000円）

通学地域による応募制限 無　転編入試験 有　帰国子女受入れ 有　※帰国子女受け入れに関しては要相談

■公開行事・説明会　※回答時未定につき、学校HPでご確認ください。

3 月 －	7 月 －	11 月 －
4 月 －	8 月 －	12 月 －
5 月 －	9 月 －	1 月 －
6 月 －	10 月 －	2 月 －

■学校から受験生へのメッセージ

社会の変化にしなやかに対応できる子を目指し、「問題解決学習」「グローバル教育」「聖徳オリジナルカリキュラム」を教育の3本柱にすえた、「生涯学び続けるチカラ」を育む教育を実施しています。「問題解決学習」では、問い（Question）、見通し（Outlook）、活動（Action）、振り返り（Reflection）から成るQOARサイクルによる授業を行い、問題解決力を養っています。

千葉日本大学第一小学校

■制服 有　■給食 有　■スクールバス 有　■アフタースクール 有　■系列校 有　■公開行事 有

■所在地　〒274-0063
千葉県船橋市習志野台8-34-2
TEL　047-463-6621　FAX　047-461-3488

■アクセス

新京成線・東葉高速線[北習志野]駅より新京成バス[津田沼]駅行[千葉日大一中・一高校前]下車徒歩3分
JR総武線[津田沼]駅より新京成バス：[北習志野]駅行[習志野]下車徒歩5分または[八千代緑が丘]駅行・[高津団地中央]行 [千葉日大一中・一高校前] 下車徒歩3分
※アクセスについて、学校HPにて必ずご確認ください。

■学校HP

■学校情報

○校長 寺山 光雄　○児童数 419 名　男子 241 名　女子 178 名　○教員数 26 名

○安全対策　登下校確認システム　　警備員常駐

■入試情報

○ 入試結果

	2024年度		
	男子	女子	合計
応募者数			
受験者数		非公表	
合格者数			

○ 選抜方法 ※非公表につき編集部調べ過去数年分

ペーパー 有　運動 有　行動観察 有　制作 —

絵画 —　面接 親子　個別審査 —

○ 募集要項 ※下記データは2024年実施予定のものです。

募 集 人 員	70名
募 集 公 示 期 間	4月20日より
願 書 取 得 方 法	来校および、学校HPより資料請求
願 書 提 出 方 法	Web出願　受付期間は学校HPをご確認ください。
入 学 考 査 日	【第Ⅰ期】10月11日　【第Ⅱ期】10月30日
面 接 実 施 日	【第Ⅰ期】10月10日　【第Ⅱ期】10月30日
合 格 発 表 日 時	【第Ⅰ期】10月11日　【第Ⅱ期】10月30日
入 学 考 査 料	20,000円
入 学 手 続 き 期 日	学校HPをご確認ください。
入学手続き納入金額	変更なし

通学地域による応募制限 無　　編入試験 有　　帰国子女受入れ 有

■公開行事・説明会 ※2024年開催予定行事一覧(予定)です。学校HPで開催日程を必ずご確認ください。

3 月　—	7 月　第2回学校説明会	11 月　—
4 月　第1回学校説明会	8 月　—	12 月　第4回学校説明会
5 月　運動会、学校見学会	9 月　第3回学校説明会	1 月　—
6 月　—	10 月　—	2 月　—

■学校から受験生へのメッセージ

「真(まっすぐに)・健(すこやかに)・和(なごやかに)」を校訓とする本校では、学習面・健康面・精神面の調和のとれた人間形成の実現をめざしています。子どもは勉強がわかった時、学校が楽しい時、輝きます。本校では美しく整った学園環境の中で教育課程の編成に創意工夫を加えるとともに、特色ある教育活動の展開に努めております。そして、今までの教育スタイルに加え、確かな学力を身に付けるために力を入れ、取り組んでいます。

成田高等学校付属小学校

■制服 有　■給食 無　■スクールバス 無　■アフタースクール 無　■系列校 有　■公開行事 有

■所在地　〒286-0024
千葉県成田市田町10
TEL　0476-23-1628　FAX　0476-23-2089
■アクセス　　　　　　　　　■学校HP
JR成田線[成田]駅下車徒歩20分
京成電鉄[京成成田]駅下車徒歩20分

※アクセスについて、学校HPにて必ずご確認ください。

■学校情報

○校長 田中　康之　　○児童数 213 名　男子 103 名　女子 110 名　○教員数 17 名

○安全対策　登校後、門施錠　登下校安全指導　交通安全教室　緊急時110番直通設備
防犯教室　護身術教室　警備員による校内巡回

■入試情報

○ 入試結果

	2024年度		
	男子	女子	合計
応募者数			
受験者数		非公表	
合格者数			

○ 選抜方法　※非公表につき編集部調べ過去数年分

ペーパー	有	運動	有	行動観察	有	制作	－
絵画	－	面接	保護者	個別審査	有		

○ 募集要項　※下記データは2023年実施済のもので、2024年実施予定のものではありません。

募 集 人 員	男女計35名
願 書 提 出 方 法	インターネット出願
出 願 期 間	9月15日〜21日
入 学 考 査 日	10月12日
面 接 実 施 日	事前に実施　9月27日
合 格 発 表 日 時	10月13日 10時〜10月14日 12時
入 学 考 査 料	20,000円
入 学 手 続 き 期 日	10月13日 10時〜10月14日 12時
入学手続き納入金額	220,000円(入学金120,000円、施設維持費100,000円)

通学地域による応募制限 無　　編入試験 無　　帰国子女受入れ 無

■公開行事・説明会　※回答時未定につき、学校HPでご確認ください。

3 月	－	7 月	－	11 月	－
4 月	－	8 月	－	12 月	－
5 月	－	9 月	－	1 月	－
6 月	－	10 月	－	2 月	－

■学校から受験生へのメッセージ

規模は小さくとも、一貫して継続していく付属中学校と高等学校の諸設備や人間関係を有効に活用できるので、その中身の広がりは無限大です。例えば、高等学校の先生から『論語』の話を聞いてみんなで考え、算数から発展した数学の数列や確率についての内容をアクティブに友達とともに考えて発表したり、青色鮮やかな全天候400mのタータントラック上を走る運動会、将来は小学校教員を夢見る高校生たちとの一年間を通して交流する連携実践授業など、仕掛けは満載、無尽蔵です。

日出学園小学校

■制服 有　■給食 無　■スクールバス 無　■アフタースクール 有　■系列校 有　■公開行事 有

■所在地　　〒２７２−０８２４
千葉県市川市菅野3-23-1
TEL　047-322-3660　FAX　047-322-3651

■アクセス

京成電鉄[菅野]駅下車徒歩５分／JR総武線[市川]駅下車徒歩15分またはバス[日出学園]下車／JR常磐線[松戸]駅よりバス[菅野６丁目]下車徒歩５分

※アクセスについて、学校HPにて必ずご確認ください。

■学校HP

■学校情報 --

○校長 荻原　巌　　　　○児童数 612 名　　　　　　　　　○教員数 45 名

○安全対策　各通用門にモニターカメラ設置　　ＧＰＳ機能付携帯電話許可(届出制)　登下校時に自動メール発信
　　　　　　各教室からの非常通報装置　　教員の防犯研修、救急救命エピペン研修　　　警備員の常駐

■入試情報 --

○ 入試結果

	2024年度		
	男子	女子	合計
応募者数	114 名	69 名	183 名
受験者数	106 名	67 名	173 名
合格者数	66 名	60 名	126 名

○ 選抜方法 ※非公表につき編集部調べ過去数年分

ペーパー 有　　運動 −　　行動観察 有　　制作 −

絵画 −　　面接 親子別　個別審査 有

○ 募集要項 ※下記データは2023年実施済のもので、2024年実施予定のものではありません。

募　集　人　員	男女計102名　　系列幼稚園からの内部進学者を含む
募集公示期間	−
願書取得方法	−
願書提出方法	【第一志望】10月1日〜17日　【第1回】10月1日〜23日　【第2回】10月1日〜11月15日　(web)
入学考査日	【第一志望】10月19日　【第1回】10月25日　【第2回】11月18日
面接実施日	考査日と同日に実施
合格発表日時	【第一志望】10月20日　【第1回】10月26日　【第2回】11月20日
入学考査料	22,000円
入学手続き期日	【第一志望】10月24日　【第1回】11月7日　【第2回】11月24日
入学手続き納入金額	390,000円(入学金150,000円、施設設備費200,000円、振興会入会費30,000円、同窓会入会費10,000円)

通学地域による応募制限 無　　編入試験 有　　帰国子女受入れ 有　　※編入は欠員が生じた時のみ実施

■公開行事・説明会　※2024年開催予定行事一覧(暫定)です。学校HPで開催日程を必ずご確認ください。

3 月　第1回学校説明会	7 月　−	11 月　−
4 月　第2回学校説明会	8 月　親子体験会	12 月　−
5 月　お父さんのための説明会	9 月　第4回学校説明会	1 月　−
6 月　第3回学校説明会・授業体験会	10 月　日出祭	2 月　−

■学校から受験生へのメッセージ

児童の「個性と特質を伸ばす」という理想と、「なおく・あかるく・むつまじく」という校訓を柱に、児童の可能性を引き出すよう実践を重ねております。また、健康で潤いのある人間性、たしかな想像力、基礎学力の完全定着と応用に視点を注いでおります。子どもの成長、発達を見据えながら、新しい時代へ生きる力と自信にみなぎる逞しい行動力を備え持つ人づくりを目指しております。

青山学院大学系属浦和ルーテル学院小学校

■制服 [有] ■給食 [無] ■スクールバス [有] ■アフタースクール [有] ■系列校 [無] ■公開行事 [無]

■所在地　〒３３６-０９７４
埼玉県さいたま市緑区大崎3642

TEL ０４８-７１１-８２２１ FAX ０４８-８１２-００１２

■アクセス

①路線バス・JR浦和駅東口から25分、埼玉高速鉄道
浦和美園駅西口から3分、いずれも「大門上下車」
②北浦和駅・東川口駅・浦和美園駅・北越谷駅から
スクールバス有り

※アクセスについて、学校HPにて必ずご確認ください。

■学校HP

■学校情報

○校長 福島 宏政　　○児童数 446 名　　　　　○教員数 52 名

○安全対策　警備員常駐　　警備員校内外巡回 AED設置　　　防犯カメラ設置　保護者入校時名札必着
緊急連絡メール　登下校確認メール オートロック　　登下校班(低学年) 携帯電話所持の許可

■入試情報

○ 入試結果

	2024年度		
	男子	女子	合計
応募者数	128 名	173 名	301 名
受験者数	120 名	164 名	284 名
合格者数	68 名	101 名	169 名

○ 選抜方法

ペーパー [有]　運動 [有]　行動観察 [有]　制作 [有]

絵画 [有]　面接 [親子] 個別審査 [有]

○ 募集要項　※下記データは2023年実施済のもので、2024年実施予定のものではありません。

募 集 人 員	75名
募 集 公 示 期 間	―
願 書 取 得 方 法	Web
願 書 提 出 方 法	Web出願：8月1日〜8月20日　郵送出願：Web出願後1週間以内。但し8月21日まで(消印有効)
入 学 考 査 日	9月21日及び22日か23日のうち一日※学院指定日時
面 接 実 施 日	8月24日、25日、28日、29日のいずれか1日　※日時は学院指定
合 格 発 表 日 時	9月26日　正午から　出願サイトにて
入 学 考 査 料	25,000円
入 学 手 続 き 期 日	10月4日まで
入学手続き納入金額	373,800円(入学金300,000円、授業料4月分73,800円)

通学地域による応募制限 [無]　　編入試験 [無]　　帰国子女受入れ [有]

■公開行事・説明会　※2024年開催予定行事一覧(暫定)です。学校HPで開催日程を必ずご確認ください。

3 月　小学校説明会・部活体験　　7 月　小学校説明会（初めて参加の方限定）　11 月　小学校説明会
4 月　小学校Web説明会　　　　　8 月　―　　　　　　　　　　　　　　　　12 月　―
5 月　小学校説明会　　　　　　　9 月　―　　　　　　　　　　　　　　　　1 月　―
6 月　小学校説明会　　　　　　　10 月　―　　　　　　　　　　　　　　　2 月　小学校説明会・体験授業

■学校から受験生へのメッセージ

子ども達は誰でもかけがえのない才能や個性を与えられています。それは神様からの大切なギフトです。学問、スポーツ、芸術など一人ひとりギフトを見い出し、大きく育て、世界に貢献していく人間を育みます。ギフトを活かしてまわりの人々を幸せにし、自らも幸せな人生を歩むこと、それが浦和ルーテル学院の願いです。

カイチショウガッコウ(カイチガクエンソウゴウブ)

開智小学校（開智学園総合部）

■制服 有　■給食 有　■スクールバス 有　■アフタースクール 有　■系列校 有　■公開行事 有

■所在地　〒339-0004
埼玉県さいたま市岩槻区徳力186
TEL　048-793-0080　FAX　048-793-0081
■アクセス　　　　　　　　　　　■学校HP
東武野田線東岩槻駅より徒歩15分
東岩槻駅・さいたま新都心駅・浦和
美園駅・東川口駅からバス運行有り

※アクセスについて、学校HPにて必ずご確認ください。

■学校情報 --

○校長　西田 義貴　　○児童数 656 名　○教員数 67 名

○安全対策　警備員常駐　　緊急連絡メール　入校時名札必着　AED設置　　防災グッズ完備

■入試情報 --

○ 入試結果

	2024年度		
	第1回	第2回	合計
応募者数	344 名	52 名	396 名
受験者数	328 名	48 名	376 名
合格者数	192 名	27 名	219 名

○ 選抜方法

ペーパー	有	運動	有	行動観察	有	制作	有
絵画	－	面接	親子別	個別審査	－		

○ 募集要項　※下記データは2023年実施済のもので、2024年実施予定のものではありません。

募 集 人 員	120名
募 集 公 示 期 間	－
願 書 取 得 方 法	WEB（学校HPより）
願 書 提 出 方 法	WEB出願　第1回：(第1志望)7月28日～9月10日 (併願)7月28日～9月15日　第2回：9月26日～10月27日
入 学 考 査 日	第1回：9月23日　第2回：11月3日
面 接 実 施 日	第1回：(第一志願)事前に実施　(併願)考査日と同日　第2回：考査日と同日
合 格 発 表 日 時	Web発表　第1回：9月26日　第2回：11月7日
入 学 考 査 料	30,000円
入 学 手 続 き 期 日	第1回：9月26日～29日　(延納手続き)10月6日 (入学手続き)11月10日または12月8日まで　第2回：11月7日～11月10日
入学手続き納入金額	450,000円（入学金250,000円＋授業料200,000円）

通学地域による応募制限 無　　編入試験 有　　帰国子女受入れ 有

■公開行事・説明会　※2024年開催行事一覧です。学校HPで開催日程を必ずご確認ください。

3 月	20日(祝水)体験楽習	7 月	入試説明会・入試トライアル	11 月	－
4 月	－	8 月	－	12 月	学校説明会
5 月	体験楽習	9 月	－	1 月	－
6 月	－	10 月	－	2 月	開智発表会

■学校から受験生へのメッセージ

開智学園総合部では、4-4-4制の小中高12年一貫教育や異学年齢学級など独自のカリキュラムを取り入れ、「国際社会に貢献する、心豊かな、創造力・発信力のあるリーダー」を育てます。HPでは、写真や動画をまじえて、本校の取り組みを紹介しておりますので、ぜひアクセスしてみてください。

開智所沢小学校

■制服 有　■給食 有　■スクールバス 有　■アフタースクール 有　■系列校 有　■公開行事 有

■所在地　　〒３５９−００２７
埼玉県所沢市松郷169
TEL 042-951-8088(代表)
■アクセス　　　　　　　　　　　　■学校HP
JR武蔵野線東所沢駅より徒歩12分
所沢駅と東所沢駅からスクールバス
でも通学可能

※アクセスについて、学校HPにて必ずご確認ください。

■学校情報 --

○校長 片岡哲郎　　　○児童数 323 名　○教員数 25 名

○安全対策　　スクール見守りシステム　　AED設置　　3日分の食糧備蓄

　　　　　　緊急連絡メール　入校時名札必着

■入試情報 --

○ 入試結果

	2024年度第1回		
	第一志望	併願志望	合計
応募者数	145 名	210 名	355 名
受験者数	143 名	198 名	341 名
合格者数	115 名	116 名	231 名

○ 選抜方法

ペーパー 有　　運動 有　　行動観察 有　　制作 有

絵画 −　　面接 親子別　個別審査 −

○ 募集要項　※下記データは2023年実施済のもので、2024年実施予定のものではありません。

募 集 人 員	男女計100名
募 集 公 示 期 間	−
願 書 取 得 方 法	Web 学校HPより
願 書 提 出 方 法	Web 第1回7月28日〜9月10日　併願志望7月28日〜9月15日　第2回9月26日〜11月7日
入 学 考 査 日	第1回・併願志望 9月23日　　第2回 11月11日
面 接 実 施 日	第1回 事前に実施　　第2回・併願志望 考査日と同日
合 格 発 表 日 時	Web 第1回・併願志望 9月26日　　第2回 11月14日
入 学 考 査 料	30,000円
入 学 手 続 き 期 日	Web 第1回9月26日〜29日　併願志望10月6日まで(延納)、11月10日まで(入学手続き)　第2回11月14日〜17日
入学手続き納入金額	450,000円（入学金250,000円＋授業料200,000円）

通学地域による応募制限 無　　　編入試験 有　　　帰国子女受入れ 有

■公開行事・説明会　※2024年開催行事一覧です。学校HPで開催日程を必ずご確認ください。

3 月　−　　　　　　　　　　7 月　学校説明会・編入試験説明会　11 月　−
4 月　学校説明会　　　　　　8 月　学校説明会　　　　　　　　12 月　学校説明会
5 月　学校説明会　　　　　　9 月　−　　　　　　　　　　　　 1 月　学校説明会
6 月　−　　　　　　　　　　10 月　−　　　　　　　　　　　　 2 月　学校説明会

■学校から受験生へのメッセージ

「自分たちで考え、自分たちで決める」それが開智所沢の姿勢です。誰でもまず、「自分にとって良い」ルールを考え
ますが、同時にそれが「みんな」や「社会」にとって良いルールかどうかまで考えなければなりません。誰かと意見が
食い違う時も、その対立をのりこえる新しい何かを創り出せる、そんな仲間でありたいですね。

コロンビアインターナショナルスクール

■制服 有　■給食 有　■スクールバス 有　■アフタースクール 有　■系列校 有　■公開行事 有

■所在地　　〒359-0027
埼玉県所沢市松郷153
TEL　04-2946-1911　FAX　04-2946-1955
■アクセス　　　　　　　　　■学校HP

JR武蔵野線東所沢駅徒歩12分
スクールバス
JR東所沢駅、大宮駅、川口駅、三鷹駅、東武東上線ふじみ
野駅、和光市駅、西武池袋線所沢駅
勝どき・有明駅、八幡山・芦花公園駅
※アクセスについて、学校HPにて必ずご確認ください。

■学校情報 --

○校長 バリー・マクリゴット　○児童数 141 名　男子 77 名　女子 64 名　○教員数 12 名

○安全対策　警備員常駐　　AED設置　　防犯カメラ設置　緊急メール　　CPR訓練
　　　　　　Child Safety講習

■入試情報 --

○ 入試結果

	2024年度		
	男子	女子	合計
応募者数	25 名	15 名	40 名
受験者数	24 名	14 名	38 名
合格者数	23 名	13 名	36 名

○ 選抜方法

ペーパー 有　運動 －　行動観察 －　制作 －

絵画 －　面接 親子　個別審査 有

○ 募集要項　※下記データは2023年実施済のもので、2024年実施予定のものではありません。

募 集 人 員	30名
募 集 公 示 期 間	2023年7月1日～2024年1月31日
願 書 取 得 方 法	学校HP、郵送、Eメール
願 書 提 出 方 法	学校HP、郵送、Eメール
入 学 考 査 日	2023年7月1日以降、個別指定日
面 接 実 施 日	2023年7月1日以降、個別指定日
合 格 発 表 日 時	8月下旬、11月下旬、2月下旬
入 学 考 査 料	25,000円
入 学 手 続 き 期 日	合格通知後約1～2週間以内
入学手続き納入金額	学費（入学金、施設費、授業料、メンテナンス費）を年払いか学期払い

通学地域による応募制限 無　　編入試験 有　　帰国子女受入れ 有　※空きがないときはウエイティングとする

■公開行事・説明会　※2024年開催予定行事一覧(暫定)です。学校HPで開催日程を必ずご確認ください。

3 月	－	7 月	サマースクール	11 月	－
4 月	－	8 月	サマースクール	12 月	クリスマス・フィエスタ
5 月	－	9 月	公開授業	1 月	－
6 月	公開授業	10 月	－	2 月	－

■学校から受験生へのメッセージ

今、英語が出来なくても大丈夫です。
入学してから、自分で英語も勉強も成長し続けられるような習慣作りを手伝います。

サトエガクエンショウガッコウ

さとえ学園小学校

■制服 有　■給食 有　■スクールバス 有　■アフタースクール 有　■系列校 有　■公開行事 有

■所在地　〒331-0802
埼玉県さいたま市北区本郷町1813

TEL　048-662-4651　FAX　048-662-4762

■アクセス　　　　　　　　　　　　　　　■学校HP

JR宇都宮線[土呂]駅よりスクールバス
※その他3駅よりスクールバス発着

※アクセスについて、学校HPにて必ずご確認ください。

■学校情報

○校長 小野田　正範　○児童数 489 名　男子 243 名　女子 246 名　○教員数 39 名

○安全対策　警備員常駐　　防犯カメラ設置　交通指導員配置　防犯ブザー携帯　登下校確認システム
携帯電話所持可　AED設置　　災害用品備蓄　避難・防災訓練実施

■入試情報

○ 入試結果

	2024年度		
	男子	女子	合計
応募者数	- 名	- 名	467 名
受験者数	- 名	- 名	467 名
合格者数	- 名	- 名	174 名

○ 選抜方法　※非公表につき編集部調べ過去数年分

ペーパー 有　運動 有　行動観察 有　制作 有

絵画 －　面接 親子　個別審査 有

○ 募集要項　※下記データは2023年実施済のもので、2024年実施予定のものではありません。

募 集 人 員	男女計72名
募 集 公 示 期 間	－
願 書 取 得 方 法	学校HPより
願 書 提 出 方 法	インターネット出願にて受験料の支払い完了後、本校所定の書類を出願期間内に郵送
入 学 考 査 日	10月1日、10月2日
面 接 実 施 日	9月15日、9月16日のいずれか指定された日
合 格 発 表 日 時	10月4日
入 学 考 査 料	30,000円　振込
入 学 手 続 き 期 日	10月11日
入学手続き納入金額	入学金250,000円

通学地域による応募制限 無　　編入試験 有　　帰国子女受入れ 有

■公開行事・説明会　※2024年開催予定行事一覧です。学校HPで開催日程を必ずご確認ください。

3 月 16 日　第1回学校説明会	7 月 7 日　入試説明会	11 月 －
4 月 －	8 月 －	12 月 －
5 月 25 日　第2回学校説明会	9 月 －	1 月 －
6 月 26 日　オープンスクール	10 月 －	2 月 －

■学校から受験生へのメッセージ

本校の教育は、将来、日本や世界のリーダーを目指す子どもたちの「学びの礎」「きめ細やかで豊かな心」を培うことです。集団と個との関わりの中で「自ら考え」「自ら判断し」「自ら意志決定し」「意欲的、積極的に行動する」そんな子どもたちを6年間の系統的な「学び」の中で教職員一丸となって育て上げていきます。

埼玉県狭山市　　私立　共学　　　　　　　　セイブガクエンブンリショウガッコウ

西武学園文理小学校

■制服 有　■給食 有　■スクールバス 有　■アフタースクール 有　■系列校 有　■公開行事 有

■所在地　　〒３５０−１３３２
埼玉県狭山市下奥富600
TEL　04-2900-1800　FAX　04-2968-0030

■アクセス　　　　　　　　　　■学校HP

西武新宿線[新狭山]駅北口より徒歩10分／JR
川越線・東武東上線[川越]駅よりスクールバ
ス約15分／西武池袋線[稲荷山公園]駅よりス
クールバス約20分　他駅からの運行あり

※アクセスについて、学校HPにて必ずご確認ください。

■学校情報 --

○校長 古橋　敏志　　○児童数 333 名　男子 179 名　女子 154 名　○教員数 23 名

○安全対策　　登下校時は警備の先生が引率　登下校の時刻をメール通知　防犯カメラによる校舎内外の監視

　　　　　　　児童登校後は門扉を施錠　緊急時の全校児童を３日分食料　通学帰宅時のハザードマップ配布

■入試情報 --

○ 入試結果

	2024年度		
	男子	女子	合計
応募者数	345 名	305 名	650 名
受験者数	329 名	286 名	615 名
合格者数	263 名	269 名	532 名

○ 選抜方法

ペーパー 有　運動 有　行動観察 有　制作 有

絵画 有　面接 親子　個別審査 有

○ 募集要項　※下記データは2023年実施済のもので、2024年実施予定のものではありません。

募　集　人　員	男女計96名
募 集 公 示 期 間	―
願 書 取 得 方 法	Web
願 書 提 出 方 法	Web出願　(第1回)8月18日〜28日　(第2回)9月28日〜10月4日　(第3回)11月9日〜17日
入 　学 　考 　査 　日	(第1回)9月15日，16日，17日のいずれか　(第2回)10月21日または22日　(第3回)11月18日
面 　接 　実 　施 　日	(第1回)9月2日，3日，4日のいずれか　(第2回)10月14日または15日　(第3回)考査日と同日
合 格 発 表 日 時	Web発表　(第1回)9月19日　(第2回)10月23日　(第3回)11月20日
入 　学 　考 　査 　料	20,000円
入 学 手 続 き 期 日	(第1回)9月28日　(第2回)10月31日　(第3回)12月4日
入 学 手 続 き 納 入 金 額	入学金250,000円　※延納手続きあり

通学地域による応募制限 無　　編入試験 ※　　帰国子女受入れ 有　　※欠員が生じた場合

■公開行事・説明会　※下記データは2023年実施済のもので、2024年実施予定のものではありません。

3 月 学校説明会	7 月 学校説明会，Bunri Walk Day	11 月 ―
4 月 学校説明会	8 月 Bunri Walk Day	12 月 ―
5 月 学校説明会，Bunri Walk Day	9 月 Bunri School Festival	1 月 ―
6 月 学校説明会	10 月 ―	2 月 ―

■学校から受験生へのメッセージ

本校は「英語のシャワーで世界のトップエリートを育てる」をキャッチフレーズに開校してから、2024年度に20周年を
迎えます。具体的な３つの教育の柱として、「心を育てる」「知性を育てる」「国際性を育てる」に設定し、日々の教
育活動の中で実践しています。ぜひ、またとない輝いた６年間を本校で過ごしてみませんか。

星野学園小学校

■制服 有　■給食 有　■スクールバス 有　■アフタースクール 有　■系列校 有　■公開行事 有

■所在地　　〒３５０−０８２６
埼玉県川越市上寺山216-1
TEL　049-227-5588　FAX　049-227-1888
■アクセス　　　　　　　　　　■学校HP
スクールバスにてJR・東武東上線川越駅から約20分。西武新宿線本川越駅から約15分。他2箇所から発着有

※アクセスについて、学校HPにて必ずご確認ください。

■学校情報 ---

○校長 星野　誠　　　○児童数 423 名　男子 210 名　女子 213 名　○教員数 27 名

○安全対策　警備員常駐　　警備員巡回　　防犯カメラ設置　入校時名札必須　防災グッズ完備
　　　　　　バス指導員常駐　緊急メール　　ICで登下校管理　在校時施錠　　　AED設置

■入試情報 ---

○ 入試結果

	2024年度		
	男子	女子	合計
応募者数	123 名	136 名	259 名
受験者数	116 名	128 名	244 名
合格者数	101 名	126 名	227 名

○ 選抜方法

ペーパー	有	運動	有	行動観察	有	制作	有
絵画	−	面接	親子	個別審査	−		

○ 募集要項　※下記データは2023年実施済のもので、2024年実施予定のものではありません。

募　集　人　員	男女計80名
募 集 公 示 期 間	5月14日〜
願 書 取 得 方 法	Web（学校HPより）
願 書 提 出 方 法	Web（学校HPへアクセスの上、ミライコンパスでの出願）
入 学 考 査 日	単願・第1回一般：9月15日・第2回一般：10月4日・第3回一般：10月21日
面 接 実 施 日	単願・第1回：9月3日・第1回：9月9・10日（学校指定日）・第2回：9月23日・第3回：10月15日
合 格 発 表 日 時	学校HPにて単願9/15　20時〜・第1回9/16　10時〜・第2回10/4　17時〜・第3回10/21　17時〜
入 学 考 査 料	25,000円
入 学 手 続 き 期 日	単願：9月19日　・　第1回〜第3回：11月6日
入学手続き納入金額	400,000円

通学地域による応募制限 無　　　編入試験 有　　　帰国子女受入れ 無　　※編入試験は欠員が生じた場合のみ

■公開行事・説明会　※2024年度開催予定行事一覧(暫定)です。学校HPで開催日程を必ずご確認ください。

3 月	−	7 月	オープンスクール②入試説明会④	11 月	−
4 月	−	8 月	入試説明会⑤	12 月	−
5 月	学校説明会・入試説明会①②	9 月	−	1 月	−
6 月	オープンスクール①入試説明会③	10 月	−	2 月	次年度受験生向け学校説明会

■学校から受験生へのメッセージ

学園の創立は明治３０年(1897年)。創立以来貫いてきたものは「全人教育」です。知育・徳育・体育を施し、思いやりを持って社会に貢献出来る人の育成に取り組みます。また、充実した環境を整え、学校生活をおくれると確信しています。そして、学校教育と家庭教育の調和を大切にしています。星野キッズも益々充実。是非、学園に足を運んでください。

江戸川学園取手小学校

■制服 有　■給食 有　■スクールバス 有　■アフタースクール 有　■系列校 有　■公開行事 有

■所在地　〒302-0032
茨城県取手市野々井1567-3
TEL　0297-71-3353　FAX　0297-71-3354

■アクセス　　　　　　　　　　■学校HP
JR常磐線[取手]駅・TX[守谷]駅より
スクールバス

※アクセスについて、学校HPにて必ずご確認ください。

■学校情報

○校長 鈴木　克巳　○児童数 564 名　男子 242 名　女子 322 名　○教員数 40 名

○安全対策　ICカードの導入により登下校の情報をメール配信　警備員の常駐
防災備蓄品の備蓄　避難訓練の実施　防犯カメラやセンサーの設置

■入試情報

○ 入試結果

	2024年度		
	男子	女子	合計
応募者数	－ 名	－ 名	224 名
受験者数	－ 名	－ 名	207 名
合格者数	－ 名	－ 名	116 名

○ 選抜方法

ペーパー	有	運動	－	行動観察	有	制作	－
絵画	－	面接	親子	個別審査	－		

○ 募集要項　※下記データは2023年実施済のもので、2024年実施予定のものではありません。

募　集　人　員	第1回75名・第2回15名
募 集 公 示 期 間	第1回9月1日〜9月12日（第1回・第2回同時出願可）　第2回11月1日〜11月7日
願 書 取 得 方 法	WEB上に掲示
願 書 提 出 方 法	WEBによる出願と郵送による書類提出　第1回9月1日〜12日　第2回11月1日〜7日
入 学 考 査 日	第1回9月30日　第2回11月18日
面 接 実 施 日	第1回9月23日、25日　第2回11月14日
合 格 発 表 日 時	第1回10月3日　第2回11月21日
入 学 考 査 料	1回につき25,000円、同時出願による2回受験30,000円
入 学 手 続 き 期 日	第1回10月3日、4日　第2回11月21日、22日
入学手続き納入金額	350,000円

通学地域による応募制限 無　　編入試験 無　　帰国子女受入れ 有

■公開行事・説明会　※2024年度開催予定行事一覧(暫定)です。学校HPで開催日程を必ずご確認ください。

3 月　第2回学校説明会・1日体験入学　　7 月　オープンスクール　　　　11 月　紫峰祭(文化祭)
4 月　－　　　　　　　　　　　　　　　8 月　入学試験説明会　　　　　　12 月　入試試験報告会
5 月　第3回学校説明会・第4回学校説明会・1日体験入学　9 月　－　　　　1 月　－
6 月　年長児対象授業見学会　　　　　　10 月　年中児・年少児対象授業見学会　2 月　－

■学校から受験生へのメッセージ

本校の教育目標は、「心豊かなリーダーの育成」です。20〜30年後、国際舞台の上で「和」の心を持ち、英語を使って、リーダーとして活躍する人を育てようと思っています。一人ひとりの子どもたちが持っている夢の実現に向けて、学校を上げて応援します。

開智望小学校

茨城県つくばみらい市 私立 共学

カイチノゾミショウガッコウ

■制服 有　■給食 有　■スクールバス 無　■アフタースクール 有　■系列校 有　■公開行事 有

■所在地　〒３００-２４３５
茨城県つくばみらい市筒戸 字諏訪3400
TEL　0297-38-6000　FAX　0297-38-6300

■アクセス
関東鉄道常総線[新守谷]駅より
徒歩1分

■学校HP

※アクセスについて、学校HPにて必ずご確認ください。

■学校情報 --

○校長 青木　徹　　○児童数 577 名　　　　○教員数 45 名

○安全対策　防犯カメラ設置　　入校時名札着用　　登下校連絡メールシステム
　　　　　　防災グッズ完備　　AED設置

■入試情報 --

○ 入試結果

	2024年度 男子	女子	合計
応募者数	122 名	91 名	213 名
受験者数	112 名	86 名	198 名
合格者数	62 名	54 名	116 名

○ 選抜方法

ペーパー	有	運動	有	行動観察	有	作業	有
絵画	－	面接	親子別	自己発信	有		

○ 募集要項　※下記データは2023年実施済のもので、2024年実施予定のものではありません。

募 集 人 員	男女計110名（第1回、第2回、第3回の合計）
募 集 公 示 期 間	－
願 書 取 得 方 法	Web(学校HPより)
願 書 提 出 方 法	Web(学校HPより)【第1回】7月10日～9月15日【第2回】10月4日～18日【第3回】10月25日～11月16日
入 学 考 査 日	【第1回】9月30日　【第2回】10月21日　【第3回】11月18日
面 接 実 施 日	【第1回】9月16日・19日　【第2回】10月21日　【第3回】11月18日
合 格 発 表 日 時	【第1回】10月3日　【第2回】10月24日　【第3回】11月21日　※miraicompassにて
入 学 考 査 料	30,000円
入 学 手 続 き 期 日	【第1回】10月3日～6日　【第2回】10月24日～27日　【第3回】11月21日～24日
入学手続き納入金額	450,000円(入学金250,000円、授業料200,000円)

通学地域による応募制限 有　　編入試験 有　　帰国子女受入れ 有

■公開行事・説明会　※下記データは2023年実施済のもので、2024年実施予定のものではありません。

3 月	大人の探究ワークショップ	7 月	第5回　学校説明会	11 月	－
4 月	第3回　学校説明会	8 月	第6回　学校説明会	12 月	－
5 月	第4回　学校説明会	9 月	－	1 月	（次年度向け）第1回　学校説明会
6 月	－	10 月	－	2 月	（次年度向け）第2回　学校説明会

■学校から受験生へのメッセージ

開智のぞみ小学校のスローガンは「思いっきり遊び、じっくり学ぶ」です。運動会や劇の発表会などの行事は仲間と協力して子どもたち中心で考えます。探究の授業では「なぜだろう？」「どうなっているんだろう？」と疑問に思ったことをとことん考え、調べて、確かめます。好奇心溢れる方をお待ちしています。

ツクバコクサイダイガクハルカゼショウガッコウ

つくば国際大学東風小学校

■制服 有　■給食 有　■スクールバス 有　■アフタースクール 有　■系列校 有　■公開行事 有

■所在地　〒302-0110
茨城県守谷市百合ヶ丘1-4808-15

TEL　0297-44-6771　FAX　0297-48-7355

■アクセス

・TX[守谷]駅からスクールバス5分
・JR[我孫子]駅からスクールバス50分
・TX[つくば]駅からスクールバス60分
・JR[ひたち野うしく]駅からスクールバス50分
・[藤代庁舎]からスクールバス35分

※アクセスについて、学校HPにて必ずご確認ください。

■学校HP

■学校情報 --

○校長 本橋　正範　　○児童数 255 名　男子 145 名　女子 110 名　○教員数 28 名

○安全対策　防犯カメラの設置(敷地内・校舎内)　登下校通知メール配信システム導入

■入試情報 --

○ 入試結果

	2024年度		
	男子	女子	合計
応募者数			
受験者数	非公表		
合格者数			

○ 選抜方法　※非公表につき編集部調べ過去数年分

ペーパー	有	運動	有	行動観察	有	制作	－
絵画	－	面接	親子別	個別審査	－		

○ 募集要項　※下記データは2023年実施済のもので、2024年実施予定のものではありません。

募 集 人 員	新1年生　男女60名
募 集 公 示 期 間	－
願 書 取 得 方 法	－
願 書 提 出 方 法	Web出願【第1回】8月21日～30日　【第2回】10月18日～27日　【第3回】11月22日～12月1日
入 学 考 査 日	【第1回】9月9日　【第2回】11月5日　【第3回】12月10日
面 接 実 施 日	【第1回】9月10日　【第2回】考査同日　【第3回】考査同日
合 格 発 表 日 時	郵送通知【第1回】9月12日　【第2回】11月7日　【第3回】12月12日
入 学 考 査 料	20,000円
入 学 手 続 き 期 日	【第1回】9月19日　【第2回】11月14日　【第3回】12月19日
入学手続き納入金額	400,000円(入学金200,000円・施設費200,000円)

通学地域による応募制限 無　　編入試験 有　　帰国子女受入れ 有

■公開行事・説明会　※回答時未定につき、学校HPでご確認ください。

3 月 －	7 月 －	11 月 －
4 月 －	8 月 －	12 月 －
5 月 －	9 月 －	1 月 －
6 月 －	10 月 －	2 月 －

■学校から受験生へのメッセージ

「はるかぜは子どもたちを大切に育てます」というキャッチフレーズのもと、職員一同、知・徳・体のバランスのとれた児童の育成に努めています。現在全ての学級で二人担任制を取り入れ、子ども達一人一人に寄り添い、子ども達の能力や資質、特性を見極めながら、ゆっくり・じっくり・しっかりと育てていきます(HPの校長あいさつより)

小学入試情報2025

全国主要私立小学校

北海道・中部・関西他　144-183

各学校のページは巻末のさくいんをご覧ください。

関西を中心とした主要な私立小学校の入試詳細データです。お近くの学校をご覧の上、受験準備にお役立てください。

掲載されている募集要項は2024年度(2023～2024年1月実施済)のものですのでご注意ください。
データは学校提供分と当社調査分を合わせたものです。

タナカガクエンリツメイカンケイショウショウガッコウ

田中学園立命館慶祥小学校

■制服 有 　■給食 有 　■スクールバス 有 　■アフタースクール 有 　■系列校 有 　■公開行事 無

■所在地　　〒062-0031
北海道札幌市豊平区西岡1条7丁目2-1
TEL　011-558-1721　FAX　011-558-1722
■アクセス　　　　　　　　　　　■学校HP
地下鉄南北線澄川駅からバス乗車
　（7分）バス停「西岡中央公園」下
車徒歩3分

※アクセスについて、学校HPにて必ずご確認ください。

■学校情報 --

○校長 吉田　恒　　　○児童数 310 名　男子 155 名　女子 155 名　○教員数 28 名
※開校1年のため5学年分の定員数

○安全対策　　防犯カメラ設置　入校時名札必着　緊急連絡メール　AED設置　登下校GPS

Door to Doorでの送迎　来客はインターホンで対応・開錠

■入試情報 --

○ 入試結果

	2024年度		
	男子	女子	合計
応募者数			
受験者数	非公表		
合格者数			

○ 選抜方法

ペーパー 有　運動 有　行動観察 有　制作 有

絵画 −　面接 親子　個別審査 −

○ 募集要項　※下記データは2023年実施済のもので、2024年実施予定のものではありません。

募 集 人 員	男女計52名
募 集 公 示 期 間	9月11日〜10月6日
願 書 取 得 方 法	Web【学校HPより】
願 書 提 出 方 法	Web登録の上 郵送
入 学 考 査 日	11月18日
面 接 実 施 日	10月29日〜11月2日
合 格 発 表 日 時	12月1日
入 学 考 査 料	25,000円
入 学 手 続 き 期 日	12月4日〜12月8日
入学手続き納入金額	300,000円(入学金)

通学地域による応募制限 無　　編入試験 有　　帰国子女受入れ 有

■公開行事・説明会　※2024年開催予定行事一覧(暫定)です。学校HPで開催日程を必ずご確認ください。

3 月	7 月 子育てワークショップ	11 月 −
4 月 学校説明会	8 月 オープンキャンパス	12 月 −
5 月	9 月 入試説明会・入試体験会	1 月 −
6 月 子育てワークショップ	10 月 −	2 月 −

■学校から受験生へのメッセージ

本校の建学の精神は「学ぶを、しあわせに。」です。子どもたちにはいかなる時も、学ぶことを通じて、夢と生きがい
を持ち、新たな自分へと挑戦し続けてほしいという願いが込められています。提携校として立命館慶祥中学校・高等学
校があり、小中高一貫教育の中で「なりたい自分」になる教育を展開します。

スギヤマジョガクエンダイガクフゾクショウガッコウ

椙山女学園大学附属小学校

■制服 有 ■給食 有 ■スクールバス 無 ■アフタースクール 有 ■系列校 有 ■公開行事 有

■所在地　〒464-0832
愛知県名古屋市千種区山添町2-2
TEL　052-751-5451　FAX　052-751-5461

■アクセス　　　　　　　　　　■学校HP

地下鉄東山線[覚王山]駅より徒歩5分
名古屋市バス[田代本通]下車徒歩5分、または[覚王山]下車徒歩7分

※アクセスについて、学校HPにて必ずご確認ください。

■学校情報 --

○校長 相川 保敏　○児童数 498 名 女子 498 名　○教員数 30 名

○安全対策
| 警備員常駐 | 防犯カメラ設置 | 携帯電話所持可 | 授業中門施錠 | 登下校確認システム |
| 保護者入校証 | 避難訓練実施 | 災害用備品 | AED設置 | 緊急地震速報装置 |

■入試情報 --

○ 入試結果

	2024年度		
	男子	女子	合計
応募者数			
受験者数		非公表	
合格者数			

○ 選抜方法

| ペーパー | 有 | 運動 | 有 | 行動観察 | 有 | 制作 | － |
| 絵画 | － | 面接 | 親子 | 個別審査 | 有 | | |

○ 募集要項　※下記データは2023年実施済のもので、2024年実施予定のものではありません。

募 集 人 員	【A】AO30名　【B】一般1次25名　【C】一般2次若干名
募 集 公 示 期 間	AO型入試説明会以降
願 書 取 得 方 法	HPにて資料請求または学校訪問の際取得
願 書 提 出 方 法	【A】持参9月11日〜15日　【B】郵送9月28日〜10月5日　【C】郵送12月1日〜8日
入 学 考 査 日	【A】面接のみ　【B】10月14日　【C】12月15日
面 接 実 施 日	【A】9月25日〜28日　【B】10月15日　【C】12月15日
合 格 発 表 日 時	【A】10月2日　【B】10月18日　【C】12月19日
入 学 考 査 料	20,000円
入 学 手 続 き 期 日	合格発表日から3日間（発表日を含む）
入学手続き納入金額	200,000円

通学地域による応募制限 無　　編入試験 有　　帰国子女受入れ 有

■公開行事・説明会　※2024年開催予定行事一覧(暫定)です。学校HPで開催日程を必ずご確認ください。

3 月	－	7 月	－	11 月	－
4 月	－	8 月	AO型入試説明会	12 月	入試個別相談会
5 月	－	9 月	入試個別相談会、入試説明会	1 月	入学説明会・一日入学
6 月	学校説明会	10 月	入試個別相談会	2 月	－

■学校から受験生へのメッセージ

本校は学園建学の理念「人間になろう」のもと、私学としての独自性を発揮しつつ、子どもたちの確かな学力、豊かな人間性を育む推進に努めています。また、皆様に安心してお子様を託していただけるよう、職員一同日々親身になって教育指導に取り組んでいます。

私立　共学　カトリック　　　ナンザンダイガクフゾクショウガッコウ

南山大学附属小学校

■制服 有　■給食 有　■スクールバス 無　■アフタースクール 有　■系列校 有　■公開行事 有

■所在地　　〒466-0838
愛知県名古屋市昭和区五軒家町17-1
TEL　052-836-2900　FAX　052-836-7401
■アクセス　　　　　　　　　■学校HP
地下鉄鶴舞線[いりなか]駅下車
南山教会方面へ徒歩580m

※アクセスについて、学校HPにて必ずご確認ください。

■学校情報 --

○校長　山田　利彦　　○児童数 550 名　男子 256 名　女子 294 名　○教員数 49 名

○安全対策　警備員常駐　防犯カメラ　登下校指導
　　　　　　登下校メールサービス「ミマモルメ」

■入試情報 --

○入試結果

	2024年度		
	男子	女子	合計
応募者数			
受験者数	非公表		
合格者数			

○選抜方法　※非公表につき編集部調べ過去数年分

ペーパー 有　運動 有　行動観察 有　制作 -

絵画 -　面接 親子　個別審査 有

○募集要項　※下記データは2023年実施済のもので、2024年実施予定のものではありません。

募　集　人　員	男女90名
募 集 公 示 期 間	9月13日より
願 書 取 得 方 法	Web出願
願 書 提 出 方 法	Web出願
入 学 考 査 日	11月4日
面 接 実 施 日	11日・18日
合 格 発 表 日 時	11月27日発送
入 学 考 査 料	22,000円
入 学 手 続 き 期 日	11月30日〜12月6日
入学手続き納入金額	入学金200,000円　授業料576,000円　施設設備費120,000円

通学地域による応募制限 無　　編入試験 有　　帰国子女受入れ -

■公開行事・説明会　※2024年度開催予定行事一覧(暫定)です。学校HPで開催日程を必ずご確認ください。

3 月 -	7 月 -	11 月 -
4 月 -	8 月 -	12 月 -
5 月 学校説明会	9 月 授業見学会、個別相談会	1 月 -
6 月 授業見学会	10 月 -	2 月 -

■学校から受験生へのメッセージ

1936年に設立された当時の教育理念を受け継ぎ中等・高等教育分野で積み上げてきた実績を踏まえ、小学校から大学院までの総合教育の完結をめざして2008年南山小学校は再び開校しました。。子どもたち一人ひとりの尊厳・個性を重視し、大切に育んでいく。南山だからできる、たしかな人間教育です。

京都女子大学附属小学校

■制服 有　■給食 有　■スクールバス 無　■アフタースクール 有　■系列校 有　■公開行事 有

■所在地　〒605-8501
京都府京都市東山区今熊野北日吉町6-3

TEL　075-531-7386　FAX　075-531-7381

■アクセス　　　　　　　　　　　　　■学校HP

ＪＲ[京都]駅八条口よりプリンセスラインバス乗車約10分　[京都女子大学前]下車

京阪本線[京阪七条]駅下車徒歩15分
またはプリンセスラインバス乗車約5分

※アクセスについて、学校HPにて必ずご確認ください。

■学校情報 --

○校長　竹安　栄子　　○児童数　477 名　　　　　　　○教員数　28 名

○安全対策　一斉配信システム　警備員常駐　教室に内線電話設置　保護者によるパトロール

防犯カメラ　　避難訓練　　防犯ブザーの携帯　　警察署指導による防犯教室

■入試情報 --

○ 入試結果

	2024年度		
	男子	女子	合計
応募者数			
受験者数		非公表	
合格者数			

○ 選抜方法　※非公表につき編集部調べ過去数年分

ペーパー 有　運動 有　行動観察 有　制作 －

絵画 －　面接 親子　個別審査 有

○ 募集要項　※下記データは2023年実施済のもので、2024年実施予定のものではありません。

募　集　人　員	男女計60名　※内部進学を含む
募集公示期間	6月17日～
願書取得方法	－
願書提出方法	Web 8月24日～29日
入学考査日	9月13日・14日
面接実施日	考査当日
合格発表日時	郵送 9月15日
入学考査料	10,000円
入学手続き期日	－
入学手続き納入金額	150,000円(入学金100,000円　入学施設費50,000円)

通学地域による応募制限 有　　編入試験 有　　帰国子女受入れ 有

■公開行事・説明会　※下記データは2023年実施済のもので、2024年実施予定のものではありません。

3 月　－	7 月　入試説明会・学校見学会	11 月　－
4 月　－	8 月　－	12 月　－
5 月　－	9 月　－	1 月　－
6 月　入試説明会・授業見学・校舎見学	10 月　－	2 月　－

■学校から受験生へのメッセージ(学校HPより)

子どもは家族や社会の宝であり、「希望」です。いまの子どもたちは、2030年代には、思春期・青年期をむかえ、さらには社会を担う大人へと自立の道をあゆむことになります。このような子どもたちにたいして、多様な選択肢から確かな進路を選び、実現することへの援助も教職員と保護者のみなさまと考え合いながら進めています。

京都聖母学院小学校

■制服 有　■給食 有　■スクールバス 無　■アフタースクール 有　■系列校 有　■公開行事 有

■所在地　　〒612-0878
京都府京都市伏見区深草田谷町1
TEL　075-645-8102　FAX　075-642-9586
■アクセス
京阪本線[藤森]駅下車徒歩3分
JR奈良線[稲荷]駅下車徒歩10分

■学校HP

※アクセスについて、学校HPにて必ずご確認ください。

■学校情報 --

○校長　中島　正子　　　　○児童数　736 名　　　　○教員数　60 名

○安全対策

| 警備員常駐 | 防犯カメラ設置 | 交通指導員 | 授業中、門施錠 | 入校時名札必着 |
| AED設置 | 看護師常駐 | 緊急連絡メール | 防災グッズ完備 | 避難・防災訓練実施 |

■入試情報 --

○ 入試結果

	2024年度		
	男子	女子	合計
応募者数			
受験者数	非公表		
合格者数			

○ 選抜方法　※編集部過去数年分調査による

| ペーパー | 有 | 運動 | 有 | 行動観察 | － | 制作 | 有 |
| 絵画 | 有 | 面接 | 親子 | 個別審査 | － | | |

○ 募集要項　※下記データは2023年実施済のもので、2024年実施予定のものではありません。

募　集　人　員	男女計約120名（内部含む）〈A日程 約100名・B日程 約20名・C日程 若干名〉
募集公示期間	3月下旬～
願書取得方法	Web(学校HPより)
願書提出方法	A日程：7月14日～8月15日　B日程：9月29日～10月10日　C日程：1月23日～2月2日
入 学 考 査 日	【A日程】適性検査9月1日 、【B日程】10月14日、【C日程】2月8日
面 接 実 施 日	【A日程】面接8月26日～29日のうちいずれか希望した日　【B日程】10月14日　【C日程】2月8日
合格発表日時	全て郵送【A日程】9月2日　【B日程】10月16日　【C日程】2月9日
入 学 考 査 料	15,000円
入学手続き期日	【A日程】9月12日までに　【B日程】10月24日または25日に来校　【C日程】2月14日に来校
入学手続き納入金額	150,000円（入学金）

通学地域による応募制限 無　　編入試験 有　　帰国子女受入 有

■公開行事・説明会　※2024年開催行事一覧(暫定)です。学校HPで開催日程を必ずご確認ください。

4 月	【年長児対象】聖母サタデースクール（授業体験）	5 月	学校説明会	11 月	秋の学校説明会
	【年長児対象】テスト体験	7 月	入試傾向と対策・動画配信	12 月	－
6 月	【年長児保護者対象】Come&See	9 月	B・C入試説明会・学校見学会	1 月	－
	Seibo!(少人数学校見学会)	10 月	－	2 月	【年中児対象】テスト体験

■学校から受験生へのメッセージ

カトリック校としての建学の精神を基盤にした教育を進める中で、豊かな心をはぐくみ、将来に役立つ確かな学力、たくましく生きるための健康と体力を身につけた児童を育て、自主性と創造性をもって生涯学び続けることのできる人間の育成を目指します。子どもたちの個性に対応するため、総合フロンティアコースと国際コースを設置し、それぞれのコースで未来を生きる力を育成します。

京都文教小学校 ※2024年4月より校名変更

■制服 有　■給食 有　■スクールバス 無　■アフタースクール 有　■系列校 有　■公開行事 有

■所在地　　〒606-8344
京都府京都市左京区岡崎円勝寺町50

TEL　075-752-1411　FAX　075-771-4848

■アクセス　　　　　　　　　■学校HP

地下鉄東西線[東山]駅下車徒歩5分
京阪線[三条]駅下車徒歩10分

※アクセスについて、学校HPにて必ずご確認ください。

■学校情報 --

○校長　藤本　哲也　　○児童数 150 名　　○教員数 17 名

○安全対策　　入校証　　警備員の配置　　ミマモルメ　　監視カメラの設置

■入試情報 --

○ 入試結果

	2024年度		
	男子	女子	合計
応募者数			
受験者数		非公表	
合格者数			

○ 選抜方法　※非公表につき編集部調べ過去数年分

ペーパー	有	運動	有	行動観察	有	制作	有
絵画	有	面接	親子	個別審査	−		

○ 募集要項　※下記データは2023年実施済のもので、2024年実施予定のものではありません。

募 集 人 員	【A】男女計25名　【B】男女若干名　【C】男女若干名
募 集 公 示 期 間	−
願 書 取 得 方 法	学校で配布または郵送請求
願 書 提 出 方 法	Web出願【A】7月25日〜8月24日【B】9月19日〜29日【C】1月16日〜26日
入 学 考 査 日	【A】8月28日午前　【B】9月30日午前　【C】1月27日午前
面 接 実 施 日	【A】8月26日午前　【B】9月30日午前　【C】1月27日午前
合 格 発 表 日 時	郵送【A】8月28日　【B】9月30日　【C】1月27日
入 学 考 査 料	15,000円
入 学 手 続 き 期 日	−
入学手続き納入金額	入学金130,000円　1学期分学費205,500円(授業料150,000円　教育充実費55,000円)

通学地域による応募制限 無　　編入試験 有　　帰国子女受入れ 有

■公開行事・説明会　※2024年開催予定行事一覧(暫定)です。学校HPで開催日程を必ずご確認ください。

3 月　−	7 月　文教小プレテスト	11 月　学びと力の発表会②
4 月　−	8 月　−	12 月　−
5 月　文教小GOGOランド	9 月　−	1 月　−
6 月　学校説明会/学びと力の発表会①	10 月　運動会/月かげ祭バザー	2 月　キッズクラフト&作品展鑑賞会

■学校から受験生へのメッセージ(学校HPより)

仏さまの教え（浄土宗）を実践基盤とする数少ない学校です。小規模・少人数教育で、きめ細やかな指導を展開しています。また異学年交流の土台「縦割り班」は文教ファミリーならではの家庭的な温かさがあります。学習は基礎基本を反復し、さらに応用・発展問題へ進めています。[Everyday English]に取り組むことで四技能を高め、理科実験とプログラミング学習で先進的な取り組みをしています。

光華小学校

■制服 有　■給食 有　■スクールバス 無　■アフタースクール 有　■系列校 有　■公開行事 有

■所在地　　〒615-0861
京都府京都市右京区西京極野田町39
TEL　075-325-5250　FAX　075-313-5122
■アクセス　　　　　　　　　　　　■学校HP

・阪急京都線「西京極駅」より徒歩5分
・市バス・京都バス・京阪京都バス「光華女子学園前」下車

※アクセスについて、学校HPにて必ずご確認ください。

■学校情報 --

○校長 河原　聡子　　○児童数 218 名　　　　　　○教員数 22 名

○安全対策　　警備員常駐　　防犯カメラ設置　　ICカード携帯　　防犯ブザー携帯　携帯スマホ持込可

　　　　　　緊急連絡メール　防災避難訓練実施　　AED設置　　　　授業時校門施錠　保護者入校時名札

■入試情報 --

○ 入試結果

	2024年度		
	男子	女子	合計
応募者数	23 名	26 名	49 名
受験者数	23 名	25 名	48 名
合格者数	21 名	23 名	44 名

○ 選抜方法

ペーパー 有　運動 有　行動観察 有　制作 －

絵画 －　面接 親子別　個別審査 －

○ 募集要項　※下記データは2023年実施済のもので、2024年実施予定のものではありません。

募集人員	(A)男女約50名　(B)男女約10名　(C)男女若干名
募集公示期間	－
願書取得方法	Web（学校HPより）
願書提出方法	Web出願　(A1)7月26日〜8月23日　(A2)9月4日〜18日　(B)10月2日〜18日　(C)1月8日〜18日
入学考査日	(A1)8月26日　(A2)9月20日　(B)10月21日　(C)2024年1月20日
面接実施日	考査日と同日
合格発表日時	Web発表及び郵送　(A1)8月28日　(A2)9月21日　(B)10月23日　(C)2024年1月22日
入学考査料	15,000円
入学手続き期日	(A1)8月28日〜9月3日　(A2)9月21日〜27日　(B)10月23日〜29日　(C)1月22日〜28日
入学手続き納入金額	130,000円

通学地域による応募制限 無　　編入試験 有　　帰国子女受入れ 有

■公開行事・説明会　※下記データは2023年実施済のもので、2024年実施予定のものではありません。

　3 月　学校説明会・新校舎見学会　　7 月　授業見学会・ひかり体験会　　11 月　次年度受験生向け説明会
　4 月　入試説明会・授業体験会　　　8 月　－　　　　　　　　　　　　12 月　－
　5 月　ひかり体験会　　　　　　　　9 月　－　　　　　　　　　　　　1 月　－
　6 月　プレスクール　　　　　　　　10 月　－　　　　　　　　　　　2 月　－

■学校から受験生へのメッセージ

2020年に光華女子学園は創立80周年を迎えました。学園として大きな節目の年と捉えるとともに、今後、予測が難しく今まで経験したことのない社会において、自己を確立し、未来を創造する力をしっかりと身につけさせていきたいという思いで、児童自ら課題に気づき、自分なりのやり方で答えを見つけていく活動を重視しています。

同志社小学校

■制服 無　■給食 有　■スクールバス 無　■アフタースクール 無　■系列校 有　■公開行事 無

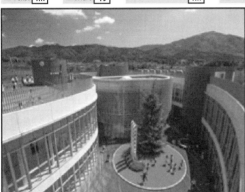

■所在地　　〒606-0001
京都府京都市左京区岩倉大鷺町89-1
TEL　075-706-7786　FAX　075-712-2312
■アクセス

■学校HP

・京都市営地下鉄烏丸線〔国際会館〕駅下車
1番出口より徒歩10分
・叡山電鉄鞍馬線〔岩倉〕駅下車 徒歩5分

※アクセスについて、学校HPにて必ずご確認ください。

■学校情報 --

○校長 横井　和彦　　○児童数 535 名　男子 236 名　女子 299 名　○教員数 63 名

○安全対策　　外周センサー設置 校舎周辺監視カメラ設置 警備員常時3名配置 交通指導員8名配置 各教室非常通報ボタン
各教室内線電話　登下校安全システム　　警察直通ボタン　さすまた設置　　非常時対応避難訓練

■入試情報 --

○ 入試結果

	2024年度		
	男子	女子	合計
応募者数			
受験者数		非公表	
合格者数			

○ 選抜方法

ペーパー 有　運動 有　行動観察 有　制作 －

絵画 －　面接 親子　個別審査 －

○ 募集要項　※下記データは2023年実施済のもので、2024年実施予定のものではありません。

募　集　人　員	男女計約60名
募　集　公　示　期　間	－
願　書　取　得　方　法	Web（学校HPより）
願　書　提　出　方　法	Web（学校HP上「インターネット出願サイト」より出願）7月11日～7月18日
入　学　考　査　日	8月29日
面　接　実　施　日	8月21日～25日 ※受験票発送時に案内あり
合　格　発　表　日　時	8月30日　郵送及びインターネット出願サイトにて発表
入　学　考　査　料	20,000円
入　学　手　続　き　期　日	9月5日まで
入学手続き納入金額	250,000円

通学地域による応募制限 無　　編入試験 有　　帰国子女受入れ 個別に相談　　編入試験は欠員が出た場合のみ

■公開行事・説明会　※下記データは2023年実施済のもので、2024年実施予定のものではありません。

3 月　－	7 月　学校見学会	11 月　わくわく「道草」体験（オンライン）
4 月　－	8 月　－	12 月　わくわく「道草」体験（オンライン）
5 月　－	9 月　－	1 月　わくわく「道草」体験（オンライン）
6 月　学校説明会（動画配信）学校見学会	10 月　－	2 月　－

■学校から受験生へのメッセージ

同志社小学校といえば、学びを楽しみ、学ぶ力を育む『道草教育』、そして「えらいひとになるよりも よいにんげんになりたいな」とい
う谷川俊太郎さんによる校歌の歌詞にも表れている『良心教育』です。「見たい、知りたい、やってみたい」と、子どもたちが自ら「学
び求める」姿をご覧いただき、ともに同志社小学校を創っていきませんか。

ノートルダム学院小学校

■制服 有　■給食 有　■スクールバス 無　■アフタースクール 有　■系列校 有　■公開行事 有

■所在地　　〒606-0847
京都府京都市左京区下鴨南野々神町1-2
TEL　075-701-7171　FAX　075-712-6170
■アクセス　　　　　　　　　■学校HP
地下鉄烏丸線[松ヶ崎]駅下車
徒歩6分

※アクセスについて、学校HPにて必ずご確認ください。

■学校情報

○校長 原山 稔郎　　○児童数 約640名　　○教員数 63名

○安全対策　指導マイク設置　緊急時一斉メール配信　防犯カメラ設置　校内4ヶ所でのモニタリングを記録
守衛の配置　ICタグ(登下校通知確認システム)　校内11ヶ所をモニターでき、警告装置あり

■入試情報

○ 入試結果

	2024年度		
	男子	女子	合計
応募者数			
受験者数		非公表	
合格者数			

○ 選抜方法　※非公表につき編集部調べ過去数年分

ペーパー 有　運動 有　行動観察 有　制作 有

絵画 −　面接 親子　個別審査 −

○ 募集要項　※下記データは2023年度実施済のもので、2024年実施予定のものではありません。

募 集 人 員	【A日程】約120名　【B日程】若干名　【C日程】若干名
募 集 公 示 期 間	−
願 書 提 出 方 法	Web出願【A日程】7月26日〜8月16日　【B日程】10月10日〜17日　【C日程】1月16日〜29日
入 学 考 査 日	【A日程】8/26　【B日程】10月21日　【C日程】1月31日
面 接 実 施 日	【A日程】8月22,23,26日のいずれか1日　【B日程】考査日と同日　【C日程】考査日と同日
合 格 発 表 日 時	【A日程】8月27日〜29日　【B日程】10月23日〜26日　【C日程】2月1日〜2日　(全日程Webにて発表)
入 学 考 査 料	20,000円
入 学 手 続 き 期 日	【A日程】8月29日まで　【B日程】10月26日まで　【C日程】2月2日まで
入学手続き納入金額	200,000円(入学金)

通学地域による応募制限 無　編入試験 有　帰国子女受入れ 有

■公開行事・説明会　※2024年開催予定行事一覧(暫定)です。学校HPで開催日程を必ずご確認ください。

4 月	山の家アドベンチャー	7 月	入試説明会	11 月	チャレンジノートルダム&学校説明会
5 月	山の家アドベンチャー	9 月	山の家アドベンチャー	1 月	Look into Notre Dame
	学校説明会	10 月	山の家アドベンチャー	2 月	Look into Notre Dame
6 月	テスト体験会&学校説明会		NDスタンプラリー		プレスクール・学校説明会

■学校から受験生へのメッセージ

変化の激しい現代社会において、多様化する問題に答えが見出せなかったり、道を見失ったりすることがあるかもしれません。しかし、幼い時期に神の愛を知り、他者を思いやるやさしさを体験しながら成長すると、大切なことを見失わずに歩み、平和な社会づくりに貢献できるのではないかと考えます。将来の成長につながる人生の土台をつくり、豊かな学びの6年間となりますように、創立者の精神を引き継いで、一人ひとりに向き合ってまいります。(学校HP：学校長メッセージより)

京都府向日市　　私立　共学　　仏教　　ラクナンコウトウガッコウフゾクショウガッコウ

洛南高等学校附属小学校

■制服 有　■給食 有　■スクールバス 無　■アフタースクール 有　■系列校 有　■公開行事 有

■所在地　　〒617-0002
京都府向日市寺戸町寺田54
TEL　075-924-6511　FAX　075-924-6509
■アクセス　　　　　　　　　　■学校HP
JR[桂川]駅 徒歩10分
阪急[洛西口]駅 徒歩15分

※アクセスについて、学校HPにて必ずご確認ください。

■学校情報 --

○校長 安場　光弘　○児童数 523 名　男子 296 名　女子 227 名　○教員数 41 名

○安全対策　　警備員常駐　　警備員校内巡回　入校時入講証必着　登下校防犯　通学路に交通指導員

緊急連絡メール　ICタグの携帯　　防犯カメラ設置　AED設置

■入試情報 --

○ 入試結果

	2024年度		
	男子	女子	合計
応募者数	- 名	- 名	124 名
受験者数	- 名	- 名	123 名
合格者数	- 名	- 名	97 名

○ 選抜方法　※非公表につき編集部調べ過去数年分

ペーパー	有	運動	有	行動観察	有	制作	-
絵画	-	面接	保護者	個別審査	-		

○ 募集要項　※下記データは2023年実施済のもので、2024年実施予定のものではありません。

募 集 人 員	90名
募 集 公 示 期 間	4月中旬より
願 書 取 得 方 法	Web(学校HPより)、配布
願 書 提 出 方 法	Web(学校HPへアクセスの上、ミライコンパスでの出願)　7月12日〜19日
入 学 考 査 日	9月9日
面 接 実 施 日	8月26日・8月27日
合 格 発 表 日 時	Web上にて9月12日15:00〜
入 学 考 査 料	20,000円（インターネットによる決済）
入 学 手 続 き 期 日	9月12日・9月13日
入学手続き納入金額	150,000円（入学金）

通学地域による応募制限 無　　編入試験 無　　帰国子女受入れ 有　帰国子女の方も、一般入試を受験
.

■公開行事・説明会　※2024年開催予定行事一覧(暫定)です。学校HPで開催日程を必ずご確認ください。

3 月	-	7 月	-	11 月	-
4 月	-	8 月	-	12 月	-
5 月	-	9 月	-	1 月	-
6 月	入試説明会・学校見学会	10 月	学校説明会・体験授業	2 月	学校説明会・学校見学会

■学校から受験生へのメッセージ

〈仏教の教えを日々に生かす〉〈「自分から学ぶ」習慣を身につける〉〈体を動かし、団結や公正さを学ぶ〉本校教育の、この３つの柱を体現するべく、児童たちは、精一杯に、考え、学び、遊び、多彩な学校行事にも、一生懸命に取り組んでいます。私たちの学校の新しい仲間として、みなさんが加わっていただけることを、心よりお待ちしています。

立命館小学校

■制服 有　　■給食 有　　■スクールバス 無　　■アフタースクール 有　　■系列校 有　　■公開行事 有

■所在地　　〒603-8141
京都府京都市北区小山西上総町22
TEL　075-496-7777　FAX　075-496-7770
■アクセス　　　　　　　　　　　　　　■学校HP
地下鉄烏丸線[北大路]駅下車徒歩3分
市営バス[北大路バスターミナル]下車徒
歩3分

※アクセスについて、学校HPにて必ずご確認ください。

■学校情報 --

○校長 堀江　未来　　○児童数 約720 名　　　　○教員数 69 名

○安全対策　　警備員配置　　　　　学校周辺に赤外線センサー
　　　　　　　ICタグによるメール送信　GPSにて位置情報確認

■入試情報 --

○ 入試結果

	2023年度		
	男子	女子	合計
応募者数			
受験者数		非公表	
合格者数			

○ 選抜方法

ペーパー 有　運動 −　行動観察 有　制作 −

絵画 −　面接 親子　個別審査 −

○ 募集要項　※下記データは2023年実施済のもので、2024年実施予定のものではありません。

募　集　人　員	男女約120名
募 集 公 示 期 間	−
願 書 取 得 方 法	Web
願 書 提 出 方 法	Web出願　【プライマリーA】7月14日〜24日　【プライマリーB】9月21日〜9月25日
入 学 考 査 日	【プライマリーA】9月3日　【プライマリーB】10月7日
面 接 実 施 日	【プライマリーA】8月18日〜20日・22日　【プライマリーB】10月7日
合 格 発 表 日 時	Web【プライマリーA】9月5日　【プライマリーB】10月10日
入 学 考 査 料	20,000円
入 学 手 続 き 期 日	【プライマリーA】9月5日〜8日　【プライマリーB】10月10日〜13日
入学手続き納入金額	入学金　300,000円

通学地域による応募制限 無　　編入試験 有　　帰国子女受入れ 有

■公開行事・説明会　※2024年開催予定行事一覧(暫定)です。学校HPで開催日程を必ずご確認ください。

3 月　−	7 月　入試説明会	11 月　入試報告会、学校探検
4 月　−	8 月　−	12 月　−
5 月　学校説明会	9 月　−	1 月　体験教室
6 月　体験教室	10 月　−	2 月　(翌3月)学校探検

■学校から受験生へのメッセージ

立命館小学校は、2006年に開校以来、「確かな学力形成」「真の国際人を育てる教育」「豊かな感性を育む教育」「高い倫理観と自立心を養う教育」の4つの柱で教育を続けてきています。立命館小学校では、今後も児童一人ひとりの命を輝かせ、国際社会の中で活躍する人材の育成を目指していきます。

大阪府箕面市　　私立　共学　カトリック　　アサンプションコクサイショウガッコウ

アサンプション国際小学校

■制服 有　■給食 無　■スクールバス 有　■アフタースクール 有　■系列校 有　■公開行事 有

■所在地　　　〒562-8543
大阪府箕面市如意谷1-13-23

TEL　072-723-6150　FAX　072-722-9757

■アクセス　　　　　　　　■学校HP

阪急電車[箕面]駅より徒歩15分
[千里中央]駅よりスクールバス有り
※その他、3駅よりバス発着

※アクセスについて、学校HPにて必ずご確認ください。

■学校情報 --

○校長 丹澤　直己　　○児童数 401 名　男子 160 名　女子 241 名　○教員数 49 名

○安全対策　警備員常駐　防犯カメラ設置　入校時名札必着　緊急連絡メール　AED設置
　　　　　　登下校防犯

■入試情報 --

○ 入試結果

	2024年度		
	男子	女子	合計
応募者数			
受験者数		非公表	
合格者数			

○ 選抜方法

ペーパー	有	運動	有	行動観察	有	制作	－
絵画	－	面接	親子	個別審査	有		

○ 募集要項　※下記データは2023年実施済のもので、2024年実施予定のものではありません。

募 集 人 員	男女　約80名（両コース合わせて）
募 集 公 示 期 間	5月13日より
願 書 取 得 方 法	WEB
願 書 提 出 方 法	WEBで出願 【A日程】8月18日〜25日【B日程】10月2日〜6日【C日程】2024年1月17日〜19日
入 学 考 査 日	【A日程】9月9日・10日(いずれかの1日)【B日程】10月14日【C日程】1月27日・2月3日(いずれかの1日)※複数日程受験可
面 接 実 施 日	【A日程】8月24日〜9月2日　【B日程】10月10日・14日　【C日程】2024年1月27日・2月3日
合 格 発 表 日 時	【A日程】9月11日　【B日程】10月14日　【C日程】2024年2月3日　※WEBで発表
入 学 考 査 料	15,000円
入 学 手 続 き 期 日	【A日程】9月20日　【B日程】10月20日　【C日程】2024年2月9日　※各日程13時30分〜16時
入学手続き納入金額	210,000円

通学地域による応募制限 無　　編入試験 有　　帰国子女受入れ 有

■公開行事・説明会　※下記データは2023年実施済のもので、2024年実施予定のものではありません。

3 月	－	7 月	入試体験会・説明会	11 月	－
4 月	－	8 月	－	12 月	次年度受験生向け説明会・学校体験
5 月	学校説明会	9 月	－	1 月	－
6 月	学校体験	10 月	－	2 月	次年度受験生向け説明会・学校体験

■学校から受験生へのメッセージ

すべての教育活動の基盤をカトリックの精神に置き、「誠実・隣人愛・喜び」をモットーに「世界の平和に貢献する人材の育成」を目標に掲げています。アカデミックコース・イングリッシュコース共に英語教育や探究学習を充実させ、これからの社会で必要な「正解のない問いに挑み続ける力」を身につける21世紀型教育を実施しております。

オウテモンガクインショウガッコウ

追手門学院小学校

■制服 有　■給食 有　■スクールバス 無　■アフタースクール 有　■系列校 有　■公開行事 有

■所在地　〒540-0008
大阪府大阪市中央区大手前1-3-20
TEL　06-6942-2231　FAX　06-6946-6022

■アクセス

・京阪・谷町線「天満橋」駅下車徒歩7分
・JR東西線「大阪城北詰」駅下車徒歩10分
・大阪シティバス「京阪東口」徒歩3分
※スクールバスなし

※アクセスについて、学校HPにて必ずご確認ください。

■学校HP

■学校情報 --

○校長　井上　恵二　　○児童数　863 名　男子 465 名　女子 398 名　○教員数　40 名

○安全対策　24時間有人警備　方面別集団下校　緊急連絡メール　防犯ブザーの推奨　児童校門通行感知システム

教員救急救命講習　防犯カメラ設置　緊急下校時校外班編成　AED設置　保護者入校管理システム

■入試情報 --

○ 入試結果

	2024年度		
	男子	女子	合計
応募者数			
受験者数		非公表	
合格者数			

○ 選抜方法

ペーパー 有　運動 有　行動観察 有　制作 ―

絵画 有　面接 有　個別審査 有

○ 募集要項　※下記データは2024年実施予定のものです。

募　集　人　員	男女計約130名※系列幼稚園からの内部進学者含む
募 集 公 示 期 間	5月31日(金)〜8月27日(火)
願 書 取 得 方 法	Web(学校HPよりダウンロード)
願 書 提 出 方 法	Web出願　8月23日〜29日
入 学 考 査 日	9月14日(土)
面 接 実 施 日	9月3日(火)〜9月8日(日)　※出願時に面接日時を決定
合 格 発 表 日 時	9月16日(月)
入 学 考 査 料	20,000円
入 学 手 続 き 期 日	9月17日(火)〜19日(木)
入学手続き納入金額	入学一時金/300,000円（入学金250,000円、施設設備資金50,000円）●経常的納付金/879,000円（授業料819,000円、施設設備資金60,000円）

通学地域による応募制限 無　　編入試験 有 ※編入試験は欠員が生じた場合のみ　　帰国子女受入れ 有 ※帰国子女の受け入れは特別枠なし

■公開行事・説明会　※2024年開催予定行事一覧(暫定)です。学校HPで開催日程を必ずご確認ください。

3 月　9日(土)体験授業　　　7 月 13日(土)第3回入試説明会　　11 月　－
4 月 20日(土)第1回入試説明会　8 月　－　　　　　　　　　　12 月　－
5 月　－　　　　　　　　　　9 月　－　　　　　　　　　　1 月　－
6 月 15日(土)第2回入試説明会　10 月　－　　　　　　　　　　2 月　－

■学校から受験生へのメッセージ

明治21年に西日本最古の私立小学校として誕生し、135年目を迎え、卒業生は約1万4千人を数えます。また、豊臣大阪城内に位置する学び舎は、豊かな自然と歴史的遺構に恵まれています。そうした環境の中、伝統に基づく躾教育はもちろん、最新の教育のもと高い志を持った21世紀を担う人材作りを目指しています。

私立　共学　カトリック　　　オオサカシンアイガクインショウガッコウ

大阪信愛学院小学校

■制服 有　■給食 有　■スクールバス 有　■アフタースクール 有　■系列校 有　■公開行事 有

■所在地　　〒536-8585
大阪府大阪市城東区古市2-7-30
TEL　06-6939-4391　FAX　06-6939-7141

■アクセス　　　　　　　　　　■学校HP

今里筋線[新森古市]駅下車徒歩5分
長堀鶴見緑地線[今福鶴見]駅下車徒歩15分
谷町線[関目高殿]駅下車徒歩18分
京阪[関目]駅下車徒歩15分
市バス[緑1丁目中]下車すぐ
※アクセスについて、学校HPにて必ずご確認ください。

■学校情報 --

○校長　川端　博之　　○児童数　324 名　　　　　　○教員数　34 名

○安全対策　　警備員常駐　緊急時一斉メール配信　ICタグによる登下校通知　集団下校

　　　　　　　全教室に校内電話設置　避難訓練・防災訓練　防災備蓄品の完備

■入試情報 --

○ 入試結果

	2024年度		
	男子	女子	合計
応募者数			
受験者数		非公表	
合格者数			

○ 選抜方法　※非公表につき編集部調べ過去数年分

ペーパー 有　運動 －　行動観察 有　制作 －

絵画 －　面接 親子　個別審査 有

○ 募集要項　※下記データは2023年実施済のもので、2024年実施予定のものではありません。

募 集 人 員	【A】男女約60名　【B】若干名　【C】若干名
募 集 公 示 期 間	－
願 書 取 得 方 法	Web
願 書 提 出 方 法	Web出願　【A】9月2日~11日　【B】9月30日~10月16日　【C】1月9日~22日
入 学 考 査 日	【A】9月15日　【B】10月19日　【C】1月25日
面 接 実 施 日	試験同日に親子面接を実施
合 格 発 表 日 時	【A】9月19日9時～　【B】10月16日9時～　【C】1月29日9時～
入 学 考 査 料	20,000円
入 学 手 続 き 期 日	－
入学手続き納入金額	入学金　200,000円　教育入会金　15,000円

通学地域による応募制限 無　　編入試験 有　　帰国子女受入れ 有

■公開行事・説明会　※下記データは2023年実施済のもので、2024年実施予定のものではありません。

3 月　オープンスクール・学校説明会　7 月　入試説明会/オープンスクール　11 月　－
4 月　学校説明会　　　　　　　　　　8 月　－　　　　　　　　　　　　　12 月　オープンスクール
5 月　入試説明会/オープンスクール/ ミニ学校見学会　9 月　－　　　　　　1 月　－
6 月　学校説明会/ミニ学校見学会　10 月　ミニ学校説明会　　　　　　　　2 月　－　　　※個別相談随時受付

■学校から受験生へのメッセージ

人としての基礎基本を大切にしながら社会の中で輝く子ども、未来に向かって挑戦する子どもを育てることを目標に掲げます。「お互い
を認め、思いやりのある子ども、周りをしっかりとみられる子どもを育てる」心の教育にも重点を置き、男女問わず信愛教育の素晴らし
さを学んで欲しいと願っております。

賢明学院小学校

■制服 有　■給食 有　■スクールバス 無　■アフタースクール 有　■系列校 有　■公開行事 有

■所在地　〒５９０-０８１２
大阪府堺市堺区霞ヶ丘町4-3-27
TEL　072-241-2657　FAX　072-241-5059
■アクセス　　　　　　　　　■学校HP
JR阪和線上野芝駅下車西へ徒歩約
13分、南海バス霞ヶ丘バス停より徒
歩約３分

※アクセスについて、学校HPにて必ずご確認ください。

■学校情報

○校長 谷口　晋哉　　○児童数 255 名　○教員数 25 名

○安全対策　警備員駐在　警備員校内巡回　AED設置　外周防犯カメラ　入校時名札必着
登下校メール配信　緊急連絡メール　　防災グッズ完備

■入試情報

○ 入試結果

	2024年度		
	男子	女子	合計
応募者数			
受験者数		非公表	
合格者数			

○ 選抜方法

ペーパー 有　運動 有　行動観察 有　制作 －

絵画 有　面接 親子　個別審査 －

○ 募集要項　※下記データは2023年実施済のもので、2024年実施予定のものではありません。

募 集 人 員	約60名(内部幼稚園児を含む)
募 集 公 示 期 間	4月～
願 書 取 得 方 法	Web（学校HPより）
願 書 提 出 方 法	学校HPよりWeb出願
出 願 期 間	A日程9月1日～18日　B日程10月16日～27日　C日程2024年1月18日～29日
入 学 考 査 日	A日程9月27日　B日程11月4日　C日程2024年2月3日
合 格 発 表 日 時	A日程9月29日　B日程11月7日　C日程2024年2月6日　※すべて郵送通知
入 学 考 査 料	20,700円
入 学 手 続 き 期 日	－
入学手続き納入金額	200,000円(入学金)

通学地域による応募制限 無　　編入試験 有　　帰国子女受入れ 有

■公開行事・説明会　※下記データは2023年実施済のもので、2024年実施予定のものではありません。

3 月　オープンスクール・学校説明会　7 月　親子で入試体験会　　　11 月　－
4 月　授業見学会　　　　　　　　　　8 月　－　　　　　　　　　　12 月　クリスマス体験会
5 月　授業見学会　　　　　　　　　　9 月　入試直前チャレンジ体験会　1 月　授業見学会
6 月　オープンスクール　　　　　　 10 月　オープンスクール　　　　　2 月　授業見学会

■学校から受験生へのメッセージ

個別学校見学、授業見学も随時受付中です。本校HP問い合わせフォームよりお申込みください。体験会イベントについては、HP、または本校公式SNS（facebook、Instagram、LINE)でご案内致します。

コウリヌヴェールガクインショウガッコウ

香里ヌヴェール学院小学校

■制服 有　■給食 有　■スクールバス 無　■アフタースクール 有　■系列校 有　■公開行事 有

■所在地　〒572-8531
大阪府寝屋川市美井町18-10
TEL　072-831-8451　FAX　072-834-7944

■アクセス
京阪「香里園」駅から徒歩約10分

■学校HP

※アクセスについて、学校HPにて必ずご確認ください。

■学校情報

○校長 東山　さゆり　○児童数 459 名　男子 223 名　女子 236 名　○教員数 53 名

○安全対策　警備員常駐　　警備員校内巡回　防犯カメラ設置　入校時入校証必須　AED設置

緊急連絡メール　非常食・防災頭巾完備　登下校通知サービス

■入試情報

○ 入試結果

	2024年度		
	男子	女子	合計
応募者数			
受験者数		非公表	
合格者数			

○ 選抜方法

ペーパー 有　運動 −　行動観察 有　制作 −

絵画 −　面接 親子　個別審査 −

○ 募集要項　※下記データは2023年実施済のもので、2024年実施予定のものではありません。

募 集 人 員	約90名
募 集 公 示 期 間	8/21〜
願 書 取 得 方 法	Web(学校HP)
願 書 提 出 方 法	Web(学校HPへアクセスの上、ミライコンパスでの出願)　8月21日〜9月1日
入 学 考 査 日	9月22日
面 接 実 施 日	9月9日・9月15日・9月16日　＊学校指定日
合 格 発 表 日 時	9月23日
入 学 考 査 料	15,694円
入 学 手 続 き 期 日	9月29日
入学手続き納入金額	170,000円（入学金）

通学地域による応募制限 無　　編入試験 有　　帰国子女受入れ 有

■公開行事・説明会　※2024年開催予定行事一覧(暫定)です。学校HPで開催日程を必ずご確認ください。

3 月	7 月　年長児対象プレテスト	11 月
4 月　年長児対象体験会	8 月	12 月　スタンプラリー小学校体験会
5 月　学校説明会	9 月	1 月
6 月　少人数学校見学会	10 月　B・C日程に向けたミニ説明会	2 月　年中児対象体験会

■学校から受験生へのメッセージ

カトリックの人間観・世界観に基づく教育をとおして、イエス様のおっしゃった、「自分のしてほしいと思うことを人にしてあげなさい」という「愛と奉仕の生き方」を学び、子どもたちが周りの人を大切にする人になってほしい、それが全教職員の願いです。愛と奉仕と正義の精神に支えられた小学校であるように全力で邁進いたします。

四條畷学園小学校

■制服 有　■給食 有　■スクールバス 無　■アフタースクール 有　■系列校 有　■公開行事 有

■所在地　〒574-0001
大阪府大東市学園町6-45

TEL　072-876-8585　FAX　072-876-8822

■アクセス　　　　　　　　　**■学校HP**

JR学研都市線[四条畷]駅から
徒歩1分

※アクセスについて、学校HPにて必ずご確認ください。

■学校情報

○校長 北田　和之　　○児童数 514 名　男子 269 名　女子 245 名　　○教員数 37 名

○安全対策　警備員を常駐　テレビドアフォン　オートロックを設置　定期的に警備員が巡回

AED設置　ICカード必着　登下校情報配信サービス　防犯道具設置　防犯カメラ

■入試情報

○ 入試結果

	2024年度		
	男子	女子	合計
応募者数	45 名	48 名	93 名
受験者数	42 名	43 名	85 名
合格者数	40 名	42 名	82 名

○ 選抜方法

ペーパー	有	運動	－	行動観察	有	制作	－
絵画	－	面接	親子	個別審査	有		

○ 募集要項　※下記データは、2024年実施予定のものです。

募 集 人 員	90名
募 集 公 示 期 間	8月25日
願 書 取 得 方 法	Web出願
願 書 提 出 方 法	Web出願　8月25日～9月11日
入 学 考 査 日	9月19日
面 接 実 施 日	9月21日
合 格 発 表 日 時	9月20日
入 学 考 査 料	15,000円
入 学 手 続 き 期 日	9月28日
入学手続き納入金額	220,000円

通学地域による応募制限 無　　編入試験 有　　帰国子女受入れ 無

■公開行事・説明会　※2024年開催予定行事一覧(暫定)です。学校HPで開催日程を必ずご確認ください。

3 月　－	7 月　－	11 月　－
4 月　－	8 月　説明会8月24日	12 月　－
5 月　－	9 月　－	1 月　説明会1月18日
6 月　説明会6月1日	10 月　ハートグローバル10月10日	2 月　－

■学校から受験生へのメッセージ

一人ひとりの子どもの個性を大切にし、のびやかな雰囲気の中で基礎学力を着実に身につけさせようという学校です。さらに、たくさんの選択肢を設けていることも本校の特色です。放課後に行う課外教室は、放課後クラブ(預かりクラス)など14の教室を開設しています。すべて学園内の施設を利用して行うので、安全であり、友だちといっしょにできる楽しさもあります。

四天王寺小学校

■制服 有　■給食 有　■スクールバス 無　■アフタースクール 有　■系列校 有　■公開行事 有

■所在地　　〒583-0026
大阪府藤井寺市春日丘3-1-78
TEL　072-937-4811　FAX　072-937-4813
■アクセス　　　　　　　　　■学校HP
近鉄南大阪線「藤井寺駅」より徒歩
3分

※アクセスについて、学校HPにて必ずご確認ください。

■学校情報 --

○校長　花山　吉徳　　○児童数　276 名　　○教員数　35 名

○安全対策	教員の登校時電車同乗	警備員の24時間常駐	防犯カメラ・センサー	AED設置
	登校時の交差点見守り	防災セット（水・非常食）	緊急地震速報受信装置	防災訓練実施
	入校時名札必着	ICタグによる登下校管理		

■入試情報 --

○ 入試結果

	2024年度		
	男子	女子	合計
応募者数	24 名	41 名	65 名
受験者数	24 名	41 名	65 名
合格者数	18 名	39 名	57 名

○ 選抜方法

ペーパー 有　運動 －　行動観察 有　制作 －

絵画 －　面接 親子　個別審査 有

○ 募集要項　※下記データは2023年実施済のもので、2024年度実施予定のものではありません。

募 集 人 員	男女計90名（全日程合計）
願 書 取 得 方 法	Web（学校HPより）
願 書 提 出 方 法	Web(学校HPへアクセスの上、ミライコンパスでの出願)
出 願 手 続 期 間	A日程8月28日～9月6日　B日程10月23日～11月9日　C日程2024年1月15日～25日
入 学 考 査 日	A日程9月8日・9日　B日程11月11日　C日程2024年1月27日
面 接 実 施 日	考査日と同日
合 格 発 表 日 時	A日程9月11日　B日程11月13日　C日程2024年1月27日　全て速達郵送
入 学 考 査 料	20,000円
入 学 手 続 き 期 日	A日程9月14日・15日　B日程11月16日・17日　C日程2024年2月1日・2日
入学手続き納入金額	入学金250,000円、教育振興協力費100,000円（1口以上但し、任意）、制服用制定品・教材・文具等200,000円

通学地域による応募制限 無　　編入試験 有　　帰国子女受入れ 有

■公開行事・説明会　※下記データは2023年実施済のもので、2024年度実施予定のものではありません。

3 月	－	7 月	入試説明会・体験学習会	11 月	体験学習会
4 月	ミニ学校見学会	8 月	－	12 月	学校説明会
5 月	オープンスクール	9 月	体験学習会	1 月	－
6 月	オープンスクール	10 月	学校説明会	2 月	オープンスクール

■学校から受験生へのメッセージ

四天王寺小学校は、仏教の教えをもとにお子様ひとりひとりの心を育む教育を根幹としています。また、探究学習を通して子どもが主体的に学びに向かい生涯において伸び続ける力を育成します。中学受験を支える教育施策として塾と連携した受験学習を校内で行うことで、児童期らしい心を育みながら希望の進路を切り拓くことを可能にする学校です。

城星学園小学校

■制服 有　■給食 有　■スクールバス 無　■アフタースクール 有　■系列校 有　■公開行事 有

■所在地　〒540-0004
大阪府大阪市中央区玉造2-23-26
TEL　06-6941-5977　FAX　06-6944-2662

■アクセス　　　　　　　　　　　■学校HP

●JR大阪環状線【森之宮】【玉造】より10分
●地下鉄中央線【森之宮】より徒歩10分
●地下鉄長堀鶴見緑地線【玉造】より徒歩6分

※アクセスについて、学校HPにて必ずご確認ください。

■学校情報 --

○校長　奥　栄三郎　　○児童数 639 名　男子 333 名　女子 306 名　　○教員数 41 名

○安全対策　警備員常駐　防犯カメラ設置　交通指導員配置　登下校確認システム　防犯ブザー携帯　AED設置
緊急通報・安否確認システム　看護師常駐　緊急地震速報装置　災害用品備蓄

■入試情報 --

○ 入試結果

	2024年度		
	男子	女子	合計
応募者数			
受験者数		非公表	
合格者数			

○ 選抜方法

ペーパー 有　運動 有　行動観察 有　制作 有

絵画 有　面接 有　個別審査 有

○ 募集要項　※下記データは2023年実施済のもので、2024年実施予定のものではありません。

募 集 人 員	男女 若干名
募 集 公 示 期 間	3月25日より
願 書 取 得 方 法	本校受付にて配布
願 書 提 出 方 法	指定期間中に学校に提出　第1次(内部)9月4日 (一般)9月5日〜9日　第2次2024年1月10日〜19日
入 学 考 査 日	第1次9月28日　第2次1月27日
面 接 実 施 日	第1次(内部)9月6日・7日 (一般)9月12日〜15日　第2次2024年1月23日〜25日
合 格 発 表 日 時	第1次9月30日速達で通知　第2次 速達で通知
入 学 考 査 料	20,000円
入 学 手 続 き 期 日	第1次10月4日　第2次2024年1月31日
入学手続き納入金額	220,000円

通学地域による応募制限 無　　編入試験 有　　帰国子女受入れ 有

■公開行事・説明会　※下記データは2023年実施済のもので、2024年実施予定のものではありません。

3 月 第1回学校説明会	7 月 個別相談会	11 月 第2回オープンスクール
4 月 －	8 月 －	12 月 －
5 月 第1回オープンスクール	9 月 －	1 月 第3回オープンスクール
6 月 第2回学校説明会	10 月 入試速報会	2 月 －

■学校から受験生へのメッセージ

学力の向上だけでなく心の教育を大切にしています。社会は大きく変化してきていますが、変わらないもの、それは、私たちは神に愛されている存在であること、そして神を求めていることだと思います。ですから一人ひとりをかけがえのない存在として大切にされる神の愛に基づいた教育、児童・保護者・教育者がひとつとなって歩んでいく教育共同体としての学校でありたいと思っております。

ジョウナンガクエンショウガッコウ

城南学園小学校

■制服 有　■給食 有　■スクールバス 無　■アフタースクール 有　■系列校 有　■公開行事 有

■所在地　〒546-0013
大阪府大阪市東住吉区湯里6-4-26

TEL　06-6702-5007

■アクセス

JR[天王寺]駅・地下鉄御堂筋線[長居]駅・地下鉄谷町線[喜連瓜破]駅からバスで[湯里6丁目]城南学園前停留所すぐ
近鉄南大阪線[矢田]駅下車北東へ約600ｍ(徒歩10分)

※アクセスについて、学校HPにて必ずご確認ください。

■学校HP

■学校情報

○校長 山北　浩之　　○児童数 227 名　　○教員数 29 名

○安全対策
登下校メールシステム　　登下校時、職員・警備員を門に配置　　防犯カメラ設置・モニター監視
入校許可証の義務づけ　　各教室に防犯ベル・蛍光ポール設置　　不審者対策防犯訓練
一斉メールシステムの導入

■入試情報

○ 入試結果

	2024年度		
	男子	女子	合計
応募者数			
受験者数		非公表	
合格者数			

○ 選抜方法　※非公表につき編集部調べ過去数年分

ペーパー 有　運動 －　行動観察 有　制作 －

絵画 －　面接 親子　個別審査 －

○ 募集要項　※下記データは2023年実施済のもので、2024年実施予定のものではありません。

募　集　人　員	男女計約70名
願 書 取 得 方 法	－
願 書 提 出 方 法	Web出願　一次8月25日〜9月11日　二次2024年1月9日〜23日
入 学 考 査 日	一次9月16日　二次2024年1月24日
面 接 実 施 日	一次9月12日〜14日　二次2024年1月24日
合 格 発 表 日 時	一次9月17日　二次2024年1月24日　※いずれも速達郵送
入 学 考 査 料	20,000円
入 学 手 続 き 期 日	－
入学手続き納入金額	220,000円

通学地域による応募制限 無　　編入試験 有　　帰国子女受入れ 有

■公開行事・説明会　※回答時未定につき、学校HPでご確認ください。

3 月 －	7 月 －	11 月 －
4 月 －	8 月 －	12 月 －
5 月 －	9 月 －	1 月 －
6 月 －	10 月 －	2 月 －

■学校から受験生へのメッセージ

その人の個性を十分に引き出してもらえる人は、魅力を備えた人です。この子のためには、何でもしてやりたいという魅力ある資質を備えさせることは、子育ての知恵です。知恵のない教育は、小ざかしい自分勝手な人間にしてしまいます。また、人格形成と学力向上は、教育の両輪です。どうかその点をしっかりと押さえたうえで、ご家族で入試に取り組んでいただけたらと考えています。

帝塚山学院小学校

■制服 **有** ■給食 **有** ■スクールバス **無** ■アフタースクール **有** ■系列校 **有** ■公開行事 **有**

■所在地　　〒558-0053
大阪府大阪市住吉区帝塚山中3-10-51
TEL　06-6672-1154　FAX　06-6672-1124
■アクセス　　　　　　　　■学校HP

南海高野線[帝塚山]駅下車すぐ
阪堺上町線[帝塚山3丁目]駅下車徒歩1分

※アクセスについて、学校HPにて必ずご確認ください。

■学校情報

○校長 神原　利浩　　○児童数 664 名　　　　　　○教員数 54 名

○安全対策　　校門で警備員が常駐　　緊急時非常ボタン設置　　ICタグによる登下校時刻メール配信

AEDを校内に3台設置　各教室から職員室への直通電話 登下校時、駅前にも警備員と教員が立つ

■入試情報

○ 1次と2次 合計結果

	2024年度		
	男子	女子	合計
応募者数	- 名	- 名	130 名
受験者数	- 名	- 名	121 名
合格者数	- 名	- 名	115 名

○ 選抜方法 ※非公表につき編集部調べ過去数年分

ペーパー	有	運動 有	行動観察 有	制作 －
絵画	－	面接 保護者	個別審査 有	

○ 募集要項　※下記データは2023年実施済のもので、2024年実施予定のものではありません。

募 集 人 員	男女計100名程度(附属幼稚園からの進学者約40名を含む)
募 集 公 示 期 間	－
願 書 取 得 方 法	－
願 書 提 出 方 法	1次:Web 8月21日〜9月13日16時まで　2次:Web 1月10日〜25日16時まで
入 学 考 査 日	1次：9月23日　2次：1月28日
面 接 実 施 日	1次:8月30日〜9月15日・18日の指定日　2次:1月28日
合 格 発 表 日 時	1次:9月25日　2次:1月28日
入 学 考 査 料	20,000円　銀行振込
入 学 手 続 き 期 日	1次:9月27日 9時〜14時45分　2次:1月29日13時〜15時
入学手続き納入金額	280,000円(入学金 250,000円、同窓会費 30,000円)

通学地域による応募制限 **無**　　編入試験 **有**　　帰国子女受入れ **有**

■公開行事・説明会　※2024年開催予定行事一覧(暫定)です。学校HPで開催日程を必ずご確認ください。

3 月 －	7 月 入試説明会(7/21)	11 月 －
4 月 学校見学会(4/26)	8 月 －	12 月 －
5 月 学校見学会(5/21)	9 月 －	1 月 －
6 月 学校説明会(6/9)、学校見学会(6/13)	10 月 －	2 月 －

■学校から受験生へのメッセージ

学院教育は、これまでの基礎学力の確かな習熟、本物を体験するための伝統に裏打ちされた各行事に加え、自らの力で問題解決に取り組む「自立・自学」の啓発と育成に取り組みます。多様化する社会情勢、グローバル社会にしっかりと向き合い、対応できる人材が求められる中、帝塚山学院小学校は豊かな、そして確かな学力、人間力を子どもたちが学びの中で感じることのできる教育を展開します。

ハツシバガクエンショウガッコウ

はつしば学園小学校

■制服 有　■給食 有　■スクールバス 有　■アフタースクール 有　■系列校 有　■公開行事 有

■所在地　〒５９９−８１２５
大阪府堺市東区西野194-1

TEL　072-235-6300　FAX　072-235-6302

■アクセス

大阪メトロ御堂筋線【新金岡】
南海高野線【北野田】【金剛】
泉北高速線【泉ヶ丘】【光明池】【和泉中央】
JR阪和線【和泉府中】
近鉄線【富田林】　各駅スクールバスあり

※アクセスについて、学校HPにて必ずご確認ください。

■学校HP

■学校情報

○校長 江川　順一　　○児童数 508 名　男子 293 名　女子 215 名　　○教員数 46 名

○安全対策　外周防犯カメラの設置　セキュリティモニター　警備員常駐　　ICタグ所持

AED設置　緊急地震速報受信機　携帯電話は届出制による許可

■入試情報

○ 入試結果

	2024年度		
	男子	女子	合計
応募者数	- 名	- 名	108 名
受験者数	- 名	- 名	名
合格者数	- 名	- 名	名

○ 選抜方法(2024年度)

ペーパー 有　運動 −　行動観察 有　制作 −

絵画 有　面接 有　個別審査 −

○ 募集要項　※下記データは2023年実施済のもので、2024年実施予定のものではありません。

募　集　人　員	90名
募 集 公 示 期 間	−
願 書 取 得 方 法	Web(学校HPより)
願 書 提 出 方 法	Web(学校HPより) 8月18日(金)〜8月31日(水)　9月21日(木)〜10月31日(水)　11月6日(月)〜2024年1月31日(水)
入 学 考 査 日	9月20日(水)　11月4日(土)　2024年2月3日(土)
面 接 実 施 日	9月9日(土)・10日(日)・13日(水)・14日(木)　11月4日(土)　2023年2月3日(土)
合 格 発 表 日 時	9月21日(木)　11月6日(月)　2024年2月5日(月)　※速達発送
入 学 考 査 料	20,000円
入 学 手 続 き 期 日	9月27日(水)　11月10日(金)　2024年2月9日(金)　　(各15時締切)
入学手続き納入金額	250,000円

通学地域による応募制限 無　　編入試験 有　　帰国子女受入れ 有

■学校から受験生へのメッセージ

　本校は「きくからはじまるはつ小の学び」を合い言葉に、「グループ・ペア学習」を取り入れています。子どもと子ども、子どもと教師の信頼関係を基盤として、共に学び合う授業、聴き合い・高め合える関係づくりに努めています。教師による一斉授業から脱却し、子どもが主役となり、互いの考えの違いを認め、話し合い、聴き合う中で、自分の考えを深化発展させ、新しい学びを生み出すことを目指します。本校は、２１世紀を力強く生き抜くために必要な「生きる力」を育てます。さらに、未来を見据えたはつしば教育として「英語教育」「テクノロジー教育」「はつしばサイエンス」など、時代のニーズに寄り添った教育活動を積極的に推進しています。

箕面自由学園小学校

■制服 有　■給食 有　■スクールバス 有　■アフタースクール 有　■系列校 無　■公開行事 無

■所在地　　〒560-0056
大阪府豊中市宮山町4-21-1
TEL　06-6852-8110　FAX　06-6852-7410

■アクセス　　　　　　　　　　　■学校HP

・阪急箕面線「桜井駅」徒歩7分
・阪急バス「春日町4丁目」徒歩7分
・「彩都西」「北千里」「千里中央」へ
　スクールバス運行

※アクセスについて、学校HPにて必ずご確認ください。

■学校情報
○校長 田中　良樹　　○児童数 176 名　男子 78 名　女子 98 名　　○教員数 25 名 (非常勤含む)

○安全対策　常駐警備員の配置　防犯ブザーの配布　登下校時の見守り　携帯電話所持許可　校舎扉に電子錠設置
　　　　　　ミマモルメ導入　　　避難・防犯訓練　緊急時一斉メール

■入試情報

○ 入試結果

	2024年度		
	男子	女子	合計
応募者数	43 名	33 名	76 名
受験者数	42 名	31 名	73 名
合格者数	32 名	28 名	60 名

○ 選抜方法

ペーパー 有　運動 有　行動観察 有　制作 有

絵画 有　面接 有　個別審査 有

○ 募集要項　※下記データは2023年実施済のもので、2024年実施予定のものではありません。

募　集　人　員	50名
募 集 公 示 期 間	-
願 書 取 得 方 法	Web（学園HPより）
願 書 提 出 方 法	Web（学園HPへアクセス上、ミライコンパスでの出願）　8月5日〜21日
入 学 考 査 日	A日程（9月9日・10日）
面 接 実 施 日	A日程（8月26日・27日・9月2日・3日）
合 格 発 表 日 時	Webと郵送　A日程（9月11日）
入 学 考 査 料	15,500円
入 学 手 続 き 期 日	A日程（9月11日〜14日）
入学手続き納入金額	220,000円

通学地域による応募制限 無　　編入試験 有　　帰国子女受入れ 有

■公開行事・説明会　※2024年開催予定行事一覧(暫定)です。学校HPで開催日程を必ずご確認ください。

3 月　－	7 月　入試説明会・入試体験会	11 月　－
4 月　－	8 月	12 月　－
5 月　学校説明会	9 月　－	1 月　－
6 月　体験入学	10 月　－	2 月　－

■学校から受験生へのメッセージ

箕面自由学園の建学の精神である「豊かな自然環境を基盤に、体験と実践を通して伸び伸びと個性を発揮できる、教養
高い社会人の育成」のもと、子どもが夢を持ち、自らのなりたい姿に向かって子どもらしく五感を使い、主体的に学ぶ
ことができる教育を実践しています。

近畿大学附属小学校

■制服 有　■給食 有　■スクールバス 無　■アフタースクール 有　■系列校 有　■公開行事 有

■所在地　　〒631-0032
奈良県奈良市あやめ池北1-33-3
TEL　0742-53-1200　FAX　0742-53-1201

■アクセス　　　　　　　　■学校HP

近鉄奈良線「菖蒲池（近畿大学附属小学校・幼稚園前）駅」下車北すぐ）

※アクセスについて、学校HPにて必ずご確認ください。

■学校情報 --

○校長　森田　哲　　○児童数 672 名　男子 385 名　女子 287 名　○教員数 56 名

○安全対策　警備員常駐　防犯カメラ設置　入校時名札必着　緊急連絡メール　防災グッズ完備　AED設置
　　　　　　登下校時教員立哨　駅前すぐ正門　子供向け携帯電話推奨　登下校時メール通知

■入試情報 --

○ 入試結果

	2024年度		
	男子	女子	合計
応募者数	81 名	61 名	142 名
受験者数	- 名	- 名	- 名
合格者数	72 名	56 名	128 名

(内部進学含む)

○ 選抜方法

ペーパー 有　運動 －　行動観察 有　制作 －

絵画 －　面接 保護者　個別審査 有

○ 募集要項　※下記データは2024年実施予定のものです。

募　集　人　員	男女計115名　※附属幼稚園からの内部進学者含む
募 集 公 示 期 間	5月から
願 書 取 得 方 法	Web（学校HPより）
願 書 提 出 方 法	Web（学校HPへアクセスの上、ミライコンパスでの出願）
入 学 考 査 日	9月18日(水)
面 接 実 施 日	9月14日(土)
合 格 発 表 日 時	9月20日(金)
入 学 考 査 料	20,000円
入 学 手 続 き 期 日	9月20日(金)〜27日(金)
入学手続き納入金額	200,000円(入学金)

通学地域による応募制限 無　　編入試験 有　　帰国子女受入れ 無

■公開行事・説明会　※2024年開催予定行事一覧(暫定)です。学校HPで開催日程を必ずご確認ください。

3 月	－	7 月	近小入試ナビ	11 月	近小焼展＆説明会
4 月	春の学校説明会	8 月	－	12 月	近小クリスマススクール
5 月	近小プレスクール	9 月	入学試験	1 月	2次入試・編入試験説明会
6 月	近小プレスクール	10 月	入試報告会	2 月	近小プレスクール

■学校から受験生へのメッセージ

本校は、ビオトープやツリーハウスなどがある自然豊かな学校です。運動場は人工芝の緑、木の校舎の上には広い空。そこで子どもたち一人ひとりが、自分らしさを大切にしながら、元気に真面目に頑張る毎日を過ごしています。そんな子供たちの様子を、ぜひ一度ご覧ください。個別見学はいつでも受け付けています。

智辯学園奈良カレッジ小学部

■制服 有　■給食 有　■スクールバス 有　■アフタースクール 有　■系列校 有　■公開行事 有

■所在地　　〒639-0253
奈良県香芝市田尻265番地

TEL　0745-79-1111　FAX　0745-79-8852

■アクセス　　　　　　　　　　　■学校HP

近鉄大阪線関屋駅、近鉄南大阪線上ノ太子駅、ＪＲ大和路線高井田駅各駅よりスクールバス

※アクセスについて、学校HPにて必ずご確認ください。

■学校情報

○校長 山本　博正　　○児童数 170 名　○教員数 32 名

○安全対策　　警備員常駐　オートロックシステム　不審者警報ボタン　防犯カメラ　ＡＥＤ
非常食の備蓄　緊急連絡メール　入校時名札着用　SECOMによる機械警備

■入試情報

○ 入試結果	2024年度		
	男子	女子	合計
応募者数			
受験者数		非公表	
合格者数			

○ 選抜方法

ペーパー 有　運動 －　行動観察 有　制作 有

絵画 －　面接 親子　個別審査 有

○ 募集要項　※下記データは2023年実施済のもので、2024年実施予定のものではありません。

募　集　人　員	男女約60名(1次・2次入試合計で)
願　書　取　得　方　法	Web(公式サイトより)
願　書　提　出　方　法	Web(公式サイトへアクセスの上、miraicompassでの出願)
出　願　期　間	1次8月20日〜8月25日　2次1月26日〜2月1日
入　学　考　査　日	1次:月14日　2次2月3日
面　接　実　施　日	1次9月2日・9月3日・9月9日のいずれか1日　2次考査当日
合　格　発　表　日　時	公式サイトにて　1次9月15日14:00〜　2次2月5日14:00〜
入　学　考　査　料	20,000円
入　学　手　続　き　期　日	1次9月15日14:00〜9月20日、2次2月5日14:00〜2月9日
入学手続き納入金額	入学金200,000円、制服・制定品代約150,000円

通学地域による応募制限 無　　編入試験 有　　帰国子女受入れ 有

■公開行事・説明会　※2024年開催予定行事一覧(暫定)です。学校HPで開催日程を必ずご確認ください。

３月　春のカレッジフェスタ　　　７月　入試説明会・カレッジツアー　　11月　秋のカレッジフェスタ・カレッジツアー
４月　学校説明会・オープンキャンパス　８月　－　　　　　　　　　　　12月　学校説明会
５月　カレッジツアー　　　　　　　９月　－　　　　　　　　　　　　　１月　カレッジツアー
６月　体験入学会・カレッジツアー　10月　カレッジツアー　　　　　　　２月　カレッジツアー

■学校から受験生へのメッセージ

"愛のある教育"を原点とし、「能力を最大に伸ばす」「豊かな人間性を培う」を２本柱に、"みらい型のリーダー"を育てることに力を注いでいます。豊かな自然に囲まれた学び舎で、子どもたちは生き生きと活動しています。個別見学も随時受け付けていますので、ぜひ一度本校の様子をご覧ください。

帝塚山小学校

■制服 有　■給食 有　■スクールバス 無　■アフタースクール 有　■系列校 有　■公開行事 有

■所在地　　〒631-0034
奈良県奈良市学園南3-1-3
TEL　0742-41-9624　FAX　0742-41-9634
■アクセス　　　　　　　　　　　　■学校HP
近鉄奈良線　[学園前]駅南側すぐ
近鉄難波から快速急行26分

※アクセスについて、学校HPにて必ずご確認ください。

■学校情報 --

○校長 野村　至弘　　○児童数 427 名　男子 145 名　女子 282 名　○教員数 43 名

○安全対策
警備員常駐　警備員校内巡回　緊急連絡メール　防犯カメラ設置　　AED設置
登下校防犯　防災グッズ完備　登下校確認メール　入校時入構証必着　防災情報通報システム

■入試情報 --

○ 入試結果

	2024年度 男子	女子	合計
応募者数	30 名	49 名	79 名
受験者数	26 名	47 名	73 名
合格者数	23 名	45 名	68 名

○ 選抜方法

ペーパー	有	運動	有	行動観察	有	制作	－
絵画	－	面接	保護者	個別審査	－		

○ 募集要項　※下記データは2023年実施済のもので、2024年実施予定のものではありません。

募 集 人 員	男女計70名※内部幼稚園からの内部進学者含む
募 集 公 示 期 間	2月25日より
願 書 取 得 方 法	説明会にて配布・希望者郵送・事務室窓口配布
願 書 提 出 方 法	郵送・最終日のみ窓口受付　【1次】8月28日～9月5日　【2次】2024年1月15日～19日
入 学 考 査 日	【1次】9月23日　【2次】1月27日
面 接 実 施 日	【1次】9月9日～10日※学校指定日　【2次】は試験当日
合 格 発 表 日 時	当日郵送
入 学 考 査 料	15,000円
入 学 手 続 き 期 日	【1次】9月26日～10月2日　【2次】1月29日～2月5日
入学手続き納入金額	180,000円(入学金)

通学地域による応募制限 無　　編入試験 有　　帰国子女受入れ 有

■公開行事・説明会　※2024年開催予定行事一覧(暫定)です。学校HPで開催日程を必ずご確認ください。

3月	－	7月	－	11月	－
4月	－	8月	－	12月	－
5月	－	9月	－	1月	－
6月	－	10月	－	2月	－

■学校から受験生へのメッセージ

近鉄学園前駅南側すぐのところに学園キャンパスがあります。駅改札から歩道橋で直接入構できます。正門横に警備員が常駐し安全対策は万全です。本物に触れる体験を重視した教育。おしらせ学習では対象物をじっくり見つめ、意見を交換し合います。大切なコミュニケーション能力が身につきます。まずは学校をご覧下さい。

ナライクエイグローバルショウガッコウ

奈良育英グローバル小学校

■制服 有　■給食 有　■スクールバス 無　■アフタースクール 有　■系列校 有　■公開行事 有

■所在地　〒６３０ - ８５５８
奈良県奈良市法蓮町1000番地
TEL　0742-26-2847　FAX　0742-26-3004
■アクセス　　　　　　　　　　■学校HP
近鉄奈良線[近鉄奈良]駅徒歩10分
またはＪＲ線[奈良]駅よりバス10分

※アクセスについて、学校HPにて必ずご確認ください。

■学校情報 ---

○校長 加藤　守弘　　○児童数 92 名　　○教員数 16 名

○安全対策　　通用門設置　　防犯カメラ設置　警備員配置　　防犯ブザー　　　下校時の立哨・引率

■入試情報 ---

○ 入試結果

	2024年度		
	男子	女子	合計
応募者数			
受験者数		非公表	
合格者数			

○ 選抜方法　※非公表につき編集部調べ過去数年分

ペーパー 有	運動 有	行動観察 有	制作 －
絵画 －	面接 親	個別審査 －	

○ 募集要項　※下記データは2023年実施済のもので、2024年実施予定のものではありません。

募　集　人　員	【1次】男女計30名　【1.5次】男女若干名　【2次】男女若干名
募 集 公 示 期 間	－
願 書 取 得 方 法	－
願 書 提 出 方 法	【1次】8月28日～9月13日　　【2次】2024年1月31日～2月7日
入 学 考 査 日	【1次】9月17日　【2次】2024年2月10日
面 接 実 施 日	【1次】9月16日　【2次】2024年2月10日
合 格 発 表 日 時	【1次】9月18日(Web)・19日(郵送)　【2次】2024年2月11日(Web)・13日(郵送)
入 学 考 査 料	15,000円、郵送費664円
入 学 手 続 き 期 日	【1次】9月19日～26日　【2次】2024年2月13日～20日
入学手続き納入金額	入学金100,000円、施設設備資金50,000円

通学地域による応募制限 無　　編入試験 有　　帰国子女受入れ 無

■公開行事・説明会　※回答時未定につき、学校HPでご確認ください。

3 月 －	7 月 －	11 月 －
4 月 －	8 月 －	12 月 －
5 月 －	9 月 －	1 月 －
6 月 －	10 月 －	2 月 －

■学校から受験生へのメッセージ

児童一人ひとりの個性を大切にし、小規模のよさとして１年～６年のつながりを重要視した、きめの細かい教育をおこなっています。

奈良学園小学校

■制服 有　■給食 有　■スクールバス 有　■アフタースクール 有　■系列校 有　■公開行事 有

■所在地　〒631-8522
奈良県奈良市中登美ヶ丘3-15-1
TEL　0742-93-5111　FAX　0742-47-9922

■アクセス　　　　　　　　　　　■学校HP
・近鉄「学研奈良登美ヶ丘」より徒歩8分
・近鉄「学園前」「高の原」駅よりスクール
バスあり

※アクセスについて、学校HPにて必ずご確認ください。

■学校情報

○校長 梅田　真寿美　○児童数 326 名　男子 168 名　女子 158 名　○教員数 30 名

○安全対策
警備員の常駐　　防犯カメラ　　保護者入校証着用　　門にインターホン設置
水・非常食の備蓄　　AEDの設置　　防災避難訓練の実施　　登下校スクールガード
GPS・携帯所持（届出制）　　登下校お知らせメールシステム

■入試情報

○ 入試結果

	2024年度（A・B日程のみ）		
	男子	女子	合計
応募者数	- 名	- 名	65 名
受験者数	- 名	- 名	65 名
合格者数	- 名	- 名	57 名

○ 選抜方法

ペーパー	有	運動	有	行動観察	有	制作	有
絵画	-	面接	保護者	個別審査	-		

○ 募集要項　※下記データは2023年実施済のもので、2024年実施予定のものではありません。

募 集 人 員	男女計90名※附属幼稚園からの内部進学者を含む
募 集 公 示 期 間	4月上旬
願 書 取 得 方 法	Web（学校HPより）
願 書 提 出 方 法	Web(学校HPより)【A日程】8月21日〜9月3日【B日程】10月30日〜11月12日【C日程】2024年1月19日〜2月11日
入 学 考 査 日	【A日程】9月9日・10日から指定する日時と15日【B日程】11月18日【C日程】2024年2月17日
面 接 実 施 日	【A日程】9月18・19日から指定する日時　【B日程】考査日と同日　【C日程】考査日と同日
合 格 発 表 日 時	【A日程】9月16日13時〜【B日程】11月21日13時〜【C日程】2024年2月20日13時〜　※学校HPにて発表
入 学 考 査 料	15,000円
入 学 手 続 き 期 日	【A日程】9月24日まで　【B日程】11月27日まで　【C日程】2024年2月26日まで
入学手続き納入金額	200,000円

通学地域による応募制限 無　　編入試験 有　　帰国子女受入れ 有

■公開行事・説明会　※2024年開催予定行事一覧(暫定)です。学校HPで開催日程を必ずご確認ください。

3月 －	7月 入試説明会	11月 －
4月 授業見学会・学校説明会	8月 －	12月 －
5月 －	9月 －	1月 －
6月 テスト体験会	10月 －	2月 －

■学校から受験生へのメッセージ

本校がある奈良登美ヶ丘は、住みたい街上位に選ばれる人気エリア。閑静な住宅街の中にある緑豊かな広大なキャンパスで、子どもたちは伸び伸びと学び、元気に過ごしています。アフタースクールもあり、放課後の学習も充実。ICT機器を十分に活用することで、日々変化する社会に適応できる人材の育成を目指します。

暁小学校

■制服 有　■給食 有　■スクールバス 有　■アフタースクール 有　■系列校 有　■公開行事 有

■所在地　〒５１０-８０２２
三重県四日市市蒔田3-3-37
TEL　059-365-3664　FAX　059-365-7116

■アクセス
近鉄名古屋線[川越富洲原]駅下車
徒歩6分
スクールバス―[四日市笹川]便、[桑名大山田]便
※アクセスについて、学校HPにて必ずご確認ください。

■学校HP

■学校情報 ---

○校長 相馬　哲　　　○児童数 約350 名　　　　　○教員数 30 名

○安全対策　　入校証　　　交通指導員配備　電子ロック門扉　携帯メール連絡システム
　　　　　　　防犯カメラ　最寄り駅までの送迎

■入試情報 ---

○ 入試結果

	2024年度		
	男子	女子	合計
応募者数			
受験者数	非公表		
合格者数			

○ 選抜方法　※非公表につき編集部調べ過去数年分

ペーパー 有　運動 －　行動観察 有　制作 －

絵画 －　面接 親子　個別審査 有

○ 募集要項　※下記データは2023年実施済のもので、2024年実施予定のものではありません。

募 集 人 員	男女　約60名
募 集 公 示 期 間	－
願 書 取 得 方 法	説明会時に配布　Web資料請求可
願 書 提 出 方 法	持参　10月16日〜25日
入 学 考 査 日	11月5日
面 接 実 施 日	10月28日または29日
合 格 発 表 日 時	郵送　11月7日
入 学 考 査 料	10,000円
入 学 手 続 き 期 日	－
入学手続き納入金額	入学金45,000円　教育充実費200,000円

通学地域による応募制限 無　　編入試験 有　　帰国子女受入れ 有

■公開行事・説明会　※回答時未定につき、学校HPでご確認ください。

3 月 －	7 月 －	11 月 －
4 月 －	8 月 －	12 月 －
5 月 －	9 月 －	1 月 －
6 月 －	10 月 －	2 月 －

■学校から受験生へのメッセージ

暁小学校は、学園建学の教育理念「人間たれ」に基づく愛と感謝を基調とした人間教育を実践しています。教育目標として「子どもたちが安心して学習し、落ち着いて行動できる」学校を目指し、実践テーマ「学び合い・認め合い・深め合い」の関係づくりのもとに、協働する子どもたちの人間力と高い学力を育んでいます。

智辯学園和歌山小学校

■制服 有　■給食 有　■スクールバス 無　■アフタースクール 有　■系列校 有　■公開行事 有

■所在地　　〒640-0392
和歌山県和歌山市冬野2066-1
TEL　073-479-1200　FAX　073-479-2827
■アクセス　　　　　　　　　　　　■学校HP
JRきのくに本線[黒江]駅より
徒歩10分

※アクセスについて、学校HPにて必ずご確認ください。

■学校情報 --

○校長 渡瀬　金次郎　○児童数 421 名　男子 218 名　女子 203 名　○教員数 40 名

○安全対策　　防犯カメラ設置　AED設置　　緊急連絡メール　防災グッズ完備　登下校防犯

　　　　　　　入校時名札必着　最寄り駅まで教員引率

■入試情報 --

○ 入試結果

	2024年度		
	男子	女子	合計
応募者数	37 名	26 名	63 名
受験者数	34 名	25 名	59 名
合格者数	31 名	24 名	55 名

○ 選抜方法

ペーパー	有	運動	－	行動観察	有	制作	－
絵画	－	面接	親子	個別審査	有		

○ 募集要項　※下記データは2025年度児童募集（2024年実施予定）のものです。

募 集 人 員	A日程 男女計80名　B日程 男女若干名 ※いずれも専願のみ
募 集 公 示 期 間	A日程7月20日〜31日　B日程12月14日〜2025年1月12日
願 書 取 得 方 法	Web(学校HPより)
願 書 提 出 方 法	Web(学校HPへアクセスの上、ミライコンパスでの出願)
入 学 考 査 日	A日程9月15日9時より　B日程2025年1月26日9時より
面 接 実 施 日	A日程8月24日・25日・27日〜29日午後　B日程2025年1月25・26日のいずれか　※指定日時を通知
合 格 発 表 日 時	学校HP及び郵送 A日程9月18日17時より　B日程2025年1月28日17時より
入 学 考 査 料	20,000円　Web決済
入 学 手 続 き 期 日	Web A日程9月18日〜24日　B日程2025年1月28日〜2月4日
入学手続き納入金額	200,000円(入学金)　約180,000円(制定品代)

通学地域による応募制限 無　　編入試験 有　　帰国子女受入れ 無

■公開行事・説明会　※2024年開催予定行事一覧(暫定)です。学校HPで開催日程を必ずご確認ください。

3 月	学校見学ツアー	7 月	親子で星を観る会	11 月	CHIBEN FESTIVAL・運動会
4 月	－	8 月	－	12 月	オープンスクール
5 月	親子学校見学会	9 月	－	1 月	－
6 月	入試説明会	10 月	－	2 月	和歌山県私立幼保小教育フェア文化祭

■学校から受験生へのメッセージ

オープンスクールや親子学校見学会では、英語や理科実験などの『体験授業』と、児童たちが授業している様子を見学する『授業見学ツアー』を行います。昨年度の来校者アンケートでは☆4.6（五段階評価）をいただきました。ぜひご来校いただき、本校の特色である、児童たちが主体的に活躍する様子や教員たちとの楽しい授業を体験してください。

愛徳学園小学校

■制服 有　■給食 有　■スクールバス 有　■アフタースクール 有　■系列校 有　■公開行事 有

■所在地　〒655-0037
兵庫県神戸市垂水区歌敷山3-6-49
TEL　078-708-5353　FAX　078-708-5497

■アクセス

ＪＲ神戸線[舞子]駅下車バス10分
ＪＲ[垂水]駅下車バス8分
山陽電鉄[霞ヶ丘]駅下車徒歩15分

※アクセスについて、学校HPにて必ずご確認ください。

■学校HP

■学校情報 --

○校長 眞浦 由美子　○児童数 90 名　女子 90 名　○教員数 20 名

○安全対策　　集団下校(引率)　インターホンにて来校者チェック　県警「ひょうご防犯ネット」閲覧よびかけ
　　　　　　　防災訓練　　　　メール送信確認システム　　　　　防犯カメラ設置

■入試情報 --

○ 入試結果

	2024年度		
	男子	女子	合計
応募者数			
受験者数		非公表	
合格者数			

○ 選抜方法　※非公表につき編集部調べ過去数年分

ペーパー	有	運動	有	行動観察	有	制作	－
絵画	－	面接	親子	個別審査	－		

○ 募集要項　※下記データは2023年実施済のもので、2024年実施予定のものではありません。

募 集 人 員	女子　約40名
募 集 公 示 期 間	5月13日～
願 書 取 得 方 法	Web
願 書 提 出 方 法	Web出願【A】8月31日～9月7日【B】9月20日～28日【C】12月6日～14日【D】2024年1月5日～11日
入 学 考 査 日	【A】9月9日　【B】9月30日　【C】12月16日　【D】2024年1月13日
面 接 実 施 日	試験同日
合 格 発 表 日 時	試験同日
入 学 考 査 料	20,000円
入 学 手 続 き 期 日	【A】9月14日　【B】10月4日　【C】12月21日　【D】2024年1月18日
入学手続き納入金額	入学金230,000円　施設費80,000円　協力費50,000円　保護会入会金5,000円　制服、体操着、その他学校規定用品約120,000円

通学地域による応募制限 無　　編入試験 有　　帰国子女受入れ 有

■公開行事・説明会　※回答時未定につき、学校HPでご確認ください。

3 月 －	7 月 －	11 月 －
4 月 －	8 月 －	12 月 －
5 月 －	9 月 －	1 月 －
6 月 －	10 月 －	2 月 －

■学校から受験生へのメッセージ

本学園小・中・高校では、キリスト教に基づく「愛の教育」を推進しています。各教科の基礎基本をしっかり培うとともに、豊かな人間愛に根差す高い知性、優れた徳性、強い意志とたくましい体をもち、国際社会に貢献しうる人材の育成を図っています。創立時から小学1年より英語、宗教教育を実施しています。世界各地に姉妹校があります。

私立　女子　カトリック　　オバヤシセイシンジョシガクインショウガッコウ

小林聖心女子学院小学校

■制服 有　■給食 無　■スクールバス 無　■アフタースクール 有　■系列校 有　■公開行事 有

■所在地　〒665-0073

兵庫県宝塚市塔の町3-113

TEL　0797-72-7321　FAX　0797-72-5716

■アクセス　　　　　　　　　　■学校HP

阪急今津線[小林]駅下車徒歩7分

※アクセスについて、学校HPにて必ずご確認ください。

■学校情報 --

○校長　棚瀬　佐知子　○児童数　334 名　女子 334 名　○教員数　38 名

○安全対策　警備員常駐　防犯カメラ設置　入校時入校証必着　児童避難訓練実施　県警ホットライン設置

防災グッズ完備　全教職員PHS携帯　緊急連絡メール　AED設置・講習実施　校門通過メールシステム

■入試情報 --

○ 入試結果

	2024年度		
	男子	女子	合計
応募者数	- 名	68 名	68 名
受験者数	- 名	67 名	67 名
合格者数	- 名	64 名	64 名

○ 選抜方法

ペーパー	有	運動	-	行動観察	有	制作	有
絵画	有	面接	親子	個別審査	-		

○ 募集要項　※下記データは2023年実施済のもので、2024年実施予定のものではありません。

募 集 人 員	女子60名
募 集 公 示 期 間	5月中旬より
願 書 取 得 方 法	紙の願書なし。5月中旬以降、Web出願の内容を本校Web Siteよりダウンロード可。
願 書 提 出 方 法	Web出願【A・B日程】8月1日〜24日【C日程】12月4日〜22日
入 学 考 査 日	【A日程】9月9日　【B日程】9月11日　【C日程】2024年1月13日
面 接 実 施 日	【A日程・B日程】9月2日・3日　※学校指定日1日　【C日程】2024年1月6日
合 格 発 表 日 時	【A日程】9月10日【B日程】9月12日【C日程】2024年1月15日　※合否紹介サイトと郵送にて発表
入 学 考 査 料	20,000円
入 学 手 続 き 期 日	【A日程・B日程】9月13日　【C日程】2024年1月19日
入学手続き納入金額	500,000円（入学金400,000円、施設費100,000円）

通学地域による応募制限 有　　編入試験 有　　帰国子女受入れ 有　　※新2〜5年生：5〜10名募集

■公開行事・説明会　※2024年開催予定行事一覧(暫定)です。学校HPで開催日程を必ずご確認ください。

3 月　オープンスクール　　　　　　7 月　夏季個別相談会、転入試・帰国生入試説明会　11 月　授業見学ツアー、入試説明会

4 月　－　　　　　　　　　　　　　8 月　－　　　　　　　　　　　　　　　　　　12 月　冬季個別相談会、クリスマス・キャロル

5 月　学院祭Come and See Day、学校説明会・授業体験　9 月　－　　　　　　　　　　　1 月　－

6 月　授業見学ツアー、Stage I 運動会、入試説明会・入試体験　10 月　StageII体育祭、StageIII体育祭　2 月　－

■学校から受験生へのメッセージ

創立より100年の長い歴史の中で、小・中・高12年一貫教育を実践してきました。伝統に育まれた独自の女子教育スタイルを守りなが
ら、6-3-3制から4-4-4制へという未来志向の学校づくりを行っています。緑あふれる広大な自然環境の中で、「自分らしさ」を大切にし
た6歳から18歳までの充実したスクールライフを送ることができます。

関西学院初等部

■制服 有　■給食 無　■スクールバス 無　■アフタースクール 有　■系列校 有　■公開行事 有

■所在地　〒665-0844
兵庫県宝塚市武庫川町6-27
TEL　0797-81-5500　FAX　0797-81-5010

■アクセス　　　　　　　　**■学校HP**
阪急電鉄・JR[宝塚]駅下車徒歩15分
阪急電鉄[宝塚南口]駅下車徒歩10分

※アクセスについて、学校HPにて必ずご確認ください。

■学校情報

○院長 中道　基夫　　○児童数 541 名　　○教員数 47 名

○安全対策

| 保護者は入構証を所持 | 警備員常駐、巡回 | 監視カメラも死角がないように配置 |
| ICタグによる登下校管理 | 災害時の備蓄体制整備 | 高度なセキュリティを敷地内、外周に配備 |

■入試情報

○ 入試結果

	\multicolumn{3}{c}{2024年度}
	男子	女子	合計
応募者数			
受験者数	\multicolumn{3}{c}{非公表}
合格者数			

○ 選抜方法　※非公表につき編集部調べ過去数年分

ペーパー 有　運動 有　行動観察 有　制作 有

絵画 －　面接 親子　個別審査 －

○ 募集要項　※下記データは2023年実施済のもので、2024年実施予定のものではありません。

募　集　人　員	【A入試】 男女計80名　【B入試】 男女計10名
募 集 公 示 期 間	－
願 書 取 得 方 法	Web
願 書 提 出 方 法	Web出願　【A入試】7月10日~7月18日　【B入試】9月14日~25日
入 学 考 査 日	【A入試】9月11日　【B入試】10月14日
面 接 実 施 日	【A入試】8月23日~9月10日　【B入試】10月10日~13日
合 格 発 表 日 時	Webにて　【A入試】9月14日　【B入試】10月16日
入 学 考 査 料	20,000円
入 学 手 続 き 期 日	【A入試】9月15日まで　【B入試】10月20日まで
入学手続き納入金額	入学金　200,000円

通学地域による応募制限 無　　編入試験 有　　帰国子女受入れ 有

■公開行事・説明会　※2024年開催予定行事一覧(暫定)です。学校HPで開催日程を必ずご確認ください。

3 月 体験授業	7 月 －	11 月 ダブルふれあいデー
4 月 学校説明会	8 月 －	12 月 私立小学校フェア
5 月 オープン授業	9 月 －	1 月 体験授業・入試報告会
6 月 入試説明会	10 月 －	2 月 個別進学相談会

■学校から受験生へのメッセージ

初等部では、あらゆる場面で「挨拶(礼儀・コミュニケーション)」を大切にしています。それが人との豊かな関わりのきっかけであり、互いに相手を大切にする気持ちを表すものだからです。その心が、豊かな情操の育成につながります。子どもたちは日々、人への思いやりや尊敬の気持ち、優しさ、友情といった目に見えないものの大切さを学んでいます。

甲子園学院小学校

■制服 有　■給食 無　■スクールバス 有　■アフタースクール 有　■系列校 有　■公開行事 有

■所在地　　〒663-8104
兵庫県西宮市天道町10-15
TEL　0798-67-2366　FAX　0798-67-6814
■アクセス　　　　　　　　　　■学校HP
JR神戸線[甲子園口]駅下車徒歩7分
阪急神戸線[西宮北口]駅より
阪急バス[甲子園学院前]下車すぐ

※アクセスについて、学校HPにて必ずご確認ください。

■学校情報 --

○校長 中道　一夫　　○児童数 94 名 ○教員数 17 名

○安全対策　警備員24時間体制　ツイタもん(学校防犯システム) メルポコ(一斉メール)　防犯カメラ
携帯電話所持許可　「安全教室」の実施(3-6年)　「あんしん教室」の実施(1・2年)

■入試情報 --

○ 入試結果

	2024年度		
	男子	女子	合計
応募者数	8 名	11 名	19 名
受験者数	8 名	11 名	19 名
合格者数	7 名	11 名	18 名

○ 選抜方法　※非公表につき編集部調べ過去数年分

ペーパー 有　運動 有　行動観察 有　制作 有

絵画 有　面接 親子　個別審査 有

○ 募集要項　※下記データは2024年実施予定のものです。

募集人員	男女計約60名
募集公示期間	−
願書取得方法	−
願書提出方法	窓口提出　【一次】8月16日・19日・20日　【二次】2025年1月16日・17日
入学考査日	【一次】9月7日　【二次】2024年1月25日
面接実施日	【一次】8月22日〜27日　【二次】2024年1月22日・23日
合格発表日時	【一次】9月8日　【二次】1月26日
入学考査料	20,000円
入学手続き期日	【一次】9月14日・15日　【二次】2024年2月1日・2日
入学手続き納入金額	入学金 350,000円

通学地域による応募制限 無　　編入試験 有　　帰国子女受入れ 有

■公開行事・説明会　※回答時未定につき、学校HPでご確認ください。

3 月 −	7 月 −	11 月 −
4 月 −	8 月 −	12 月 −
5 月 −	9 月 −	1 月 −
6 月 −	10 月 −	2 月 −

■学校から受験生へのメッセージ

校訓「黽勉(びんべん)努力」「和衷共同」「至誠一貫」を基本理念として「学校は勉強するところである」をモットーに、思考と体験に支えられた知力、思いやりのある徳力、鍛錬を通しての体力の育成を目指しています。

甲南小学校

■制服 **有**　■給食 **無**　■スクールバス **無**　■アフタースクール **有**　■系列校 **有**　■公開行事 **有**

■所在地　〒658-0051
兵庫県神戸市東灘区住吉本町1-12-1
TEL　078-841-1201　FAX　078-854-5841

■アクセス
JR神戸線[住吉]駅より徒歩5分

■学校HP

※アクセスについて、学校HPにて必ずご確認ください。

■学校情報

○校長　祢津　芳信　　○児童数 341 名　男子 170 名　女子 171 名　　○教員数 31 名

○安全対策
警備員常駐　防犯カメラ設置　入校時名札着用　防犯教室　ミマモルメシステム
集団登下校　緊急連絡メール　児童用携帯電話　交通安全教室　正門オートロック

■入試情報

○入試結果

	2024年度		
	男子	女子	合計
応募者数	18 名	14 名	32 名
受験者数	18 名	14 名	32 名
合格者数	14 名	13 名	27 名

○選抜方法

ペーパー	有	運動	有	行動観察	有	制作	－
絵画	－	面接	親子	個別審査	－		

○募集要項　※下記データは2023年実施済のもので、2024年実施予定のものではありません。

募　集　人　員	男女計25名
募集公示期間	4月1日より
願書取得方法	Web(学校HPより 7月1日～)　※学校説明会・入試説明会等でも配布
願書提出方法	【A日程】7月24日～8月4日　【B日程】2024年1月9日～1月19日　※いずれも郵送
入学考査日	【A日程】9月9日　【B日程】2024年2月3日
面接実施日	【A日程】8月24日～8月31日　【B日程】2024年1月23日～25日　※学校指定日
合格発表日時	【A日程】9月9日　【B日程】2024年2月3日　※いずれも郵送
入学考査料	20,000円
入学手続き期日	【A日程】9月13日　【B日程】2024年2月7日
入学手続き納入金額	400,000円(入学金)

通学地域による応募制限 **無**　　編入試験 **有**　　帰国子女受入 **無**

■公開行事・説明会　※2024年開催予定行事一覧(暫定)です。学校HPで開催日程を必ずご確認ください。

3月	体験学習(年中児対象)	7月	－	11月	オープンスクール
4月	－	8月	－	12月	－
5月	学校説明会	9月	－	1月	－
6月	入試説明会	10月	運動会	2月	学習発表会

■学校から受験生へのメッセージ

建学の精神である『人格の修養と健康の増進を第一義とし個性に応じて天賦の才能を発揮させる』をもとに、「思いやりのある子」「あきらめない子」「考える子」を学校目標に掲げ、徳・体・知のバランスのとれた人間教育に力を入れています。卒業後は、ほとんどの子が、内部推薦テストにより、男子は甲南中学校、女子は甲南女子中学校へと進学します。

神戸海星女子学院小学校

■制服 有　■給食 無　■スクールバス 無　■アフタースクール 有　■系列校 有　■公開行事 有

■所在地　　〒657-0805
兵庫県神戸市灘区青谷町2-7-1

TEL　078-801-5111　FAX　078-801-6166

■アクセス　　　　　　　　　　■学校HP

阪急神戸線[王子公園]駅下車徒歩10〜13分
JR神戸線[灘]駅下車徒歩12〜15分
バス[青谷]下車 南へ下る

※アクセスについて、学校HPにて必ずご確認ください。

■学校情報 --

○校長 鈴木　良孝　　○児童数 304 名 女子 304 名　　○教員数 28 名

○安全対策　警備員常駐　入校証　門近くにカメラを設置　登下校お知らせメール　ガードマンが巡回

■入試情報 --

○ 入試結果

	2024年度 男子	女子	合計
応募者数	- 名	63 名	63 名
受験者数	- 名	63 名	63 名
合格者数	- 名	57 名	57 名

○ 選抜方法　※非公表につき編集部調べ過去数年分

ペーパー	有	運動	有	行動観察	有	制作	有
絵画	有	面接	親子	個別審査	-		

○ 募集要項　※下記データは2023年実施済のもので、2024年実施予定のものではありません。

募　集　人　員	女子50名
募 集 公 示 期 間	5月27日〜8月14日
願 書 取 得 方 法	小学校事務室にて配布　郵送請求可
願 書 提 出 方 法	郵送 8月15日〜8月18日
入 学 考 査 日	9月9日
面 接 実 施 日	8月21日〜26日
合 格 発 表 日 時	郵送　9月10日
入 学 考 査 料	20,000円
入 学 手 続 き 期 日	9月12日　13時〜14時
入学手続き納入金額	入学金400,000円

通学地域による応募制限 無　　編入試験 有　　帰国子女受入れ 無

■公開行事・説明会　※回答時未定につき、学校HPでご確認ください。

3 月 －	7 月 －	11 月 －
4 月 －	8 月 －	12 月 －
5 月 －	9 月 －	1 月 －
6 月 －	10 月 －	2 月 －

■学校から受験生へのメッセージ(学校HPより)

カトリックの教えに基づいた宗教教育は小中高12年間一貫教育のバックボーンとなっていますが、小学校教育においては次の点に重きを置いています。まず人は神の愛によってこの世界に存在するものであることからお互いを尊敬し合い、豊かな人間関係を育みます。また、自ら選び責任を取ることのできる自立した大人へと成長することを助けます。

須磨浦小学校

■制服 無　　■給食 有　　■スクールバス 無　　■アフタースクール 有　　■系列校 有　　■公開行事 有

■所在地　　〒654-0072
兵庫県神戸市須磨区千守町2-1-13
TEL　078-731-0349　FAX　078-731-5178
■アクセス　　　　　　　　　■学校HP
JR神戸線[須磨]駅下車徒歩7分
山陽電鉄[須磨]駅下車徒歩7分

※アクセスについて、学校HPにて必ずご確認ください。

■学校情報 --

○校長 岩渕　正文　　○児童数 169 名　　○教員数 21 名

○安全対策
集団下校	入校証	保護者との通学路点検	携帯電話に不審者情報配信
避難訓練	警備員常駐	登下校確認メール配信	警察官による安全指導
登下校時保護者通知システム			

■入試情報 --

○ 入試結果
	2024年度		
	男子	女子	合計
応募者数			
受験者数		非公表	
合格者数			

○ 選抜方法

ペーパー	－	運動	有	行動観察	有	制作	－
絵画	－	面接	親子	個別審査	有		

○ 募集要項　※下記データは2023年実施済のもので、2024年実施予定のものではありません。

募 集 人 員	【1次A】男女計36名　【1次B・2次AB】男女若干名
募 集 公 示 期 間	4月15日より
願 書 取 得 方 法	学校配布【1次A】4月15日～8月24日【1次B】9月19日～25日【2次A】10月11日～12月20日【2次B】2024年1月10日～2月19日
願 書 提 出 方 法	窓口提出【1次A】4月15日～8月24日【1次B】9月19日～25日【2次A】10月16日～12月20日【2次B】2024年1月10日～2月19日
入 学 考 査 日	【1次A】9月9日【1次B】9月28日【2次A】12月25日【2次B】2024年2月23日
面 接 実 施 日	【1次A】8月28日～31日　【1次B・2次AB】考査同日
合 格 発 表 日 時	郵送　※全て考査同日
入 学 考 査 料	20,000円
入 学 手 続 き 期 日	【1次A】9月11日～15日【1次B】10月2日～10日【2次A】12月26日～28日【2次B】2024年2月26日～3月1日
入学手続き納入金額	入学金400,000円　教育振興費200,000円　施設充実費(1口)200,000円(2口以上、任意)

通学地域による応募制限 無　　編入試験 有　　帰国子女受入 有

■公開行事・説明会　※回答時未定につき、学校HPでご確認ください。

3月 －	7月 －	11月 －
4月 －	8月 －	12月 －
5月 －	9月 －	1月 －
6月 －	10月 －	2月 －

■学校から受験生へのメッセージ

1学年1クラスの須磨浦小学校では、1年生から6年生までが、まるで兄弟のように関わり合っています。私たち教員も、すべての子どもたちを見守り、まるで一つの「須磨浦ファミリー」を形成しています。また、学習においても、知識の習得で満足することなく、自ら興味関心を広げ、課題を発見し、深く考え、解決しようとする姿勢を大切に考えています。

雲雀丘学園小学校

■制服 有　■給食 無　■スクールバス 無　■アフタースクール 有　■系列校 有　■公開行事 有

■所在地　　〒665-0805
兵庫県宝塚市雲雀丘4-2-1
TEL　072-759-3080　FAX　072-759-4427
■アクセス　　　　　　　　　　■学校HP
阪急雲雀丘花屋敷駅より徒歩3分
（駅ホームより続く学園専用通路が
あります。）

※アクセスについて、学校HPにて必ずご確認ください。

■学校情報 --

○校長 井口　光児　　○児童数 853 名　男子 393 名　女子 460 名　○教員数 52 名

○安全対策　AED設置　警備員常駐　防犯カメラ設置　入校時にIDカード　防犯グッズ完備

教員による登下校指導　緊急連絡メール　学期に1度の教員による防犯訓練実施

■入試情報 --

○ 入試結果

	2024年度		
	専願	併願	合計
応募者数	154 名	35 名	189 名
受験者数	154 名	35 名	189 名
合格者数	139 名	13 名	152 名

○ 選抜方法

ペーパー	－	運動	有	行動観察	有	制作	－
絵画	有	面接	親子	個別審査	有		

○ 募集要項　※2025年度(2024年)実施予定のものです。

募　集　人　員	男女135名
募　集　公　示　期　間	－
願　書　取　得　方　法	Web（学校HPより）
願　書　提　出　方　法	Web（学校HPよりアクセスの上、ミライコンパスでの出願）
入　学　考　査　日	9月7日（土）
面　接　実　施　日	女子8月24日（土）　男子8月25日（日）
合　格　発　表　日　時	9月10日（火）速達発送
入　学　考　査　料	20,000円
入学金手続き時納付金	9月10日（火）9:00～12日（木）15:00
入学手続き納入金額	260,000円（入学金）180,000円（施設費）

通学地域による応募制限	無	編入試験	有	帰国子女受入れ	無	編入試験は欠員が生じた場合のみ

■公開行事・説明会　※2024年開催予定行事一覧(暫定)です。学校HPで開催日程を必ずご確認ください。

3月 アラカルト相談会	7月 －	11月
4月 学校説明会	8月 親子面接	12月
5月	9月 適性検査	1月
6月 おーぷんすくーる（公開授業）・入試体験会	10月	2月 1年生になってみよう（年中児以下）

■学校から受験生へのメッセージ

月組・星組・雪組・虹組の4クラスがあります。現在全校児童は、853人と大変規模の大きい小学校です。行事が多く宿泊学習も2年生からあります。ノートやiPadを使用し、ハイブリッドに学習を進めています。入試までにイベントもたくさんあります。ぜひ学校に来て体験してください。

百合学院小学校

■制服 有　■給食 有　■スクールバス 有　■アフタースクール 有　■系列校 有　■公開行事 有

■所在地　　〒６６１－０９７４
兵庫県尼崎市若王寺2-18-2
TEL　06-6491-7033　FAX　06-6491-2229

■アクセス　　　　　　　　　　■学校HP

・阪急電鉄「園田駅」「伊丹駅」、JR「尼崎駅」、
阪神電車「尼崎駅」よりスクールバス有り
・阪急電鉄「園田駅」より徒歩約12分
・JR／阪神「尼崎駅」より阪神バス「阪急園田駅」
行乗車、「百合学院」下車
※アクセスについて、学校HPにて必ずご確認ください。

■学校情報 --

○校長 馬場　美保　　○児童数 123 名　女子 123 名　　○教員数 20 名

○安全対策　警備員常駐　　入校時名札必着　防犯カメラ設置　「登下校ミマモルメ」導入

　　　　　　緊急連絡メール　AED設置　　防災グッズ完備

■入試情報 --

○ 入試結果

	2024年度		
	男子	女子	合計
応募者数			
受験者数	非公表		
合格者数			

○ 選抜方法

ペーパー 有　運動 有　行動観察 有　制作 有

絵画 －　面接 親子　個別審査 －

○ 募集要項　※下記データは2023年実施済のもので、2024年実施予定のものではありません。

募　集　人　員	A日程 女子40名　B日程 女子20名　C日程 女子若干名
募 集 公 示 期 間	－
願 書 取 得 方 法	窓口または郵送
願 書 提 出 方 法	窓口または郵送　A日程8月23日～9月1日　B日程9月11日～20日　C日程2024年1月22日～31日
入 学 考 査 日	A日程9月9日　B日程9月23日　C日程2024年2月3日
面 接 実 施 日	願書受付時にお知らせ
合 格 発 表 日 時	A日程9月10日　B日程9月24日　C日程2024年2月4日　郵送で通知
入 学 考 査 料	15,000円
入 学 手 続 き 期 日	A日程9月14日　B日程9月28日　C日程2024年2月8日
入学手続き納入金額	400,000円（入学金 200,000円、施設整備金 200,000円）

通学地域による応募制限 無　　編入試験 有　　帰国子女受入れ 有

■公開行事・説明会　※回答時未定につき、学校HPでご確認ください。

3 月 －	7 月 －	11 月 －
4 月 －	8 月 －	12 月 －
5 月 －	9 月 －	1 月 －
6 月 －	10 月 －	2 月 －

■学校から受験生へのメッセージ

百合学院小学校は、カトリック学校です。校内には、マリアさまやイエスさまのご像がたくさんあります。キリスト教の教えの下、神さまに見守られながら、豊かな人間力を育んでいます。ゆりっこは、相手の気持ちを考えて行動できる、礼儀正しく、優しい女の子です。落ち着いた教育環境で、一人ひとりを大切にし、きめ細かな指導に取り組んでいます。

ノートルダム清心女子大学附属小学校

■制服 有　■給食 有　■スクールバス 無　■アフタースクール 有　■系列校 有　■公開行事 有

■所在地　　〒700-8516
岡山県岡山市北区伊福町2-16-9
TEL　086-252-1486　FAX　086-252-9080
■アクセス　　　　　　　■学校HP
JR[岡山]駅より徒歩10分
岡電バスまたは中鉄バスのいずれか
で[済生会病院前]下車すぐ
※アクセスについて、学校HPにて必ずご確認ください。

■学校情報 --

○校長 西　弘子　　○児童数 328 名　　○教員数 26 名

○安全対策　警備員常駐　AED設置　防犯カメラ設置　入校時名札必着　緊急連絡メール

■入試情報 --

○ 入試結果

	2023年度		
	男子	女子	合計
応募者数			
受験者数		非公表	
合格者数			

○ 選抜方法　※非公表につき編集部調べ過去数年分

ペーパー	有	運動	－	行動観察	有	制作	－
絵画	－	面接	保護者	個別審査	－		

○ 募集要項　※下記データは2023年実施済のもので、2024年実施予定のものではありません。

募 集 人 員	クラス清心・クラス国際で男女計60名
募 集 公 示 期 間	－
願 書 取 得 方 法	学校窓口交付と郵送対応　9月1日～
願 書 提 出 方 法	学校窓口または郵送　第1回10月25日・26日　第2回12月21日
入 学 考 査 日	第1回11月11日　第2回2024年1月9日
面 接 実 施 日	考査日と同日
合 格 発 表 日 時	郵送　第1回11月15日　第2回2024年1月11日
入 学 考 査 料	8,000円(クラス清心)　10,000円(クラス国際)
入 学 手 続 き 期 日	第1回11月21日・22日9時～15時　第2回2024年1月17日9時～15時
入学手続き納入金額	150,000円(入学金)

通学地域による応募制限 無　　編入試験 有　　帰国子女受入れ 有

■公開行事・説明会　※回答時未定につき、学校HPでご確認ください。

3 月 －	7 月 －	11 月 －
4 月 －	8 月 －	12 月 －
5 月 －	9 月 －	1 月 －
6 月 －	10 月 －	2 月 －

■学校から受験生へのメッセージ

2020年度からコース別学級編成を開始し、英語で算数などの教科指導を行う「クラス国際」を独立させています。それぞれのニーズに合った英語教育ができるようにするとともに両クラスで合流して行う活動を増やしました。

Ⅳ　宗教教育について

　教会へ通った方が有利とか、信者になった方が有利とかの噂もあるようですが、どの学校も宗教と入試は無関係といっています。だからといって宗教系の学校を希望するからには、無関心ではいられません。信者でなくとも、親子共々学んでいきたい姿勢を示すことが大切です。「うそはつかない」「人に迷惑をかけない」「自分のことは自分でする」「弱い立場のものをいたわる」ことを育児の信条としていない家庭はないはずです。ミッション系では「神の前での真実に生きる」「豊かな人間形成」「正しい価値観」「強い意志力」「豊かな情操」「女性にふさわしい人格教養」「社会への貢献奉仕」「世界的な視野」などの言葉がよく使われます。つまり、「心身ともに健康で心の優しい子供」がミッション系の求める子供像です。過保護な環境に育っている子供には、自主性や責任感は育ちません。ここが大切なところです。また、仏教系の学校についても同じことがいえます。

◆例1◆　「宗教は違いますが、小さいころから人には思いやりを持って接し、お手伝いを通じて奉仕や義務の精神を養うように心がけてまいりました。これからは貴校の教えを共に学び、家庭の中で実行してまいりたいと思います。」

◆例2◆　「家庭では、日頃から善悪の区別、感謝の気持ちを育て、またお手伝いを通して、人への奉仕などを教えてまいりました。これからも貴校の教えに従い、正しい行動ができればと願っております。」

◆例3◆　「私どもは信者ではありませんが、うそはつかない、自分がいやだと思うことは人にもしない、物を大切にするということを子供に教えてきました。いつの時代でも大切なことは“思いやりの心”を育てることだと思っています。“奉仕”の精神を育てる貴校の方針に心から賛同し親子共々勉強させていただきたいと思っております。」

Ⅴ　当校の教育に対する要望について

　面接の最後に「何かご質問は」とか「本校に対して何かご希望は」ときかれるケースがあります。質問の場合は「ございません」でよいのですが、希望の場合はそうはいきません。在校生の親や出身者に教育環境を具体的に聞き、その指導を我が子にも受けさせたいことを強調することが大切です。

◆例1◆　「個人には皆個性がありますので、その個性を伸ばし、活躍できる場を設けていただけたらと思います。家庭でも、学校のご指導を仰ぎ、協力して補っていこうと思います。」

◆例2◆　「これまで家庭では、『他人の迷惑になることは絶対しない』という点は厳しくしつけてまいりました。学力偏重の風潮にあって、躾面でもご配慮願えればと思います。また、学力面では、基本を重視し、将来に伸びる土台を養っていただきますよう希望致します。」

つづきは
246ページへ

小学入試情報2025

2024年度入試詳細

国立大学附属小学校
都立小学校

2024年度入試の詳細情報です。これは、小学受験統一模試の受験者から独自に聞き取った内容や幼児教室からの提供情報を掲載しています。各校の詳細は、掲載ページの教室へお尋ねください。

※面接のある学校の表記は以下の通り記載しております。
保護者面接⇒父親又は母親のいずれか一名
両親面接⇒父親・母親
親子面接⇒父親・母親・受験生

■2023年冬実施入試情報

情報提供:わかぎり21

お茶の水女子大学附属小学校

■ノンペーパー

≪口頭試問≫

・6人の子どものイラストを見せられて質問に答える。
皆で動物園に行きます。皆違う動物を見たいと言うと思いますが、何から見ればよいと思いますか。→どうしてそう思いましたか。等 【Aグループ】

・たまねぎの絵を見せられて質問に答える。
たまねぎのように4文字の野菜を言ってください。→そのあと4文字の果物を言ってください。 等 【Bグループ】

・いくつかのおもちゃが準備されており、この中でお友だちと遊ぶならという質問に指差しで答える。
お友だち、自分で2つ選ぶ→2人で遊ぶときはそれを使ってどんな遊びをしますか。 等 【Cグループ】

≪個別審査≫

・動物のカード(ゾウ・キリン)が裏返しにおかれている。先生が1枚めくってその動物のヒントを3つ出し、なんの動物かを当てる
・上で使わなかったカードを自分で裏返して、その動物のヒントを3つ言い先生にクイズを出す等 【Aグループ】

・段ボールでできた野菜があり、重ならないようにトレーに並べる
・長さの比較 紙にきゅうりの絵が3本あり、どれが1番長いか、道具を使って調べる 等 【Bグループ】

・いか⇒(　　　　)⇒すべりだい/りんご⇒ごりら⇒(　　　　)のように空いている場所があり、入る絵を用意されたカードの中から選ぶ 等 【Cグループ】

≪制作・絵画≫

・用意された材料でクリスマスツリーを作る。 等 【Aグループ】
・用意された材料でケーキを作る。 等 【Bグループ】
・用意された材料で魚を作る。 等 【Cグループ】

≪集団活動≫

・制作で作った紙コップを使って自由に遊ぶ。 等 【Aグループ】
・制作で作った紙コップを高く積んでタワーに名前をつける。【B・Cグループ共通】

≪保護者面接≫

・最初に受験生の氏名、生年月日、住所を教えてください。
・お仕事はしていますか。／共働きですか。
・入学後1か月の送り迎えは大丈夫ですか。
・子どもができないこと(苦手なこと)に直面した場合どのように対応していますか。
・最近家庭で大笑いしたことは何ですか。
・家庭で大切にしていることは何ですか。
・行事には参加できますか。
・子どもから「何故勉強しないといけないの?」と聞かれたらどうしますか。または子どもが「お勉強が嫌い」と言ったらどうしますか。

筑波大学附属小学校

■ペーパー

≪お話の記憶≫

・動物の音楽会の練習のお話

　　設問：遅刻してきたクマの顔色／天気／人気だった楽器／季節　等【Aグループ男子】

・海に行く前日から当日の朝のお話

　　設問：サンダルの色／家族の人数／天気／リュックの柄　等【Cグループ女子】

≪図形≫

・矢印の向きに左の形を倒して重ねたとき、黒いマスに隠れずに残る○をかく。（下図左）【Aグループ女子】

・左の形をパタンと折るとどのように見えるか、右のマスに○をかく。（下図右）【Bグループ男子】

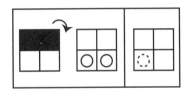
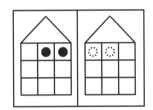

■ノンペーパー

≪制作≫

【Aグループ】

男子：泣いている男の子作り（ちぎり・折り紙・塗り・蝶結び　を含む指示制作）

女子：飛び出す絵ガード作り（ちぎり・なぞり・折り紙・蝶結び　を含む指示制作）

【Bグループ】

男子：アップルパイセット作り（塗り・ちぎり・折り・蝶結び　を含む指示制作）

女子：ソーセージを食べている女の子作り（ちぎり・なぞり・折り紙・蝶結び　を含む指示制作）

【Cグループ】

男子：ポケット作り（ちぎり・塗り・折り・蝶結び　を含む指示制作）

女子：テントウムシ作り（塗り・ちぎり・運筆・蝶結び　を含む指示制作）

≪運動≫※全グループ共通

U字コースをクマ走り→スキップで席まで戻る／指示通り体を動かす（右手で右耳を触る　等）

≪行動観察≫※全グループ共通

紙コップ積み　※5〜6人ずつ実施

≪口頭試問≫

・好きなものは何ですか。

・どんな本が好きですか。

・朝ごはんは何を食べましたか。　等　人によって異なる。

東京学芸大学附属大泉小学校

■ペーパー

≪お話の記憶≫

今日はきつねくんの誕生日です。外は曇り空でしたが雨は降っていなかったので、たぬきくん、くまさん、ねこさん、いぬくん、きつねくんは鬼ごっこをします。はじめ鬼になったのはねこさんです。ねこさんがいぬくんを捕まえようとしたとき、いぬくんが穴に落っこちてしまいました。そのあとお家に入りきつねくんにそれぞれプレゼントを渡しました。きつねくんが出してくれたケーキをみんなで食べました。

設問
・どんな天気でしたか。　・鬼になったのは誰ですか。　等

≪図形≫

・折った折り紙を広げるとどうなるか選ぶ。
・絵を鏡に映すとどうなるか選ぶ。

≪常識≫

・こいのぼりと同じ季節のお餅はどれか。　選択肢には【かしわ餅・ひし餅・お月見団子・鏡餅】

≪言語≫

・「かぶる」ものはどれでしょう。　選択肢には【シャツ・帽子・靴下・ズボン】

■ノンペーパー

≪身体表現≫

・「ジャンボリミッキー」の音楽に合わせて、模倣体操をする。

≪行動観察≫

・紙コップ積み
紙コップにクーピーで絵を描く。その後みんなで紙コップを高く積む。
・魚釣りゲーム
魚の絵を描く。魚釣りをしてどのチームがたくさん釣れたかを競う。

≪口頭試問≫

・お誕生日に両親としたいことは何ですか。→それはどうしてですか。
・お誕生日に作ってもらいたい料理は何ですか。→それはどうしてですか。
・お友だちと遊んでいたら、他のお友だちがあなただけに「あっちで遊ぼうよ。」と言いました。あなたならどうしますか。
・お友だちに借りているものを壊してしまいました。あなたならどうしますか。
・好きな本は何ですか。→それはどうしてですか。
・宝物は何ですか。→それはどうしてですか。
・先生が言った言葉を復唱してください。

東京学芸大学附属小金井小学校

■ペーパー

≪お話の記憶≫

遊園地に行きました。お兄ちゃんはジェットコースターに乗りました。私はメリーゴーランドに行き一番大きな馬に乗りました。おやつにポップコーンを食べました。

・私が乗ったのはどれですか　（選択肢ジェットコースター/メリーゴーランド/コーヒーカップ/ポップコーン）

≪図形・図形構成≫

折り紙を折って黒い部分を切って広げるとどうなるかを答える。

箱に積み木が積んである絵がある→使っていない積み木を選んで○をつける。

≪数量≫

・動物、野菜、果物がたくさん描いてある四角がある→動物が何匹いるか数えてその数だけ○を描く。

・果物がたくさん描いてある→イチゴはメロンより何個多いか、おはじきに○をつける

≪絵の記憶≫

絵を記憶し、同じ絵に○をつける。

≪推理≫

・展開図　さいころの展開図があり、組み立てるとどうなるかを答える。

≪社会常識≫

公園でいけないことをしている人がいる絵を見つける／雨の日に持っていくものに○をつける。

■ノンペーパー

≪巧緻性≫

縄跳びの結び方の映像を見て、同じように縄跳びのヒモを結ぶ。

ゼッケンの畳み方の映像を見て、同じようにゼッケンを畳む。

≪運動≫

・準備体操(膝の屈伸など一般的なものを先生がやるので、同じように動く)

・立ち幅跳び

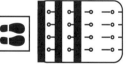

≪口頭試問／個別審査≫

・好きな動物は何ですか。　・その動物について詳しく教えてください。

※動物のところは乗り物や花、場所など人によって異なる。

≪行動観察≫

音楽が流れ始めたら教室内を自由に歩き回り、先生がタンバリンを叩いたらその回数と同じ人数で手をつないでその場に座る。

東京学芸大学附属世田谷小学校

■ペーパー

≪お話の記憶(テープ出題)≫

動物幼稚園のお友だちでいつも公園で何をしているかを話し合っています。うさぎさんは「私はいつもお母さんと一緒に公園を走っているよ」と言いました。さるさんは「ぼくはいつも弟と公園でブランコをして遊んでいるよ」と言いました。きつねさんは「私は公園でお姉ちゃんとすべり台をしているよ」と言いました。くまくんは「ぼくはいつも公園でお姉ちゃんと走ってるんだ」と言いました。

・いつも公園で弟とブランコをしているのは誰ですか。
・うさぎさんが公園を走っている道を線でかきましょう。
　(掲示されたお手本を見ながらかく)

≪数量≫

・丸の中にかかれているどんぐりだけを数えて数が小さい順番に線で結ぶ問題。

■ノンペーパー

≪絵画≫

口頭試問の待機中に黒ボールペンで自由に絵く。画用紙、ボールペンは先生のところに取りにいく。

≪口頭試問≫

絵を描いている子ども達が先生から呼ばれ、呼ばれた先生の机のところにいく。

≪質問内容≫

・お母さんと遊ぶとき、何をして遊ぶのが1番楽しい？　そのときのお顔をやってください。

4人の子どもがお弁当を食べている絵を見せられる。

・この中でお箸を忘れた子は誰ですか。指をさしましょう。
・この子はどのような気持ちだと思いますか。　等

≪運動≫

・口頭試問の後に机を縦向きに変えて、先生がボールを転がし、それを両手で取る。

この時、机の端は触ってはいけない。ボールは机から落ちて床に着く前に取る。という指示があった。

・絵を見せられ「このポーズと同じポーズをしてください」という指示のあと、机の前でポーズをする。

≪巧緻性≫

A4の紙を四折りして、A5のクリアファイルに入れる。この時先生1人が前で無言で実演し、その後、紙もファイルもペラペラの部分は右上にしましょうという指示があった。

■保護者アンケート　※子どもの試験中に実施。所要時間20分程度。

・お子さまは普段どのように行動するタイプですか。
・お子さまには小学校でどのように学んでほしいですか。
・お子さまのことで不安や不満があったときなどは主にどなたにご相談されてきましたか。
・成長が多様な小学生は大人も手を焼くことがあります。家庭でどのように支えていきたいですか。

東京学芸大学附属竹早小学校

■ノンペーパー

≪親子活動≫

○親子面接

①入室後、受験生へ質問

・お名前を教えてください。・今日は誰と来ましたか。

・将来の夢は何ですか。・それはどうしてですか。

②回答後、受験生は左の部屋へ、保護者は右の部屋へ

受験生→担当の先生から遊び方の説明を聞く

その際、いくつか質問を受ける。(受験生によって異なる)

保護者→面接官と面接

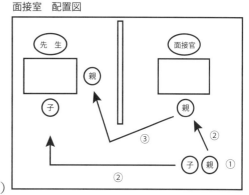

面接室　配置図

・保護者質問内容(アンケートの内容を見て質問)

驚いたエピソードについて詳しく教えてください。またその時はどのように声を掛けましたか。

他の家族にはどのように声を掛けましたか。

男子:アルミホイルの芯2本、プラスチックのコップ3個、お手玉3個が用意されており、どのように遊ぶか子どもが考える→そこに保護者が加わり、一緒に遊ぶ

女子:お店の絵が描かれた台紙、ペットボトルのふた、切られたスポンジ、紙皿、バンダナが用意されている。台紙に描かれた絵の中からお店を選び、好きなお店屋さんごっこをその他の道具を用いて行う。

→子どもがお店等を決めたら保護者が加わり、一緒に遊ぶ

≪運動≫

・平均台

順番に平均台を渡る。

・両足ジャンプ

平均台を渡ったあとに印に合わせて両足ジャンプで進む。

その後整列しビブスを着用して準備運動を行った。

≪行動観察≫

自由遊び

・おまつりごっこ　教室内に4種類遊びがあり好きな場所で遊ぶ。

①釣り　②玉入れ　③たこ焼き集めゲーム

④積み木(男子)/おままごと(女子)

東京都立立川国際中等教育学校附属小学校

■ペーパー

≪お話の記憶≫
ネズミが動物村の仲間になり、トラに村を案内してもらうお話。動物たちが育てたものや、出てきた登場人物についての質問があった。

≪言語・常識≫
・生き物でしりとりをすると、全部つながるようになっています。しりとりをすると最後になる生き物はどれですか。
・日本には、春、夏、秋、冬の季節があります。ツバメが巣を作り始める季節と、同じ季節によく見られるものが描かれた絵が、隣の4枚の絵の中に1枚だけあります。その絵を大きく○で囲んでください。

≪数量≫
・太い線の四角の中を見てください。庭に花が咲いています。この花を1つの花瓶に2本ずつ入れます。今、1つの花瓶に花を2本入れたところです。残りの花を、別の花瓶にも入れていきます。全部の花を入れるには、あといくつの花瓶を持ってくる必要がありますか。右の四角の中にある花瓶を、必要な数だけ○で囲んでください。使わない花瓶は持ってきません。

≪図形≫
・四角の中を見てください。三角のマークのスタンプがあります。黒くて、少し盛り上がったところが上にくるように、スタンプをカードに押すと、絵のようになりました。次に太い線の四角の中を見てください。このカードにも同じようにスタンプを押して、真上から見ます。マークがどのように見えるか考えて、右の4個の四角から絵を選び、その下の四角の中に、○を描いてください。
この折り紙には、練習の時とは違う模様が描かれています。今、見えている模様が裏にも描かれています。練習の時のように、紙の1個の角が、折り紙の真ん中にくるように折ります。次に、残りの3個の角も同じように折ると、どのような模様が見えると思いますか。右の四角の中から一つ選んで、○で囲んでください。

≪推理≫
・本棚があります。この本棚の本は、あるきまりで並んでいます。一番下の段の、右側に入っていた4冊の本が、机の上に置いたままになっています。その4冊の本を、同じきまりになるように、本棚に戻します。どのように本が並ぶか考えて、隣の4個の四角から絵を選んで、その右の四角の中に、○を描いてください。

≪色塗り・運筆≫
・宝の地図を見つけました。宝箱までの道の中に、線を描きます。道からはみ出したり、道の線にぶつかったりしないように、道の中にある左下の黒い丸(●)から始めて、宝箱の近くの黒い三角(▲)まで線を描いてください。
・宝箱を見てください。宝箱の上にある3個それぞれの宝全体に、色鉛筆で色を塗ります。はみ出したり、白いところが残ったりしないように、色を塗ってください。

※問題文及び問題写真は
　学校HPより引用

■ノンペーパー

≪運動≫
ボール投げや立ち幅跳び、片足バランスなどの運動。

≪行動観察≫
レゴブロックで動物を作り、先生に発表する。その後グループになって動物たちの柵を作る。

≪口頭試問≫
粘土を使って遊ぶとしたら、八百屋さんとお花屋さんのどちらがいいですか。

小学入試情報2025

2024年度入試詳細

首都圏主要私立小学校

2024年度入試の詳細情報です。これは、小学受験統一模試の受験者から独自に聞き取った内容や幼児教室からの提供情報を掲載しています。各校の詳細は、掲載ページの教室へお尋ねください。

※面接のある学校の表記は以下の通り記載しております。
保護者面接⇒父親又は母親のいずれか一名
両親面接⇒父親・母親
親子面接⇒父親・母親・受験生

■2023年秋実施入試情報

情報提供：表参道青山教育研究所

青山学院初等部

■ペーパー

≪位置の記憶≫
縦4×横5のマス目、縦4×横7のマス目の中に色々な形(○・△・□・×・★)が
かいてあり、それを記憶し、その通りに形をかく。(右図参照)

≪お話の記憶≫
太郎くんはおじいちゃんの畑の野菜をとるお手伝いをするお話。季節や出てきた野菜についての質問があった。

≪絵の記憶≫
電子黒板に写される絵を見た後、ペーパーの中から正しい絵を選択して印をつける方法で答える。

≪しりとり≫
4つの絵をしりとりでつなげたときのはじめに来る絵を選ぶ。

≪指示理解≫
4×4のマスの中に絵がかかれており、3つのヒントに当てはまる絵を選ぶ。

≪図形≫
・線に沿って矢印の向きに折ったとき、見える形のものを選択肢の中から選ぶ。(右図参照)
・お手本(縦5×横3、3×3)の形とそっくり同じになるように形をかく。

■ノンペーパー

≪運動≫
・連続運動：平均台⇒跳び箱にのってマットへジャンプ⇒ケンパーケンパーケンケンパー
・くま歩き、手つきウサギ、うさぎ跳び、スキップ、ダッシュ、両足ジャンプ
・模倣：先生のお手本を見た後、同じ動きする。(右図参照)

① ② ③ ④ ⑤ ⑥

・リレー：2チームまたは3チームに分かれてお盆の上にお手玉の玉をのせて運ぶリレーを2回戦行った。
・1回目はゼッケンの番号順、2回目は同じチームのお友達と相談して順番を決めて実施。

≪絵本の読み聞かせ≫
・椅子に座って、またはござの上に座ってお話を聞く。読み聞かせの絵本はグループによって異なり、絵本の読み聞かせの途中や読み終わった後に質問がある。挙手をして指名されたお友達が答えることができる。

≪制作≫※グループによって質問内容が異なる
大きな紙(B4サイズの用紙を2×2に貼り合わせたもの)、色々な形が描かれた用紙、用意された材料を使って、「王冠」を作成。作る前に先生から「形を指定された数だけ必ず使用する」という約束があった。その後できあがった作品について発表するグループもあった。

≪自己紹介≫※グループによって質問内容が異なる
その場に立って「名前」「幼稚園・保育園名」「好きなもの」「お母さんに褒められること」を発表した。

≪行動観察≫※グループによって質問内容が異なる
・自由遊び：バスケットボールやとびばこ、サッカーボール、なわとび、タンバリンなどを使って、お友達と自由に遊ぶ。

学習院初等科

■ノンペーパー

≪個別審査≫
・お話の記憶
動物が出てくる長いお話。

≪運動≫
・スキップなどを含む運動。

≪行動観察≫
・ちょうちょになって走り、鳥から逃げるゲーム
音が止まったら、自分も止まるというルールだった。動きについては模倣もあった様子。

・魚釣りゲーム
紙に描かれた魚を竿で釣ったあと、箱の中にある紙を引き、同じ魚だったら指定された場所に貼る。違う魚だった。
場合は貼らない。いずれも釣った魚は海に戻すというルールだった。

≪両親面接≫
●父親への質問
・志望理由
・本校に期待することは何ですか。
・どんなお子さまですか。
・お子さまの好きな遊びは何ですか。

●母親への質問
・本校をどのようにお知りになりましたか。
・お子さまにどんな小学校生活を送ってほしいですか。
・お子さまが生まれてから変わったことは何ですか。
・今までの人生で影響を受けた人はいますか。

●試験当日の流れ
保護者は正堂にて待機。子どもが別室へ移動して
考査が始まった後両親面接を行う。

＜面接室の配置＞

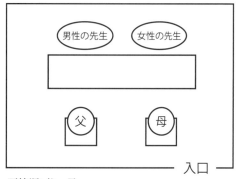

面接順：父→母

■2023年秋実施入試情報

暁星小学校

■ペーパー

≪お話の記憶≫
風船と旅をするお話。

≪絵の記憶≫
数秒絵を見てそのあと質問に答える。人間の数や景色、動物の絵などがあった。

≪言語≫
しりとりで繋がらないものを選ぶ問題。

≪図形構成≫
お手本の形にできないピースを選択する問題。

≪常識≫
・太陽と影の長さの問題　太陽の位置が高いとき、低いときを答えた。
・昔話　桃太郎に出てこなかった登場人物を選ぶ問題だった。

≪推理≫
・重さ比べ　太陽、月、星でシーソーを行った。
・すごろく　スタート場所は別々で、亀が1個、鬼が2個、リスが4個進めるとき出会う場所hを答える問題

■ノンペーパー

≪運動(一次)≫
・ボールドリブル(8の字)　・ボール投げ上げ(3回挑戦できる)→ボール投げ(距離を先生が言ってくれる)
・サーキット運動；スタートからダッシュし、コーンを回ってスタート戦まで戻る。

≪制作(二次)≫「遊園地作り」
各用紙の線をハサミで切り、ハサミで切った後のゴミは中央のゴミ箱に捨てに行く。
桃の葉は糊でつけ、丸めた細い厚紙にホッチキスで桃を留める。

≪行動観察(二次)≫(釣りゲーム)
①小さい台紙4枚(ジェットコースター、観覧車、メリーゴーランド、車)から1枚を選択する。
②別の台紙が渡され、切ってその中に友だちの顔をかく。
③2枚の紙をつなぎ合わせる。
④大きい画用紙に区画があり、同じ目印の区画に、自分の作ったものを貼る。
⑤空いている真ん中を何の遊具にするかみんなで相談して決める。

≪両親面接≫
　◇父親への質問
・事前作文を踏まえて妻に感謝(尊敬)しているところを
教えてください。
・キリスト教教育は大丈夫ですか。
・「歓喜」「かんしゃく」はどう対処されますか。

　◇母親への質問
・お子さまは家でのお手伝いは何をしていますか。

<面接室の配置>

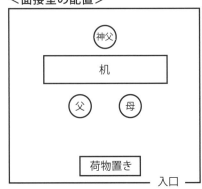

面接順：父→母→父→母→父→母

国本小学校

■ペーパー

≪お話の記憶≫
昔話に関するお話。

≪常識≫
・生活常識　公園で遊んでいる絵を見て、よくないことをしている子を選ぶ問題。

≪数量≫
・多少　ネズミとウサギの絵があり、どちらが多いかを選ぶ問題。

≪図形≫
・折り重ね図形　お手本を線で折って倒した時の形をかく問題。　※右記参照

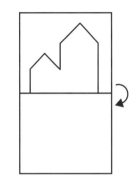

≪言語≫
同頭語を答える問題。

≪推理≫
・四方観察　積まれた積み木で、見えていない積み木の数を答える問題。
・観覧車　観覧車が回って、動物と果物で指定された場所を答える問題。

■ノンペーパー

≪運動≫
・指定された場所までケンパで進む。
・三角コーンにボールをのせて歩く。

≪行動観察≫
・しっぽ取りゲーム　ひもをつけて遊ぶゲーム。
・ペットボトルロケット飛ばし　ペットボトルロケットを○印のある場所まで飛ばす。

≪絵画≫
テーマ「大人と遊んでいるところ」
描いている最中に先生からの声掛けがあり、以下の口頭試問があった。
「これは誰を描きましたか。」
「何をしているところを描きましたか。」
「この絵の場所はどこですか。」

≪親子面接≫
●父母への質問
※母親へも同じ質問をされる
・志望された理由を教えてください。
・お子さんの長所と短所を教えてください。
・小学校卒業頃にどんな子になっていてほしいですか。
・社会性を身につけるために気をつけていることは何ですか。

●本人への質問
・園の名前を教えてください。
・好きな・嫌いな食べ物は何ですか。
・もし給食で嫌いな食べ物がでたらどうしますか。
・お友だちのお名前を教えてください。
・何をして遊ぶことが好きですか。

＜面接室の配置＞

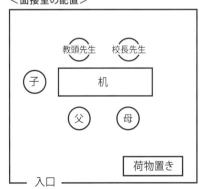

面接順：父→母→父→母→父→母
※最初は親子別室で実施し、途中で
　教頭先生と子が合流しました。

光塩女子学院初等科

■ペーパー

≪お話の記憶≫
動物たちの音楽会のお話。
設問　・ゾウの楽器は何でしょう。　等

≪数量≫
・多少　ネコや魚の数を数えて、数の違いを答える。

≪四方観察≫
お手本の形をウサギから見たときに、どのように見えるのかを答える。

≪運筆≫
点線のなぞり、迷路、ネコの顔をかく　等

≪言語≫
・しりとり　3つの絵を全て使ってしりとりをし、そこからつながるものを答える。

≪常識≫
・仲間外れ　野菜の中に果物　等

■ノンペーパー

≪運動≫
・片足バランス　　片足をお尻につけるようにして、手で押さえて実施。
・ケンパ　　　　　その場で「ケンパ・ケンパ・ケンケンパ」を2回する。
・スキップ　　　　お友だちをすれ違うときに手を振る。

≪行動観察≫　共同制作
グループで協力してシールでネックレスを作る。台紙の線の上に1人4枚のシールを貼り、余った場所にはクレヨンで描き足す。

≪個別審査≫　2人同時実施
箸で色のついたキューブをそれぞれ指示された入れ物に入れる。
赤キューブ→紙コップ
黄キューブ→紙皿
白キューブ→何もしてはいけない、つかんでもいけない。

≪親子面接≫
●父親への質問
・職業について、差し支えない程度に教えてください。
・コロナウイルスで働き方が変わりましたか。
・お休みはどのように過ごしていますか。

●母親への質問
・現在のお仕事はどのようなものですか。
・幼稚園ではどのようなお子さんだと言われていますか。

●本人への質問
・お名前を教えてください。
・お手伝いは何をしていますか。
・幼稚園で何をして遊びますか。
・幼稚園の先生に褒められること、叱られることはなんですか。
・昨日の問題は難しかったですか。諦めないで頑張れましたか。

サレジアン国際学園目黒星美学園小学校

■ペーパー

≪お話の記憶≫

≪**数量**≫ リンゴの数を数えて、1人分の数を答える。
　　　　　赤い金魚はボール3個、黒い金魚はボール2個に置き換えて答える。

≪**言語**≫ しりとり　つながらないものを答える。
　　　　　伸びる音(オン)が入っているものを答える。

≪**常識**≫ 影の向きについての問題。　風で動くものを答える。

≪系列完成≫

■ノンペーパー

≪**個別審査**≫
最初に学校まで何で来たかを質問される。
お話作り　4枚の絵カードを並べて、お話を作る。
生活習慣　写真を見て、同じになるように洋服を畳むなどして片付けをする。
常識　　　(絵を見て答える)「この中でいけないことをしている人を教えてください。」・「どうしてですか。」

≪**行動観察**≫
・隣の子に自己紹介　名前と好きな動物を言う。その後、お互いに質問をしあう。
・共同制作　竜宮城を作る。色や模様は話し合って決めて作る。
・お口でジャンケン　「グー・チョキ・パー」の口の形が決まっていて、口でジャンケンをする。
・自由遊び　折り紙、お絵描き、工作、パターンブロック　等

≪**親子面接**≫
●父親への質問
・志望動機を教えてください。
・仕事での役割や大切にしていることはですか。
・自身が受けた教育で良かったことは何ですか。
・家庭で大切にしていることは何ですか。

●母親への質問
・お子さまの健康状態はどうですか。
・緊急時にお迎えは大丈夫ですか。
・本校に共感するところはどんなところですか。
・子育てで大切にしていることは何ですか。
・幼稚園ではどんな子どもと聞いていますか。

●受験者への質問
・お名前を教えてください。
・通っている幼稚園(保育園)の名前を教えてください。
・お誕生日を教えてください。
・住所を教えてください。
・何人家族ですか。家族の名前を教えてください。
・幼稚園(保育園)で何をして遊ぶのが楽しいですか。
・いつも何人で遊んでいますか。
・お父さんとお母さんの好きなところは何ですか。

品川翔英小学校

■ペーパー

≪お話の記憶≫
動物たちが海へ行ったお話。
設問 ・誰が1番大きな山を作りましたか。 ・浮き輪を持ってきたのは誰ですか。 等

≪絵の記憶≫
最初に見た絵の中にあったものに○をつける。

≪数量≫
積み木の数の問題

≪図形≫
回転図形 矢印の向きに矢印の数だけ形を倒したときどのようになるか答える。

≪言語≫
音(オン)の数 同じ音の数のものを答える。

≪左右の理解≫
左手を挙げている子に○をつける。

■ノンペーパー

≪運動≫
・模倣体操 音楽に合わせて模倣体操。
・かけっこ 鳴った笛の数によって回るコーンの色が変わる。
・ドリブル かけっこでコーンまで行き、ドリブルで戻ってくる。

≪行動観察≫
グループでボール遊び ボールを大きな紙に乗せて4人で持ち、コーンを回る。
　　　　　　　　　　　最初にグループでどのように持つのか話し合う。

≪親子面接≫
●父親への質問
・お子さんのどんなところが好きですか。
・理想の父親像を教えてください。
・最近お子さまが頑張ったことを教えてください。

●母親への質問
・お子さんのどんなところが好きですか。
・お子さんに聞いた幼稚園でのエピソードを教えてください。
・家ではどんなお手伝いをしていますか。
・お子さんにはどんな大人になってほしいですか。

●本人への質問
・受験番号とお名前を教えてください。
・幼稚園の名前と担任の先生の名前を教えてください。
・幼稚園では何をして遊んでいますか。
・お父さん、お母さんの好きなところを教えてください。
・夏休みの1番の思い出は何ですか。
・学校に入ったら何を頑張りたいですか。

淑徳小学校

■ノンペーパー

≪運動≫
リトミック　太鼓の音に合わせて、30人程度で円になって動きながらグルグルと回りました。
連続運動　スキップ・ケンケン・行進・カニ歩き　等

≪行動観察≫
・ボール回しゲーム　※1グループ5〜6人で実施。
3グループで、一周できたら皆でその場で座り、どのグループが一番早いかを競う。
・ジャンケン列車
2人1組から始まり、ジャンケンに負けたらお友だちの後ろに付くルールで行う。

≪個別審査≫
・洋服たたみ
一人ずつに箱が渡され、中にハンカチとシャツがあり、それを畳んで、箱の中に
きれいにしまう。終わったら近くの先生まで自分で持っていき、渡したら席に戻っ
て静かに待つ指示。

・収納
B5程度のジッパー付きファイルケースと、大中小のサイズの異なる紙が渡される。
紙を自分で工夫して折って、ケースにしまう。

・絵の記憶
3×3のマス目に、黄色と赤のシールが3枚ずつ貼られている紙を見て覚える。
覚えた場所におはじきを置く。

・口頭試問　※教室で実施
約10名一斉に行いました。挙手をしてあてられた人から答えるパターンと、順番に答える2パターンがありました。
・名前、誕生日、幼稚園の名前、担任の先生の名前を教えてください。
・お手伝いは何をしていますか。2つ教えてください。
・お父さん、お母さんとは何をして遊びますか。
・幼稚園の外では何をして遊びますか。(掘り下げて聞かれることもありました)

・復唱
①ウサギがリンゴ2個とブドウ3個とメロン4個を食べました。
②ウサギ、リス、コアラ、キツネが運動会で走りました。ウサギが飛び出したけど、木の根っこにつまずいて転んでしまいました。キツネが1番、リスが2番、ウサギが3番、コアラが4番でゴールしました。

≪親子面接≫
●父親への質問
・志望理由　・学校説明会では何が印象に残っているか教えてください。
・お休みの日はお子さんとどのように過ごしていますか。
・お子さまがケガや体調不良等でお迎えに来るのは誰ですか。　・学校の印象について。

●母親への質問
・ご家庭での教育方針を教えてください。
・説明会には参加されましたか。その時の学校の印象を教えてください。
・お子さまの成長を感じるエピソードを2つ教えてください。　・お子さまの性格を教えてください。

●本人への質問
・お名前、誕生日、通っている園の名前　・仲の良いお友だちの名前　・お友だちとは何をして遊んでいますか。
・お友だちと喧嘩はしますか。した時はどのように仲直りをしますか。
・好きな食べ物と嫌いな食べ物を教えてください。

昭和女子大学附属昭和小学校

■ペーパー

≪お話の記憶≫
果物の名前や順番を答える問題が出題。

≪図形≫
点図形模写　お手本と同じになるようにかく。
点図形(鏡)　鏡に映した時の形をかく。
点図形(回転)　矢印の方向に回転した形をかく。

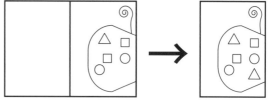

≪推理≫
ブラックボックス　あるお約束によって○の数が増える問題。
系列完成　　　　　決まった順番で並んでいる果物の内、逆の並び順になっているものを答える問題。
四方観察　　　　　積まれた積み木を、指定された向きからの見え方を答える。

■ノンペーパー

≪行動観察≫
・カメラゲーム
カメラのイラストをラミネートしたものを先生が持っている。
先生が写真を撮る真似をした時、子どもたちは指定されたポーズをとる指示。
先生からの「いいよ」という合図があるまで、そのポーズをとり続ける。
①怒った顔
②海の生き物のポーズ
③桃太郎の登場人物のポーズ
④1つの乗り物を決めて、みんなの体で乗り物を作ったポーズ
※何を表現したか、どんな工夫をしたのか等の質問をされた。

≪制作≫
・蝶々のカード作り
①赤い線をハサミで切る
②次の順に色を塗る　□は緑色、△はピンク色、○は塗らない
③完成したらお片づけをする

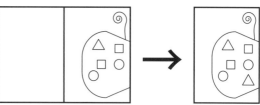

≪親子面接≫
●父親への質問
・異学年交流を通して伸ばしてほしいことを昭和小の5つの資質から答えるとどれになりますか。
・宿泊行事に際し、5つのコンピテンシーを交えてお話してください。
・時間内に給食が食べられないと子が言ってきた時、学校に対してどうしますか。

●母親への質問
・お子さんが成長したと感じることと、そのきっかけを教えてください。
・子どもが宿題が難しいと言ってきた時、どのように対応しますか。
・時間内に給食を食べきれないと子が言ってきた時、子どもに対してどうしますか。

●本人への質問
・お名前を教えてください。
・小学校に入学したら、どんな植物を育ててみたいですか。両親と話し合って教えてください。
・登下校の際に注意するルールを教えてください。

白百合学園小学校

■ペーパー

≪お話の記憶≫ゆりこさんのバースデイパーティーのお話。

≪絵の記憶≫動物がどこにいるか覚えて、いなかった動物に○をつける。

≪数量≫数の違いの問題。

≪図形≫重ね図形の問題。

≪言語≫動物の名前が入っているものに○をつける。

≪推理≫

■ノンペーパー

≪行動観察≫
・アヒルゲームをする。
机の前に立ち、机の上にあるアヒルの人形を「キャッチ」と言われたら取る。
１回目は１人で行うが、２回目以降は６人でアヒルは２つなり、誰が早く取れるか競う。
先生の合図は「キャベツ」や「キャンプ」などのひっかけを入れてくる。

≪個別審査≫
・蝶結び　サイズの異なる紙が重ねられており、それらをヒモで蝶結びをする。
・絵の記憶　見ておはじきを並べる。
・生活習慣　机を雑巾で拭く。
・発表　２人１組になって色々な人が描いてあるカードを見て何をしてなぜこのような表情なのかを指さしをしながら答える。

≪親子面接≫
●父親への質問
・志望動機を教えてください。　・お子さまはどのようなお手伝いをしてくれますか。
・お子さまと一緒にどのようなことをしていますか。　・お子さまの最近頑張っていることは何ですか。
・お子さまはどのような性格ですか。　・説明会、見学会には参加されましたか。
・お子さまとはどのようにコミュニケーションを図っていますか。　・カトリック教育についてどう思いますか。

●母親への質問
・いつ頃から受験を検討し、準備をされてきましたか。　・ご家庭の教育方針を教えてください。
・幼稚園の先生からはどのようなお子さまと言われていますか。　・お子さまの将来の夢は何ですか。
・お子さまがお手伝いをして最もできるようになったと思うことは何ですか。
・お子さまとはどのようにコミュニケーションを図っていますか。

●本人への質問
・名前　・お誕生日　・幼稚園の名前　・担任の先生の名前　・一番仲の良いお友だちの名前
・幼稚園では何をして遊びますか。　・お友だちと何をして遊びますか。　・中と外どちらで遊ぶのが好きですか。
・両親のすごいと思うところはどこですか。　・お家では何をして遊びますか。
・お手伝いは何をしていますか。その時に何を気をつけていますか。

情報提供：千樹　高円寺校

聖学院小学校

■ペーパー

≪お話の記憶≫
なっちゃんがおばあちゃんの家に行くお話でした。
設問　・なっちゃんの気持ちの変化が正しい絵に○をつける。　・このお話に出てきていない人に×をつける。
　　　・かんた君が大好きなボールの絵に○をつける。

≪図形≫
鏡図形　ウサギの顔、カエルの顔、ネコの顔、家が半分かかれているお手本があり、その対称になるようにかく。

≪数量≫
池の中や外にカエルがいくつもいる絵を見ながら答える。
・池の中にいるカエルの数だけ○をつける。　・池の外にいるカエルの数だけ○をつける。

≪推理≫
すごろく　ハートは1つ、星は2つ、三角は3つ進むというルールの問題。

■ノンペーパー

≪運動≫
リズム運動　音に合わせて指示された動きをする。
タンバリンの音→ネコの真似　太鼓の音→ゾウの真似　カスタネットの音→カエルの真似

≪制作≫
パズルピースを使った自由制作
パズルをハサミで切り、切ったピースで自分の好きな形にする。
できたら手を挙げ、先生が来たら何を作ったかをお話をする。

≪行動観察≫
メンコの裏返しゲーム
表が赤色、裏が青色になっている丸いメンコのような台紙を使用する。
①青色・赤色・黄色それぞれのカラーコーンに8人1グループになるように並ぶ。
②青及び赤のチームはたくさん置かれているメンコを自分の色のチームになるようにひっくり返す。
③黄色のコーンに並んでいるグループは2列で並び、赤色と青色の人たちを応援する。
これをそれぞれのグループが各コーンに移動しながら複数回実施。

≪親子面接≫
●父親への質問
・キリスト教教育に期待することは何ですか。　・お仕事は忙しいですか。
・お子さまとの時間はどのように作っていますか。　・お子さまの名前の由来を教えてください。

●母親への質問
・トラブルがあったときはどのように対応していますか。　・自分を成長させてくれたことについて教えてください。
・お子さまの長所を教えてください。

●本人への質問
・自分の名前、幼稚園の名前、担任の先生の名前を教えてください。
・仲良しのお友だちの名前と保育園でどんなことをして遊ぶか教えてください。
・お家ではどんなお手伝いをしていますか。　・お母さんの作る料理で好きなものは何ですか。
・家族で遊びますか。　・どんなことをして遊びますか。

■2023年秋実施入試情報

聖ドミニコ学園小学校

■ペーパー

≪お話の記憶≫

≪図形≫　点図形

≪比較≫　長さの問題　2番目に長いものに○、4番目に短いものに×をつける。

≪言語≫　しりとり

≪常識≫　食べ物　土の中で育つものを答える。
　　　　表情　　指示にあった表情の絵のイラストを選択する。

■ノンペーパー

≪運動≫
リトミック
タンバリンの音に合わせて、スキップ、走る、歩くのうち、指示されたものをやり続ける。
音が止まったら静止するという指示。

≪行動観察≫
・ボール転がしゲーム
最初に新聞紙でボールを運ぶようの棒を作り、その後3グループ程度に分かれ、ボールを運ぶゲームを行う。
・ものまねゲーム
始めにグループの中で自己紹介をする。その後動物などの動きをして、分かった人は挙手をして答える。
・自由遊び

≪親子面接≫
●父親への質問
・自己紹介を1分でしてください。
・学校の教育理念について共感することはありますか。
・普段のお子さまとどのように関わっていますか。
・お子さまとご自身が似ていると思うところはどこですか。

●母親への質問
・自己紹介を1分でしてください。
・お子さまの成長を感じることは何ですか。
・何に気をつけてお子さまと接していますか。
・何を1番ドミニコで身につけさせたいと思っていますか。

●本人への質問
・お名前を教えてください。　・幼稚園の名前を教えてください。
・幼稚園では何して遊んでいますか。
・幼稚園では誰と遊んでいますか。
・好きな食べ物は何ですか。　・嫌いな食べ物は何ですか。
・お家ではどんなお手伝いをしていますか。
・今まで1番嬉しかったことは何ですか。

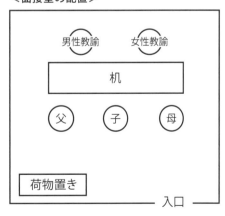

＜面接室の配置＞

星美学園小学校

■ペーパー

≪お話の記憶≫
夏休みにキツネが魚釣りに行くお話。 設問は5問程度。

≪図形≫ 点図形

≪言語≫
・しりとり
・「ぶるぶる」や「ひらひら」に合う絵を答える問題。

≪絵の記憶≫
・崖の上にいる動物(サル、ウサギ、ヘビ、タヌキ)を覚えて、絵にいた動物を答える。
・海の中の生き物(魚、クジラ、タコ、イカ等)を覚えて、絵にいた海の中の生き物を答える。

≪推理≫
シーソー　スイカ1個はピーマン2個とトマト3個で釣り合う時、スイカ2つになったらそれぞれ何個必要になるかを
答える。

■ノンペーパー

≪運動≫
・模倣体操　先生の動きに合わせて、同じように踊りました。
・障害物リレー

≪制作≫
自由制作　クレヨン、ハサミ、のりを使用。
A4サイズの用紙に三角と四角の形があり、それをハサミで切る。
切った後は好きなものを作り、周りには絵を描くという指示。

≪行動観察≫
・玉入れゲーム　・ボウリング　・風船バレー

≪親子面接≫
●父親への質問
・学校説明会や体験授業には参加しましたか。
・お子さんの長所はどういうところですか。
・お子さんの短所はどういうところですか。
・学校でトラブルが起きた場合、どのように対処しますか。

●母親への質問
・学校説明会に参加してみて、どう感じましたか。
・お子さんは食べ物の好き嫌いはありますか。
・ご家庭のしつけの方針を教えてください。

●本人への質問
・ここの学校名を教えてください。
・通っている幼稚園名を教えてください。
・幼稚園で仲の良いお友だちの名前を教えてください。
・その子たちと何をして遊んでいますか。
・この学校に来たことはありますか。その時何をしましたか。
・どうしてこの学校に来たいと思いましたか。
・お父さんやお母さんとは遊びますか。

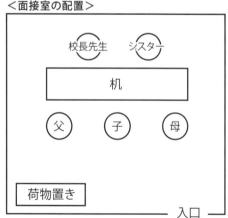

＜面接室の配置＞

■2023年秋実施入試情報
東京女学館小学校

■ペーパー

≪数量≫

≪図形≫
四方観察　お手本を上から見たときに、どのように見えるのか答える。
模写　　　お手本と同じくなるようにかく。
欠所補充　お手本と同じになるように足りない部分をかき足す。

■ノンペーパー

≪運動≫
・模倣体操　先生がする「ラジオ体操」の動きを真似る。
・鉄棒　肘を曲げた状態で約5秒間キープする。
・遠投　ボールを投げて自分で取りに行く。戻ってくるときはスキップで戻る。2回目のときはケンケンで戻る。

≪制作≫
折り紙をちぎって、蝶作り。

≪絵画≫
先生がしりとりをする。　おもちゃ→ヤドカリ
「リ」に続くものを考えて、それを使って遊んでいる絵を描く。

≪個別審査≫
・(イラストを見ながら)短いお話を聞く。→この中であなただったら、どうしますか。
・ハチマキを頭の後ろでかた結びをする。

≪行動観察≫
氷鬼、かくれんぼ、人形遊び、カードゲーム

≪両親面接≫
●父親への質問
・小学校受験を考えたきっかけは何ですか。
・他校にあって、本校にないものは何だと思いますか。
・お子さまは何かスポーツをしていますか。
・そのスポーツで好きな選手はいますか。
・公開授業の印象を教えてください。
・しつけで気をつけていることは何ですか。
・本校には何回ほどいらっしゃいましたか。

●母親への質問
・小学校受験をすると決めたのはいつ頃ですか。
・お子さまが大事にしていることは何ですか。
・お子さまの特技は何ですか。
・お母様の趣味は何ですか。

<面接室の配置>

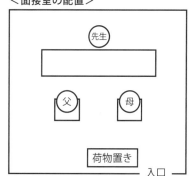

東京都市大学付属小学校

■ペーパー

≪お話の記憶≫
動物たちがお祭りに行くお話。
設問　・神社に飾ってあったものを答える。　・お祭りへ行ったのは何人か答える。
　　　　・チョコバナナを買ったのは誰か答える。　・1番最初に金魚をすくったのは誰か答える。　等

≪数量≫
お手本と同じ数にするための四角を選びましょう。(右図)

≪図形≫
点図形　お手本と同じになるように線で結ぶ。
折り紙　折り紙を折って、広げるとどのような線がはいっているか考えて答える。

≪推理≫
オセロ　どこに置くと一番多くひっくり返せるかを考えて答える。

≪常識≫
昔話　見本の絵の話に出てくるものを選ぶ。

■ノンペーパー

≪運動≫
模倣体操　先生の動きを真似する。
先生と足ジャンケン　何回戦か行い、その度にルールが少し異なる。(例:後出しで負けるなど)

≪行動観察≫
共同絵画
最初に短いお話を聞く。
「交番の前にバス停があり、タヌキがバスを待っていたところ、黄色い帽子を被った羊が来ました。2人でバスに乗って、キツネの家へ向かいました。」
お話の続きをグループで話し合って決めて絵を描く。
絵を描いている途中で「何を描いているの?」と質問される。

≪親子面接≫
●父親への質問
・本校を志望した理由を教えてください。
・休日はお子さまとどのようにして過ごしていますか。

●母親への質問
・お子さまの長所と短所を教えてください。
・お子さまを叱ることはありますか。ある時はどのような時ですか。
・お子さまは家ではどんな遊びをしていますか。

＜面接室の配置＞

東京農業大学稲花小学校

■ペーパー

≪お話の記憶≫
小学生のユウタ君が、お父さんとオムライスを作る話。
設問　・お姉さんがキッチンへ来たときに持っていったものを答える。　・ユウタ君がはじめに作ったものを答える。
　　　・ユウタ君がオムライスを作るために使った材料を答える。

≪図形≫
積み木　積み木を組み合わせて、形を作る。使う形に○、使わない形に×をつける。
点図形

≪常識≫
季節常識　左の絵と同じ季節の絵を選ぶ。

■ノンペーパー

≪行動観察≫
共同絵画(公園の絵)
道具はクーピー、スティックのり使用。
①相談して小さな紙に一人ひとりが遊具の絵を描く。　②全員描けたら、模造紙にスティックのりで紙を貼る。
③最後に公園の名前を相談して決める。　　　　　　　④時間が余ったら、模造紙の余白に直接絵を描く。

≪親子面接≫
●父親への質問
・数ある私立小学校の中からなぜ本校を選び、お子さまのどのような所が合うと思いましたか。
・子どもが独り立ちする頃には世の中が大きく変わっていると思うが、小学校時代に人生の土台として築いてほしいものは何ですか。

●母親への質問
・お子さまの素晴らしいと思うところはどこですか。

●本人への質問
・お名前を教えてください。　・通っている幼稚園(保育園)の名前を教えてください。　・何歳ですか。
・幼稚園(保育園)では、お友だちとどんなことをして過ごしますか。　・何人くらいで遊びますか。
・室内遊びと外遊びはどちらが好きですか。　・休みの日は何をしていますか。
・お手伝いを何をしていますか。　・お父さんお母さんにはどんなことで褒められますか。
・大きくなったらどんなことをしたいですか。

≪親子活動≫
絵本の読み聞かせ　読み聞かせ後に質問
・この本は誰が選びましたか。　・どんなところが好きですか。　・この本のほかに好きな本はありますか。

日本女子大学附属豊明小学校

■ペーパー

≪お話の記憶≫
女の子がおばあちゃんの家へ行くお話
設問　・誰と一緒に行ったか。　・1番目に乗った乗り物はどれ。　・2番目に乗った乗り物はどれか。
　　　　・何をお土産に持っていったか。　・女の子が持って行かなかったものはどれか。　等

≪数量≫
・見本と同じ数の四角を選ぶ。　・積み木を数えて、その数だけ○をかく。

≪図形≫
・パズルで欠けている部分に入る形を選ぶ。　・見本の形を作るときに使う形を全て選ぶ。

≪運筆≫
・見本を見て、点線をなぞる。　　・濃淡　指示された色と濃さで塗る。

■ノンペーパー

≪制作≫
てるてる坊主作り
材料：ティッシュペーパー1枚、半透明のシート1枚、モール1本、丸シール、星のシール
道具：ペン1本
①ティッシュペーパーを丸めて、半透明のシートで包む。
②シートが広がらないようにモールで留めて、モールの余った部分で輪っかを作る。
③丸シールを貼って目を作り、ペンで口をかく。
④余った丸シールや星のシールで洋服を飾りつけする。

≪行動観察≫
虹作り
材料：虹の線がかかれている台紙、折り紙
道具：ハサミ3本、セロテープ、ペン
グループで協力して輪つなぎの虹を作る。作り始める前に虹の色をどのようにするか話し合いをする。
虹を作るときは折り紙を縦に2回折って(四つ折り)から折った線をハサミで切って、セロテープで輪っかにする。
虹の台紙には雲がかいていないのでペンで描き足す。

自由遊び
おままごと、輪投げ、風船、ビーズのひも通し競争、宝探しゲーム、魔法の鏡(仮装ができる)　等
先生が「お片付けをしてください。」と言うまで自由に遊ぶ。

≪親子面接≫
●父親への質問
・志望動機を教えてください。　・本校に期待することは何ですか。
・お子さまと過ごす時間はどのように作っていますか。

●母親への質問
・説明会での本校の印象をお聞かせください。
・小学校に入るにあたりお子さまに気をつけさせたことは何ですか。
・最近お子さまを褒めたことは何ですか。　・最近夫婦で話し合ったことは何ですか。

●本人への質問
・お名前を教えてください。　・通っている幼稚園(保育園)の名前を教えてください。
・どんな遊びをするのが好きですか。　・それはどんな遊びですか。
・好きな食べ物を教えてください。　・お家でしているお手伝いを教えてください。
・お手伝いをしたとき、お母さんは何と言ってくれますか。

雙葉小学校

■ペーパー

≪お話の記憶≫
クマ先生の幼稚園でのピクニックのお話。

≪数量≫
・紅葉が5枚、ドングリが8個あります。風に飛ばされてしまったのはいくつか答える。
・紅葉とドングリを決まった数だけ袋に入れると何袋作れるのか答える。

≪比較≫
・ヒモの長さを問う問題。　1番長いヒモ　3番目に短いヒモ　等

≪運筆≫
・交差しているリボンがどの動物につながっているのか答える。

■ノンペーパー

≪巧緻性≫
ヒモを玉結びしてビーズを通して玉結びをする。　という作業を繰り返す。

≪行動観察≫
ウサギ3兄弟のお誕生日会　（6人1グループで実施）
①段ボールを使って、パーティーのテーブルやイスを作る。
②ボールプールの中から必要なものを見つけてケーキを作る。
③ティッシュペーパーの箱を使って、自由に遊ぶ。
④誕生日会場をグループで協力して、星型とハート型の風船で飾る。

≪親子面接≫
●父親への質問
・小さい頃のお誕生日の思い出をお子さまに話してあげてください。
・カトリック教育についてどう思いますか。

●母親への質問
・カトリック教育についてどう思いますか。

●本人への質問
・お名前を教えてください。
・(おもちゃのケーキ、クラッカー、紙ナプキンなどが乗ったトレーを見せて)これは何に使うと思いますか。
・お誕生会をしたことはありますか。
・どんなことをしますか。
・これから家族の誰かのお祝いをするなら、誰のお祝いが良いですか。
・お祝いに何をあげますか。

宝仙学園小学校

■ペーパー

≪位置の移動≫
お約束の通りにマスを進んで着いた位置に印をつける。

≪図形≫
積まれた形が積み木何個でできているのかを答える。

≪常識≫
写真を見て、何の動物なのかを答える。

≪言語≫
ひらがなを自分で読んで、動物の名前に印をつける。

≪迷路≫

■ノンペーパー

≪行動観察≫
・積み木積み
影を見て、協力して同じになるように積み木を積む。
・ドンジャンケン

≪口頭試問≫
・お名前を教えてください。　・通っている幼稚園の名前を教えてください。
・家の外・中でそれぞれ何をして遊びますか。
・幼稚園の先生に褒められること、叱られることは何ですか。
・お父さんやお母さんに褒められること、叱られることは何ですか。

≪両親面接≫
●父親への質問
・志望理由を教えてください。
・何回本校に足を運んでいただきましたか。
・誰が願書を書きましたか。

●母親への質問
・本校をどこでお知りになりましたか。
・本校に知り合いはいますか。
・お子さまにアレルギーはありますか。

立教小学校

■ノンペーパー

■1日目

≪お話の記憶≫
●絵本の読み聞かせ【子ネコのネリーと魔法のボール】
絵本の内容から質問　・ネコをからかったのは誰ですか。　・ネコを楽しませたのは誰ですか。　等

●DVD鑑賞【かいじゅうたちのいるところ】
DVDの内容から質問　※解答は色付きの積み木で答える。
・男の子の名前は何でしたか。　・マックスは何の着ぐるみを着ていましたか。
・マックスの部屋に生えてきたのは何でしたか。　・海ででてきたものは何でしたか。　等

■2日目

≪個別審査≫
①マス目の中にウサギとイヌがいて、ウサギがイヌのところへ行けるように、灰色の道路が描いてある正方形のカードをマス目に置く。マス目にはいろいろな絵が描いてあり、色々な約束がある。
　花⇒花を摘んでいく指示(必ず通らないといけない)
　コーン⇒工事中なので通れない
　ドア⇒片方のドアに入るともう片方のドアから出られる

②二重丸の中にそれぞれ○と紅葉の葉っぱが描いてある紙の上に、黄・青・緑・紫の丸があり、色の約束の通りにウサギ・カメのイラストがついた積み木を動かす。カメは外側、ウサギは内側の○を動く。ウサギが1周したら、カメは1つ進めるお約束。

≪運動≫
・合唱…ドレミの歌を歌う。
・模倣体操
・創作ダンス
・かけっこ…4人一組で走る。

≪両親面接≫
●父親への質問
・我が校を選んでいただいた大きな理由を教えてください。
・お父様のご出身はどちらですか。
・最後に何かありますか。
・お仕事の内容について教えてください。

●母親への質問
・説明会にはご参加されましたか。
・受験の準備もされていたと思いますが、幼児教室にも通われていますか。
・お子さまは楽しくお教室に通われていますか。
・お子さまとお父様が2人で出掛けたりするときもありますか。
・男子校ですが、大丈夫ですか。

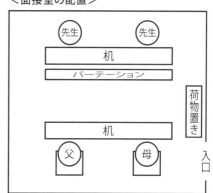

＜面接室の配置＞

立教女学院小学校

■ペーパー

≪数量≫
動物村の様子の描かれた絵を見て考える。
・ゾウがニワトリを飼っています。黒いニワトリは卵を2個産み、白いニワトリは卵を1個産みます。ゾウが飼っているニワトリが卵を産んだら、卵は全部で何個になるか答える。
・クマが8個の卵を持ってかえり、3個ネズミにおすそ分けしましたが、橋で2つ落としてしまいました。残りの卵は何個か答える。
・ウサギがカレーを作ろうとしています。ジャガイモを3個、ニンジンを2本、玉ねぎを1個使いました。合わせて何個の野菜を使いましたか。

≪図形≫
折り重ね　真ん中の点線のところを矢印の方向に折って重ねるとかかれた、線や形がどのようなるか答える。
切り抜き　折った折り紙の黒い部分を切り取って広げると、どのようになるか答える。

≪模写≫
お手本と同じになるように点と点を線で結ぶ。

≪言語≫
四角の中にある絵の2番目の音をつなげたときにできるものの絵を選ぶ。
※指定される音の順番が異なる問題も出題。

≪位置≫
マス目にネコ、ブタ、キツネなどの動物がかいてある絵をみて答える。
私は誰でしょう。「私のお部屋は上から〜段目、右から〜列目にいます。私に○をつけてください。」

≪置き換え≫
果物を形(○・×・△など)に置き換えて、下のマス目の同じ場所にかく。

■ノンペーパー

≪運動≫
連続運動
①先生が「せーの」と言ったら、その場で左右にジャンプ⇒笛が鳴ったら、前後に2回ジャンプ⇒ボールを上に投げて手を2回叩いてキャッチ⇒手で耳を作って、ウサギ跳び⇒アザラシ歩き⇒最初に並んでた色のコーンのところに戻って座る。
②ゴム段をくぐる⇒ジャンプ⇒フープの中に立って「はじめ」と言われたら、フープから出て床に置いてある縄跳びを10回跳ぶ。終わったら縄を元の形に戻して床に置く⇒スキップで戻る⇒最初に並んでた色のコーンのところに戻って座る。

≪制作≫
ライオンのお面の制作
道具【クーピー、ハサミ、液体のり】
材料【①ライオンの顔を描く台紙、②ライオンのたてがみと王冠が描かれた台紙、③ヒモ】
・①にクーピーでライオンの顔を描く。　　　　　　・②に描かれている王冠に色を塗る。
・①に描いたライオンの顔を、②の点線部分にのりで貼る。　・②の太線に沿ってハサミで切る。
・②に開いている穴に③を通して、蝶結びをして完成。

≪行動観察≫
・猛獣狩りゲーム　・ロープ通しゲーム

≪個別審査≫
箸使い　お皿にスーパーボール、短いヒモ、木の積み木があり、別の容器に箸を使って移す。

国立学園小学校

■ペーパー

≪お話の記憶≫
ゴリラのパン屋さんのお話。

≪数量≫
指示された物と数が同じになるように線を引く。
ウサギがネコにリンゴを届ける。リンゴが3個になるように線を引く。
ウサギがネコにリンゴとバナナを届ける。リンゴが3個、バナナが2本になるように線を引く。

≪図形構成≫
パズルのような問題。
≪言語≫ しりとり

≪常識≫
秋の季節を問う問題。

≪推理≫
ボルトを回して、ピッタリ当てはまるものを選ぶ問題でした。
始めに映像を見て、その映像と一致するものを選択したようです。

■ノンペーパー

≪運動≫
ケンパをした後、跳び箱5段に斜めにかけられている平均台を登って、
跳び箱の上からジャンプ。

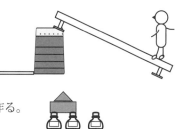

≪行動観察≫
紙にかいてある積木の絵を見て、お友だちと協力して見本通りにお城を作る。
(使用するもの：ペットボトル、積み木など)
1グループ8名ほどで実施。

≪親子面接≫
●父親への質問
・志望理由を教えてください。
・本校に期待することは何ですか。
・どんな時に叱りますか。
・本校を知ったきっかけは何ですか。

●母親への質問
・本校を知ったきっかけは何ですか。
・お母さんがお子さんを叱るときはどんな時ですか。
・お子さまの性格を一言で言うとどんなお子さんですか。

●本人への質問
・お名前を教えてください。　・好きな食べ物は何ですか。
・好きな遊び何ですか。　　　・小学校に入ったら何をしたいですか。
・どんな時にお父さんやお母さんに褒められますか。
・将来は何になりたいですか。
・お家では何のお手伝いをしていますか。

＜面接室の配置＞

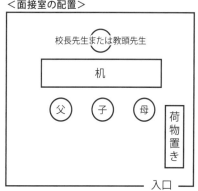

晃華学園小学校

■ペーパー

≪お話の記憶≫
はなこさん、弟、お母さんが白い車でおじいさんの家に行くお話。

≪数量≫
・加減　魚がザリガニを食べたとき、残ったときの数を答える。
・多少　魚がザリガニを食べたとき、多いほうの生き物を答える。
・水量　水を注いだときに来る位置に線を引く。

≪図形≫
・積み木の数　お手本と同じ数の積み木を答える。
・図形構成　お手本の形を作るときにいらないものを答える。

≪言語≫
音の理解　言葉のはじめの音と最後の音をつないだときにできるものを答える。

≪推理≫
・距離に関する問題。

■ノンペーパー

≪行動観察≫
・ボール遊びゲーム
2人1組になり、段ボールの箱に穴があいていて一緒に運んだ。
箱には動物の顔が貼ってあり、しりとりの順になるようにボールを入れる指示があった。
※順番　ブタ→タヌキ→キツネ→ネコ→コアラ→ラクダ→ダチョウ

≪制作≫
・飛び出す動物カード
用意されていた道具：ハサミ、スティックのり
TVモニターを見ながら作成。
その間に個別に呼び出された人から口頭試問が実施された。
　・質問内容
　「お家では何をして遊んでいますか。」
　「お母さんに褒められることは何ですか。」

≪親子面接≫
●父親への質問
・本校を知った経緯を教えてください。
・家庭の教育方針を教えてください。
・家庭でのお子さまとの過ごし方を教えてください。
●母親への質問
・ご家庭で大事にしていることを教えてください。
・幼稚園生活で得たことは何だと思いますか。
・兄弟げんかはしますか。
・お子さまが現在興味のあることは何ですか。

●本人への質問
・兄弟とは何をして遊んでいますか。
・兄弟とは喧嘩した時、どうやって仲直りをしていますか。
・幼稚園の名前を教えてください。
・園での好きな遊びは何ですか。
・お母さんに怒られることはありますか。

聖徳学園小学校

■ノンペーパー

≪知能検査(個別)≫
・聖徳式かるた
・パズル構成…漢字や図形のパズル。
・数量…数の加減、おはじきを使ったものもあった。　等

≪行動観察≫
・あたまかたひざポン　先生と一緒に実施。
・ドンジャンケン　3〜4人のグループで実施。
・そのほか、ボーリングやビーチボールで遊ぶ時間もあった。

≪親子面接≫

●父親への質問

・志望された理由を教えてください。

・お子さまはどのような人になってほしいですか。

・本校に期待することは何ですか。

●母親への質問

・志望動機にについて追加することはありますか。

・本校に期待することは何ですか。

・成長を感じる部分について教えてください。

●本人への質問

・小学校では何をしたいですか。

・大きくなったら何になりたいですか。

・なぜそれになりたいのですか。

・園では何をして遊んでいますか。

・好きな生き物はいますか。

・図鑑は家にありますか。それを見てわかったことを教えてください。

・お母さんに叱られることはありますか。

・お父さんに褒められることはありますか。

・お友だちに本を貸したら、ページを破られてしまいました。どうしますか。

・みんなで遠足に行きました。お弁当を食べようとレジャーシートを探したらないことに気づきました。そのときどうしますか。

<面接室の配置>

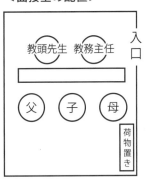

成蹊小学校

■ペーパー

≪お話の記憶≫

たける君がアオ君と呼んでいる。サッカーボールの刺繍がついた長袖のTシャツを洗濯した後、風で飛ばされるお話でした。
・洋服と同じ色のものはどれですか。
・アオ君のシャツはどれですか。
・今の季節は何ですか。
・アオ君が2番目に見たものは何ですか。

≪図形≫

・重ね図形と回転図形の融合
ハートは右、星は左に回すという約束で、お手本の左側を矢印の数だけ回転させ、右側のお手本に重ねた時にできる形を、右の4つの中から正しいものに○をつける問題でした。

■ノンペーパー

≪運動≫

・凝念　「楽しい音楽を流します」と言われ、その間に実施した。
・8の字ドリブル　バレーボール程のボールを使用し、8の字で2周した。

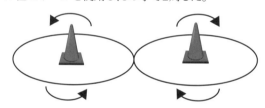

・遠投　上から投げる場合は、片手・両手どちらでもよいという指示で投げました。2回投げる指示でした。

≪制作≫

・紙飛行機作り　真四角の厚紙を配られ、指定された折り方で折り紙を制作した。

≪行動観察≫

・1日目　紙飛行機飛ばし
制作で作った紙飛行機を使いました。5～6人1グループで、飛ばす順番を決めてから遊んだ。
・2日目　風船運びゲーム
5～6人で協力しながら、うちわで風船を扇ぎながらタイムを競った。風船を手で触ってはいけませんという指示があった。

≪保護者面接≫

●父親への質問
・家庭が行う役割とはどのように考えますか。
・成蹊小学校に来た回数を教えてください。
・成蹊の生徒や先生についてどう感じましたか。
・個性についてはどのようにお考えですか。

●母親への質問
・しつけで大事にしていることを具体的に教えてください。
・園の先生から言われている受験時の様子を教えてください。
・公園などでの遊びの中での躾はどうしていますか。
・お母さんの作る料理でお子さまの好きなものベスト3を教えてください。
・逆に苦手な食べ物を教えてください。

■2023年秋実施入試情報

玉川学園小学部

■ノンペーパー

≪お話の記憶≫
女の子が自分の家を紹介するお話。
8月に引っ越しをして、和室があって2段ベットあります。庭には、おばあちゃんの好きな花が咲いています。 等

≪図形≫
回転と重ねの複合…右側の形を2回倒して左側の形に重ねるとどうなるか。

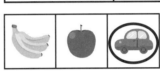

≪常識≫
仲間外れのものを見つける。

■ノンペーパー

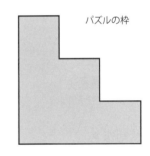

パズルの枠

≪個別審査≫
パズル…コップの中にあるパズルを枠にピッタリと当てはまるように置く。(右の枠)
お話作り…3つの絵を選んで、お話を作る。
　　　　　(絵:信号・横断歩道・家・おじさん　等)

しりとりの際の配置 (マットの上)

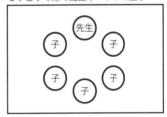

≪行動観察≫
しりとり…みんなで輪になりしりとりをする。
玉入れ…いくつかのチームに分かれて実施。
カプラ積み…チームでカプラを図にかいてあるように積む。
自由遊び…個人で遊んでいいが、他のところに行くときは「あっちで遊んで
　　　　　いい?」と声をかけるように指示があった。
　　　　　笛の音が聞こえたら、最初の隊形に戻ります。

<面接室の配置>

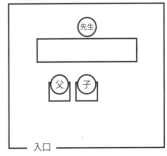

≪親子面接≫
●父親への質問
・志望動機を教えてください。
・説明会や見学会での印象を教えてください。
●母親への質問
・お子さまはどんな子どもですか。
・成長したと思うところはどこですか。
・今のお子さまの様子はどうですか。
●本人への質問
・通っている幼稚園(保育園)の名前を教えてください。
・幼稚園(保育園)はどんなところですか。
・頑張っていることは何ですか。

桐朋学園小学校

■ノンペーパー　試験は1日で行われますが、試験日程によって内容が異なります。

■11月5日

≪個別審査≫
①隣が同じ色になるように8ピースのパズルを完成させる
②紙に書かれた形にパズルを入れて完成させる
③②と同じパズルのピースを使って完成させるが、できるだけ多くのピースを使う。

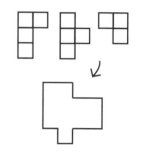

≪制作≫
・お弁当作り　からあげ、卵焼き、おにぎりを作る。

≪行動観察≫
・リトミック…音楽に合わせて歩いたり走ったりした。
・しりとり…じゃんけんで順番を決めた。同じ言葉を使ってはいけない指示があった。
・秘密基地づくり…ソフトマットを使って、グループのお友だちと一緒に作る。4枚のマットで壁をつくるよう指示

≪運動≫
・ボール運動…投げたあと手をたたいてキャッチする、ボールつき（10回）
・ケンパ

■11月6日

≪個別審査≫
・11月5日と同内容

≪制作≫
・画用紙を使った制作
①画用紙をテープで留め、筒状にして真ん中くらいまでちぎる。
②できたものにのりで飾りつけをする。

≪行動観察≫
・11月5日と同内容

≪運動≫
11月5日と同内容

桐朋小学校

■ノンペーパー

≪制作≫
お面作り
顔は黒で塗り、目はつぼのりで貼りつける。

≪絵画≫
夢のようなお菓子の絵を描く。

≪個別審査≫
数量　4匹の虫に8個の砂糖を分けると、1匹分はいくつになるか、積み木を分けて答える。
位置　見本と同じ位置になるようにカードを置く。
　　　残ったカードの内、1枚持っていきたいものはどれですか。→それはどうしてですか。

≪行動観察≫
・共同制作
お話を聞いて、グループでタワーのようなものを制作
材料：段ボール、ペットボトル、ヒモ

・自由遊び
制作したお面を持って、手をヒラヒラさせながら遊ぶ。

・ボール運び
頭の上や足の間から後ろの人にボールを渡していく。

≪口頭試問≫
・お名前を教えてください。
・通っている幼稚園(保育園)の名前を教えてください。
・この学校には来たことがありますか。
・(野菜や広場の山などの絵を見て)あなたの幼稚園(保育園)にはありますか。
・絵を使ってお話作り

≪アンケート≫
・具体的なエピソード(最近の出来事)をもとに「子育てについて、ご家庭に大切にしていること」と「桐朋小学校の教育において大切にされていること」とのつながりについて教えてください。
文字数：約400〜500文字

明星小学校

■ペーパー

≪お話の記憶≫
男の子が両親とキャンプに行って、船に乗って島に行ったお話

≪数量≫
・ゾウとリンゴでどちらの方が多いか答える。
・積み木の数が同じものを線で結ぶ。

≪図形≫
点図形模写　　クリスマスツリーのような形が出題。
図形の重なり　重なっている図形の中で1番下にある図形を答える。

≪推理≫
シーソー　　1番重いものを答える。
長さの比較　1番長い鉛筆を答える。

■ノンペーパー

≪運動≫
・クマ歩き
・ケンケンパー、ケンケングー
・ボール投げ【先生を相手にして下投げ(上投げも可)でキャッチボール】

≪絵画≫
自分の好きな季節で、好きなことしている絵を描く

≪個別審査≫
整理整頓　　机の中に紙が2枚、本が2冊とお道具箱があり、紙と本を指示通りに箱の中にしまう。
お話作り　　複数枚のカードを使ってお話づくりをして、発表する。

≪行動観察≫
ヒモ通しゲーム
輪っかになっているヒモをお友だちを手をつないだ状態で上手に体を通してリレーをしていく。
ジャンケン列車
お友だちとジャンケンをして負けたら、勝ったお友だちの後ろについて肩を持ってついていく。

≪親子面接≫
●父親への質問
・本校の教育理念とご家庭の教育方針が合致するところを教えてください。
・お子さまがチャレンジしていることは何ですか。
・お仕事が忙しいと思いますが、お子さまと遊んでいますか。

●母親への質問
・本校の教育内容で魅力を感じていることを教えてください。
・お子さまの長所を教えてください。
・お子さまの名前の由来をお子さまに話してください。

●受験生への質問
・お名前を教えてください。
・通っている幼稚園(保育園)の名前を教えてください。
・園長先生の名前を知っていますか。
・担任の先生の名前を教えてください。
・幼稚園(保育園)では何をして遊んでいますか。
・いつも遊ぶお友だちの名前を何人か教えてください。
・いつもしているお手伝いを教えてください。
・お父さんとお母さんの好きなところを教えてください。

早稲田実業学校初等部

■ペーパー

≪お話の記憶≫
女の子が家族と浮き輪やお弁当を持ってプールへ行くお話。
設問　・最初はどんなプールから入ったか答える。
　　　　・お父さんが持ってきたから大丈夫と言ったものは何か答える。

≪数量≫
四角の中に三角(▲)と四角(■)がたくさんあり、三角(▲)は2つで四角(■)に1つになる。
このとき、四角(■)が1番多いのはどれか選ぶ。

≪図形≫
大きな黒い四角の中に見本の三角をピッタリといれたときの線を引く。

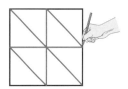

■ノンペーパー

≪制作絵画≫
川や木などが描いてある画用紙に、できるだけたくさんの楕円形を使って、あなたが楽しく遊んでいる絵を描く。

≪運動≫
「ケン・ケン・パー」で進んで、動物のものまねをしながら戻る。
　1回目…ゾウのものまね　2回目…鳥のものまね

≪行動観察≫
グループでパラバルーンを使って、物をできるだけ高く上げる。
高く上げる物は大きい風船、小さい風船、小さいボールなどの中からグループで話し合って決める。

≪個別審査≫
生活習慣
・ハンガーにかかったポロシャツを取って着る。その後、脱いでハンガーにもう一度かける。
・箱の中にボタンの開いたワイシャツ、ハーフパンツ、靴下2足、縄跳びが入っており、指示通りにしまう。
　　シャツはボタンを1つ留めて畳む。服は畳んで巾着袋にしまい、袋のヒモを蝶結びにする。
　　縄跳びは束ねて結ぶ。

≪親子面接≫
●父親への質問
・ITが発達していますが、1時間かけて学校に通う意味はどんなところだと思いますか。
・お子さまの長所と短所を教えてください。

●母親への質問
・父親と母親の役割の違いについてどうお考えですか。
・お母様も仕事しているとのことですが、お子さんが体調不良になったときなどはどうしますか。

●本人への質問
・受験番号と名前を教えてください。
・今1番欲しい物は何ですか。
・好きな食べ物は何ですか。
・嫌いな食べ物は何ですか。
・今日はどうやって来ましたか。
・(願書を見ながら)本人の得意なことに対して質問。
・お父さんとお母さんってどんな人ですか。

青山学院横浜英和小学校

■ペーパー

≪お話の記憶≫
動物のお話。

≪数量≫
タマネギ8個、ニンジン5本、ジャガイモ4個の絵があり出題される。
・タマネギとニンジンを合わせた数を答える。
・タマネギを3つ食べました。残りの数を答える。
・タマネギ、ニンジン、ジャガイモを1つずつ集めて1セットにする。何セット作ることができるか答える。

≪図形≫
点図形模写　お手本と同じになるように、点図形をかく。
回転図形　　右に1回倒したらどうなるのか答える。

≪常識≫
ヒマワリ、アサガオの咲く順番を答える。
仲間外れ
・切るものの中にお玉　・木になるものの中にイチゴ　・キッチンで使うものの中にティッシュ
・吹く楽器の中にタンバリン　・海の中の生き物の中に金魚　　　等

■ノンペーパー

≪制作≫
カレーライス作り
①○を赤で、□を緑で、△を青で塗る。
②カレーの台紙に金の丸いシールを線(シールよりも少し大きい○)にぶつからないように貼る。
③(カレーの台紙とは別紙)鳥の絵の目と外側を鉛筆でなぞる。
④(カレーの台紙のお米の部分)○が並んでいて、「1番上・右から3番目を黄色に塗る」、「上から3番目・右から
　　2番目を黄色に塗る」
⑤スプーンをハサミで切って、のりでカレーの台紙に貼る。
⑥台紙に上に穴が空いていて、そこにヒモを通して蝶結びをする。

≪運動≫
模倣体操
・『さんぽ』に合わせて、頭→肩→お腹→腿を2回ずつ叩く→胸の前で手を叩く→行進
　　　　　　　　　　　→途中から自分でダンスを考えて踊る。
・『エイブラハムの子』に合わせて踊る先生の映像を見て同じように踊る。

≪行動観察≫
道具:ひも
1枚のカード(ヒモが絡まっている絵)を渡されて、そのカードと同じになるようにグループで協力して作る。

≪親子面接≫
●父親への質問
・お仕事についてお聞かせください。
・キリスト教についてどうお考えですか。

●母親への質問
・お子さまの保育園での様子をお聞かせください。
・子育てで気をつけていることは何ですか。
・お仕事はされていますか。
・送り迎えやPTAの参加は大丈夫ですか。

●本人への質問
・お名前と通っている幼稚園(保育園)の名前を教えてください。
・幼稚園(保育園)で何をするのが好きですか。
・幼稚園(保育園)の遊具の数はいくつありますか。
・好きな絵本は何ですか。
・お母さんが作る料理で好きなものは何ですか。
・小学生になって頑張りたいことは何ですか。

■2023年秋実施入試情報

カリタス小学校

■ペーパー

≪お話の記憶≫
クマ、ウサギ、ヒツジ、キリン、キツネが公園でかくれんぼをして遊ぶお話。
設問　・お話に出てきた動物に○をつける。　・それぞれの動物が隠れた場所を線で結ぶ。

≪数量≫
3人で鉛筆を同じ数ずつ分けた時の1人分を○で描く問題。

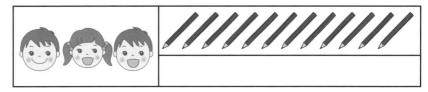

≪常識≫
・1個、2個と数えるものを○で囲む。　　選択肢:絵本、リンゴ、皿、消しゴム、みかん、飛行機、鉛筆　等
・野菜の切り口とその野菜を線で結ぶ。　選択肢:玉ねぎ、ピーマン、オクラ　等
・花、行事、季節の食べ物を線で結ぶ。

≪推理≫
果物が決まりよく並んでおり、最後のハテナマークに入るものを考える問題。

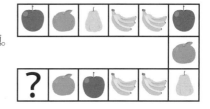

■ノンペーパー

≪行動観察≫
5〜6人1グループで、カーリングのようなゲームをする。
①持参した新聞紙を、お手本通りに丸めて、1人2個ボールを作る。
②作ったボールを持って、点数がかいてある的に向けて、1人2回投げる。

≪親子面接≫
●父親への質問
・自己紹介をしてください。
・趣味を教えてください。
・説明会に来ましたか。その際、どんな印象を受けましたか。
・これからの時代、子どもにはどんなことが大切になると思いますか。

●母親への質問
・自己紹介をしてください。
・趣味を教えてください。
・園で問題があったとき、お子さんから話はありますか。
・(上の質問に続き)その時、どのような対応をされていますか。

●本人への質問
・お名前を教えてください。
・ここまでどうやって来ましたか。
・ここに来るまでに発見したものはありますか。
・園では誰とどんな遊びをしますか。
・カリタスに来たらどんなことをしたいですか。
・お父さん、お母さんとどんなことをお話ししますか。

慶應義塾横浜初等部

■ペーパー

≪お話の記憶≫
家族で遊園地に電車で行き、観覧車やジェットコースターに乗るお話。

≪図形≫
図形構成　線が数本あり、その線でどのような形ができるかを選ぶ問題。

≪位置≫
丸や三角がかいてある積み木の一部を下にずらすとどのようになるかを選ぶ問題。

≪推理≫
折り紙の折った順番で時系列になっている問題。

■ノンペーパー

≪運動≫
・模倣体操　15〜20人で一斉にラジオ体操。動く先生に対して反対に動くような指示がある。
・かけっこ　約20メートルの距離を走る。
・連続運動　平均台を渡る → 両腕を広げ片足立ち → ボール投げ → マットの上でクマ歩きの順に実施しました。
※下図参照
※ボール投げは的あて、遠投を2球ずつ投げたようです。

≪行動観察≫
・ボーリングゲーム
5人1グループで実施。
ペットボトルに少し水が入っており、投げる道具を相談して決めてから始める。
投げる道具は、トイレットペーパーの芯、ガムテープの芯、ソフトボール程度の大きさのゴムボール　等から選ぶ。
・ボール投げゲーム
4人または5人1グループで実施。
6個の入れ物があり、線を踏まない、同じところに入ったら別のところに手で入れる、やめと言われるまで行うルール。

≪制作≫
※グループにより実施内容は異なる。
・動物の部位作り
教室の壁にゾウ、ライオン、ヒョウ、チーター、クマなど陸上の動物の絵が貼ってある。
ゾウは耳、ライオンはたてがみ、ヒョウは耳、チーターは耳、クマは耳を以下の材料を加工して貼ります。
ただし、材料は1種類1色だけを使う指示があり、同種同色の物は6個まで使うことができる指示もある。
材料:・ちぎってある画用紙(水色、黄色、黄緑色)　・アルミホイル　・モール(茶色、黄色)　・白い紙(コピー用紙)
①先生が一人ひとりにどの動物のものを貼るのかを質問する。
②全員に質問が終わったら、材料がまとめて置いてある机に行き、必要な物を自分で選択する。
③選んだら自分の机に行き、作業を開始する。机の上にはセロハンテープ、ハサミが置いてある。
・王冠作り
用意された材料で王冠を作る。王冠が作り終わった後、先生から以下の質問がある。
・この王冠をかぶるとどうなりますか。　・どこの国の王様ですか。
その後、皆で王冠を交換してかぶり、自分の王冠を説明しながら歩く。

相模女子大学小学部

■ペーパー

≪お話の記憶≫
森の動物たちがさくらさんという女の子のお誕生日をお祝いするお話。
設問　・さくらさんは何の記念日でしたか。　・森の仲間たちは何を持っていきましたか。その絵に○をつける。
　　　・このお話に出てきた動物に○をつける。　等

≪数量≫
多少　　　　一番数の多いもの、二番目に少ないものを選ぶ問題。
指示理解　　指示された数だけ、その数のものを囲んだり○印をつける問題。
合わせた数　リンゴとクッキーを合わせた数だけ○をかく問題。○や△を合わせた数なども出題。

≪図形≫
模写　　　　白紙にフリーハンドで長方形や三角をかく。
点図形模写　お手本とそっくり同じになるようにかく。

≪言語≫
・同頭音　同じ音で始まるものに○をつける問題。

≪常識≫
・仲間外れ　仲間外れのものに○をつける問題。　文房具と楽器、季節の行事、季節の花などが出題。
・生活/生き物/食べ物　机の脚、のこぎりの刃、魚の尾ひれ、イチゴのへたにそれぞれ○をつける問題。

■ノンペーパー

≪行動観察≫
・ぴよぴよさんゲーム
先生「ぴよぴよさん」→子ども「何ですか」→先生「(動きながら)こんなことこんなことできますか」→子ども「(動きながら)こんなことこんなことできますよ」これを3・4回行う。
・風船運びゲーム
3人または4人1グループで1つの風船をグループ皆でパタパタしながら運ぶゲーム。
・楽器演奏
風船運びゲームをしたグループで、タンバリン、カスタネット、鈴をそれぞれ選んで「となりのトトロ」のさんぽの曲に合わせて演奏。
初めは先生に合わせて練習し、次はピアノに合わせて演奏。
・しりとりゲーム
9人または10人でしりとりをする。先生が初めに言った言葉の後に続ける。

≪個別審査≫
・着脱　　給食当番の服(割烹着)の着脱をする。袋に入っているものを取りだし、着脱後、元通りに戻す。
・片付け　2つの箱に片付けてある写真を見て、同じように片付けをする。
　　　　　　→用意されていた物：コップ、クーピー、時計、筆箱、歯ブラシ、風呂敷、国語の教科書　等
・パターンブロック　お手本と同じものを作る。

≪親子面接≫
●父親への質問
・受験番号と受験者氏名を教えてください。　・お子さまにはどんな人になってほしいですか。
・お子さまの長所を教えてください。　・最近良いなと思ったことを本人に言ってください。
・今回は併願ですか、専願ですか。
●母親への質問
・お子さまにはどんな人になってほしいですか。　・子育てで嬉しかったこと、良かったことを教えてください。
・お子さまに頑張ってほしいことを本人に向かって伝えてください。
●本人への質問
・名前、誕生日、通っている園の名前　・園では何をして遊ぶのが好きですか。
・お友だちとうまくいかないときはどうしますか。　・お父さん、お母さんの好きなところを教えてください。

湘南白百合学園小学校

■ペーパー

≪お話の記憶≫
運動会に関するお話。天気に関する問題等が出題。

≪数量≫
・分配…9個のサンドイッチを3人の子どもで分けるには1人何個ずつになるかを答える。
・積み木の数…積まれている積み木を見比べて、多いものに印をつける。

≪図形≫
・点図形…お手本とそっくりになるように描く。(右図参照)

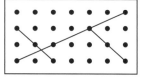

≪言語≫
・しりとり…6～7個の絵を選び、最後の絵に○をつける。

≪常識≫
・生き物…カエルの成長について、3番目になる写真を答える。
　　　　　→①卵②オタマジャクシ③オタマジャクシに足が生えている④カエル

≪推理≫
・重さ比べ…シーソーで重さ比べをした時、下がるもの、釣り合うものを答える。

■ノンペーパー

≪運動≫
・模倣体操①…「さんぽ」の曲に合わせて模倣体操を行う。行進、走る、スキップなどの動きがあった。
・模倣体操②…画面上で動いている先生と「同じ動き」「縦になるように反対の動き」をする。
・指示運動…以下の運動を「やめ」の合図があるまで、その場で行う。
　　　　　　　→ボールつき、縄跳び、スキップ
・的あて…鬼の顔が描かれた的にボールを投げ、自分が座っていた場所へクマ歩きをして戻る。

≪行動観察≫
・パターンブロック…亀のような形のお手本を5人1グループで、皆で協力しながらお手本とそっくり同じになるように作る。実施する場所とお手本がある場所は離れていて、お手本を見に行けるのは1チーム一人というお約束があった。見に行く順番などはチームで相談して決定した。
・紙コップ積み
4チーム対抗で、ピラミッドのような形になるように積む。早く積めたチームが勝ちというルールだった。

≪親子面接≫

●父親への質問
・志望動機を教えてください。
・ご家庭の教育方針を教えてください。
・お仕事の内容について教えてください。
・子育てで一番うれしかったことを教えてください。

●母親への質問
・志望動機について、父親に加えて何かありますか。
・子育てをしていく中で夫婦で意見が違ったらどうしますか。
・お子さまが学校から泣いて帰ってきたらどうしますか。
・お子さまの性格を現わすエピソードを一つ教えてください。

●本人への質問
・名前、誕生日を教えてください。
・家族で何をするのが楽しいですか。
・お手伝いは何をしていますか。
・どんな時にありがとうと言いますか。

精華小学校

■ペーパー

訂正は消しゴム使用。

≪お話の記憶≫

≪推理≫

・位置の移動　車の絵があり、全部ゴールまで行くにはいくつ移動すればよいかを答える。

≪置き換え≫

・灰色の箇所だけ約束通りに印を置き換えて書く。

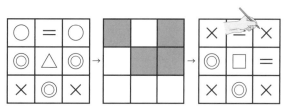

≪条件迷路≫

・指示された色の順番で線を引く。

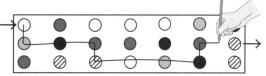

■ノンペーパー

≪運動≫

・反復横跳び兼ボール運び
コーンの上に赤と白のボールが置いてあり、
真ん中の線をまたいで立ち、スタートの合図
でボールを入れ替えた。
・アザラシ歩き…膝を伸ばして、手だけをついて歩く。
・ボールつき…ボールをついて、バウンドしている間に手を叩き、ボールをキャッチする。
※「やめ」の合図があるまで続けて行う。

≪行動観察≫

・スイカ割りゲーム
紙風船で用意されたスイカを、細長い風船で叩いて潰すゲーム

≪絵画≫

お話を聞いて、お話の通りにクレヨンを使用して絵を描く。
「本を読むのが好きなクマさんが、森の動物たちに本を読んであげました。クマさんはキノコの上に座って、お話を読みました。動物たちは草の上で目をとじて聞いています。」

≪親子面接≫

●父親への質問
・当校の方針が家庭と合っていると思う点はどんなところですか。
・本校の教育に何を期待しますか。
●母親への質問
・お子さんには将来どんな子になって欲しいですか。
・お子さんが最近成長したなと感じることを教えてください。

●本人への質問
・お名前を教えてください。
・通っている園の名前を教えてください。
・園でよくしている遊びは何ですか。
・あなたの一番好きな本は何ですか。

■2023年秋実施入試情報

聖セシリア小学校

■ペーパー

≪お話の記憶≫

リスが公園に行くお話。途中で他の動物にあったり、落とし物をしたりした。
・キツネ君が持っていたものはどれか選ぶ。　選択肢:リンゴ、ドングリ、缶詰、手紙
・キツネ君はどんな服を着ていたか選ぶ。　選択肢:縞模様、水玉模様、ハート柄、チェック柄
・リス君が拾ったドングリの数だけ○を描く。
※マス目があり、1マスに1つずつ○を描いた。
・クマさんのお仕事を選んで○をつける。

■ノンペーパー

≪運動≫

・リトミック…ピアノの音に合わせて、手を叩く、足踏み、強弱、緩急、止まるなどをここに練習した後、それを組み合わせたものを行った。

≪行動観察≫

・的あてゲーム
一番後ろに並んでいる子が、フープからボールを取り、
転がしたり投げたりして一番前まで送り届ける。
最後の子がボールを的に当てて、一番後ろに移動して
ボールを送る。
これを繰り返して、最初の子が最初に来たチームが勝ち
というルールで実施した。

≪絵画≫

・条件画 「運動会の絵」を描く。終わった人は、楽しかったこと、まだの人は、楽しみなことやしてほしいことなどを描いて待つ。クーピーは各自必要な分だけ取りに行く指示があった。

≪口頭試問・個別審査≫

・質問内容…名前、幼稚園名を聞かれ、担任の先生はどんな先生か。
・イラストが描かれたカードを見せられ、都度どんな気持ちになるかを答える。
(例:女の子がお菓子を見つけた絵、振り返ったらお母さんがいない絵　等)

≪親子面接≫

●父親への質問
・(母親の志望理由の後に)お父様はいかがですか。
・お休みの日はどのように過ごしていますか。
●母親への質問
・我が校をお知りになったきっかけと志望された理由は何ですか。
・お母様はお仕事されていますか。忙しいですか。
●本人への質問
・お名前は言えますか。
・幼稚園(保育園)の名前は言えますか。
・運動会は終わりましたか。
・今日は何で来ましたか。遠かったですか。
・お父さんにありがとうと言われるのはどんな時ですか。

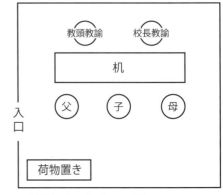

面接順:子→父母ランダム

聖ヨゼフ学園小学校

■ノンペーパー

≪個別審査≫
・お話の記憶…タカシ君が、お友だちと一緒に砂場に行くお話。タカシ君はシャベルを、お友だちはバケツを持って行った。2人で山を作ったり、川を作ったりした。設問:タカシ君が持って行ったものを選ぶ。
・積み木…5個の積み木を探して、その絵に指をさす。
・同図形…お手本と同じ順番に並んでいるものを選んで、指をさす。
・社会常識…電車の中でしてはいけないことを選んで指をさす。
・条件迷路…リスが森からドングリを7個持ち帰るにはどの道を通ればいいか指でなぞる。

≪口頭試問≫
悲しい顔をした男の子のイラストを見せられ、それについて考える。
・あなたなら何と言ってあげますか。

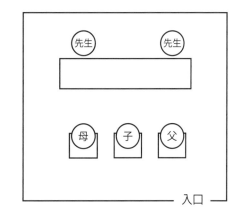

≪行動観察≫
・ドミノ並べ…グループになって、ドミノを並べ、倒す人をジャンケンで決める。
・自由遊び…積み木、砂粘土、玉入れ、ボールプール(上履きを脱ぐ指示)
オセロ、ホワイトボードに絵を描くなどの遊具が用意されていた。
太鼓の音がなったら、次の遊びに移る指示があった。

≪親子面接≫
●父親への質問
・ご家庭の教育方針を教えてください。
・お子さんの成長を感じるところを教えてください。
・学校教育に何を求めますか。
・学校と家庭の役割についてどうお考えですか。
・宗教教育とともに国際バカロレア教育を取り入れていますが、それについてどうお考えですか。

●母親への質問
・お子さんの良いところ、直してほしいところを教えてください。
・ご家庭ではどんなことを大切にしていますか。
・将来はどんな子どもになってほしいですか。

●本人への質問
・お名前を教えてください。
・通っている幼稚園(保育園)の名前を教えてください。
・学校までどうやって来ましたか。
・バスの中で気をつけていることは何ですか。
・幼稚園(保育園)で1番楽しかったことは何ですか。
・宝物は何ですか。
・お父さんとどんな遊びをしますか。

洗足学園小学校

■ペーパー

≪図形≫

四方観察…積み木をクマ、ウサギ、ネコがそれぞれの方向から見たとき、どのように見えるのか正しいものを選ぶ。ウサギとクマが同じ見え方をするものを選ぶ。

パズル…パズルが1枚足りません。空いている場所にピッタリとはまるピースはどれか選ぶ。

切り取り図形…折り紙を折って、白い部分を切り取って広げたときにできる形はどれか選ぶ。

≪言語≫

・初めの音(オン)、最後の音が同じものを選ぶ。

・左の絵は最初の音、真ん中の絵は真ん中の音、右の絵は最後の音をつなげたときにできる言葉を絵から選ぶ。

・しりとり…真ん中の音でしりとりをしたとき、最後までつながるように空いているところに何が入るか考えて絵から選ぶ。

≪常識≫

科学常識…次の中で、鳥の仲間を選ぶ。(選択肢:トビウオ・ウサギ・トンボ・ペンギン)

　　　　　卵で産まれる生き物を選ぶ。(選択肢:イルカ・クジラ・カメ・ラッコ)

　　　　　次の中で木にならないものを選びましょう。(選択肢:カキ・リンゴ・クリ・イチゴ)

　　　　　次の中でイルカの尾ヒレはどれか選ぶ。次の中でカエルの足はどれか選ぶ。

社会常識…一寸法師を大きくした道具を選ぶ。

　　　　　アリとキリギリスのお話の絵と関係ないものを選ぶ。

≪推理≫

・サイコロの移動…各面に色のついたサイコロを転がし、指定された場所まで転がしたときの下の面の色を選ぶ。

・ブラックボックス…サイコロのようなカードを箱に通すと左から点が少ない順になるように出てくるが、同じ点の数のカードがあるときは並んで出てくるお約束。このときにカードを入れてどのような順番で出てくるのかを考えて選ぶ。

・すごろく(距離)…すごろくのようなマス目のある問題。八百屋さんから1番離れている人、花屋さんから1番近い人、魚屋さんから2番目に近いのは誰かを選ぶ。

■ノンペーパー

≪巧緻性・絵画≫

・絵画…指示された場所に指定された色を塗った後、裏返して絵画「触ったことのない動物を触った時の自分の顔」を描く。描き終わって時間が余ったら、空いているところに好きな絵を描く。

・ヒモ結び…台紙の端の穴にヒモ通して、蝶結びをし、ヒモが見えるように台紙を半分に折る。

≪運動≫

・雑巾がけ…乾いた雑巾で床の線から線まで雑巾がけをする。終わったら、雑巾を畳んでカゴに入れる。

・ボール運び…2人同時にスタートする。黄色い線の上を両足ジャンプで進み、ボールを2人の背中に挟んで運ぶ。2回落としてしまったら、終了の指示があった。

≪行動観察≫

・共同絵画、お話作り(4〜5人1グループ)

女の子が描かれた台紙にグループの皆で絵を描く。その後、自分たちが描いた絵を使ってお話作りをする。

・クイズゲーム(4〜5人1グループ)

①自分の読んでほしい名前を決めて、グループの皆に発表する。(※理由も一緒に発表)その後、グループでジャンケンをして負けた人が勝った人の名前を当てる。

②数種類のカード(ご飯・動物・本　等)の中から、1枚引いて出たカードを基に自分の好きなものか嫌いなものを発表する。その後、発表した内容に関するクイズ大会をする。

捜真小学校

■ペーパー

≪図形≫
欠所補充…お手本と同じになるように足りない線を書き足す。
図形構成…折り紙で切ってできた線をハサミで切るとどんな形になるか選ぶ。

≪言語≫
・同じ音(オン)から始まるものを選ぶ。
・同じ音(オン)で終わるものを選ぶ。

≪観察力≫
・お手本と同じ場所を四角で囲む。

≪数量≫
・四角で囲んでいない黒丸の数を数えてその数だけ○を書く。

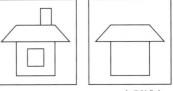
欠所補充

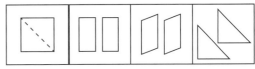
図形構成

■ノンペーパー

≪読み聞かせ≫
絵本『せんたくかあちゃん』の読み聞かせ。

≪制作≫
Tシャツ作り…台紙にかかれたTシャツに好きな色や模様を描き、台紙の太線の線が残るように、Tシャツの形にハサミで切る。

≪運動≫
模倣体操…『せんたくじゃぶじゃぶ』の音楽に合わせてダンスをする。

≪生活習慣≫
・机の上に置かれたものの中から、洗たく物を5つ選んでカゴに入れる。
机の上にあったもの…ぬいぐるみ、ハンカチ、鍋、ビブス、水泳キャップ　等
・洗たく踊り(スキップや小さい泡、大きい泡を表現)をしてから洗たく物を干す。制作で作ったTシャツ一緒に干した。

≪行動観察≫
自由遊び…ボーリング、的当て、おままごと、ブロックなどで自由に遊ぶ。

≪親子面接≫
●父親への質問
・志望理由を教えてください。
・家庭と本校の教育方針で共通しているところはどこですか。
●母親への質問
・子どもとの時間で大事にしていることは何ですか。
●本人への質問
・お名前を教えてください。
・何歳ですか。
・好きな遊びは何ですか。

≪親子活動≫
しりとり…順番は親子3人で相談して決めるという指示があった。

桐蔭学園小学校

■ペーパー

≪数量≫

・ゾウはリンゴを5個、サルはバナナを3本、ネズミはチーズを2個まで食べることができるお約束があった。
・ゾウとサルが食べきれるお皿はどれか選ぶ。
・ゾウとネズミが食べきれるお皿はどれか選ぶ。

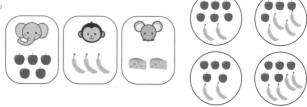

≪推理≫

観覧車
・動物たちが乗っている観覧車は矢印の方向へ動き、星印のところに来たときに観覧車を降りて列に並ぶ。動物たちが正しい順番で並んでいる列を答える。ただし、誰も乗っていないところや雲に隠れているところもある。
・動物たちが列に並んでいて、順番に観覧車に乗る。動物たちが正しく乗っている観覧車を答える。

■ノンペーパー

≪運動≫

模倣体操…先生の動きの真似をしましょう。(手拍子や肩、お腹を叩くような動き)

≪行動観察≫

・共同制作(男女でテーマが異なる)
材料…画用紙、折り紙など　道具…スティックのり、テープ、クレヨンなど
男子:水族館をグループで作る。
女子:お菓子屋さんをグループで作る。
・自由遊び(ボーリング、折り紙、輪投げなど)

≪口頭試問≫

・名前を教えてください。
・(カードを見せて)これでどこにいって、何をしたいですか。

≪両親面接≫

●父親への質問
・説明会等には参加されましたか。→その時に印象を教えてください。
・1、2ヵ月でお子さんの成長を感じたところはどこですか。
・その成長を一言で表すと。
・どのような家庭での教育が成長につながっていると思いますか。
●母親への質問
・志望動機を教えてください。
・1、2ヵ月でお子さんの成長を感じたところはどこですか。
・どのような家庭での教育が成長につながっていると思いますか。

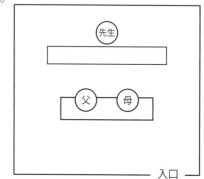

桐光学園小学校

■ペーパー

≪お話の記憶≫
たかし君とはなこさんが遠足に行きます。たかし君のお弁当はエビフライと卵焼きとブロッコリーです。はなこさんのおかずは唐揚げとゆで卵です。
・たかし君のお弁当のおかずに○、はなこさんのおかずに△をつける。

≪絵の記憶≫
マス目に花、虫、鳥がかいてある絵を見る。(右図参照)
・花があったところに○、虫がいたところに△の印をつける。

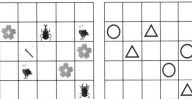

絵の記憶

≪図形≫
・図形構成…見本の形を作るときに必要なものを選ぶ。
・回転図形…形の中で、黒いブロッだけを回転させたときにどうなるかを考えて選ぶ。

≪模写≫
・点図形模写…点と点を線で結んで、見本と同じ形を作る。
・図形模写…見本の形と同じになるように、線や形をかく。

≪推理≫
・四方観察…見本の形を色々な方向から見て、見えないものを選ぶ。
・間違い探し…動物たちがかけっこをしている絵を見て、間違いを探して選ぶ。

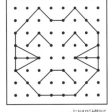

点図形模写

■ノンペーパー

≪絵画制作≫
材料:花のかかれた台紙
道具:ハサミ、のり、クーピー
花にクーピーで色を塗る。ただし、色が塗られている花には塗ってはいけないという指示。
色が塗られている花をハサミで切る。失敗してしまったら、もう１つ花があるのでそちらを切る。
切った花を台紙の水色の部分にのりで貼りつける。
できた作品と道具は机の上、切った紙はカゴの中へ、お手拭きはゴミ箱に入れる。

≪行動観察≫
・タンバリンの音に合わせて行動する
タンッタンッタンッ⇒音に合わせて歩きます
歩いているときに音が止まったら⇒氷になる
シャラララ〜⇒先生の方を見る
シャラララ〜タンッ⇒先生の方を見て、1回ジャンプする
タンバリンを下にしたら⇒その場で体操座り
・神経衰弱
青と黄チームに分かれて、各チーム2列に並ぶ。順番に散らばったカードを1枚ずつ裏返して同じチームで絵柄が合えば、カードを持っていってカゴの中にいれる。絵柄が違っていたら、元に戻して次の人と交代する。

■2023年秋実施入試情報
森村学園初等部

■ペーパー

≪お話の記憶≫
・点図形…上にかいてある形と同じになるように線を引く。
・重ね図形…3つの形を重ねたらできる形を選ぶ。
・同図形発見…先生が説明した形を選ぶ問題。
　　　　　　例:「四角とバツがとなり合っていて、右に丸、左にダイヤの形があるものを選びましょう。」

≪推理≫
ヒモを切って4本になるものを選ぶ。

■ノンペーパー

≪制作絵画≫
・「公園でカラスと一緒に遊ぶ絵」
みんなでテーマに沿って絵を描く。羽を塗ったり、周りに絵を描いたり相談しながら行う。
※描き終わった後に一人ずつ絵についての質問をされた。
・「クワガタの絵」
クワガタのお尻の部分を切り取り、合う場所に貼る。触角は水色で塗るお約束、クワガタの周りにはお友だちを描くお約束がそれぞれあった。
※描き終わった後に一人ずつ絵についての質問をされた。

≪行動観察≫
グループになってサイコロを振り、出た目の数で決まった動きをする。
1…紙コップを協力して高く積み上げる。
2…折り紙をテープを使って、長くつなげる。
3…好きなダンスをする。
4…サイコロを振った人がポーズをとり、他の人が真似をする。
5と6は事前にグループで話し合って決めて、その動きをする。

≪両親面接≫
●父親への質問
・子育てが5年目6年目になりますが、奥さんに点数をつけるとしたら、何点になりますか。
・お仕事についてお聞かせください。
・森村学園を受験することになったきっかけを教えてください。
・電車通学になると思いますが、それでもこの学校に通わせたい
　理由は何ですか。
●母親への質問
・子育てが5年目6年目になりますが、旦那さんに点数をつけると
　したら、何点になりますか。
・今、子どもが頑張っていることは何ですか。
・最近褒めたこと、叱ったことは何ですか。
・子どもがお兄ちゃんになったなと感じるところはどこですか。

＜面接室の配置＞

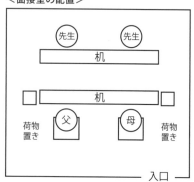

横浜雙葉小学校

■ペーパー

≪お話の記憶≫

≪言語≫
・名前の中に同じ言葉を入っているものを線で結ぶ。(こうもり―もり)
・最後から最初に戻ってしりとりができるようにする。(とうもろこし⇒しっぽ⇒ポスト)

■ノンペーパー

≪制作≫
材料:公園、マンション、家、□・△・○でできた木がかいてある町の絵、シール
①□と○の木を緑で塗る。
②○の木に黄色のシールを2枚貼る。
③△の木に赤いシールを4枚貼る。
④□の木に赤いシール2枚、黄色のシール1枚、青のシールを3枚貼る。

≪運動≫
先生の見本の後に、笛の合図で一斉に走って、コーンを回る。コーンを回った後に列の1番後ろまで走り抜けて、体操座りをして待つ。

≪行動観察≫
チームに分かれて自由遊びをする。
道具:風船、大きなゴム、大きいサイコロ、金のポンポン
お手玉、コーンなど
ルール①チームの場所は決まっており、その場から出てはいけない。
　　　②チームの皆で遊ぶ。一人で遊んではいけない。

≪親子面接≫
●父親への質問
・本校を知ったきっかけは何ですか。
・本校の印象はどうでしたか。
・お子さんの得意なことは何ですか。
●母親への質問
・しつけで気をつけていることは何ですか。
・子育てで嬉しかったことは何ですか。
●本人への質問
・お名前を教えてください。
・今、頑張っていることは何ですか。
・お母さんに何かしてあげるとしたら何をしますか。

＜面接室の配置＞

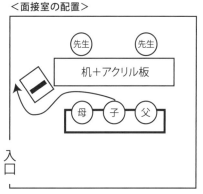

≪親子面接≫
・伝言ゲーム…子どもが1人用の机に移動して、10個ほどの色々な形の積み木が入っているカゴを見せられる。そのうちの4つ積み木がかいてある紙を子どもが見せられる。
カゴが親に渡され、子どもは4つの積み木の特徴を言葉で伝え、親はその積み木をカゴから出す。答え合わせを子どもがして、4つの積み木に追加で細い板が渡される。
次に4つの積み木と細い板が積まれた絵を渡され、絵の通りに積めるように親が子どもに言葉で伝える。

先生が作った見本を子どもが口頭で説明して親が作る。その後、親が作ったものを口頭で説明して子どもが作る。

昭和学院小学校

■ペーパー

≪お話の記憶≫
お母さんにお片づけをするように言われても、片付けをしない男の子のお話。季節やお話の順番を問う問題があった。

≪図形≫
・回転図形…右に1回倒した時の形を選ぶ。
・折り重ね図形

≪言語≫
・音の理解…2番目の音をつないだ時にできる言葉のものを選ぶ。
・しりとり

≪常識≫
・季節常識…同じ季節を線で結ぶ問題。

≪推理≫
・四方観察
・シーソー…シーソーで重さ比べをする問題。
・オセロ…オセロのように白・黒の丸があり、できるだけ多く黒を白に変えるにはどこに置いたらよいかを答える問題。
・系列…ルーレットの問題。丸の時は右、×の時は左というルールで、××○××○というように回転した時にある場所へ止まった時の位置を答える問題。

■ノンペーパー

≪運動≫
・模倣体操
・連続運動…クマ歩きで進み、コーンを回ったらスキップで帰ってくるという指示があった。

≪行動観察≫
積み上げ競争…4人1グループ。トイレットペーパーと色々な大きさの段ボールをできるだけ高く積む。

≪制作≫
以下の指示を聞いたあと作る。
①お花…モール3本を＊のような形にし、真ん中に黄色いシールを貼る。
②葉っぱ…折り紙の葉っぱをハサミで切る。
③お花、葉っぱを大きい画用紙に貼る。
④画用紙に男の子、女の子、電車、途中までの線路、動物園の柵があり、線路は茶色でつなげる。
⑤電車は、指定の色、順番で色を塗る。
⑥柵の中に好きな動物を描く。

≪個別審査≫
・直角三角形の積み木で大きな三角形を作る。
・積み木4つ全てを使って、大きな三角形を作る。
・お話作り…4枚の絵を使って、ネコが出てくるお話を並べ替えながら作る。

≪親子面接≫
●父親への質問
・お子さまにはどういう人に育ってほしいですか。
・家からの経路、1人で通うことについてどう思いますか。
●母親への質問
・入学して心配な点はありますか。
・お子さまをどんな時に褒め、叱りますか。

●子どもへの質問
・名前、誕生日を教えてください。
・家の住所を教えてください。
・今日は何で来ましたか。
・幼稚園の名前を教えてください。

青山学院大学系属浦和ルーテル学院小学校

■ペーパー

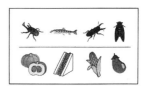

≪お話の記憶≫
ゆうこさんが家族とキャンプに行くお話。
・ゆうこさんが捕まえた生き物やでてきた食べ物に○をつける問題があった。

≪数量≫
・お手本の人形にリボンをつける時、必要なリボンの数が描いてある絵に○をつける。
・リスとネズミが持っているドングリの数で3つ違うものを選んで○をつける。

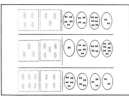

≪言語≫
・絵と言葉が合う絵を選んで○をつける。
・お手本の2番目のオンと同じものを選んで○をつける

≪常識≫
3つの絵が並んでおり、3つとも関係性があるものを選ぶ。
磁石にくっつくものを選ぶ。。

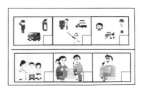

■ノンペーパー

≪制作≫
道具：クーピー、のり、ハサミ　材料：画用紙
一人ひとりの机の上に置いてある見本(右図参照)を見て、
与えられた道具・材料で同じものを作る。

≪巧緻性≫
穴があいている台紙にひもを通し、かた結びと蝶結びをする。

≪運動≫
・クマ歩き、くも歩き、スキップをする。
・ボール運動…ボールを手で持ち、腰の周りを3周する。

≪行動観察≫
5名ずつのチームに分かれて行う。
・大きさの違う段ボール全部、大きい段ボールに詰める。
・大きい布の上にボールを6個乗せて、落とさないようにコーンを回る。

≪親子面接≫
●父親への質問
・志望理由を教えてください。
・お仕事の内容について教えてください。
・通学はお一人で来れる距離にお住まいですか。
・(子どもが描いた絵についての話を聞いた後)今、お子さまの話を聞いて良かった面と改善する面はありますか。
　●母親への質問
・普段のお子さまとの過ごし方を教えてください。
・子育てでご家庭で大切にされている方針を教えてください。
・入学したら、放課後はどのようにお子さまと過ごしますか。
・キリスト教との関わりはありますか。

●本人への質問
・お名前を教えてください。
・(4コマのイラストを見ながら)これはどんなことですか。上から一つずつ言ってください。
・(4コマのイラストの白紙箇所を見ながら)ここでは何が起きたと思うか教えてください。

開智小学校(総合部)

■ペーパー

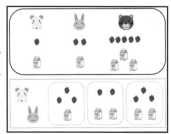

≪数量≫

ネズミ1匹にはいちご1つとミルク1本、ウサギにはいちご2つとミルク1本、クマにはいちご5つとミルク3本でいちごミルクを作る。左の動物がいるとき、いちごミルク作るのに必要な材料いくつになるか考えて、正しい絵に○をつける。

≪常識≫

植物、食べ物、乗り物、季節、生き物など様々な常識単元の出題。ヒントを3つほど説明され、正しいものを選ぶ問題。

≪推理≫

子どもが並んでいるとき、蜂が飛んでくるとその子はびっくりしてから泣き、また笑顔に戻る。隣にいる子は、泣いている子にびっくりしてから泣き、また笑顔に戻る。この時、笑顔の子に○をつける。

王様が椅子まで進むとき、コーンを飛び越えて進む。ただし、一直線にコーンが続いているときは、同じ色のコーンしか飛び越えられず、色が違う場合は進めないというルールの問題。

■ノンペーパー

≪制作≫

「角の生えた不思議な海の生き物が飛び出してくる、不思議な水族館」作り。

①大きな画用紙を印刷されている波の線に沿って切り、切ったら半分に折る。

②小さい画用紙に、印刷されている線に沿って切り込みと折り目を入れる。
　ここまでできたら、「角の生えた不思議な生き物」をクレヨンで描く。

③小さい画用紙にのりをつけ、大きい画用紙の線に沿って貼り付け、飛び出す仕組みを作る。貼り付けた後、あいているスペースに自由に他の海の生き物や水族館の様子をクレヨンで描く。

≪運動≫

以下の運動を順番に実施。

①ボールキャッチ　②片足バランス　③グーパージャンプ　④腕支持横歩き

≪行動観察≫

3～4人で1グループで実施。

・神経衰弱

・しりとり　神経衰弱で使ったカードを使い、しりとりでつながるように並べる。

≪親子面接≫

●父親への質問

・私立小学校を受験しようと思った理由と開智を志望した理由を教えてください。

・お子さまの特性を教えてください。　・お子さんが成長したと思うことを教えてください。

・学校への要望はありますか。

●母親への質問

・家族での関わり方を教えてください。　・お子さまは開智に向いていると思いますか。

・お子さんの課題は何だと思いますか。　・学校への要望はありますか。

●本人への質問

・お名前を教えてください。　・園の名前を教えてください。　・お友だちは何人いますか。

・そのお友だちと何をして遊んでいますか。　・小学生になったら何を頑張りたいですか。

・小学生になって楽しみなことはありますか。　・今日の朝ごはん(昼ごはん)は何を食べてきましたか。

・夏休みにしたことは何ですか。

開智所沢小学校

■ペーパー (第2回入試)

≪お話の記憶≫
子ネコのミーちゃんのお使いのお話。
設問　・お使いの行った日の天気を答える。　・ミーちゃんが持っていったカゴの色を答える。
　　　・ミーちゃんが途中で見た花を答える。　・モー君が弟を一緒にあそんでいたものを答える。　等

≪言語≫
1番左の絵からしりとりをして長くつなげたとき、使わなかった絵に○をつける。

≪推理≫
ブラックボックス①
サイコロの目がついた白と黒の箱があり、そこに物を通すと数が変わる。白い箱に通すとサイコロの目の数だけ増えて、黒い箱に通すとサイコロの目の数だけ減るお約束。次のものを箱に通すと数がどうなるのか考えてその数だけ印をかく。
ブラックボックス②
上と同じ箱に物を通す前と通した後の数がかかれているが、サイコロの目が?マークになっている。物の増減からサイコロの目の数を答える。

■ノンペーパー (第2回入試)

≪制作≫
「空飛ぶ乗り物とその乗り物い乗っている不思議な生き物」作り。
①画用紙に耳が2つと長い尻尾の不思議な生き物をクレヨンで描く。
②紙コップの半分まで、ハサミで切り込みを6つ以上いれる。切ったところを外側に折り曲げる。
③紙コップに生き物を描いた画用紙をのりで貼りつける。
④片付けを行う。持参したお道具類はカバンにしまい、手や机をお手拭きでキレイにする。

≪運動≫
・バウンドキャッチ
1辺1.5mの四角の中で実施。
1回ドリブルを行い、キャッチをする。この動作を3回を行う。
※キャッチができない、ドリブルが腰の高さまでできない、線から出てしまうのかカウントしない。
・クマ歩き
クマの姿勢で約3m前進する。
・両足ジャンプ
ラダーを1マスずつリズムよくジャンプで進む。途中に何個かハードルが置かれ、それを飛び越える。
・もの運び
おぼんの上にものを2つ乗せて落とさないように平均台の上を歩く。

≪行動観察≫
3〜4人で1グループで実施。
・神経衰弱(動物の絵柄のカード)
・その後、神経衰弱で使ったカードの動物から共通点をグループで相談して探して、仲間分けをする。

さとえ学園小学校

■ペーパー

≪お話の記憶≫
クマさんの三兄弟がお母さんの誕生日に作るホットケーキの材料を、それぞれ別の店へ買いに行くお話。
設問　・兄弟それぞれのリボンをその色で塗る。　・お母さんにプレゼントしたのは何の花で、何色か答える。　等

≪数量≫
水量　①水の入ったコップの隣に置かれた玉を全て入れるとどうなるか考える。
　　　　　増えた分だけ塗る。　※1玉1メモリ分増加、右記参照
　　　②コップのライン線までリンゴジュースを作るには今あるリンゴにあと何
　　　　　個リンゴを足せばいいのか考える。その数だけ○をかく。

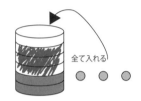
全て入れる

≪言語≫
しりとり　動物の顔がかかれている5×5cmのカードをぐるっとつながるように空欄に貼る。

≪推理≫
系列推理　グー、チョキ、パーが描かれた図をパタンと折り返すと重なる形を線で結ぶ。

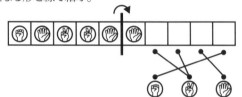

■ノンペーパー

≪運動≫
連続運動　グーパージャンプ→ゴム段くぐり→ゴム段跳び→ゴム段くぐり→的あて
※下図参照

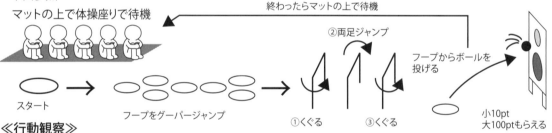

マットの上で体操座りで待機
終わったらマットの上で待機
②両足ジャンプ
フープからボールを投げる
スタート
フープをグーパージャンプ
①くぐる
③くぐる
小10pt
大100ptもらえる

≪行動観察≫
・共同制作
5人1グループでお弁当作り。
誰が何の具を作るかを決め、各自で材料を使って、できた具をお弁当に詰める。
材料:・折り紙8枚　・モール　・綿　・おかずカップ　　　道具:・ハサミ　・お弁当箱(10cm×20cm程度の大きさ)

≪親子面接≫
●父親への質問
・本校を知ったきっかけと本校の教育内容に関する感想を教えてください。
・普段お子さまとどのように過ごしていますか。　・最近子どもと話したエピソードを教えてください。
・しつけの基準を 教えていただけますか。
●母親への質問
・本校を知ったきっかけと、説明会に参加されたときの感想を教えてください。
・家でさせているお手伝いについて、どのような意図でさせていますか。
・ご家庭で徹底しているルールを教えてください。　・通学での不安について教えてください。
●本人への質問
・名前、誕生日を教えてください。　・朝は何時に起きていますか。一人で起きていますか。
・朝起きて始めにすることは何ですか。その後にすることは何ですか。
・幼稚園(保育園)ではどんな遊びをしていますか。　・電車の中で気をつけることは何ですか。
・ハンカチは何のために必要ですか。忘れてしまった時はどうしますか。

■2023年秋実施入試情報

情報提供:千樹　高円寺校

西武学園文理小学校

■ペーパー

≪お話の記憶≫
クマさんが保育園の帰りに果物狩りに行くお話。
設問　・誰が何を取ったのか答える。　・移動のときに乗った乗り物を答える　等

≪図形≫ ・回転図形　・重ね図形　・欠所補充　等

≪言語≫ ・しりとり

≪常識≫ ・季節

≪推理≫ ・観覧車

■ノンペーパー

≪絵画制作≫
①台紙に描かれている家を好きな色で塗る。
②台紙の余っているスペースに自分がお手伝いしている絵を描く。
③台紙の線に沿って、ハサミで切る。

≪運動≫
連続運動
①平均台→②ケンパ→③カエル足打ちジャンプ→④前転→⑤スキップ→⑥気をつけ

≪行動観察≫
・背比べ
グループで協力して背比べをして背の順になるように並び、並び終わったら体操座りをする。
・ジェスチャーゲーム
先生が何のジェスチャーをしているのかをグループで話し合って、答えが分かったら別の先生に伝えに行く。
最後は大きな声で答えを発表する。
・仲間探し
ランダムにカードが配られ、同じカードを持っている人を探す。仲間を探せたら、先生に伝えに行く。

≪親子面接≫
●父親への質問
・ご家族の紹介をお仕事も含めてお願いします。　・志望動機を教えてください。
・休日はお子さんとどのように過ごしていますか。　・学校行事には参加することはできますか。
・お通いになっている幼児教室はありますか。　・併願校はありますか。

●母親への質問
・幼稚園(保育園)のなかで成長を感じたエピソードを教えてください。
・お子さんはどんな子ですか。　・学校行事には参加することはできますか。
・幼児教室に通わせて、何が1番変わりましたか。

●本人への質問
・この学校の名前は分かりますか。　・この学校に来たことはありますか。
・学校の行事で気になったことはありますか。　・ご両親とは何をして遊びますか。
・幼稚園(保育園)のお友だち2人の名前とその子たちとどんなことをして遊ぶのか教えてください。
・本は自分で読みますか。それとも読んでもらいますか。　・何というタイトルの本ですか。
・お父さん、お母さんの料理で好きなものは何ですか。

星野学園小学校

■ペーパー

≪数量≫
リンゴが4つとお皿が3枚あります。お皿に同じ数ずつリンゴを分けると、リンゴはいくつ余りますか。

≪図形≫
絵の欠けているところに当てはまる絵を、
選びましょう。

≪常識≫
・電車やバスの中で気をつけることを答えましょう。
・春に見られるものは、どれでしょう。
・夏に見られるものは、どれでしょう。
・仲間外れ…次の中で仲間外れはどれでしょう。

≪学校提供≫

■ノンペーパー

≪運動≫
・雑巾がけ　・カニのようなポーズでバランスをとる　・立ち幅跳び　・両足ジャンプ
・しりとりサーキット
　5か所に絵のついたコーンが置かれていて、しりとりの順番になるように走ってタッチをする。

≪制作≫
おサルさん作り
材料:サルが描いてある台紙、短いストロー2本、ヒモ1本　　　道具:クーピー、ハサミ、セロテープ
①サルの絵が描いてある紙にクーピーで色を塗る。　②サルの形になるようにハサミで切る。
③短いストロー2本にヒモを通す。　④サルの裏側にかいてある線にストローをセロテープで貼りつけます。

≪行動観察≫
制作で作ったサルを体育館の壁にガムテープで貼りつけて、ひもを引っぱって下から上へあげる。上まであがりきったら成功です。

≪親子面接≫
●父親への質問
・どのようなお子さまですか。　・お子さまとはどのように接していますか。　・どのようなお子さまですか。

●母親への質問
・志望理由を教えてください。　・学校でトラブルが起きた場合はどのように対応しますか。
・お子さまの長所を教えてください。　・この1年でお子さまが成長したと思うところについてお聞かせください。

●本人への質問
・お名前を教えてください。　・通っている幼稚園(保育園)の名前を教えてください。
・担任の先生の名前を教えてください。　・幼稚園(保育園)で何をして遊びますか。
・夏休みに楽しかったことは何ですか。　・学校に入ったら何が楽しみですか。
・大きくなったら何になりたいですか。⇒それはどうしてですか。
・お家でしているお手伝いは何ですか。

江戸川学園取手小学校

■ペーパー

≪お話の記憶≫
サル君がおつかいに行くお話。
設問　・季節　・おせんべいの数　・あめ玉の数　・クマとイヌ・サルとゾウがシーソーに乗った時に重い方を答える

≪位置の記憶≫
4×4のマスでブドウ、リンゴ、バナナがあった場所に○をかく問題。

≪図形≫
点図形　　お手本の形を線対称に描く問題。
重ね図形　お手本の形にするために、重ねるものを選択する。

≪言語≫
しりとりをした時、いらないものを2つ答える。

≪常識≫
昔話　　一寸法師のお話に出てくるものを答える。　　生き物　うなぎはどれかを選択する。

≪推理≫
置き換え　○、×、△で置き換える問題。
観覧車　　ルーレットの形で、みかんがゾウの場所に来た時、ウサギはどこにいるかを答える。

■ノンペーパー

≪制作≫
絵本作り
道具:青色クーピー1本　　　材料:穴の開いた台紙、ひも
①青クーピーで好きな動物を3種類描き、半分に折ります。　②穴にひもを通して蝶結びをしました。

≪行動観察≫
・ボール運びゲーム
箱から1個ずつボールを出して、机に置くゲームをする。
※用意されていたボール:バレーボールサイズのもの、野球ボール　等

・探検ごっこ
森に落ちている鳥の羽をたくさん集めて、リンゴを虹色の宝石に変えるような遊び。

≪親子面接≫
●父親への質問
・子育てで気をつけていることは何ですか。　・お子さんが勉強に飽きた時はどうしますか。
・お子さまの長所は何ですか。

●母親への質問
・ご褒美はあげていますか。　・学校説明会で印象的だったことは何ですか。
・最近家族で大笑いしたことは何ですか。　・最近ニュースで憤りを感じたことを教えてください。

●本人への質問
・お名前を教えてください。　・何歳ですか。　・誕生日を教えてください。
・園の名前を教えてください。　・園で好きな遊びは何ですか。
・それは何人で遊んでいますか。　・一番仲の良いお友だちの名前を教えてください。
・その子のどんなところが好きですか。　・江戸取(えどとり)に入ったら何を勉強したいですか。
・嫌いな食べ物は何ですか。　・それが給食で出たらどうしますか。

Ⅵ　幼稚園について

　在園している幼稚園について聞かれることもあります。幼稚園を選ぶにあたって、「園のどういった教育環境に賛同して選んだか」との質問に要領よくまとめておくことが必要です。

　ミッション系、仏教系それぞれまちまちですが、仏教系からミッション系の学校を受けることは、まったく問題ありません。「幼稚園で子供が何を学んでいるか」を考えれば回答はでてくるはずです。また、園の先生の子供への評価は大切な情報です。社会性、協調性、自主性の観点からまとめておいてください。

◆例◆　「歩いて１０分で行けることと、園の庭が広く自然に恵まれていること、自由保育を
　　　　教育方針にしていることが、幼稚園を選んだ理由です。一人っ子ですので、甘やかして
　　　　しまいがちでしたので３年保育からお願いしました。楽しく通園し、友達とも仲良く遊
　　　　べ、思いやりのある優しい子と言われています。」

Ⅶ　受験・おけいこ・塾について

　受験の動機が明らかであれば、問題ありません。単なる憧れや「発育状況を無視した受験」のように、動機が不純では、塾通いも無理が生じがちです。「塾に通われていますか」と言われ、シドロモドロになるご両親では困ったものです。なぜ塾やおけいこに通わせているのかをはっきり答えられないようでは、やはり見識をうたがわれてしまいます。

　受験の低年齢化が進んでいる現在、どんな目的で塾やおけいこに通わせているかをはっきりさせておくことが大切です。知・徳・体の３つの能力をバランスよく育てる指導を心がけてください。知育重視のみでは、学校の求める子供像とはほど遠いものになってしまいます。

◆例◆　「年中になってからは幼稚園以外でも指導を受けています。プリント中心の知育偏重
　　　　型ではなく、子供の発達に応じた遊びを通して、社会性を指導していただけるので、子
　　　　供も楽しく通っています。」

小学入試情報2025

2024年度入試詳細

全国主要私立小学校

関西　248-251

2024年度入試の詳細情報です。これは、小学受験統一模試の受験者から独自に聞き取った内容や幼児教室からの提供情報を掲載しています。各校の詳細は、掲載ページの教室へお尋ねください。

※面接のある学校の表記は以下の通り記載しております。
保護者面接⇒父親又は母親のいずれか一名
両親面接⇒父親・母親
親子面接⇒父親・母親・受験生

京都教育大学附属京都小中学校 初等部

■ペーパー

≪お話の記憶≫
女の子がお兄ちゃんと犬と一緒に公園に遊びに行くお話。
設問　・女の子の見た目で正しいものを答える。　・犬の見た目で正しいものを答える。

≪数量≫
お手本の数と同じになるように、四角の数を合わせる。

≪図形≫
お手本の形を上や横から見たときの絵を選ぶ。

≪言語≫
しりとりでつなげていき、使わなかったものを印をつける。

≪常識≫
食材　　　　かつお節、豆腐、パンなどの原材料を答える。
仲間外れ　文房具、季節、切るものなどから出題。

■ノンペーパー

≪巧緻性≫
ちぎり絵　赤い線の○を指でちぎり、青い線の○にのり貼りつける。

≪運動≫
・なわとび　3人ずつ実施。
跳び方に指定はなく、合図があるまで跳ぶ。

・ボール運び①　2人1組で実施。
お互いの片手でボールは挟んで運ぶ。運び終えたら次へ進む。
・スキップ　1人ずつ実施。
四角に引かれたラインの上をスキップで2周する。
・ボール運び②　1人ずつ実施。
お玉にピンポン球を乗せて、細い道を進む。ゴールまで行ったら、お玉とピンポン球をカゴの中に入れる。

≪行動観察≫
タワー積み上げ　6人1グループで実施。
カプラのような板と円錐のブロックを交互に積んで高くするゲーム。

≪口頭試問≫
　1人ずつ呼ばれて、ドアを開けて教室に入る。
・何屋さんになりたいですか。
・オススメは何ですか。
・お客さんが来ました、パンダさんです。お話をしてみてください。
・パンダさんにお話をしながら、ハンカチの畳み方を教えてください。

ノートルダム学院小学校

■ペーパー

≪お話の記憶≫
「うさぎとひつじかい」のお話を、画面を見ながら聞く。

≪回転図形≫

≪思考力≫
・矢印の通りに進む。
・カレンダーを見て答える。

≪言語≫
・始めと終わりのオンが同じものを選ぶ。　例→かまきり、かたつむり

≪常識≫
季節常識…お手本と同じ季節のものを2つ選ぶ。

■ノンペーパー

≪制作≫
時計作り…円の描かれた紙が配られる。指示の通りに作り、形ができたらクレヨンでお絵かきをする。描いた絵について先生から質問があった。

≪運動≫
・なわとび…連続とびを続ける
・ボール投げ…先生に向けて小ボールを投げる
・ケンケン・ケンパ
・線歩き

≪行動観察≫
・レゴ作り（自由に作る）…一人ひとり先生の質問に答える。
・動物模倣…動物の絵カードを1枚とって、その絵の動物の真似をする。
・絵本を読んで順番を待つ。

≪親子面接≫
両親への質問の間、子どもは「夏の思い出」の絵をかいて待つ。

●両親への質問
・参加した行事とその印象
・学校に期待すること
・子どもが興味を持っていること
・休日の子どもとの過ごし方
・子どもの将来像について
・食べ物の好き嫌いへの対応
・子どもへの言葉がけで気を付けていること
・子どもに直してほしいことはあるか
・入学後「明日から学校に行きたくない」と
　言われたらどうしますか

●本人への質問
・待っている間に描いた絵について
・幼稚園の名前
・幼稚園の組の名前と担任の先生の名前
・好きな絵本の名前
・朝ごはんで食べたもの
・小学校に入学したらやりたいこと
「公園の滑り台の絵」を見て、
・この子は何をしていますか
・ほかに何か気づいたことはありますか
「お母さんに子どもがプレゼントを渡す絵」を見て
・どんな絵ですか
・あなたなら誰に上げますか

はつしば学園小学校

■ペーパー

≪お話の記憶≫≪数量≫≪図形≫≪言語≫≪推理≫

■ノンペーパー

≪行動観察≫
猛獣狩りゲーム
猛獣狩りゲームのリズムに合わせて、先生の指示の通りに動く。
ジャンケンゲーム
「貨物列車」の歌に合わせて、ジャンケンをする。負けると勝った人の後ろにつく。

≪絵画≫
車の動物2匹が乗って、お出かけをしている絵を描く。
動物2匹は窓から顔が見えるようにすること、どこに行くか分かるようにする指示。

≪個別審査≫
大中小、様々な大きさの豆やビー玉をお箸でつまみ、お皿に移動させる。

≪親子面接≫
●父親への質問
・なぜ東京から受験されたのですか。
・本校を知ったきっかけは何ですか。

●母親への質問
・お子さまの長所は何ですか。
・本校の印象はどうですか。

●両親への質問
・お子さまが、出来なかったことが出来るようになった時、どのような声掛けをされますか。この場で3人で実際にやってみてください。

●本人への質問
・お名前を教えてください。
・通っている幼稚園の名前を教えてください。
・住んでいる住所を教えてください。
・電話番号を教えてください。
・夏休み出掛けた場所で楽しかったところはどこですか。
・何が楽しかったですか。
・次に行ってみたいところは何ですか。
・お友だちと何をして遊びますか。
・好きな食べ物は何ですか。

立命館小学校

■ペーパー

≪言語≫
・つくえと同じオンの数のものはどれか選ぶ。　選択肢→「つくえ」と「くり・ひつじ・えんぴつ・うま」
・しりとりにならないものを絵から選ぶ。
・言葉に合う絵を選ぶ。　選択肢→のびる→背伸びの絵、せおう→ランドセルの絵、かさねる→ふとんの絵
・ものの数え方の問題。「枚」「個」「台」「匹」「本」「冊」など

≪生活常識≫
・絵の中から違う季節のものを選ぶ問題。
・野菜、果物の断面から正しいものを選ぶ。
・絵を時系列に並べ、3番目にくるものを選ぶ。
・原材料と合うものを線で選ぶ。　選択肢→牛乳─ヨーグルト、卵─卵焼き、米─もち、大豆─味噌、羊─セーター
・「おたまじゃくしがかえるになるお話」を聞いて、お話を聞いて、かえるについての問題に答える。

≪数量≫
・合わせて5になるもの、10になるものに○をつける。
・公園に5人のこどもがいます。そこに3人遊びに来て、4人帰ったとき何人になるか。
・8個のアメを2人に3個ずつ分けるといくつ残るか。

≪推理≫
・四方見…リボンの箱を真上から見るとどう見えるか選ぶ。
・観覧車…ブタが絵のところにきたとき、○や△には誰が来るか選ぶ。

■ノンペーパー

≪行動観察≫
・お弁当作り…道具や材料が配られ、指示に沿ってグループごとに作る。
・豆つかみ
・パターンブロックでドミノ倒し…グループでパターンブロックを使い大きな円を作る。

≪親子面接≫
・子どもが先に入室する。
・事前に課題画「一番好きな遊び」を準備し、当日持参する。
・持参した絵に対して、何をしているところですか、この後何をしましたか、などの質問がされる。
●両親への質問
・志望理由をお聞かせください。
・4つの柱の中で1つ共感した点をお話しください。
・ご家庭の教育方針をお話しください。
・立命館の教育方針をどう思いますか。
・いつごろから本校の受験をお考えになりましたか。
・子育てでご両親はどのように話し合いをしていますか。
・お父さんは休みの日にはお子さんとどのように関わっていますか。
・最近お子さんの成長を感じたことはありますか。
・子育てで大切にしていることは何ですか。
・夏休みに頑張って取り組んだことはありますか。
●本人への質問
・お名前と幼稚園のお名前を教えてください。園では何をして遊んでいますか。
・お友達は何人くらいいますか。お友達と何をして遊びますか。
・お父さんやお母さんとどんなことをして遊んでいますか。
・お父さんやお母さんは好きですか。では、好きなところを教えてください。

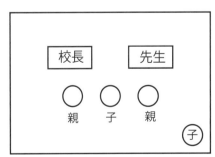

両親の質問の間、子どもは後ろの席で待つ

Ⅷ　健康について

　健康管理で一番大切なことは、規則正しい生活を送り、日常の基本的な生活習慣をきちんと身につけることです。知育だけにとらわれていたのでは、心の健康管理がおろそかになってしまいます。

　「嫌いな食べ物でも工夫して食べさせています」とか、「外で思いっきり遊んでおなかをすかして帰ってくるので、バランスの取れた食事を用意します。」、「家族全員で早寝早起きを実践しており、朝の散歩が家族の良いコミュニケーションとなっています。」という賢明なお母さんになってほしいと思います。

◆例１◆　「子供を授かったとき、五体満足で生まれてほしいと、生まれてからはとにかく健康であってほしいと願ってきました。外で遊ぶことが好きで、そのせいでしょうか、おかげさまで好き嫌いがなくあまり病気をしない子に育っているように思います。」

◆例２◆　「健康で一番大切なことは規則正しい生活習慣を身につけることだと思いますので、毎日規則正しい生活を送るよう心がけています。またこの時期は成長期ですので、栄養のバランスを考えた食事が大切だと思います。嫌いな食べ物でも工夫して食べさせたり、間食はさせないようにしています。衛生面では歯磨き指導や冬の薄着を心がけております。」

Ⅸ　子供との触れ合いについて

　働き盛りのお父様は、帰宅時間も遅くなり、子供との関わりや、家族に対する思いやりを発揮する場に欠けることも多いと思います。経済的な基盤が安定していることはもちろんですが、その家庭の中での父親の立場、役割といったことから学校への協力の範囲も察することができます。学校側が重視している「円満な家庭であるかどうか」も十分に伝えてください。

◆例１◆　「平日は帰宅時間が遅いため、子供と接する時間が限られております。そのために休日はできるだけ子供との時間を多くとるように努力しております。具体的には、休日朝起きてから子供とランニングと朝食作りを楽しんでおります。」

◆例２◆　「仕事が忙しくないときはできるだけ早く帰宅するよう心がけています。夕食を一緒にとって、お風呂に入りながら幼稚園の話を聞くのが一番の楽しみです。休みの日は近くの公園でボール遊びや自転車の練習などを一緒にします。」

小学入試情報2025

首都圏主要小学校

入試情報データ
過去5年分

254-285

首都圏の主要小学校過去5年分の入試情報データです。小学受験統一模試の受験者から独自に聞き取った内容や幼児教室からの提供情報をまとめたものです。

■入試情報データ過去5年 2020〜2024年度

お茶の水女子大学附属小学校

【入試概況】

男　子	20年度	21年度	22年度	23年度	24年度
応募者数	1,134	1,250	1,393	1,361	1,143
1次通過	210	150	150	150	約180
2次通過	約50	46	約50	約50	約50
合格者数	約25	27	25	25	25

女　子	20年度	21年度	22年度	23年度	24年度
応募者数	1,595	1,794	1,953	1,798	1,634
1次通過	210	143	150	150	約180
2次通過	約50	50	約50	約50	約50
合格者数	約25	25	25	25	25

【行動観察】

20年度：植木鉢に植える花作り／パズルを高く積み上げる　他
21年度：実施なし
22年度：話し合い（グループごとに机を向かい合わせ、質問し合ったり、好きな話をしたりする）
23年度：A：学校ごっこ　B：すごろくゲーム　C：発表（制作で作った車についてお友だちに発表したり、質問したりする）　全グループ共通：じゃんけん列車
24年度：A：紙コップを使用して自由遊び　B・C：紙コップを高く積み、そのタワーの名前を考える

【個別審査】

20年度：制作（厚紙を切り、その中に星の形などを貼り、指示されたものの絵を描く）
　　　　口頭試問（数枚の絵を見てお話作り）／実験検証（浮き沈み）　他
21年度：指示制作（家・音が出るおもちゃ・動物の顔）／自由制作（用意された材料で好きな物を作る）
　　　　絵を記憶しホワイトボードにマーカーで模写／実験検証（シーソー）／口頭試問　他
22年度：自由制作（用意された材料で課題に合うものを作る　A：好きな生き物　B：海の中の様子
　　　　C：園で楽しく過ごしている絵を描く）／口頭試問（先生の買いたいものをあてる。気になることは質問してよい）／生活作業（おもちゃを蓋つきのプラスチックケースにしまう）　他
23年度：制作　A：（自由制作）好きな動物のお面　B：（指示制作）羽の生えている生き物　C：（自由制作）車作り／口頭試問（道具の使い方の説明、お話づくり）　他
24年度：指示制作　A：クリスマスツリー作り　B：ケーキ作り　C：魚作り
　　　　口頭試問（言語のクイズ）　配置（空いている場所に重ならないように置く）　他

― 傾向と対策 ―

・A、B、Cグループの順に1日ごとに試験がおこなわれます。例年は1次抽選から5日間で最終抽選まで行っていましたが、最近では1次抽選と2次試験の間に2週間ほど時間が空きました（Web出願採用のためと考えられます）。
・ここ数年、2次試験手続き時にアンケート、2次試験中に保護者対象の面接がおこなわれています。24年度は「あなたにとっての幸せとは何ですか」という題に添った作文を300字で書きました。制限時間が近づくと早く書き終えるよう案内されます。
・例年ペーパーテストは実施されませんが、個別審査等でしっかりと受験生の学力を判断します。

（情報提供：わかぎり**21**）

筑波大学附属小学校

【入試概況】

男子	20年度	21年度	22年度	23年度	24年度
応募者数	2,087	2,177	2,182	2,048	1,849
1次通過	47%	30%	37%	40%	40%
2次通過	100	80	90	90	90
合格者数	64	64	64	64	64

女子	20年度	21年度	22年度	23年度	24年度
応募者数	1,813	1,982	1,836	1,781	1,615
1次通過	59%	34%	46%	47%	50%
2次通過	100	80	90	90	90
合格者数	64	64	64	64	64

【ペーパー】

20年度：お話の記憶／図形（構成・回転）／図形（重ね）／系列　他

21年度：お話の記憶／図形（構成・回転・折り重ね）／数量／比較　他

22年度：お話の記憶／図形（構成）／図形（広さ）／系列　他

23年度：お話の記憶／図形（四方観察）／図形（回転）　他

24年度：お話の記憶／図形（折り重ね・回転・重ね）　他

【運動】

20年度：クマ走り

21年度：クマ走り

22年度：クマ走り・片足だち　他

23年度：クマ走り・片足立ち　他

24年度：クマ走り・スキップ　他

> ⚲ **幼児教室からのワンポイント・アドバイス** ⚲
>
> 　ペーパー、制作とも制限時間が短く処理速度が必要となります。しかし必ずしも最後までできている受験生だけが合格しているわけではありません。諦めずに最後まで取り組む姿がみられているようです。精神的にたくましいお子さんを学校が望んでいることがわかります。スピードアップの練習とともに粘り強く取り組む姿勢も大切にしていくことが合格の秘訣です。
>
> 　　　　　　　　　　　　　　　　わかぎり**21**

【制作・行動観察 他】

20年度：課題制作（いもむし・旗を持つ女の子・おばけ・ねずみ作り等）／指示された通り整列　他

21年度：課題制作（お化け・あさがお・カエル・木と葉っぱ・秋の絵作り等）／個別審査　他

22年度：課題制作（ロケット・ふわふわ星人・魚・バック・カレー等）／じゃんけんゲーム／口頭試問　他

23年度：課題制作（人形作り・宝探し・ストロー君・リース等）／口頭試問　他

24年度：課題制作（絵カード・アップルパイセット・ポケット・テントウムシ等）／口頭試問　他

傾向と対策

- 月齢の男女別に6グループに対して別の問題で試験が実施されます。
- ペーパーでは、お話の記憶が毎年全グループで出題されています。図形の応用も毎年出題され、スピードが要求されます。
- ペーパー、制作、運動のテストが例年1時間半程度でおこなわれます。制限時間が短いため、スピードが必要です。また、ここ数年は口頭試問・行動観察も行われています。
- 21年度以降は1時間半の考査となりました。
- 制作には、ちぎり、ひも結びが含まれることがほとんどです。練習しておきましょう。
- 試験の間に保護者対象の作文が出題されます。24年度は「我が子の学びと保護者のサポート」というものでした。この3年はテーマが全グループ共通でした。

（情報提供：わかぎり**21**）

東京学芸大学附属大泉小学校

【入試概況】

男　子	20年度	21年度	22年度	23年度	24年度
応募者数	643	688	733	770	660
1次通過	643	619	587	616	594
2次通過	64	45	45	45	45
合格者数	45	45	45	45	45

女　子	20年度	21年度	22年度	22年度	24年度
応募者数	596	716	742	733	691
1次通過	596	644	594	660	621
2次通過	74	45	45	45	45
合格者数	45	45	45	45	45

【ペーパー】

20年度：お話の記憶／図形（切り抜き）／常識（季節・外国人への対応の仕方について　他）

21年度：お話の記憶／数量／図形／常識（社会　他）／指示理解（運筆）／欠所補充　他

22年度：お話の記憶／数量／図形／常識（社会　他）／指示理解（先生の言った順に絵を線でつなぐ）　他

23年度：お話の記憶／数量／常識／言語／指示理解（先生の言った順番と反対の順番になっている絵を選ぶ）

24年度：お話の記憶／数量／図形（鏡　他）／常識（科学　他）

【運動】

20年度：指示運動（両足ジャンプ）／模倣体操　他

21年度：模倣体操

22年度：模倣体操（しまじろう・チコちゃんダンス）

23年度：模倣体操（YOASOBI：ツバメ）

24年度：模倣体操（ジャンボリミッキー）

【行動観察・口頭試問・個別審査】

20年度：集団活動（ボール運び競争）／ドミノでタワーを作る／口頭試問　他

21年度：集団活動（じゃんけんゲーム）／好きな場所でお絵描きをする／口頭試問　他

22年度：集団活動（2チームに分かれて自分たちの色の皿を集めるゲーム）／仲間集め／口頭試問　他

23年度：集団活動（じゃんけんゲーム・お店屋さんごっこ）／口頭試問　他

24年度：集団活動（紙コップ積み・魚釣りゲーム）／口頭試問　他

傾向と対策

ペーパーは比較的易しい問題ですが、それだけにひとつのミスが命取りになります。またCD教材による聞き取りにも慣れておくことが大切です。コロナ禍で他の国立小が行動観察をとりやめ、あるいは縮小する中で大泉小は行動観察を継続していることからも、学校が重視していることは明らかです。しっかりと対策を立てて臨みましょう。

常識問題やハンカチの所持確認など、生活の基本や躾に関する点はペーパー以外のところでも見られています。日常生活から習慣づけを心がけましょう。

（情報提供：わかぎり21）

東京学芸大学附属小金井小学校

【入試概況】

男　子	20年度	21年度	22年度	23年度	24年度
応募者数	509	541	658	604	468
1次通過	87	88	84	84	84
2次通過	53	53	53	53	52
合格者数	53	53	53	53	53

女　子	20年度	21年度	22年度	23年度	24年度
応募者数	496	528	615	555	511
1次通過	92	84	86	85	85
2次通過	52	52	52	52	53
合格者数	52	52	52	52	53

【ペーパー】

20年度：お話の記憶／常識(社会・季節)／推理(計数)／絵の記憶／図形(回転)　他

21年度：お話の記憶／数量（多少）／図形（回転図形）／言語（しりとり）／推理　他

22年度：お話の記憶／数量／図形／絵の記憶／四方観察／常識／推理　他

23年度：お話の記憶／数量／図形／絵の記憶／パズル／常識　他

24年度：お話の記憶／数量(構成・切り抜き)／図形／絵の記憶／常識　他

【制作】

20年度：巧緻性(赤のA4用紙を丸めて焚火を作りゴムで2回巻く)

21年度：巧緻性(折り紙で飾り作り／折り紙でたこ作り)

22年度：巧緻性(折り紙を使って飾り作り)

23年度：巧緻性(ハンカチを折り、ひもを巻いて蝶結び)

24年度：巧緻性(縄跳び結び、ゼッケン畳み)

【運動】

20年度：立ち幅跳び／じゃんけん列車　他

21年度：立ち幅跳び

22年度：立ち幅跳び

23年度：立ち幅跳び

24年度：立ち幅跳び

━ 傾向と対策 ━

例年2枚のペーパーテストは出題分野は広く、バランスのよい学力が求められます。
シーソーや四方観察など推理領域の出題もあるので、幅広く学習を進めましょう。巧緻性は
VTRのお手本を見て同じように作るという課題が毎年出題されています。作業時は画面が消
えているので、集中して指示を覚えることが大切です。折り紙やひもを使うことが多いので
数多く経験を積んでおくとよいでしょう。

（情報提供：**わかぎり21**）

■入試情報データ過去5年 2020～2024年度

東京学芸大学附属世田谷小学校

【入試概況】

男　子	20年度	21年度	22年度	23年度	24年度
応募者数	619	650	639	637	591
1次通過	99	110	94	約100	約100
合格者数	52	53	53	53	52

女　子	20年度	21年度	22年度	22年度	24年度
応募者数	556	583	583	567	560
1次通過	102	約100	104	約100	約100
合格者数	53	52	52	52	53

【ペーパー・巧緻性　他】

20年度：お話の記憶／運筆／三角パズルで図形構成／巧緻性／口頭試問　他

21年度：お話の記憶／模写／三角パズルで図形構成／巧緻性／口頭試問　他

22年度：お話の記憶／模写／推理／巧緻性／口頭試問　他

23年度：お話の記憶／模写

24年度：お話の記憶／運筆／数量／巧緻性／口頭試問　他

【運動】

20年度：模倣体操(全身でグーグーパーパー・ケンケン　他)

21年度：模倣体操(肘膝を曲げる・バンザイ・全身でグーパー　他)

22年度：玉入れ

23年度：玉入れ

24年度：ボールキャッチ／ポーズ

【行動観察】

20年度：グループでカプラブロックをできるだけ高く積む

21年度：グループでカプラブロックをできるだけ高く積む

22年度：グループでカプラブロックをドミノのように並べていく

23年度：グループでカプラブロックをドミノのように並べていく

24年度：実施せず

傾向と対策

　ペーパーや口頭試問では、普段の生活に密着した出題が多いので、ご家庭でのお手伝いなどもきちんとしておきましょう。口頭試問の重要度はかなり高いでしょう。自分の意思をしっかりと相手に伝えるために、ご家庭でもたくさんお話をするようにし、コミュニケーション能力を身につけましょう。

　保護者アンケートの24年度は、「お子さまは普段どのように行動するタイプですか(選択肢から選ぶ)」、「成長が多様な小学生は大人も手を焼くことがあります。家庭でどのように支えていきたいと考えますか。お書きください。」などがありました。

(情報提供：表参道青山教育研究所)

■入試情報データ過去5年 2020〜2024年度
東京学芸大学附属竹早小学校

【入試概況】

男 子	20年度	21年度	22年度	23年度	24年度
応募者数	1,248	1,396	約1,350	1,392	1,169
1次通過	350	209	約200	約200	約280
2次通過	48	33	約45	約45	約35
合格者数	20	20	約20	約20	21

女 子	20年度	21年度	22年度	23年度	24年度
応募者数	1,163	1,382	1,272	1,252	約1,150
1次通過	350	208	約200	約200	約280
2次通過	45	34	約40	約40	33
合格者数	20	21	約20	約20	22

【行動観察・集団活動　他】
20年度：模倣体操／バランス取りゲーム／自由遊び（ドンじゃんけん・的当て・積み木）他
21年度：お手玉運び／お手玉積み／輪ゴム運び／積み木積み／しりとり／アスレチック　他
22年度：しりとり／ジェンガ積み／板にボールをのせて運ぶ／スプーンにビーズを乗せて回す（5人）他
23年度：平均台渡り／ダンス／積み木積み／マットの上でバランス取り　他
24年度：平均台渡り／両足ジャンプ／自由遊び　他

【口頭試問】
20年度：名前を教えてください／今日は誰と来ましたか／どんなお手伝いをしていますか　他
21年度：名前を教えてください／今日は誰と来ましたか／今一番ほしいものは何ですか　他
22年度：名前を教えてください／今日は誰ときましたか／今まで一番楽しかった場所はどこですか　他
23年度：名前を教えてください／今日は誰ときましたか／お約束していることはありますか　他
24年度：名前を教えてください／今日は誰ときましたか／将来の夢は何ですか　他

【親子活動】
20年度：カードを使ってじゃんけんゲーム／ロープと他の道具を使って遊ぶ　他
21年度：1枚のイラストを使ってお話を作る／4×4のマス目がかかれた紙を使って遊ぶ　他
22年度：絵が描かれたプリントを使用し、関連性があるもの同士を線で結ぶ／動物が描かれた用紙を使用
　　　　し親子で順番に絵を追加していく　他
23年度：①10枚程度の絵カードを使ってお話づくり　②話ができたら、カードを裏返しに並べてテープでつ
　　　　なげる
24年度：コップやお手玉を使って自由に遊ぶ／スポンジや紙皿を使ってお店屋さんごっこ　他

傾向と対策

　試験は約1時間弱という短時間でおこなわれます。指示をよく聞き迅速に行動できるよう
に、けじめある行動を身につけておきましょう。また、ペーパー試験はありません。その分、
口頭試問、行動観察や親子活動に重点が置かれています。個別・集団活動ともに自分をアピー
ルできるかがポイントです。特に親子活動は、普段どのように接しているかを見られてい
ます。直前の対策だけでは難しいので早いうちから準備を進めてください。

（情報提供：わかぎり21）

青山学院初等部

【入試概況】

男　子	20年度	21年度	22年度	23年度	24年度
応募者数	234	248	251	307	266
合格者数	44	44	44	44	44

女　子	20年度	21年度	22年度	23年度	24年度
応募者数	254	271	273	322	309
合格者数	44	44	44	44	44

【個別審査】(21～24年度はペーパー)

20年度：お話の記憶／四方観察／位置の記憶／言語／工夫力　他
21年度：お話の記憶／四方観察／位置の記憶／言語／反転図形／仲間分け　他
22年度：お話の記憶／言語／位置の記憶／図形／常識　他
23年度：お話の記憶／言語／位置の記憶／常識／図形構成　他
24年度：お話の記憶／言語／位置の記憶／絵の記憶／図形構成　他

【運動・行動観察】

20年度：リレー／クマ歩き／ウサギ跳び／ケンケン／自由遊び（ブランコ・ボール・なわとび等）　他
21年度：リレー／クマ歩き／ケンケン／模倣体操／自由遊び（平均台・ボール・ろくぼく等）　他
22年度：リレー／クマ歩き／スキップ／ダッシュ／劇遊び　他
23年度：リレー／平均台／ケンパ／絵本の読み聞かせ／発表　他
24年度：リレー／平均台／ケンパ／絵本の読み聞かせ／発表／自由遊び　他

【制作】

20年度：指示制作（金魚すくい・たこ焼き・おもちゃ等お店で売りたいものを作る）　他
21年度：指示制作（手裏剣・刀・ハチマキ）／紙袋を使って動物作り　他
22年度：行動観察で行う劇の小道具を作る　他
23年度：指示制作（海の生き物を作る）　他
24年度：指示制作（王冠を作る）　他

【両親面接】

〇父親への質問
・出身校とお仕事を教えてください。
・教会にはいつから通っていますか。
・学校説明会の感想を教えてください。
・学校に期待することはなんですか。

〇母親への質問
・出身校とお仕事を教えてください。
・子どもの通学や帰宅後の時間の調整はできますか。
・園でのお子さまの様子を教えてください。
・お仕事に復帰される予定はありますか。
・オープンスクールの時のお子さまの様子について教えてください。

＜面接室の配置＞

学習院初等科

【入試概況】

非公表

【個別審査】

20年度：お話の記憶／口頭試問　他
21年度：お話の記憶／お話作り／口頭試問／絵の記憶　他
22年度：お話の記憶／映像の記憶　他
23年度：お話の記憶／口頭試問／生活常識／系列完成　他
24年度：お話の記憶／口頭試問／生活常識　他

【行動観察・制作】

20年度：行動観察（マットの上にソフトブロックを乗せて運ぶリレー）
　　　　巧緻性（ビーズ通し）　他
21年度：行動観察（玉入れゲーム）／巧緻性　他
22年度：行動観察（うちわにボールを乗せて運ぶ）／巧緻性　他
23年度：行動観察（玉入れゲーム）／巧緻性　他
24年度：行動観察（魚釣りゲーム）／巧緻性　他

【運動】

20年度：スキップ（赤のコーンから青のコーンまで進む）／行進　他
21年度：スキップ／太鼓の音に合わせて動く　他
22年度：ケンケン／ケンパ／グーパージャンプ／ボール投げ／片足バランス　他
23年度：ケンケン／ケンパ／片足バランス　他
24年度：スキップ　他

【面接】

〇父親への質問
・志望理由をお聞かせください。
・本校に期待することは何ですか。
・子供が好きな遊びは何ですか。

〇母親への質問
・本校をどのようにお知りになりましたか。
・お子さまにどんな小学校生活を送ってほしいですか。
・子育てで大切にしていることは何ですか。

＜面接室の配置＞

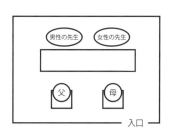

川村小学校

【入試概況】 人数は自己推薦・第1回〜3回の合算

女子	20年度	21年度	22年度	23年度	24年度
応募者数	282	498	511	590	417
合格者数	104	118	121	129	117

【制作・絵画】

20年度：課題画（お弁当の絵を描く）　他
21年度：お話を聞いて絵を描く／画像を見て動物の絵を描く　他
22年度：分割（どんぐり10個を分ける）／うちわの使い方を説明する　他
23年度：数量／物の確認（名称・用途など）　他
24年度：バック作り／数量　他

【運動】

20年度：ボール投げ渡し（1回バウンドさせる）／連続運動（平均台・ダッシュ）　他
21年度：ジャンケン体操（音楽に合わせて体を使ってジャンケンをする）／ケンパー／かけっこ　他
22年度：直線走り／ジグザク走り／キャッチボール　他
23年度：スキップ／かけっこ／平均台　他
24年度：模倣体操／かけっこ／片足バランス／キャッチボール　他

【行動観察・巧緻性】

20年度：チーム毎に踊る（紅葉に扮する）／口頭試問　他
21年度：太鼓の音に合わせて動く／指示行動／口頭試問／折り紙（時間内に好きなものを作る）　他
22年度：アオムシの紙にシールを好きに貼る／折り紙制作　他
23年度：自由遊び／指示行動　他
24年度：自由遊び／口頭試問　他

【両親面接】

〇父親への質問

・志望理由をお聞かせください。
・勤め先について差し支えない範囲で教えてください。
・通学に関して不安なことや心配なことは何ですか。
・休みの日はお子さまとどのように過ごしますか。
・ご家庭でタブレットやスマートフォンをどのように活用していますか

〇母親への質問

・家族構成について教えてください。
・兄姉との関わりについて教えてください。
・幼稚園でどんなことをして遊んでいますか。
・お子様はお家でどんなお手伝いをされていますか。

＜面接室の配置＞
※22・23年度はオンラインで実施

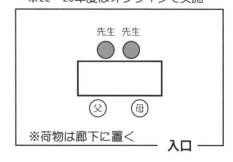

暁星小学校

【入試概況】

男　子	20年度	21年度	22年度	23年度	24年度
応募者数	547	547	563	590	544
合格者数	120	120	120	120	120

※合格者数には内部進学者約40名を含んでいません。

【ペーパー】

20年度：お話の記憶／図形（折りたたみ）／数量／推理／常識／言語　他

21年度：お話の記憶／数量（映像記憶）／回転図形／言語／常識　他

22年度：お話の記憶／数量（計数）／図形（構成）／言語（しりとり）／常識（生活）　他

23年度：お話の記憶／数量／回転図形／言語／常識（生活）　他

24年度：お話の記憶／絵の記憶／図形／言語／常識／推理　他

【運動】

20年度：ボール（八の字ドリブル・投げ上げ中に3回拍手・遠投）／ケンケン／両足ジャンプ　他

21年度：平均台／反復横跳び／腿上げ／ジグザグケンケン　他

22年度：模倣体操／新聞紙で作ったボールを上に投げて手を3回叩く／手をグー・足をパーにして移動　他

23年度：ボール（八の字ドリブル・投げ上げ・遠投）／競争／両足ジャンプ／ケンケン　他

24年度：ボール（八の字ドリブル・投げ上げ）／かけっこ　他

【行動観察・個別審査】

20年度：行動観察（グループ行進・自由遊び・弁当作り）　他

21年度：行動観察（紙飛行機を作って遊ぶ・ドミノを高く積む・公園作り）／口頭試問　他

22年度：行動観察（制作で作った釣竿と魚を使って魚釣り）／口頭試問　他

23年度：行動観察（マットの上で季節のカードを使って神経衰弱）　他

24年度：行動観察（クリップの付いているおもちゃを釣って箱に入れる釣りゲーム）　他

【両親面接】

○父親への質問

・志望動機を教えてください。

・宗教教育についてどうお考えですか。

・月に1回程度の宗教行事がありますが、参加できますか。

○母親への質問

・お子さまは家でのお手伝いは何をしていますか。

・子どもがインターネットを利用するときにルールは設けていますか。

＜面接室の配置＞

先生

机＋アクリル板

父　母

荷物台

入口

○24年度出願時のアンケートテーマ

・育児、仕事、受験、ご自分の時間のバランスをどのように保っていますか。具体的に書いてください。

（情報提供：わかぎり21）

慶應義塾幼稚舎

【入試概況】

男　子	20年度	21年度	22年度	23年度	24年度
応募者数	975	1029	978	961	934
受験者数	933	990	929	931	900
合格者数	96	96	96	96	96
補欠者数	10	10	10	10	10

女　子	20年度	21年度	22年度	22年度	24年度
応募者数	615	722	700	623	598
受験者数	473	568	558	499	483
合格者数	48	48	48	48	48
補欠者数	10	10	10	10	10

【制作・絵画】

20年度：課題画（一番欲しいものの絵）／制作（プラカップなどを使って魔法のジュース作り）　他

21年度：課題画（折り紙をランダムに折りその形を使って絵を描く／木のデッサン人形を描く）　他

22年度：課題画（宝物の思い出を絵に描く）／制作（宝箱づくり）他

23年度：課題画（思い出すごろく：楽しかったこと、悲しかったことをマス目に描く）　他

24年度：課題画（その家で自分がしたいことの絵）／制作（理想のお家、魔法の楽器作り）　他

【運動】

20年度：模倣体操／サーキット（スキップ・ケンケン・ダッシュ・縄跳び）　他

21年度：模倣体操／サーキット（ケンパ・ゴム段・ジグザグ走り・ダッシュ・ケンケン　等）　他

22年度：模倣体操／サーキット（ゴム段跳び・スキップ・ボールの的当て　等）　他

23年度：模倣体操／飛行機バランス／サーキット（ケンケン・ギャロップ・ゴム段跳び　等）　他

24年度：模倣体操／サーキット（ゴム段跳び・くぐり・的当て・ギャロップ）　他

【行動観察　他】

20年度：グループ活動（ボウリング）／しりとりゲーム　他

21年度：体でジャンケンゲーム　他

22年度：グループ活動（パズル構成・スポンジブロック積み上げ競争・的当て競争）　他

23年度：グループ活動（パズル構成・ボウリング・陣取りゲーム・自由遊び）　他

24年度：グループ活動（お手玉入れ・陣取りゲーム）　他

傾向と対策

・月齢によるグループ分けがされ、グループごとに異なる試験を受けます。

・はじめに「しゃべらない」「走らない・追い越さない」「受験票を落とさない」など３つのお約束をします。そのあともゲームや指示行動で指示されるルールや約束を守ったうえで、試験を楽しめるかどうかがポイントです。

・絵画や制作も重要です。（2021年度入試以降は新型コロナウイルス対策として机の上だけで完結する絵画及び制作が多く出題されています。）想像力を働かせて描いたり作ることや、いろいろな材料・道具を使って描いたり作ることなど、たくさんの経験をさせましょう。作業中には複数の先生が質問をするので、それに対してしっかりと答えられるようにすることがポイントです。

（情報提供：表参道青山教育研究所）

■入試情報データ過去5年

光塩女子学院初等科

【入試概況】

女 子	20年度	21年度	22年度	23年度	24年度
応募者数	313	297	320	314	284
合格者数	約80	80	80	80	約80

【ペーパー】

20年度：お話の記憶／数量／四方観察／図形（重ね）／推理（シーソー）／常識（社会）　他
21年度：お話の記憶／数量／四方観察／推理（ブラックボックス）／運筆　他
22年度：お話の記憶／数量／四方観察／言語／運筆　他
23年度：お話の記憶／数量／四方観察／図形（模写）／言語　他
24年度：お話の記憶／数量／四方観察／言語／運筆　他

【行動観察・制作】

20年度：先生とじゃんけんゲーム／パズルで模様作り／指示体操（ケンケン）　他
21年度：ジャンケンゲーム／動物模倣／ジェスチャーゲーム／生活作業（箸つかみ）　他
22年度：ジャンケンゲーム／劇遊び（ももたろう）／自由画／発表　他
23年度：グループで絵を描く／生活習慣／片足バランス／ボール投げ　他
24年度：ジャンケンゲーム／グループでお弁当の具の絵を描く／生活習慣／片足バランス　他

【親子面接】

○父親への質問
・志望理由を教えてください。
・休日は何をして過ごしていますか。
・休日は行事も多いですが大丈夫ですか。
・お仕事は何をしていますか。
・普段お子さまとどのような関わりをしていますか。
・奥様と育児の分担はどうしていますか。

○母親への質問
・幼稚園ではどのようなお子さまと言われていますか。
・お子さまが最近成長したなと思ったことはありますか。
・お仕事は何をしていますか。
・子育てで大変だったことは何ですか。

○本人への質問
・お名前を教えてください。
・幼稚園で好きな遊びを教えてください。
・幼稚園で仲良しなお友だちのお名前を教えてください。
・幼稚園の担当の先生の名前を教えてください。

<面接室の配置>

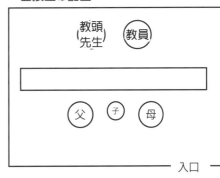

<面接のアドバイス>
・面接は、限られた時間でなるべく多く会話をしたいという様子で、質問もとても早口です。マニュアル通りの面接マナーではなく、学校の意向に合わせ、席では自己紹介をせずに一礼のみ、通常よりもなるべく早口で回答することなどをお薦めします。
・両親の回答中、質問者以外の先生はずっと子どもの様子を見ていますので、子どもの待つ姿勢も大事です。

昭和女子大学附属昭和小学校

【入試概況】

男　女	20年度	21年度	22年度	23年度	24年度
応募者数	男女計317	男女計558	男女計705	男女計910	男女計862
合格者数	男女計163	男女計158	男女計135	男女計135	男女計135

【個別審査・親子活動】(24年はペーパー)

20年度：ドミノ並べ（グループで指示された道具を揃えドミノを並べ完成させる）　他
21年度：口頭試問（絵を見て解答）　他
22年度：親子でお話作り／お友だちとお弁当作り　他
23年度：ありがとうカード作り／魚作り　他
24年度：お話の記憶／模写／図形（鏡・回転）／推理（系列完成・四方観察）　他

【運動・行動観察・制作　他】

20年度：ケンパ／サイドジャンプ／横転／ボール転がし／ボール運びリレー　他
21年度：ジャンケンゲーム／動物模倣／ジェスチャーゲーム／指示制作　他
22年度：ジャンケンゲーム　他
23年度：的あて／ボール送り／模倣体操　他
24年度：カメラゲーム（ジェスチャーゲーム）／指示制作（蝶作り）　他

【親子面接】

○父親への質問
・異学年交流を通して伸ばしてほしいことを昭和小の5つの資質から答えるとどれになりますか。
・宿泊行事に際し、5つのコンピテンシーを交えてお話してください。
・時間内に給食が食べられないと子が言ってきた時、学校に対してどうしますか。
○母親への質問
・お子さんが成長した感じることと、そのきっかけを教えてください。
・宿題が難しいと言ってきた時、どのように対応しますか。
・小学生になり、朝早く行動する必要がありますが、どのようにサポートしていく予定ですか。
○本人への質問
・お名前を教えてください。　　・登下校の際に注意するルールを教えてください。
・小学校に入学したら、どんな植物を育ててみたいですか。両親と話し合って教えてください。

＝ 傾向と対策 ＝

探究コース・国際コースともに、ペーパー（図形・思考・数量・模写・移動・言語・常識・お話の記憶）の考査が行われます。受験者の正答率も高く、しっかりとしたペーパー対策が必要です。その他、行動観察、指示行動、運動、巧緻性、生活巧緻性の考査も行われます。指示をしっかり覚え、自ら考え実行する力、発言力、お友達と仲良く関わる力が求められます。面接は事前親子面接が行われ、日頃のお子様との関わりや学校への理解が確認されます。指定された時間内に親子で相談したり、話したりするタイムパフォーマンスが求められる面接です。国際コースに出願すると、子どもにのみ英語での質問がされます。

（情報提供：富士チャイルドアカデミー）

白百合学園小学校

【入試概況】※非公表　（例年60名の募集に対して6倍前後の応募がある）

【ペーパー】

20年度：お話の記憶／数量／推理／言語／図形／位置の記憶　他
21年度：お話の記憶／数量／点図形／四方観察／常識／推理　他
22年度：お話の記憶／数量／推理／言語／四方観察　他
23年度：お話の記憶／絵の記憶／数量／言語／推理　他
24年度：お話の記憶／絵の記憶／数量／図形／言語／推理　他

【個別審査】

20年度：表現／生活能力／絵の記憶／配膳／口頭試問　他
21年度：紐通し／四方観察／歌を聞いておはじきを置く／口頭試問（絵を見て解答）　他
22年度：巧緻性（お箸で発泡スチロールを6個を茶碗に移す）／口頭試問（絵を見て解答）
23年度：ちぎり／音の記憶／お話作り／生活作業　他
24年度：巧緻性／おはじき／発表／生活作業　他

【行動観察・運動】

20年度：自由遊び（紙芝居・あやとり・折り紙・絵本）／グループで好きな遊び　他
21年度：行動観察（5人1組になって魚釣り屋さん役とお客さん役に分かれて遊ぶ）　他
22年度：行動観察（背の順に並んだり、ビデオで見たものを踊ったりする）
23年度：行動観察（ピヨピヨちゃんゲーム）　他
24年度：行動観察（アヒルゲーム）　他

【親子面接】　面接時間：15分

〇父親への質問
・宗教教育についてどのようにお考えですか。
・お子さまの長所と短所を教えてください。
〇母親への質問
・ご家庭の教育方針を教えてください。
・いつ頃から受験を検討し、準備されましたか。
〇本人への質問
・幼稚園の名前を教えてください。
・幼稚園で1番仲のいいお友だちを教えてください。
・お父さん、お母さんのすごいと思うところは何ですか。

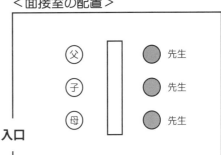

＜面接室の配置＞

傾向と対策

・聞く力、推理する力、チームワーク、関わり合いがあらゆる場面で大切になります。
・行動観察では、学校理念にもあるチームワークが成り立つかを見ているようです。
・お話の記憶では、表情や感情を答える質問が増えました。正しい日本語やコミュニケーション能力を
　みている傾向があります。
・図形感覚に優れ、数学的理解のできる子をみている傾向があるようです。パズルで図形構成を意識し
　たり、積み木で立体を構成したりと変化をつけてみると良いでしょう。
・集団制作では、協調性を重んじているようです。普段から相手を気遣う気持ちが大切になります。

（情報提供：ascendリトルバード幼児教室）

■入試情報データ過去5年 2020〜2024年度

東京都市大学付属小学校

【入試概況】

男子	20年度	21年度	22年度	23年度	24年度
応募者数	291	316	413	392	390
受験者数	-	268	345	326	314
合格者数	52	58	54	51	52

女子	20年度	21年度	22年度	23年度	24年度
応募者数	181	198	215	197	189
受験者数	-	156	156	140	135
合格者数	49	50	50	51	56

【ペーパー】

20年度：お話の記憶／図形（回転・合成）／重さ／言語／処理能力／模写　他
21年度：お話の記憶／図形（折り重ね）／数量（同数）／置き換え／言語（様子言葉）／模写／常識
22年度：お話の記憶／図形（点図形・同図形）／数量／推理（位置の把握）／常識　他
23年度：お話の記憶／図形（回転）／運筆／言語（しりとり）／常識　他
24年度：お話の記憶／図形（点図形）／数量（合成）／推理（オセロ）／常識　他

【行動観察・制作】

20年度：模倣体操／尻尾作り（作った尻尾でゲームを行う）　他
21年度：制作（輪投げの輪作り）／運動（制作した輪を上にあげ両足ジャンプ、輪を腕につけスキップ）
　　　　行動観察（制作した輪を持ち３つのコーンをジグザグに進む、次の人へのタッチは輪を使用）
22年度：制作（決められ形を使ってかく）／ドンじゃんけんポン／模倣体操
23年度：模倣体操／条件画（しりとりの絵を描く）／口頭試問／行動観察（カードでしりとり）　他
24年度：模倣体操／足でジャンケン／口頭試問／行動観察（共同絵画）　他

【両親面接】

○父親への質問
・志望理由を一言でお願いします。
・休日はお子さまとどのように過ごしてしますか。
・お子さまの性格を教えてください。
・中学受験に対してどうお考えですか。

○母親への質問
・入学したらどんなことをさせてどのように成長
　してもらいたいですか。
・お子さまの長所と短所を教えてください。
・お子さまは家ではどんな遊びをしていますか。

＜面接室の配置＞

傾向と対策

ペーパーテストは、数量、記憶、言語、常識、推理、巧緻性などから出題されます。問題は各ページに基礎から応用まで盛り込まれます。基本問題のミスは絶対に避けたいところです。常識は出題範囲が広いので、日常生活で多くの体験をしておくとよいでしょう。集団テストは５０分の中で、模倣体操、絵画制作、小グループでの活動を行います。どの場面でも、最後まで自制心を忘れずに、子どもらしく楽しめるよう十分な対策をしていくことが大切です。

（情報提供：富士チャイルドアカデミー）

東京農業大学稲花小学校

【入試概況】※20年度は前後期のべ人数・21年度は応募実人数・22年度より1回入試

男子	20年度	21年度	22年度	23年度	24年度	女子	20年度	21年度	22年度	23年度	24年度
応募者数	529	367	543	512	481	応募者数	396	325	419	477	398
合格者数	36	48	41	36	36	合格者数	36	50	39	36	36

【ペーパー】

20年度：お話の記憶／図形（回転図形・点図形模写）／言語（しりとり・音の数）／数量（水の量）
　　　　置き換え／常識（仲間探し・生き物の知識）　他
21年度：お話の記憶／数量／図形（点図形模写・同図形発見・位置の移動）／言語（しりとり）　他
22年度：お話の記憶／言語／常識（生き物の知識）／推理（ブラックボックス）／図形（切り抜き図形）
　　　　数量（計数・重さの比較・水の量・濃さ）　他
23年度：お話の記憶／数量／図形（点図形模写・図形構成）／常識（季節・科学）／言語／推理　他
24年度：お話の記憶／図形（積み木・点図形模写）／常識（季節・科学）　他

【運動】

20年度：片足バランス／クマ歩き　他
21年度：模倣体操　他
22年度：グーパージャンプ／模倣　他
23年度：実施せず
24年度：実施せず

【行動観察】

20年度：ボール運び（4〜5人のグループで新聞紙を使ってボールを運ぶ）／ボールを使って遊ぶ　他
21年度：しりとり（わかったら挙手。一度指名されたら挙手できないルール）／足じゃんけん　他
22年度：しりとり（21年度と同内容）　他
23年度：お店屋さんごっこ（グループに分かれて、お店を決める。売り物などは折り紙で制作）　他
24年度：共同絵画（一人ひとりで小さな紙に遊具を描き、グループの模造紙に貼る）　他

【親子面接】※事前にオンラインで実施。面接時に親子活動で絵本の読み聞かせあり。

○保護者への質問
・志望理由を教えてください。
・子どもが独り立ちする頃には世の中が大きく変わっている思うが、小学校時代に人生の土台として築いてほしいものは何ですか。
・お子さまの素晴らしいと思うところはどこですか。

○本人への質問
・名前、年齢、通っている園の名前
・お友だちと何をして遊びますか。（室内・室外それぞれ）
・小学生になったら何をしたいですか。
・大きくなったらどんなことをしたいですか。
・どうしてこの絵本を選んだのですか。

― 傾向と対策 ―

事前オンライン面接では、ご家庭で選んだ絵本を通して親子の関わりを見られます。ペーパーテストの出題分野は、数量、記憶、推理、図形、言語、常識などです。問題は基本から応用まで出題されます。基本問題は落とさないこと、難しくても諦めずに取り組めることも大切です。行動観察は、4，5人のグループで相談しながら、指示されたものを制作します。話し合いができるか、決められたことを守り楽しく活動できることが求められます。

（情報提供：富士チャイルドアカデミー）

■入試情報データ過去5年 　2020〜2024年度

日本女子大学附属豊明小学校

【入試概況】

女　子	20年度	21年度	22年度	23年度	24年度
応募者数	279	287	318	364	327
合格者数	58	55	54	54	54

【ペーパー】

20年度：数量／図形(重ね)／推理(四方観察)／位置／濃淡色塗り(虹・雷)　他
21年度：数量／推理(左右弁別・位置の記憶)／常識(月別に区切っての設問)／濃淡色塗り
22年度：お話の記憶／数量(同数発見)／推理(系列完成)／運筆／図形(切り抜き)　他
23年度：お話の記憶／数量(計数・同数)／図形(回転)／言語／話の理解／濃淡色塗り　他
24年度：お話の記憶／数量(計数・同数)／図形／運筆／濃淡色塗り　他

【絵画・制作】

20年度：街作り　他
21年度：紙コップを使用しマラカス作り　他
22年度：指示制作　他
23年度：集団制作(カード作り・ごちそう作り)　他
24年度：指示制作(てるてる坊主作り)／集団制作(虹作り)　他

【行動観察】

20年度：自由遊び(スーパーボールすくい・おままごと)　他
21年度：指示行動(先生の傘の動かし方に従って、制作で作ったマラカスを振る)／絡まっている
　　　　紐をほどき、はしごを作って渡り向こう側にいるクマの人形に手を振り戻る／学校案内
22年度：魚釣り　他
23年度：集団活動(紙コップでウサギのお家を作る)　他
24年度：自由遊び(おままごと・輪投げ)　他

【親子面接】面接時間：約10分

○父親・母親への質問
・お仕事で大切にしていることを教えてください。
・志望された理由を教えてください。
・本校の印象を教えてください。
・お子さまの性格について教えてください。
・最近お子さまを褒めたことは何ですか。
・最近夫婦で話し合ったことは何ですか。
○本人への質問
・お名前を教えてください。
・幼稚園の名前を教えてください。
・好きな食べ物は何ですか。
・お家でしているお手伝いを教えてください。
・何をして遊ぶのが好きですか。

＜面接室の配置＞

	先生	先生
在校生	机＋アクリル板	
荷物置き	母　子　父	

入口

雙葉小学校

【入試概況】 ※非公表

【ペーパー】

20年度：お話の記憶／言語（しりとり）／数量（対応）／図形（合成）／常識（季節）　他

21年度：お話の記憶／図形構成／推理（数のやり取り）／科学常識／仲間探し（昔話）

22年度：お話の記憶／図形（回転・重ね）／言語　他

23年度：お話の記憶／図形／言語　他

24年度：お話の記憶／数量（対応）／比較（ヒモの長さ）／推理　他

【個別審査】

20年度：カーテンリングに紐を通し結ぶ　他

21年度：左のお椀に入っている積み木をお箸を使用し右のお椀に移す（制限時間1分）　他

22年度：クリップにひもを1本ずつはさむ　他

23年度：お弁当やお箸を渡され、風呂敷で包む　他

24年度：ヒモにビーズを通して玉結びをする　他

【行動観察・制作】

20年度：あいさつゲーム／お神輿作り／お祭りごっこ　他

21年度：グループのお友達といくつかの課題に挑戦（折り紙、しりとり、3音の食べ物を言う
　　　　相談後海の絵を描く）1グループは最大7名、太鼓の音が鳴ったらすぐに手を止め終了

22年度：巧緻性　他

23年度：魚釣りゲーム／テントつくり／紙コップ積み　他

24年度：グループでお誕生日会の準備（段ボールで机やイスを制作したりする）　他

【親子面接】

〇保護者への質問

　・志望理由を教えてください。

　・女子校をどのようにお考えですか。

　・お母さまが大切にしていることは何ですか。

　・子供の頃に、お誕生日の思い出をお子さまにお話ししてください。

　・カトリック教育についてどう思いますか。

〇本人への質問

　・お名前を教えてください。

　・お誕生日会をしたことはありますか。どんなことをしますか。

　・お父さまとお母さまとどのように遊びますか。

　・お父さまとの楽しかった思い出を教えてください。

立教小学校

【入試概況】

男　子	20年度	21年度	22年度	23年度	24年度
応募者数	431	510	519	471	442
合格者数	120	120	120	120	120

【個別審査・口頭試問　他】

20年度：「つみきのいえ」を映像で見た後に質問に答える／個別審査（動物が食べたリンゴの数等）　他

21年度：「ベッドのまわりはおばけがいっぱい」を映像で見た後に質問に答える／回転と位置の複合問題（小さいアヒルの人形を持ち、指示されたお約束でマス目を移動する）

22年度：「ごきげんなライオン」の映像を見て後に質問に答える／個別審査（数量・図形）　他

23年度：「どろんこハリー」の映像を見て後に質問に答える／個別審査　他

24年度：「かいじゅうたちのいるところ」の映像を見て後に質問に答える／個別審査　他

【運動】

20年度：かけっこ（直線コース）／模倣体操　他

21年度：かけっこ（直線コース）／模倣体操　他

22年度：かけっこ（直線コース）／模倣体操　他

23年度：かけっこ（直線コース）／模倣体操　他

24年度：かけっこ（直線コース）／模倣体操　他

※模倣体操詳細

20年度：創作ダンス（にんげんっていいな）／先生のピアノに合わせて「アイアイ」を歌う　他

21年度：創作ダンス（線路は続くよどこまでも）1回目は先生の模倣、2回目は創作　他

22年度：創作ダンス（おもちゃのチャチャチャ）　1回目は先生の模倣

23年度：創作ダンス（線路は続くよどこまでも）／合唱「アイアイ」　他

24年度：創作ダンス／合唱「ドレミの歌」　他

【両親面接】

○父親への質問

・学歴をご紹介ください。

・お父様のお仕事について教えてください。

・志望理由を教えてください。

・お子さまの良いところはどこですか。

・キリスト教の教育についてどうお考えですか。

○母親への質問

・どのようなご職業ですか。

・受験の準備にあたって通われたお教室はありますか。

・キリスト教についてどうお考えですか。

・男子校で元気な生徒が多いですが大丈夫ですか。

<面接室の配置>

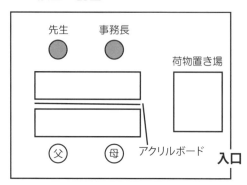

立教女学院小学校

【入試概況】

女　子	20年度	21年度	22年度	23年度	24年度
応募者数	567	541	653	591	544
合格者数	90	90	90	90	90

【ペーパー】

20年度：お話の記憶／図形(点図形・回転)／数量／常識(季節)／推理／言語　他
21年度：お話の記憶／言語(しりとり)／図形(重ね図形)／数量／常識(花と葉っぱ)／推理(観覧車)　他
22年度：お話の記憶／数量(計数・多少)／系列完成／模写／図形(同図形)／言語(しりとり)／常識　他
23年度：お話の記憶／数量(計数・多少)／図形(回転)／言語／迷路／推理(ブラックボックス)　他
24年度：お話の記憶／数量(合成・対応)／図形(切り抜き)／言語／置き換え／位置　他

【運動】

20年度：かけっこ／スキップ／ギャロップ／ボール投げ受け　他
21年度：縄跳び25秒／サーキット：ジグザグ両足跳び→平均台→前回り2回→コーンの所で気をつけ
22年度：(笛の合図が鳴るまで)縄跳び／サーキット：ケンパケンパケンケンパ→マットの上で前転
　　　　→アシカ歩き→ジグザグスキップ10回→ボールつき10回　他
23年度：かけっこ／スキップ／縄跳び／模倣体操　他
24年度：両足ジャンプ／ボール投げ上げ(2回手を叩いてキャッチ)／ゴム段くぐり／縄跳び　他

【行動観察・巧緻性】

20年度：ご飯の準備／ジェスチャーゲーム(ヘビがバナナを食べる・サルが歌うなど)　他
21年度：(事前面接の待機時間に行いました)積み木積み競争(自分たちで作ったグループで)／自由遊び
　　　　絵本の読み聞かせ
22年度：汽車作り(映像を見る)／アブラハム踊り／ボールリレー／ジェスチャーゲーム／自由遊び　他
23年度：朝食作り(台紙に食べ物の絵を貼っていく)／仲間探しゲーム／玉入れ(グループに分かれて)　他
24年度：箸使い／ライオンのお面作り／猛獣狩りゲーム／ロープ通しゲーム　他

【親子面接】

〇父親への質問
・アンケート内容の確認(通学経路や所要時間など)
・どのようなお仕事をされていますか。
・本校に期待することは何ですか。
・休日はお子さまと何をして過ごされますか。

〇母親への質問
・アンケート内容の確認(通学経路や所要時間など)
・本校とお子さまが合っていると思うのはどのようなところですか。
・子育てで気をつけていることは何ですか。
・どのようなお仕事をされていますか。

〇本人への質問
・お名前を教えてください。・幼稚園の名前は何ですか。
・お友だちの名前を教えてください。・幼稚園ではどんな遊びをしますか。
・(絵を見せられて)これは何をしているところだと思いますか。

＜面接室の配置＞

先生　机　　先生　机
途中でこちらに移動
母　子　父
入口
荷物置き

国立学園小学校

【入試概況】

男　女	20年度	21年度	22年度	23年度	24年度
応募者数	233	237	340	297	262
合格者数	120	105	105	105	105

【ペーパー・個別審査】

20年度：お話の記憶／図形(点図形・折り紙)／言語(様子を表す音)／ジャンケン迷路　他
21年度：お話の記憶／数量(数の合成・増減)／図形(回転・模写・構成)／言語(しりとり)／推理　他
22年度：お話の記憶／数量(数の合成)／言語／推理　他
23年度：お話の記憶／数量／図形(構成)／言語(しりとり)／常識(生活)　他
24年度：お話の記憶／数量／図形(パズル)／言語(しりとり)／常識(生活)／推理　他

【運動・行動観察】

20年度：傾いた平均台をのぼりジャンプで降りる／ケンパ／6人グループでお手本どおりに構成　他
21年度：傾いた平均台をのぼりジャンプで降りる／ジグザグにコーンが置いてあり、そこをサイドステップで進む／6人グループでお手本どおりに構成／写真を見て何が分かったかを発表
22年度：傾いた平均台をのぼりジャンプで降りる／ケンケンケンパー　他
23年度：傾いた平均台をのぼりジャンプで降りる／ケンパ　他
24年度：傾いた平均台をのぼりジャンプで降りる／グループでお手本と同じもの作る　他

【親子面接】

○保護者への質問
・志望理由を教えてください。
・パンフレットを見た感想を教えてください。
・本校に期待することはなんですか。
・本校へ何か質問はありますか。
・お子さまを一言でいうとどんな子どもですか。
・お父さん・お母さんがお子さんを叱るときはどんな時ですか。

○本人への質問
・お名前を教えてください。
・お誕生日を教えてください。
・お手伝いは何をしていますか。
・好きな食べ物は何ですか。→どうしてその食べ物が好きなんですか。
・小学生になったら何をしたいですか。
・どんなときにお父さんやお母さんに褒められますか。
・将来何になりたいですか。それはどうしてですか。

■入試情報データ過去5年 2020～2024年度

成蹊小学校

【入試概況】

男 子	20年度	21年度	22年度	23年度	24年度
応募者数	370	356	385	377	336
合格者数	66	66	66	66	66

女 子	20年度	21年度	22年度	23年度	24年度
応募者数	365	353	354	345	274
合格者数	66	66	66	66	66

【ペーパー】

20年度：お話の記憶／図形（位置の移動・点図形）　他

21年度：お話の記憶／位置の移動　他

22年度：お話の記憶／図形（構成）　他

23年度：お話の記憶／図形（構成）　他

24年度：お話の記憶／図形（重ね・回転）　他

【運動】

20年度：遠投・八の字ドリブル・ダッシュ　他

21年度：ダッシュ（タイム計測）／八の字ドリブル（コーンの外側を回る指示）　他

22年度：かけっこ／八の字ドリブル／ボール投げ　他

23年度：かけっこ／八の字ドリブル／ボール投げ　他

24年度：かけっこ／八の字ドリブル／ボール投げ（遠投）　他

【行動観察・制作・巧緻性】

20年度：行動観察（ジャンケン列車）／巧緻性（塗り箸で豆つかみ）　他

21年度：メダル作り（折り紙で犬を折り、メダルに貼り、リボンは蝶々結び）　他

22年度：行動観察（全身を使ったジャンケンゲーム・おちたおちたゲーム）／制作（スリッパ作り）　他

23年度：行動観察（ボール渡しゲーム・電車ごっこ）／共同制作　他

24年度：紙飛行機作り／行動観察（紙飛行機飛ばし／風船運びゲーム）　他

【両親面接】

○父親への質問

・今日はどのようにして来ましたか。

・成蹊小学校に来た回数を教えてください。

・最近はどのようなことでお子さまを褒めましたか。

・お子さまを叱るときに大切にしていることは何ですか。

・休日はどのようにお子さまと過ごしてしますか。

○母親への質問

・中村春二先生の「常に世の為、人の為に思いを致すべし」という言葉を受けて、お子さまに本校でどのように過ごしてほしいとお考えですか。

・学校の教育方針で賛同できる点について教えてください。

・学校と家庭が連携できることについてどのようにお考えですか。

・躾で大事にしていることを具体的に教えてください。

＜面接室の配置＞

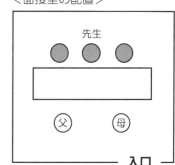

玉川学園小学部

【入試概況】

男　子	20年度	21年度	22年度	23年度	24年度
応募者数	114	129	149	166	148
合格者数	78	77	78	78	75

女　子	20年度	21年度	22年度	23年度	24年度
応募者数	83	97	135	119	115
合格者数	61	73	77	77	70

【個別審査】

20年度：お話の記憶／図形(重ね・展開)／図形構成(パズル)／模写　他
21年度：お話の記憶／系列(数)／A4のコピー用紙を使用し先生のお手本と同じものを折る　他
22年度：お話の記憶／図形／推理／数量／間違い探し　他
23年度：お話の記憶／数の記憶／図形(構成)／常識／間違い探し　他
24年度：お話の記憶／数の記憶／図形(回転・重ね)／常識　他

【運動】

20年度：指示行動(スキップ・ダッシュ・歩くなど)　他
21年度：指示行動(目を閉じて片足バランス10数える)　他
22年度：指示行動(手押し車・ジャンプ・片足立ち)　他
23年度：模倣体操／ケンケン／片足立ち(目を閉じて)　他
24年度：模倣体操／片足立ち(目を閉じて)　他

【行動観察】

20年度：集団活動(お話の内容に合わせて必要なものを集める)　他
21・22年度：実施せず
23年度：自由遊び(ボウリング・輪投げ・的あて　等)　他
24年度：しりとり／自由遊び(的あて・トランポリン)　他

【親子面接】

○父親への質問
・お子さまにはどんな大人になってほしいですか。　等
○母親への質問
・最近、お子さまを褒めたこと、叱ったことを教えて
　ください。　等
○本人への質問
・小学生になったらやってみたいことは何ですか。　等

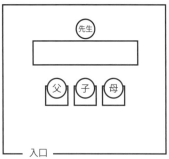

＜面接室の配置＞

― 傾向と対策 ―

面接は、自分の考えを単語だけではなく文章で伝える言語力が求められています。
個別審査では、お話や位置の記憶、仲間外れ、図形などの問題を口頭試問形式で行います。
行動観察の時間は長く、お友達との自由遊びを通して社会性や協調性があるかどうかを見られます。いずれも円滑にコミュニケーションができるようにしておくことが大切です。

（情報提供：富士チャイルドアカデミー）

桐朋学園小学校

【入試概況】

男　子	20年度	21年度	22年度	23年度	24年度
応募者数	395	372	457	485	437
合格者数	36	36	36	36	36

女　子	20年度	21年度	22年度	22年度	24年度
応募者数	207	230	227	223	209
合格者数	36	36	36	36	36

【個別審査】

20年度：4×4のマス目にお手本通りに4色のマグネットを置く　他
21年度：付箋の束3色が配られ、それを使って見本通りに作る（切り込みを入れ輪つなぎ）
22年度：スタンプを使ってお題を表現、カードの置き換え　他
23年度：パズル（空いてるマスに縦・横・斜めが違う色になるようにする）　他
24年度：パズル（紙にかかれた形にパズルを入れて完成させる）　他

【行動観察】

20年度：グループで風船運び　他
21年度：アスレチックコース（海コース：ケンケンパージャンプ→ロープに触れないように進む→
　　　　立幅跳び→トンネルくぐり　川コース：跳び箱2段→ケンケンパー→平均台　他
22年度：ペットボトルを拾って、筒のようなものに入れて積み上げる／鬼退治　他
23年度：風船をつく／風船運び／ブロックで町づくり　他
24年度：音楽に合わせて行進／秘密基地作り　他

【制作・絵画】

20年度：制作（画用紙に描かれている3種類の形を切って好きなものを作る）　他
21年度：紙皿、正方形の紙、付箋を使用し、走るものを作る　他
22年度：ペットボトルの蓋を作る　他
23年度：条件制作（円柱型のスポンジを使って、森にいるものや海にいるものを作る）　他
24年度：条件制作（紙を丸めて円柱を作り、他の材料を使って飾りつけをする）　他

傾向と対策

・例年はペーパーテスト、面接は行われず、個別テストと集団テストが2日間にわたって実施されていました。21年度入試からはコロナ禍で試験日を1日に短縮して行われています。
・通学区域制限があり、区域外の受験生については、選考基準からは外されるものと思われます。
・ペーパー考査はありませんが、高い学力が試されます。絵画や制作なども自分で考えて創意工夫できることが重要なポイントになります。
・集団テストは、先生が考えたオリジナルのゲームをおこなうことが多く、ルールをしっかり聞いて理解する力が必要になります。また、協調性や社会性を重んじているようなので、普段から周囲の人たちに気遣いできるよう意識するとよいでしょう。

（情報提供：表参道青山教育研究所）

桐朋小学校

【入試概況】

男　女	20年度	21年度	22年度	23年度	24年度
応募者数	男女計386	男女計442	男女計501	男女計614	男女計544
合格者数	男女計72	男女計72	男女計72	男女計72	男女計72

【個別審査・口頭試問】

20年度：口頭試問／常識（仲間分け）／積み木の構成／同数分配　他

21年度：口頭試問（ブランコで並んでいたお友達が、順番がまわらずに泣いていました。あなたなら
　　　　どうしますか）／ブラックボックス／筒に入った豆の音を聞き何の音に聞こえるか　他

22年度：口頭試問（図形を見て何に見えるかあてる）／比較　他

23年度：絵カードにかいてある物の名前を答える／口頭試問　他

24年度：数量（数の分割）／位置（見本と同じになるようにカードを置く）／口頭試問　他

【制作・絵画】

20年度：課題制作（お面作り）　他

21年度：輪つなぎ（折り紙をハサミで切りセロハンテープで留める、色が重ならないようつなぐ）

22年度：課題制作（動物作り）　他

23年度：ブーメラン作り／パターゴルフ作り／人形作り／自由に絵を描く　他

24年度：お面作り／小さい紙にお菓子の絵を描く　他

【運動・行動観察】

20年度：立ち幅跳び／クマ歩き／ケンケン／ボール投げ受け／カニ歩き　他

21年度：大きさの違う真四角の紙が横に5つ並んでいて大きい順に両足跳び（戻る時は歩く）他

22年度：みんなでキャンプをする（テント、たき火、料理器具等がある教室でキャンプごっこ）他

23年度：森を探検しながら運動（ケンパ・両足ジャンプ　等）／行動観察（迷路づくり）　他

24年度：行動観察（グループに分かれて、段ボールやヒモを使って制作をする）　他

傾向と対策

・22年度入試からはコロナ禍で試験日を1日に短縮して行われました。（ただし拘束時間が約2時間と長い）

・制作は基本的な作業ができていれば、難しくはないでしょう。それだけに取りこぼしのないよう、しっかりと仕上げる必要があります。例年行われる、個別テスト・集団テストはなく、制作と絵画の課題でした。

・口頭試問、行動観察では、社会性・協調性を重んじているようです。普段からお友だちとコミュニケーションを取れるよう意識しておくことが大切です。

・試験日は待ち時間が長いので折り紙や絵本を持参したほうがいいでしょう。また、寒いのでその対策も必要です。

（情報提供：千樹　高円寺校）

■入試情報データ過去5年

早稲田実業学校初等部

【入試概況】

男　子	20年度	21年度	22年度	22年度	24年度
応募者数	645	707	778	744	654
受験者数	498	602	-	-	501
1次合格	120	125	-	-	123
2次合格	85	87	85	85	86

女　子	20年度	21年度	22年度	22年度	24年度
応募者数	498	521	613	548	496
受験者数	440	449	-	-	408
1次合格	72	70	-	-	68
2次合格	45	48	47	47	43

【ペーパー】

20年度：お話の記憶／図形（鏡・重ね・同図形発見）／推理（シーソー）　他
21年度：お話の記憶／図形（構成）／推理（シーソー・置き換え）／数量（数の合成）　他
22年度：お話の記憶／図形（点図形・構成）／数量（計数）／推理（系列完成）　他
23年度：お話の記憶／数量（対応）　他
24年度：お話の記憶／数量（対応・計数）／図形（分割・構成）　他

【個別審査：生活習慣・巧緻性、制作、絵画】

20年度：絵画（ワクワクするもの　他）／制作（クリスマスカード）／衣服をたたみ片づける
21年度：絵画（○と□を使用した条件画）／制作（紙粘土や水ピタクラフトを使用し動物、家、果物を作る）
　　　　片づけ（小さいちりとり、ほうきを使用しビー玉、ビーズをビンに入れる等）
22年度：絵画（3種類の鳥の写真を見て、1つを選び物語になるように描く）／粘土／箸つかみ　他
23年度：絵画（雲・手袋が映し出されて、自分を加えて描く）／給食着・おはじき・本の片付け　他
24年度：絵画（たくさんの楕円形を使って、遊んでいる自分を描く）／洋服畳み・片付け　他

【行動観察・運動】

20年度：町作り（ソフトブロックを使用）／自由遊び（紙風船とうちわを使用）　他
21年度：ジェスチャーゲーム／先生のまねっこゲーム／山手線ゲーム／模倣体操　他
22年度：片足立ち／ケンパ／ケンケンパ／新聞紙を使って、風船が落ちないように運ぶ　他
23年度：階段を3段登って、壁タッチ→タッチしたら1段降りる→バツ印のところに飛び降りる　他
24年度：ケンケンパ／動物模倣／グループでパラバルーンを使って物をできるだけ高く上げる　他

【親子面接】

○父親への質問
・「○○力」という言葉がありますが、どういった力をお子さまにつけて
　もらいたいですか。
・ITが発達していますが、1時間かけて学校に通う意味はどんなところだ
　と思いますか。　他
○母親への質問
・父親と母親の役割の違いについてどうお考えですか。
・お子さまが最近成長したなと思うのはどういうときですか。　他
○本人への質問
・好きな食べ物は何ですか。その食べ物のどんなところが好きですか。
・嫌いな食べ物は何ですか。なぜその食べ物が嫌いなのですか。　他

<面接室の配置>

男性の先生	男性の先生	女性の先生	中高の校長先生

子

母　　　　父

入口　　　　　　　　　　　　　　　　出口

カリタス小学校

【入試概況】

男女計	20年度	21年度	22年度	23年度	24年度
応募者数	295	420	454	442	479
合格者数	男女計108名	男女計108名	男女計108名	男女計108名	男女計108名

※男女計108名

【ペーパー】

20年度：お話の記憶／図形(回転)／比較(重さ)／数量／積み木／常識／音読　他
21年度：お話の記憶／図形(パズル)／数量　他
22年度：お話の記憶／図形／数量／推理／言語　他
23年度：お話の記憶／図形(鏡)／常識(季節)　他
24年度：お話の記憶／図形／数量／常識(生活・季節)／推理　他

【制作】

20年度：おみこし作り(はさみ・のり・リボン・クレヨンを使用)　他
21年度：ロケット作り(はさみ・クレヨン・リボンを使用)　他
22年度：旗作り(のり・新聞紙・セロテープを使用)　他
23年度：魚作り(はさみ・クリップ・新聞紙・ヒモを使用)　他
24年度：ボール作り(持参した新聞紙丸める)

【運動・行動観察】

20年度：ジャンプ(線の上を左右に跳ぶ)／ボール投げ／グループでなぞなぞを考えてゲーム　他
21年度：立ち幅跳び／ボール投げ(上に投げて2回手を叩いてキャッチ)　他
22年度：制作で作った旗を使って旗あげゲーム　他
23年度：制作で作った魚を使って、魚釣りゲーム　他
24年度：制作で作ったボールを使って、的あて　他

【親子面接】

○父親への質問
・説明会は来られましたか。その時の印象を教えてください。
・これからの時代、子どもにはどんなことが大切になると思いますか。
○母親への質問
・お子さまの性格を踏まえて、学校に期待することを教えてください。
・子育てにおいて、今までに大変だなと感じたことや子育ての中で嬉しいと思うことを教えてください。
○本人への質問
・幼稚園ではどんな遊びが好きですか。→それはどうしてですか。
・お父さんやお母さんにしてもらって嬉しかったことは何ですか。

傾向と対策

ペーパーはその年によって出題分野が異なるので、すべての分野を万遍なく準備しておきましょう。制作はハサミ使い、紐結びなど巧緻性全般を身に付けておきましょう。行動観察もルールを守り、よくお話を聞くことが大切です。子どもの面接ではお話作りなど個別テストも含まれ、また家庭生活をどのように送っているかを問われる質問などがされています。パズルも毎年出題されますので、しっかり準備をしておきましょう。

(情報提供：富士チャイルドアカデミー)

慶應義塾横浜初等部

【入試概況】

男　子	20年度	21年度	22年度	23年度	24年度
応募者数	772	800	854	809	804
合格者数	66	66	66	66	66

女　子	20年度	21年度	22年度	23年度	24年度
応募者数	602	679	685	676	625
合格者数	42	42	42	42	42

【ペーパー】

20年度：地図上の移動／道徳／時系列　他
21年度：お話の記憶／同図形／点図形／言語（推理）　他
22年度：図形（色の反転）／時間経過／系列完成／お話の記憶　他
23年度：お話の記憶／数量／四方観察／模写（回転）　他
24年度：お話の記憶／図形／位置の移動／時間経過（折り紙）　他

【運動】

20年度：模倣体操　他
21年度：模倣体操／身体表現（リズムに合わせて素早く決められたポーズをとる）／連続運動　他
22年度：模倣体操／身体表現（リズムに合わせて素早く決められたポーズをとる）／連続運動　他
23年度：模倣体操／身体表現（先生と足でじゃんけん、勝ち負けの指示あり）／連続運動　他
24年度：模倣体操／かけっこ／連続運動（平均台・片足バランス・ボール投げ・クマ歩き）　他

【行動観察】

20年度：ボール運び（さまざまな指示、障害あり）他
21年度：実施なし
22年度：新聞くぐりゲーム／ボール運び競争（うちわなどの用意された道具を使用）他
23年度：転がしドッチボール／陣取りゲーム／しっぽ取りゲーム　他
24年度：ボーリングゲーム／ボール投げゲーム　他

【絵画・巧緻性】

20年度：粘土制作／発表　他
21年度：折り紙（指示理解）／想像画（お話を聞いたあと、与えられたテーマで描く）
22年度：絵画（テーマに合う絵を描きたす）／個別審査（ジグソーパズル、ひも遠し）　他
23年度：絵画（テーマに合う絵を描く）／個別審査（積み木・箸つかみ・ちぎり）　他
24年度：制作（動物の部位を作る・王冠作り）／発表　他

傾向と対策

　1次試験のペーパーでは、話の記憶や順序の問題以外は、毎年異なる分野から出題されています。全体を通して、指示や出題の仕方に対する注意力や、短い解答時間の中で素早く解いていく力が必要です。また、話の記憶では、記憶力だけではなく、想像力を試される問題も出題されます。
　2次試験の運動や絵画制作でもペーパーと同じく、指示を聞き取り、素早くやっていくことに加え、最後までやりとげる粘り強さが重要になっています。

（情報提供：富士チャイルドアカデミー）

■入試情報データ過去5年 2020〜2024年度

洗足学園小学校

【入試概況】

男 子	20年度	21年度	22年度	23年度	24年度
応募者数	290	319	358	321	343
受験者数	279	305	341	309	327
合格者数	61	54	55	53	52

女 子	20年度	21年度	22年度	23年度	24年度
応募者数	303	360	349	305	331
受験者数	292	331	320	278	299
合格者数	57	55	50	45	48

【ペーパー】

20年度：数量／常識（科学・道徳）／系列完成／図形（展開図）／言語（同頭語・同尾語）　他

21年度：お話の記憶／常識／図形（構成）／言語（音の数）／推理（系列）　他

22年度：図形（構成・重ね・四方観察）／推理（系列・ブラックボックス）／常識　他

23年度：数量（積み木）／図形（回転・重ね）／推理（ブラックボックス）　他

24年度：図形（切り抜き・構成）／四方観察／常識／推理（ブラックボックス）　他

【制作・運動・行動観察】

20年度：制作（イチョウやドングリの色塗り）／巧緻性（リボン結び）／共同制作（おもちゃ作り）
模倣体操／直線歩行／クマ歩き／ジャンプ　他

21年度：模倣体操（グーパーグーパーチョキを繰り返し行う）／ドンじゃんけん／指人形作り　他

22年度：制作（好きな動物）／色塗り（濃淡）／模倣体操／ドンじゃんけん　他

23年度：模倣体操（ジャンプなどを行う）／集団活動（動物カード）　他

24年度：制作絵画（色塗り・自画像・ヒモ結び）／雑巾掛け／集団活動（クイズゲーム）　他

【親子面接】※24年度は面接実施せず

○父親への質問

・志望理由を教えてください。

・本校は第1希望ですか。なぜ第1希望なのですか。

○母親への質問

・差し支えなければ、併願校を教えてください。

・お仕事と子育ては、どのように工夫されて両立されていますか。

・日々どのように勉強時間を確保し、勉強されていますか。

○本人への質問

・お名前、お誕生日を教えてください。

・保育園（幼稚園）の名前、クラス、担任の先生の名前、お友だちの名前を教えてください。

・お友だちとはどんな遊びをしますか。

・朝ごはんを何を食べてきましたか。

・お友だちとはケンカをしたことはありますか。

・今、頑張っていることはなんですか。

＜面接室の配置＞

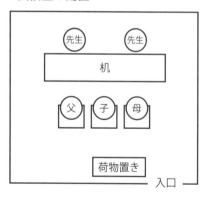

桐蔭学園小学校

【入試概況】

男　子	20年度	21年度	22年度	23年度	24年度
応募者数	254	260	292	338	266
合格者数	非公表	75	62	62	50

女　子	20年度	21年度	22年度	23年度	24年度
応募者数	97	184	165	179	182
合格者数	非公表	31	53	53	53

【ペーパー】

20年度：お話の記憶／回転図形／常識　他
21年度：お話の記憶／図形（図形構成・回転図形）　他
22年度：言語／図形模写　他
23年度：数量／図形（積み木）　他
24年度：数量／推理（観覧車）　他

【行動観察】

20年度：グループ遊び（５人一組）／自由遊び（積み木、折り紙、輪投げ、お手玉、コマ）　他
21年度：自由遊び（輪投げ、お手玉、的当て、ソフトテニス）　他
22年度：自由遊び（テニスラケット２本とスポンジボール、木琴、お手玉、折り紙、輪投げなど）／
　　　　共同制作「おもちゃ作り」（作ったおもちゃでみんなで遊ぶ）　他
23年度：積み木積みゲーム／長くするゲーム（折り紙、針金、クリップ　等をつなげて長くする）　他
24年度：共同制作（男子：水族館　女子：お菓子屋さん）／自由遊び（ボウリング・折り紙など）　他

【口頭試問】

・名前、通っている園の名前※年度共通で聞かれる
〇20年度
・小学生になったら何をしたいですか。　　・お手伝いをしてお母さんに褒められますか。
・お母さんはあなたのことが好きだと思いますか。それはなぜですか。　他
〇21年度
・最近、頑張っていることはありますか。
（タブレット端末でウサギがコップに入った水をこぼしてしまう動画を見て）
・あなたならウサギさんに何と声をかけてあげますか。　　・どうして、そう声をかけてあげたのですか。　他
〇22年度
・幼稚園（保育園）では何をして遊んでいますか。　　・お休みの日は家族でどこへ遊びに行きますか。
・先生から５枚のカードが配られ、そのカードを全て使ってお話しづくりをする。５枚のうち１枚は白紙で、
　どこに入れても良い。　他
〇23年度
・（白紙の紙を見せられ）何に見えますか。　　・（雲の写真を見せられ）ではこれは何に見えますか。　他
〇24年度
・（カード見せられ）これでどこに行って、何をしたいですか。　他

【その他】

20年度：個別審査　他
21年度：リズム体操／共同制作「お城作り」　他
22年度：運動（足踏み、スキップ、ジャンプ）　他
23年度：運動／個別審査　他
24年度：模倣体操　他

森村学園初等部

【入試概況】

男 子	20年度	21年度	22年度	23年度	23年度
応募者数	213	211	282	308	325
受験者数	207	205	263	294	310
合格者数	60	66	47	47	75

女 子	20年度	21年度	22年度	23年度	24年度
応募者数	162	171	233	230	250
受験者数	152	161	209	208	217
合格者数	56	64	43	43	66

※合格者数は内部進学者を含まず

【ペーパー】

20年度：お話の記憶／数量／四方見／言語／比較　他

21年度：お話の記憶／数量(計数)／推理(ブラックボックス)／図形(鏡・構成)／常識(材料)／言語　他

22年度：お話の記憶／数量(計数)／推理／図形(構成)／常識(材料)　他

23年度：お話の記憶／数量／図形／パズル／常識(季節)／推理(サイコロ)　他

24年度：お話の記憶／図形(点図形・重ね・同図形)／推理(ヒモ)　他

【制作絵画・口頭試問】

20年度：口頭試問／制作(ひよこ作り・魚作り※各課題とも絵も描く)　※スモック着用

21年度：口頭試問／制作(ハートを切り抜き台紙に貼り四葉のクローバーにして指示通りに色を塗り絵を描き足す)

22年度：絵画制作(てるてる坊主の線に沿って切り、画用紙にのりで貼る。指示通りに色を塗る)

23年度：絵画制作(雨の日の絵：長靴の線に沿って切り、画用紙に貼る。指示通りに絵を描く)

24年度：絵画制作(公園でカラスを遊ぶ絵・クワガタの絵)

【行動観察】

20年度：自由遊び(輪投げ・ボウリング・すごろく)／スモックたたみ　他

21年度：グループに分かれジェスチャーゲーム、森村ジャンケン(ルールは相談で決める)

22年度：行動観察（男子・「3匹の子豚」「桃太郎」のうち、どちらかを相談で決める。練習しその場で発表。
女子・マラカス作りをし、作ったマラカスでボーリングをする。順番やルールは相談。)

23年度：行動観察(魚釣りゲーム・お店屋さんごっこ)　他

24年度：行動観察(グループでサイコロを振り、出た目で決まった動きをする)　他

傾向と対策

ペーパーは計数、図形構成、重ね図形、言語、推理、点図形など多岐にわたります。
基本的な問題でミスをしないように注意しましょう。指示制作では正確に指示を聞き取り、
はさみ、のり、クレヨンをつかい丁寧に作業することが求められます。集団行動や指示行動
の観察を通し生活習慣・社会性・コミュニケーション能力を総合的に判断されます。日常生
活の中で、心身共にバランスのとれた成長を促すことが大事です。

(情報提供：富士チャイルドアカデミー)

横浜雙葉小学校

【入試概況】

女　子	20年度	21年度	22年度	23年度	24年度
応募者数	335	356	435	402	343
受験者数	331	-	-	-	-
合格者数	約80	約80	約80	約80	約80

【ペーパー】

20年度：お話の記憶／数量／図形(回転・重ね・同図形)／言語／推理　他
21年度：お話の記憶／数量／言語／推理　他
22年度：お話の記憶／数量／言語／図形(図形構成)　他
23年度：お話の記憶／数量／図形(広さ・構成・同図形)／言語　他
24年度：お話の記憶／数量／図形(広さ・構成・同図形)／言語　他

【運動】

20年度：かけっこ／指示行動(クマ歩き、スキップ)／ボール　他
21年度：ボールの投げ受け／コーンを指示通りに走って回る　他
22年度：スキップ／トランポリン／早歩き　他
23年度：かけっこ／指示行動(ビニール袋を指示通りに動かす)　他
24年度：コーンを指示通りに走って回る　他

【行動観察・巧緻性】

20年度：自由遊び(おままごと、ボウリング、積み木、読み聞かせ)／お弁当作り　他
21年度：指示制作(カバン作り)　他
22年度：自由遊び／巧緻性(指示通りにシールを貼る)　他
23年度：指示制作(指示通りにシールを貼ったり、色を塗る)　他
24年度：巧緻性(指示通りにシールを貼る)／集団行動(グループで決まった場所で遊ぶ)　他

【親子面接】

○父親への質問
・お休みの日はどのように過ごされていますか。
・この学校のどこを気に入っていただけましたか。
・ご家庭の教育方針を教えてください。
○母親への質問
・最近お子さまが夢中になっていることはなんですか。
・子育てで嬉しかったことはなんですか。
・お子さまの長所を教えてください。
○本人への質問
・お花見のカードを見せられカードの説明をしました。
・積み木を使った伝言ゲームを親子でしました。
・お父さん、お母さんの好きなところはどこですか。
・お姉さんの好きなところはどこですか。

＜面接室の配置＞

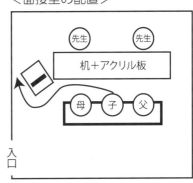

※面接の途中で子どもが1人用の机に移動し、親子でのゲームが始まりました。

ご父母のための面接チェックリスト

□志望理由

□通学方法と通学時間

□子どもの性格、長所と短所

□子どもの好きな遊び

□子どもの健康状態

□子どもが今一番関心を持っていること

□最近子どもが変わった点

□育児で気をつけてきたこと

□幼児期に一番大切なものは何か

□子どもの成長を見てどう感じるか

□卒業後はどこの中学校を考えているか

□将来どんな人に育ってほしいか

□教育・しつけについてどう考えるか

□子どもから学んだこと、感銘を受けたこと

□理想の父母像と、それに向けての努力

□朝「おはよう」と言う理由を子どもに伝える

□親から教わった躾で実践していること

□親から受け継ぎ子どもに伝えたいこと

□明るい家庭のために気をつけていること

□子育てで嬉しかったこと、苦労したこと

□子どもの欠点で直したいところは

□どんなときに子どもにプレゼントをするか

□どんな時に褒めるか、叱るか

□親の言うことをきかないときはどうするか

□どんな習い事をさせているか、その目的

□受験はどちらが言い出したか

□昔の子どもと今の子どもとの違い

□理想の父親像(母親像)とは

□最近家庭で印象に残ったことは

□最近子どもをどこに連れていったか

□子どもの名前の由来

□父親から見た母親の点数(その逆)

□子どもを何と呼んでいるか

□子どもにどんな手伝いをさせているか

□自分が子どもと似ているところはどこか

□30秒で自己紹介をしてください

小学入試情報2025

□特別付録

入試準備問題集

出題：小学受験統一模試実行委員会

■入試準備問題【数量①】

問題文　①持っているイチゴの数が１番多い動物に○をつけましょう。
　　　　②持っているイチゴを合わせて１０個にします。どの動物の持っているイチゴを合わせればよいですか。
　　　　　２つ選んで○をつけましょう。ただし、２匹の持っているイチゴの数の違いは２個です。
　　　　③ゾウがイチゴを３個食べました。残っているイチゴの数だけ○をかきましょう。
　　　　④ネコが持っているイチゴを２人で分けるとき、１人分のイチゴの数だけ○をかきましょう。

①

②

③

④

■答え
①ネコに○　②サル・ウシに○　③○を２個　④○を４個

■入試準備問題【数量②】

問題文　花のコイン 1 枚はハートのコイン 2 枚と交換することができます。ハートのコイン 1 枚は星のコイン 3 枚と交換することができます。また、リンゴは星のコイン 3 枚で、ブドウはハートのコイン 3 枚で、スイカは花のコイン 1 枚とハートのコイン 2 枚で買うことができます。
　　①ハートのコインでリンゴを 2 個とブドウを 1 個買います。ハートのコインはいくつ必要ですか。その数だけ○をかきましょう。
　　②星のコインでスイカを 1 個買います。星のコインはいくつ必要ですか。その数だけ○をかきましょう。
　　③ 1 番左の数だけ星のコインを持っています。ブドウとリンゴを 1 個ずつ買うと、残った星のコインはいくつですか。その数だけ○をかきましょう。

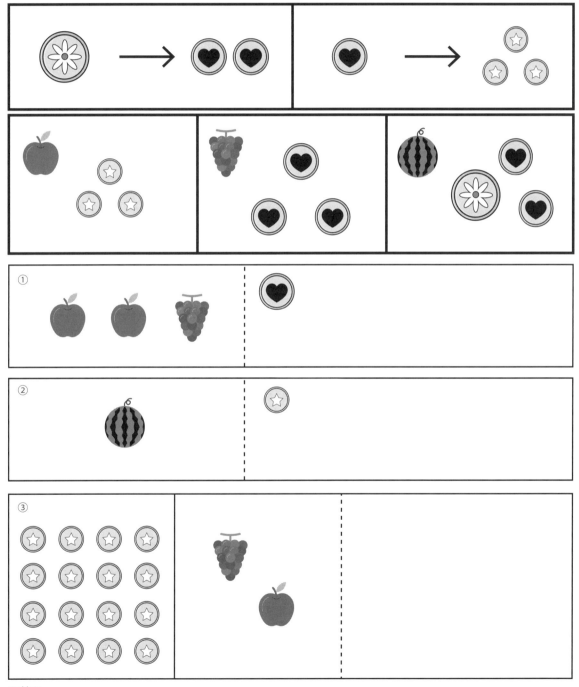

■答え
①○を 5 個　②○を 12 個　③○を 4 個

■入試準備問題【数量③】

問題文　ゾウとウサギは白と灰色の積み木を使って、それぞれの形を作りました。2匹の使った積み木の数を合わせると、白の積み木と灰色の積み木はいくつずつになりますか。その数だけ右の四角の中に○をかきましょう。ただし、見えない部分の積み木はすべて白が使われています。

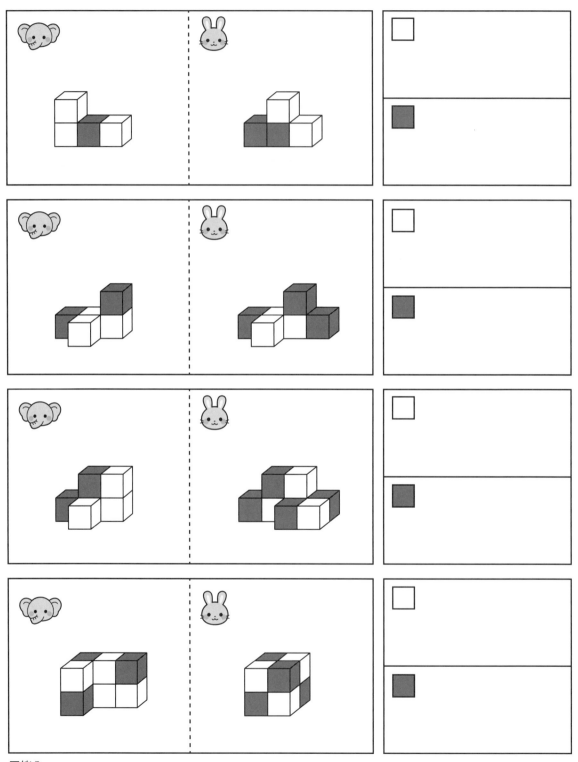

■答え
（上から○を）5個・3個・6個・5個・8個6・個・9個・7個

■入試準備問題【図形①】

問題文　左の2枚の形は透明な紙にかかれています。この2枚の形を回したり、裏返したりせずにそのままの向きで
ピッタリ重ねるとマスの中の模様はどのようになりますか。右のマスの中の塗りましょう。

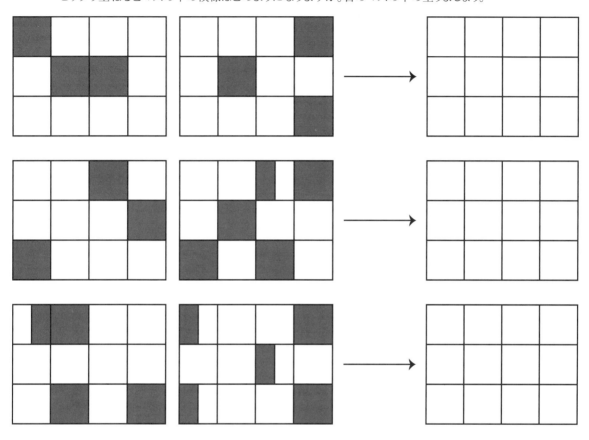

問題文　右の形の中から3つ選び、回したり裏返したりせずにそのままの向きで重ねて左のお手本の形を作ります。
どの形を重ねればよいかを考えて、その形に○をつけましょう。

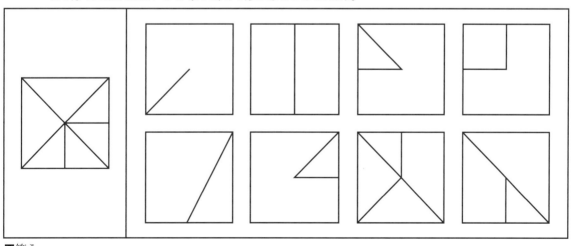

■答え
（上）

（下）上段1番左・下段1番右・下段左から2番目に○

■入試準備問題【図形②】

問題文　左のお手本と同じ形をすべて選んで○をつけましょう。形は回してもよいですが、裏返すことはできません。

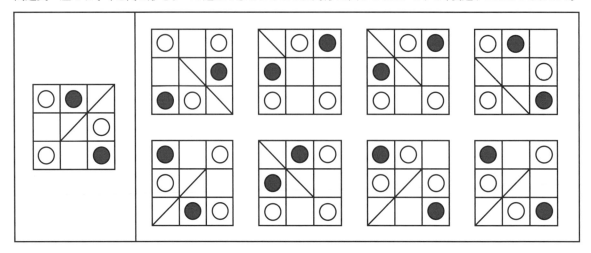

問題文　左の形を矢印の向きに矢印の数だけ倒すとどのようになりますか。マスの中に形をかいたりマスを塗ったりしましょう。⑤⑥は倒す前の形を考えましょう。

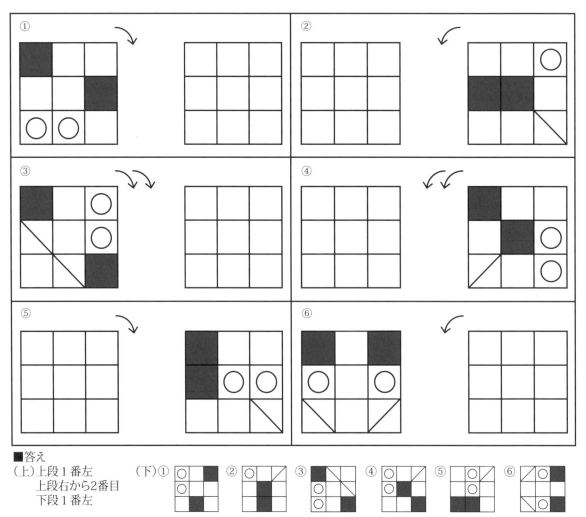

■答え
（上）上段1番左
　　　上段右から2番目
　　　下段1番左

（下）①　②　③　④　⑤　⑥

■入試準備問題【図形③】

問題文　左の形は透明な紙にかかれています。黒い太い線で矢印の向きに折って重ねるとマス目の中の模様はどのようになりますか。正しい形を選んで○をつけましょう。

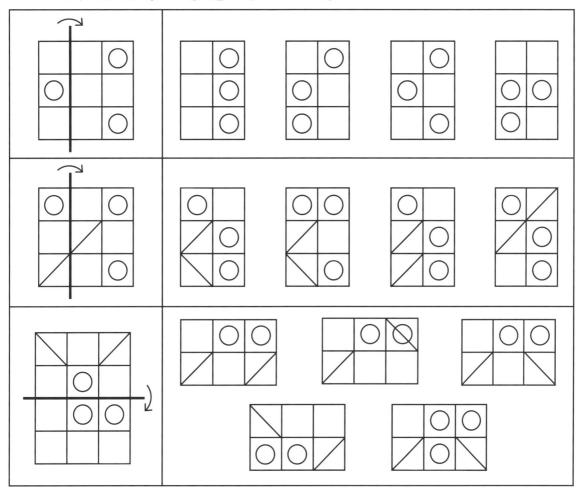

問題文　左の形は透明な紙にかかれています。黒い太い線で矢印の向きに折って重ねたとき、右側のマスをすべて灰色にするには、左のマス目にはどんな模様があればよいですか。そのマスの中を塗りましょう。

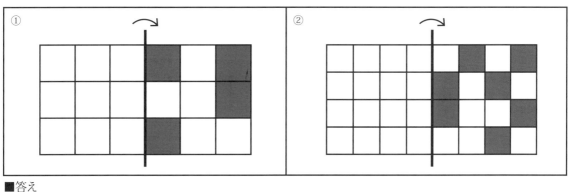

■答え
（上）上→右から2番目に○
　　　中→左から2番目に○
　　　下→上段右に○

（下）① 　　②

■入試準備問題【言語①】

問題文　左の四角の中のオンの数を合わせた数と同じ数だけ星がある四角を線で結びましょう。
　　　　ただし、右側の四角はつながらないものもあります。

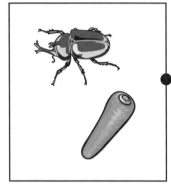

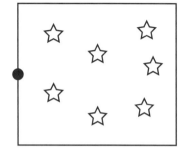

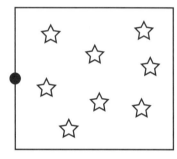

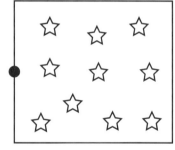

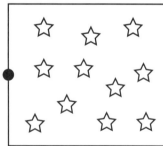

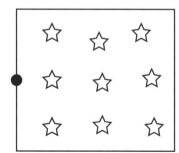

■答え
（左列上から）☆8個・☆9個・☆7個・☆10個

■入試準備問題【言語②】

問題文　四角の中の絵の下にはそれぞれオンの数だけ丸が並んでいます。黒い部分のオンをつなげるとどんな言葉ができますか。その絵を下から選んで印をつけましょう。印は矢印の横にある印をつけましょう。

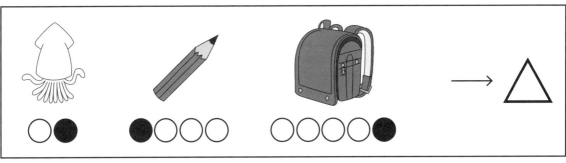

■答え
キツネに○・リンゴに×・カエルに△

■入試準備問題【言語③】

問題文　左から右までしりとりでつながるように、四角の中から正しい絵を選んで○をつけましょう。

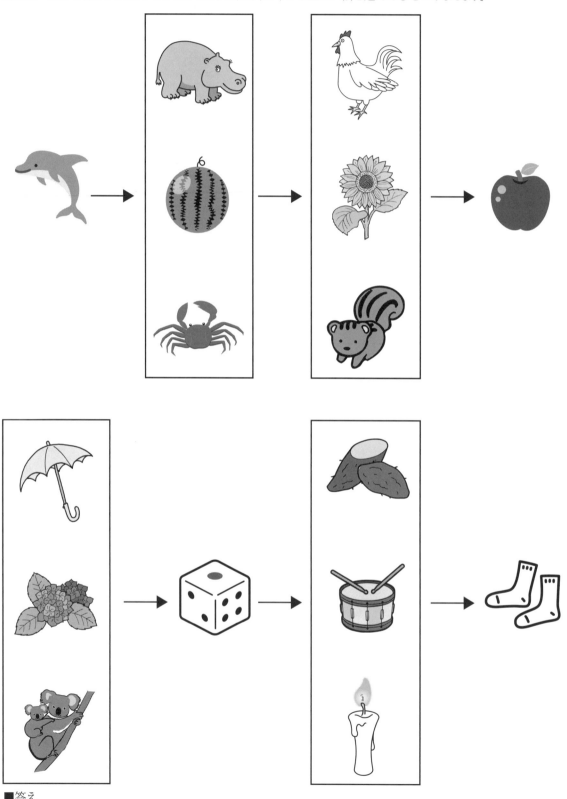

■答え
（上）イルカ・カニ・ニワトリ・リンゴ　（下）かさ・サイコロ・ロウソク・靴下

■入試準備問題【常識①】

問題文　左上の★から、右下の門松まで「春・夏・秋・冬」の順になるように進みましょう。

■答え
★→つくし→スイカ→七五三→節分→ひな祭り→七夕→お月見（十五夜）→門松

■入試準備問題【常識②】

問題文　ヒントを聞いて当てはまる絵に○をつけましょう。
　　　　切るときに使う道具です。台所で、まな板と一緒に使います。

問題文　ヒントを聞いて当てはまる絵に○をつけましょう。
　　　　文房具です。何かを貼るときに使います。透明でペラペラしています。

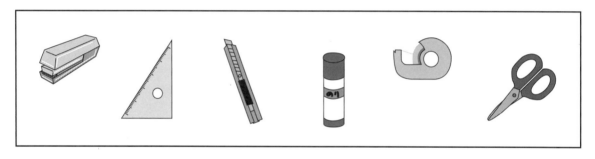

問題文　ヒントを聞いて当てはまる絵に○をつけましょう。
　　　　サイレンを鳴らす車に乗っています。悪い人を捕まえる仕事をしています。

問題文　ヒントを聞いて当てはまる絵に○をつけましょう。
　　　　外と中の色が違う野菜です。土の上で育ちます。

■答え
（上から○を）包丁・セロハンテープ・警察官（左から２番目）・ナス

■入試準備問題【常識③】

問題文　右の葉や茎は左のどの花のものですか。黒い点と点を線で結びましょう。

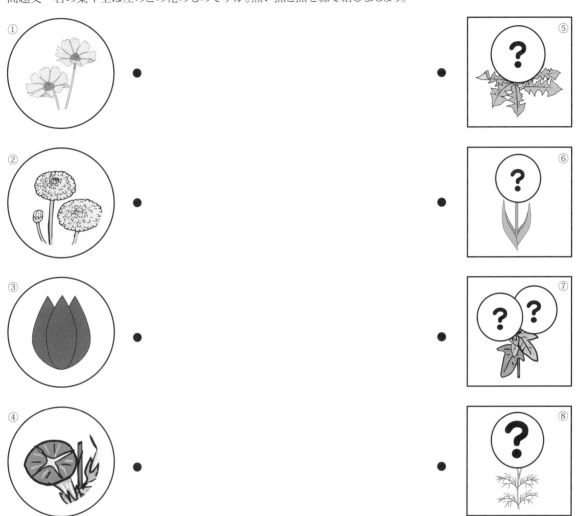

問題文　生き物とその生き物の足跡の組み合わせで正しいものをすべて選んで○をつけましょう。

■答え
（上）①・⑧／②・⑤／③・⑥／④・⑦　（下）上段真ん中・下段真ん中・下段右に○

■入試準備問題【推理①】

問題文　空いている四角に入る形をかきましょう。

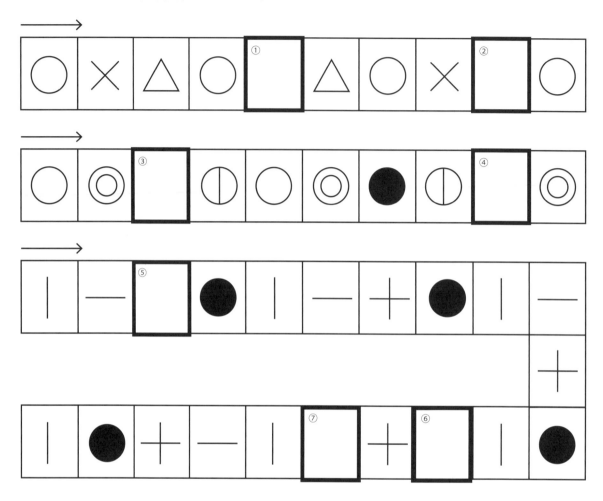

問題文　空いている四角に入る絵が正しく並んでいるものに○をつけましょう。

■答え
（上）　①×　②△　③●　④○　⑤＋　⑥－　⑦●　（下）下段左に○

■入試準備問題【推理②】

問題文 ●マークのトンネルを通ると、白は黒に、黒は白に色が変わります。○マークのトンネルを通ると、色は変わらず、形が半分になります。この約束のとき、「?」はどんな形になりますか。その形に○をつけましょう。
③は答えが1つではありませんので、すべて選んで○をつけましょう。

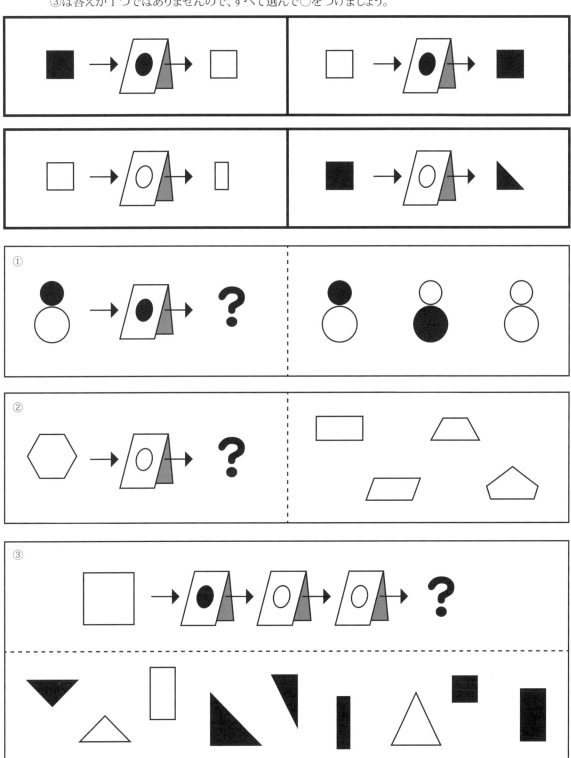

■答え
①真ん中　②上段右　③右から2番目・右から4番目・右から5番目・1番左

■入試準備問題【推理③】

問題文　積んである積み木をネコたちが見ています。スペードのマークのネコから見た積み木に○をつけましょう。

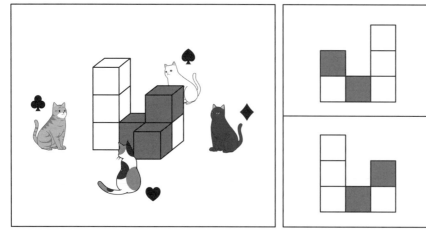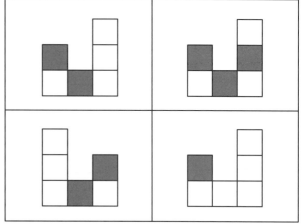

問題文　上の積み木をそれぞれのネコから見ると、何色の積み木がいくつずつ見えますか。その数だけある絵とマークを線で結びましょう。線を引くときは、黒い点と点を結びましょう。ただし、右側はつながらないものもあります。

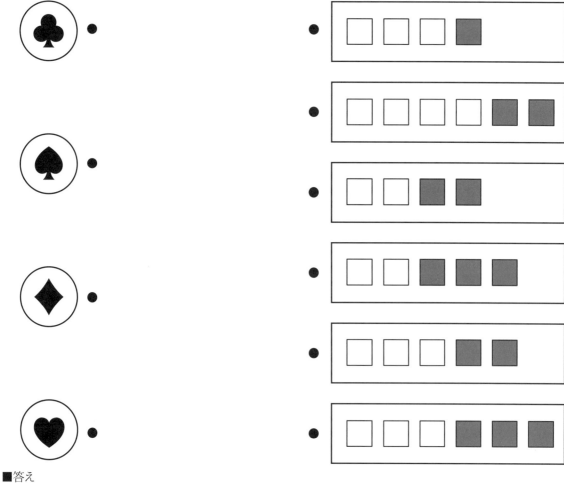

■答え
（上）左上　（下）クローバー→１番上　スペード→上から２番目　ダイヤ→上から３番目　ハート→１番下

■入試準備問題【推理④】

問題文　☆模様の箱１つは、白い箱２つと同じ重さです。白い箱１つは灰色の箱３つと同じ重さです。下のようにシーソーで重さを比べたとき、下がるのはどちらですか。下がる方に○をつけましょう。印はシーソーの下の小さな四角の中につけます。

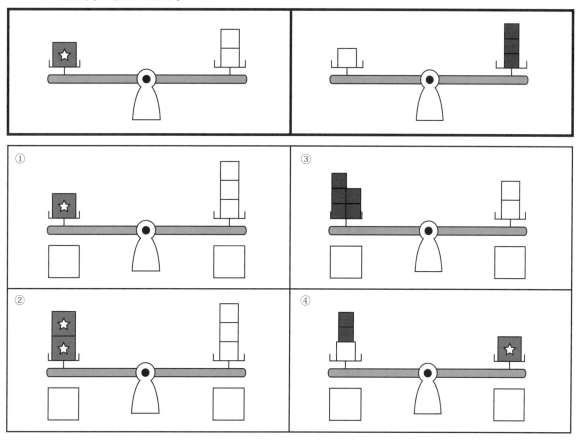

問題文　☆模様の箱１つと白い箱１つがシーソーの左側にのっています。シーソーの右側に白い箱だけをのせて釣り合わせるためには、白い箱はいくつのせればよいですか。その数だけ○をかきましょう。また、灰色の箱だけをのせて釣り合わせるためには灰色の箱はいくつのせればよいですか。その数だけ○をかきましょう。

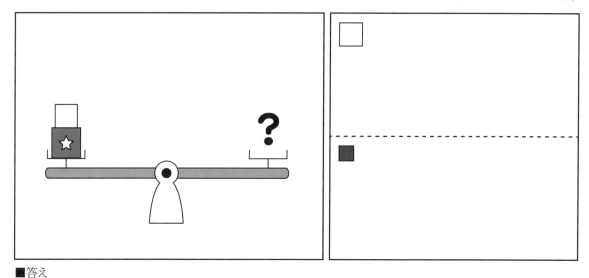

■答え
（上）　①右に○　②左に○　③右に○　④右に○　（下）白い箱→○を３個　灰色の箱→○を９個

■入試準備問題【推理⑤】

問題文　外側の果物は矢印の向き（時計周り）に動きます。中側のサイコロは矢印の向き（反時計周り）に動きます。食べ物とサイコロはそれぞれ別々に動きます。動物たちは、自分の前に来た食べ物をサイコロの目の数だけ食べることができます。では、下の問題に答えましょう。

問題文　サルがミカンを5個食べたとき、パンダは何をいくつ食べることができますか。左からその食べ物を選んで○をつけ、その数だけ右の四角の中に○をかきましょう。

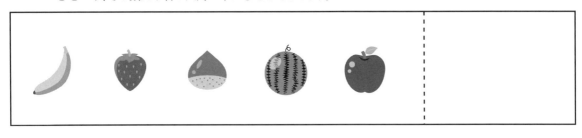

問題文　ゾウがリンゴを4個食べるとき、栗を食べる動物は誰ですか。その動物を左から選んで○をつけ、食べる数だけ右の四角の中に○をかきましょう。

■答え
（上）バナナに○／○を3個　（下）ネズミに○／○を6個

■入試準備問題【推理⑥】

問題文　サイコロは向かい合う面の丸の数を合わせると「7」になるというお約束があります。サイコロを矢印の向きに転がしていきます。灰色のマスにきたとき、下を向いているのはどの目ですか。そのサイコロの目に○をつけましょう。

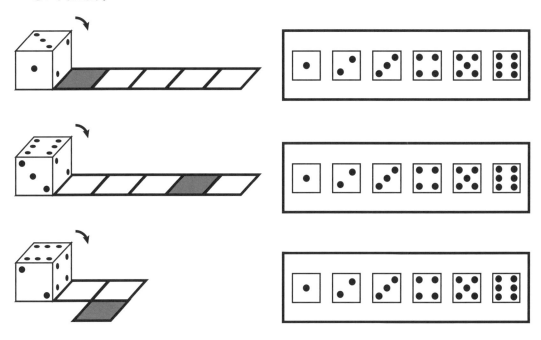

問題文　組み立てるとそれぞれの形になるものを下の四角の中から選んで印をつけましょう。左の形になると思うものには○、真ん中の形になると思うものには×、右の形になると思うものには△をつけます。

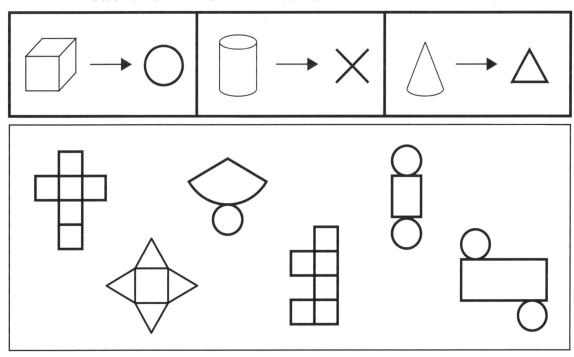

■答え
（上）上から順に2・1・2に○　（下）1番左に○・1番右に×・左から3つ目に△

- 305 -

さくいん

さくいん

さくいん

■国立大学附属小学校　◎私立共学校　●私立男子校　○私立女子校　□公立　※インターナショナル

さくいん

さくいん

さくいん

■国立大学附属小学校　◎私立共学校　●私立男子校　○私立女子校　□公立　※インターナショナル

読者の皆様へ

　来年度以降も本書の内容をさらに充実させるために、読者の皆様からのご要望を受け付けております。例えば本誌に未掲載で、情報をお探しの小学校等がございましたら、弊社編集部宛てにお知らせください。

✉ info-m@mitsumeru21.co.jp

　本誌に掲載されている資料は原則として、2024年度入学試験（2023年秋に実施されたもの）のデータです。2025年度入学試験（2024年秋に実施されるもの）の募集要項・入学試験日程・公開行事などに関しましては、本誌のデータを参考に直接各小学校にお問い合わせください。
　また、弊社が運営いたします総合教育ポータルサイト「みつめる21」では常に最新情報を更新しております。本誌と合わせてご活用ください。

Special thanks to ···

　本誌の作成にあたりまして、多大のご協力とご尽力をいただきました掲載小学校の先生方、また、資料をご提供くださった多くの幼児教室の先生方に、この場を借りて厚く御礼を申し上げます。

　　　　　　　　　　　　　教育図書２１　小学入試情報編集スタッフ一同

小学入試情報 2025

2024年3月24日 第1版第1刷発行　　●不許無断転載・複写
　　　　　　　　　　　　　　　　　　●乱丁・落丁はお取替えいたします。

発行者　　吉田　敬亮
編　集　　教育図書21　編集部
発行元　　教育図書21　〒171-0021　東京都豊島区西池袋5-4-8
　　　　　　　　　　　　tel 03-3971-5271 fax 03-3971-5806
発売元　　(株)星雲社（共同出版社・流通責任出版社）
　　　　　　　　　　〒112-0005　東京都文京区水道1-3-30
　　　　　　　　　　　　tel 03-3868-3275 fax 03-3868-6588
印刷製本　　東誠印刷株式会社
ISBN978-4-434-33809-0 C8037　定価 3,300円(税込)　[本体3,000円＋税]
PRIMARY SCHOOL ENTRANCE EXAM INFORMATION 2025　Ⓒ KYOUIKU TOSHO21

2023年秋冬入試 私立国立小合格実績

輝いた笑顔 計**426**合格 私立234

合格実績は、全員 わかぎり**21** の各教室で、講習を受けて頑張ったお友だちの結果のみをお知らせしています

〜一人ひとりの目的に合わせた、総合力を伸ばす指導で、難関校から上位校まで、首都圏56校に合格者を輩出〜

学校	名	学校	名	学校	名	学校	名
青山学院	11名	青山学院横浜英和	3名	青山学院系属浦和ルーテル	5名	江戸川取手	3名
開智	5名	開智所沢	13名	開智望	2名	学習院	4名
カリタス	3名	川村	7名	暁星	4名	関東学院	1名
国立学園	5名	慶應幼稚舎	2名	慶應横浜	2名	光塩女子	4名
国府台女子	4名	さとえ学園	7名	サレジアン国際学園目黒星美	3名	品川翔英	3名
自由学園	3名	淑徳	7名	昭和学院	1名	昭和女子	3名
白百合学園	4名	精華	1名	聖学院	9名	成蹊	4名
成城学園	2名	聖心女子	2名	聖徳学園	5名	星美学園	7名
西武文理	14名	清明学園	1名	洗足学園	2名	玉川	1名
田園調布雙葉	2名	桐蔭学園	1名	東京女学館	2名	東京都市大付属	7名
東京農大稲花	9名	桐朋	4名	桐朋学園	5名	東洋英和	2名
トキワ松	2名	新渡戸文化	3名	日本女子大豊明	8名	雙葉	3名
文教大付属	1名	宝仙学園	4名	星野学園	5名	明星	2名
森村	1名	横浜国立大附属鎌倉	1名	立教	10名	早稲田実業	5名

そして 国立都立 **192** 合格

コロナ禍で各校１次抽選通過率が低下し、それに伴い試験合格者が絞り込まれる中で、わかぎり会員は昨年も大健闘でした。

学校	名	学校	名	学校	名
筑波大附属	64名	学芸大大泉	30名	埼玉大附属	2名
		学芸大小金井	16名	都立立川国際	5名
お茶の水女子大附属	39名	学芸大世田谷	15名		
		学芸大竹早	21名		

国立小学校・都立小学校の合格実績は、各校で講習を受けてがんばったお友だちのうち、最終抽選の結果を除いた「筆記・実技」試験を通過した方の数となります。※模擬テストのみの受験者は含んでいません。

国立幼稚園受験も大健闘　　2023年秋冬入試　合格者数

学校	名	学校	名
お茶の水女子大附属	18名	学芸大学附属竹早園舎	12名

年間受験者数10,000名以上。毎回2,000名以上が受験する全国最多最大規模の小学校受験模試

小学受験統一模試 2024

| 年間受験者 10,000名以上 全国最多模試 | 提携加盟 幼児教室 300以上 | 年長全6回 ＋志望校別 年中全2回 |

　教育図書21が後援している「小学受験統一模試」は年間のべ10,000名以上、各回平均2,000名以上が受験する全国最大の小学受験模擬テストです。首都圏を中心におよそ300の幼児教室が提携加盟をし、これらの教室が「小学受験統一模試実行委員会」を組織し運営をしています。

　年長児は、新年長児プレ模試に始まり年間5回、第1回・第2回は基礎力・応用力を段階的に判定します。以後、第3〜5回はそれまでを踏まえた到達度・実戦力確認とし、第5回は入試レベルの出題といたします。年中児は、7月・8月に実施し基礎力と応用力を判定します。また、6月には志望校別の模試「志望校別オープン模試」、9月は「完全志望校別選抜模試」もあわせて実施します。特に「選抜模試」は「オープン模試」または統一模試での成績上位者が集うハイレベルな試験となります。

第1回 年長児 **3**月**17**日・**20**日 実力判定①

第2回 年長児 **4**月**14**日・**21**日 実力判定②

同時開催 参加校約40校！ 有名私立小学校 合同相談会 ※予定

6/16 年長児対象 志望校別オープン模試

難関校を目指す受験生のためのハイレベルテスト

合格可能性と今後の課題を明らかにする試験・難関校を目指す受験生のためのテストです。学校の傾向に合わせた「P／B／N」3タイプのテストで、志望校適性と今後の課題を明らかにします。

第3回 年長・年中児 **5**月**6**日・**12**日 年長児：総合力診断 年中児：実力判定①

第4回 年長児 **7**月**14**日・**15**日 応用力判定

第3回 年長・年中児 **8**月**17**日・**18**日 年長児：オールペーパー 年中児：実力判定②

9/15 16 年長児対象 完全志望校別選抜模試

暁星／慶應義塾／慶應横浜／成蹊／早稲田／女子難関校／ノンペーパー難関校（予定）

成績上位者1,000名が集まる選抜模試・完全志望校別選抜模試の受験には、小学受験統一模試実行委員会が発行する受験許可証が必要です。3月〜8月開催各回の成績上位者に発行します。